Pasajes

Pasajes

CULTURA TERCERA EDICION

MARY LEE BRETZ

Rutgers University

TRISHA DVORAK

University of Michigan

CARL KIRSCHNER

Rutgers University

McGRAW-HILL, INC.

New York   St. Louis   San Francisco   Auckland   Bogotá   Caracas
Lisbon   London   Madrid   Mexico   Milan   Montreal   New Delhi   Paris
San Juan   Singapore   Sydney   Tokyo   Toronto

This is an EBI book.

Pasajes: Cultura

Copyright © 1992, 1987, 1983 by McGraw-Hill, Inc. All rights reserved. Printed in the United States of America. Except as permitted under the United States Copyright Act of 1976, no part of this publication may be reproduced or distributed in any form or by any means, or stored in a data base or retrieval system, without the prior written permission of the publisher.

8 9 10 11 12 13 VNH VNH 0 9 8 7 6

ISBN: 0-07-007666-9

This book was set in 10/12 New Aster by The Clarinda Company.
The designer was Janet Bollow.
The editors were Leslie Berriman, Heidi Clausen, and Celine-Marie Pascale.
The production supervisor was Tanya Nigh.
The cover was designed by BB&K Design, Inc.
The photo researcher was Stephen Forsling.
New line drawings were provided by Betty Beeby.

Bretz, Mary Lee.
    Pasajes. Cultura / Mary Lee Bretz, Trisha Dvorak, Carl Kirschner.
—3. ed.
        p. cm.
    English and Spanish.
    ISBN 0-07-007666-9
    1. Spanish language—Readers—Civilization, Hispanic.
    2. Civilization, Hispanic.   I. Dvorak, Trisha.   II. Kirschner,
    Carl, 1948– .   III. Title.
    PC4127.C5B73   1992
    468.6'421—dc20   91-44458
                                                                CIP

Grateful acknowledgment is made for use of the following:

Photographs *Page 1* © Allen Russell/ProFiles West; *7* © Chip and Rosa María de la Cueva Peterson; *8* © Mirielle Vautier/Woodfin Camp & Associates; *9* © Alex Webb/Magnum; *15* (*left*) © Alon Reininger/Leo de Wys, Inc.; *15* (*top right*) © Craig Aurness/Woodfin Camp & Associates; *15* (*bottom right*) © Chip and Rosa María de la Cueva Peterson; *22* © Owen Franken/Stock, Boston; *31* © Elliott Varner Smith; *33* © George Holton/Photo Researchers, Inc.; *39* © Robert Frerck/Odyssey; *45* © Stuart Cohen/Comstock; *47* © Abbas/Magnum; *48* © John Elk III/Stock, Boston; *55* © Robert Frerck/Odyssey; *63* © Beryl Goldberg; *65* © Frank Fournier/Woodfin Camp & Associates; *71* © Chip and Rosa María de la Cueva Peterson; *80* © Mirielle Vautier/Woodfin Camp & Associates; *85* © Michael Busselle/Tony Stone Worldwide; *87* © Martin Rogers/Stock, Boston; *90* © Michael Nichols/Magnum; *101* © Russell Dian/Monkmeyer Press; *107* © Joseph

(*Continued on page 311*)

Contents

Capítulo 6   El hombre y la mujer en el mundo actual 101

Capítulo 7   El mundo de los negocios 119

Capítulo 8 Creencias e ideologías 147

Capítulo 9 Los hispanos en los Estados Unidos 174

Capítulo 10   Hábitos y dependencias 206

Capítulo 11   La ley y la libertad individual 231

Capítulo 12   El trabajo y el ocio 254

To the Instructor

Pasajes: Cultura has been designed with two goals in mind: to expose students to another culture without encouraging the formation of preconceptions or prejudices about it, and to improve their reading skills in Spanish. The concept of culture that has guided the authors of *Pasajes: Cultura* is that suggested by many social anthropologists: culture is a meaning system shared by members of a particular group or community; the values and beliefs that form this meaning system provide answers for fundamental human dilemmas and set guidelines for appropriate behavior.

The themes of the twelve chapters of *Pasajes: Cultura* are the same as those developed in the other texts in the *Pasajes* series. They cover important characteristics and concerns of the Hispanic world, reflected in all its rich diversity: urban and rural; European, Indian, and African; young and old; Spain, Latin America, and Spanish-speaking communities within the United States. It is hoped that the exploration of each theme will lead students away from superficial generalizations and toward a deeper understanding of Hispanic ways of life.

One of the steps in this process is to increase students' sensitivity to their own American culture, and to the unique answers it provides for the same human dilemmas. The purpose is not to argue superiority or inferiority of cultures, but to recognize that the value of any culture's answers is relative, and to arrive at an appreciation of the significance of cultural differences.

In the third and fourth semesters of college Spanish, many students are confronted with a dilemma: they are supposed to begin "really reading" in Spanish, but the materials they are given may be impenetrable unless they have already been "really reading" for some time. The excitement and the adventure the instructor had hoped to convey often degenerate into a dictionary exercise. Possibly the most important skill an instructor can teach students is *how to get ready to read*.

Pasajes: Cultura aims to develop students' ability to read in a variety of ways. Two main sections of each chapter of the third edition are designed to help students accomplish this goal: **Por sí solo... leer y comprender** and **Entradas al texto**.

The first part of **Por sí solo... leer y comprender, Aspectos lingüísticos,** focuses on particular vocabulary or structural elements that are known to slow down reading comprehension for non-native speakers. Specific strategies for handling these problems are provided to aid the recognition of new lexical items, the location of the main parts of the sentence, the breaking of complex sentences into simpler ones, and the recognition and interpretation of pronouns and transition words. Every chapter includes exercises and practice readings.

The second part of **Por sí solo... leer y comprender, Aproximaciones al texto,** deals with issues fundamental to the development of reading comprehension and gives students practice in transferring the skills they have developed in reading in their native language to reading in Spanish. Different chapters discuss and practice topics such as skimming a text, using titles and section heads to prepare for reading, scanning, outlining, summarizing, and taking notes.

While instructors may wish to discuss the activities in these two parts of **Por sí solo... leer y comprender** with students, this section is designed for self-study. The answers to most activities are provided in the **Answer Appendix** at the back of the book.

The second main section that prepares students for reading is **Entradas al texto**. This section focuses on the particular reading selection in each chapter and is also divided into two parts: **Palabras y conceptos** and **Esquemas para comprender**. The first part, **Palabras y conceptos,** presents and practices the core vocabulary for each reading. Exercises in this section help to explore concepts and associations related to chapter themes. Revised to include semantic maps and other interactive activities, this section encourages students to work with the new words at a deeper, more personal level. Suggestions for working with these new activities are found in the *Instructor's Manual.* Answers to many of these exercises are also provided at the back of the book in the **Answer Appendix**.

The second part of **Entradas al texto** is **Esquemas para comprender**. The activities in this section expand on **Palabras y conceptos** to sensitize students to the specific reading that appears in each chapter. The activities in these two sections give students important information about the chapter reading, activate their prior knowledge of the topic, and establish important mental expectations. The reading process is now greatly simplified: the student is filling in an outline rather than trudging through totally unfamiliar territory.

Within the first six chapters graphic symbols are used in the texts to cue the meaning of verb tenses that appear frequently but that have not yet been presented in *Pasajes: Lengua*. Important vocabulary items that cannot be guessed from context are glossed in the margins. Words that can be guessed either from context or from their similarity to other known words are indicated by a small question mark ?.

The **Después de leer** section following each reading includes exercises that first check literal comprehension (**Comprensión**), then proceed to interpretive questions (**Interpretación**), and finally ask for more general discussion, applying questions raised in the reading to students' own experiences (**Aplicación**). The exercises vary in format from chapter to chapter, to hold students' interest and to allow for an increasing level of difficulty. Grammar points treated in the corresponding chapter of *Pasajes: Lengua* have been incorporated into the comprehension and discussion questions of the *Cultura* chapters. Answers to many of the exercises in the **Comprensión** section are provided in the **Answer Appendix**.

Major Changes in the Third Edition

- Cultural information has been updated, where appropriate.
- The content of several chapters is now based, either partially or completely, on a variety of authentic texts from Spanish-language newspapers and magazines.
- Information and activities to help students improve their reading skills have been extensively revised and reorganized to separate those exercises that lend themselves to self-study from those that benefit from creative classroom interaction. In the third edition, the self-study exercises appear in the new **Por sí solo... leer y comprender** section, answers for which are provided in the **Answer Appendix**.
- Vocabulary activities, **Palabras y conceptos,** in the new **Entradas al texto** section have been revised to make them more engaging and interactive. Answers to some of these exercises are provided in the **Answer Appendix**.
- The pre-reading activities, **Esquemas para comprender,** in the **Entradas al texto** section give students more opportunities to practice and develop a variety of reading and critical thinking skills.
- Answers to many of the exercises in the **Comprensión** portion of the **Después de leer** section appear in the **Answer Appendix** to facilitate the use of class time.
- Each chapter closes with a new section, entitled **Voces,** composed of informal testimonials from individuals from throughout the Spanish-speaking world. Through these selections, Hispanics "speak" directly to students about their own perspectives and concerns regarding the themes covered in each chapter. A cassette tape including the **Voces** testimonials as well as recordings of some material from *Pasajes: Literatura* is available as part of the ancillary package for the *Pasajes* series.

We hope that the materials in this text will enable both students and instructors to enjoy and profit from the study of Hispanic culture.

To the Student

Pasajes: Cultura is designed to introduce certain basic aspects of Hispanic culture and at the same time to teach you to become a faster reader of Spanish. The book is divided into twelve chapters, each devoted to the study of an aspect of Hispanic culture that is of universal human importance. In addition, the text tries to present points of obvious cultural contrast. As you read each selection, it is likely that you will become not only more sensitive to Hispanic culture, but also more aware of your own. It is our hope that the combination of greater awareness and sensitivity will enable you to reach a higher level of cultural understanding.

To improve your reading skills, *Pasajes: Cultura* has several features that we think will help you to read with greater ease and understanding of Spanish.

- **Por sí solo... leer y comprender.** This section includes two different parts, each designed to help you read with minimal use of the dictionary and/or translation. Answers to the activities in both parts are provided in the **Answer Appendix**.

  The section called **Aspectos lingüísticos** helps to make you aware of how you read in English, and then shows you how to transfer those skills to reading in Spanish. Contrary to what you may think, you read successfully in English not because you know a lot of words, but because you know how to recognize the relationships between them. **Aspectos lingüísticos** gives you practice in word guessing, cognate recognition, simplifying sentences, recognizing the subjects and verbs of sentences, and generally, reading more rapidly and with greater ease.

  Aproximaciones al texto helps you to read better by practicing skimming, scanning, recognizing of common organizational structures in a text, and outlining.

- **Entradas al texto.** This section includes two parts that will help build your vocabulary and reading skills.

  Palabras y conceptos is a list of vocabulary useful for understanding and discussing the reading selection. These vocabulary items are practiced in various types of exercises, so that by the time you actually begin to read, vocabulary that may have been previously unknown to you will have become familiar.

  The second part, **Esquemas para comprender,** encourages you to use certain strategies to familiarize yourself as much as possible with the general topic of the selection before you read it. Strategies include looking at titles, subtitles, and illustrations; thinking about and discussing what you already know about a certain topic; and so on. In the reading itself, vocabulary and structural glosses for unfamiliar items will appear in the margins. These have been kept to a minimum to encourage you to apply the skills that you have practiced.

■ **Después de leer.**   Following each selection, there are various comprehension activities. These move from literal content questions to discussion and analysis of the selections. They are designed to improve your understanding and expand your appreciation of what you read. Answers to some of these exercises are also provided in the **Answer Appendix**.

The readings in *Pasajes: Cultura* are challenging, and we think you will find them thought-provoking. We hope you will carefully and conscientiously practice the reading strategies offered in the book. When you finish reading *Pasajes: Cultura*, you will not be a totally fluent reader of Spanish, nor will you know everything there is to know about Hispanic life. You will, however, have acquired a solid base for both goals, a base on which we hope you will continue to build.

Notes on the Glossing System

Words in the reading that are not in the chapter vocabulary and are not usually part of second-year college vocabulary are glossed in the margin. Single-word glosses are indicated by ° (**brisa**°). The definition will appear to the right on the same line.

Sentimos una brisa° suave.   *breeze*

If a single line of text contains more than one glossed word, the definitions will appear on the same line (if there is sufficient space) or run over to the next line. Glosses taken from the same line of the text are separated by a slash.

Una brisa° suave hizo virar° la flecha.   *breeze / turn*

If more than one word requires glossing, the gloss symbol will appear after the last word in the phrase, and the first word will be included in the margin.

Le dan las gracias por haberse dejado ver.°   haberse... *having let itself be seen*

In the early chapters, glosses are in both English and Spanish. In later chapters, Spanish glosses predominate. When English is used, the gloss appears in italic type.

cargar°   *to load*

Where Spanish is used, the gloss appears in roman type.

miseria°   muy poca cantidad

The ? symbol indicates that you should be able to guess the meaning of the word from the context.

CAPITULO UNO

Oaxaca, México

Tipos y estereotipos

Los estereotipos culturales

Por sí solo... leer y comprender*

Aspectos lingüísticos

Word Guessing from Context

Even though you do not know every word in the English language, you can probably read and understand almost anything in English without having to look up unfamiliar words. You can do this because you have learned to make intelligent guesses about word meanings, based on the meanings of the surrounding passage (the context).

You can develop the same guessing skill in Spanish. There are two techniques that will help you. The first is to examine unfamiliar words and see if they remind you of words in English or another language you know. Such words are called *cognates* (for example, *nation* and **nación**). The second technique is the same one you already use when reading in English, namely, scanning the context for possible meaning clues.

A.   In the following sentences, the words in italics are cognates. The underlined words are those whose context reveals their meaning; try to guess what these words mean.[†]

1. Un <u>viaje</u> de Nueva York a Europa <u>dura</u> sólo tres *horas* en avión *supersónico.*
2. Con *respecto* al don Juan, hay muchas *francesas,* alemanas, *japonesas* y *norteamericanas* que *afirman* con <u>desdén</u> que el *tipo* no es español sino *universal.*
3. Comen *ordinariamente* <u>platos picantes</u> como el chile con carne, las enchiladas y los tamales.
4. Muchas veces un *examen* <u>más a fondo</u> *revela* que la *realidad* y el *estereotipo* están en *conflicto.*

Word Guessing Using Suffixes

In addition to contextual cues, you can also use the suffix (ending) of a word to guess its meaning. For example, you know that **-mente** corresponds to the English suffix *-ly;* this tells you that the word is probably an adverb. Similarly,

---

*The **Por sí solo... leer y comprender** section is designed for home study. When possible, answers to these activities are provided in the Answer Appendix.
[†]The sentences in this exercise and others like it are taken—sometimes with minor modifications—from the reading text for the chapter. Reading the sentences here will not only improve your reading skills in general but also prepare you to read the text in the chapter.

the Spanish endings **-ar, -er,** and **-ir** often identify verbs. Knowledge of a number of other common suffixes and prefixes (parts added to the beginning of a word) can improve your ability to recognize and understand unfamiliar vocabulary.

SUFFIXES: **-ado, -ido, -dad, -tad**

The suffixes **-ado** and **-ido** are added to verbs to form adjectives. They correspond to the English past participle. In English these forms usually end in *-ed* or *-en,* although there are a number of irregular forms as well.

sorprender *to surprise*   →   sorprendido *surprised*
esperar *to expect*   →   esperado *expected*
nacer *to be born*   →   nacido *born*

The suffixes **-tad** and **-dad** correspond to the English endings *-ness* or *-ty.*

felicidad *happiness*   formalidad *formality*
enfermedad *sickness*   facultad *faculty*

B.   Can you guess what these words mean?

1. realidad   3. acostumbrado   5. personalidad
2. separado   4. universidad   6. educado

Aproximaciones al texto

Reading for the Main Idea

Reading is a skill that we use in a variety of ways every day. The particular reading techniques that we use depend on the kind of text we are reading and our purpose in reading it. For example, we do not read the TV guide in the same way that we read a novel.

In order to read for general understanding—for the main idea or gist of a selection—you do not need to know the meaning of every word in the passage. You can reconstruct the general meaning by relying instead on the words that you *do* know, plus a variety of textual, linguistic, and cultural cues. For example, in many readings the first paragraph contains a lot of information about what the body of the text will discuss. Similarly, the first sentence of a paragraph will often suggest its topic. By skimming the first paragraph and reading the first sentence of the paragraphs that follow, you can glean enough information to construct an overall idea of the information contained in the selection. This information is later helpful in providing a general context for guessing the meaning of unfamiliar words and expressions you encounter as you read the selection in its entirety. The more skill you develop in anticipating the general meaning of a selection, the less dependent you will be on a dictionary, and the more effective you will be as a reader.

C.   Read the following passage quickly, circling the words you know. Then, using just these words, answer the question below.

El mundo es cada vez más pequeño. Ahora que un viaje de Nueva York a Europa dura sólo tres horas en avión supersónico, es posible pasar el fin de semana en un pequeño pueblo de los Alpes y regresar el lunes a los rascacielos de Wall Street. Y no sólo viajan los ricos; la clase media y los estudiantes también dejan sus países en busca de nuevas experiencias y oportunidades de trabajo. El intercambio de turistas y trabajadores es particularmente evidente en los Estados Unidos. Todos los años miles de turistas compran sus billetes para ir a México, a Colombia, a España o a otros países de habla española. Los turistas hispanos que llegan a los Estados Unidos son menos numerosos pero el número aumenta cada vez más. Y sin contar a los turistas, hay más de veinte millones de personas de habla española que viven en los Estados Unidos.

¿Cuál es la idea principal de la lectura?
a. Los turistas son importantes en los Estados Unidos.
b. Hoy muchas personas viajan a otras partes del mundo.
c. Existen muchos estereotipos sobre los turistas.
d. Es difícil viajar (ir a otros países) porque las distancias son grandes.

 # Lectura

Entradas al texto

Palabras y conceptos*

You will need to know the meaning of the following words and expressions in order to understand and discuss the reading easily.

abrazar to hug, embrace
amamantar to nurse (*an infant*)
el bolsillo pocket
caminar to walk
el cuchillo knife
el chicle chewing gum
en busca de in search of
estrecharse la mano to shake hands
las gafas (eye)glasses
la lata can (*food container*)
llorar to cry

masticar to chew
nacer to be born
el/la nene/a very young child
el pecho breast
el plátano banana
el postre dessert
el rascacielos skyscraper
el reflejo reflection
la reunión meeting
el tenedor fork
todavía still, yet

---

*When possible, answers to the activities in this section are provided in the Answer Appendix.

A. Dé un elemento o más que pertenece (*belongs*) a cada grupo.

1. las frutas
2. las partes del cuerpo
3. los utensilios para comer
4. las partes de la comida
5. los artículos de uso personal
6. las acciones con el cuerpo

B. Complete las oraciones en una forma lógica, usando la forma correcta de las palabras de la lista del vocabulario.

1. El hermano de Juan siempre camina con las manos en _____.
2. Algunos niños pequeños _____ mucho.
3. No, hijo, no puedes comprar _____. Es malo para los dientes.
4. En 1492 Cristóbal Colón sale de España _____ una nueva ruta al Oriente.
5. La madre va a _____ a la nena porque es hora de comer.
6. No, Ernesto no está en casa. _____ está en la reunión.
7. Hoy mucha gente recicla _____ de aluminio.

Esquemas para comprender

A. 🌅 **¡Necesito compañero!** ¿Típico o estereotípico? Trabajando con un compañero (una compañera), indiquen cuáles de las siguientes particularidades se aplican a los norteamericanos (**N**) y cuáles a los hispanos (**H**).

1. _____ Les gusta tomar vino.
2. _____ Les gusta masticar chicle.
3. _____ Llevan bluejeans.
4. _____ Son rubios.
5. _____ Son sentimentales e impetuosos.
6. _____ Tienen coches grandes.
7. _____ Trabajan en rascacielos.
8. _____ Son informales.
9. _____ Son agresivos y violentos.
10. _____ Tienen buen gusto y llevan ropa elegante.
11. _____ Respetan a los ancianos.
12. _____ Son religiosos.
13. _____ Tienen familias pequeñas.
14. _____ Les importan la eficacia (*efficiency*) y la puntualidad.
15. _____ Les gusta tomar cerveza.
16. _____ Son trabajadores y diligentes.
17. _____ Son revolucionarios y guerrilleros.
18. _____ Les importan el arte y la literatura.
19. _____ Son competitivos.

🌅 **Entre todos.** Compartan su clasificación con el resto de la clase. ¿Hay mucha diferencia de opiniones? ¿Cuáles de estas particularidades les fueron difíciles de clasificar? ¿Cuáles representan hechos (*facts*) y cuáles son estereotipos? ¿Hay una diferencia entre «lo típico» y «lo estereotípico»? Expliquen dando ejemplos.

B. El título de la lectura de este capítulo es «Los estereotipos culturales». A continuación se reproduce la primera oración de cada párrafo de la lectura. Léalas rápidamente. Trate de adivinar el significado de las palabras o expresiones que no sabe.

1. El mundo es cada vez más pequeño.
2. ¿Acompaña a este movimiento un mejor conocimiento de los Estados Unidos en los países hispanos?
3. La imagen que tienen muchos norteamericanos de Latinoamérica es igualmente simplista.
4. En cambio, la gente de los países hispanos, incluso la gente educada, cree que la mayoría de los norteamericanos son unos materialistas que no se interesan por los valores espirituales o artísticos.
5. Este estereotipo nace indudablemente de la ignorancia de la vida y de las costumbres de otras culturas.
6. Muchas veces un examen más a fondo revela que la realidad y el estereotipo están en conflicto.

Entre todos.   Según esta lectura, ¿cuál parece ser la idea principal del texto? ¿Pueden Uds. nombrar dos o tres ideas específicas que creen que se van a comentar en el texto?

Nota: You might not immediately recognize some of the words and structures in the following selection. Make intelligent guesses whenever possible, and read for general understanding rather than for literal comprehension of every sentence. Vocabulary, grammatical structures, and verb tenses that may be unfamiliar to you will be glossed in the margin. The *?* symbol means that you should be able to guess the meaning of the indicated word based on the context.

Los estereotipos culturales

1   El mundo es cada vez más° pequeño. Ahora que un viaje de   cada... *more and more*
Nueva York a Europa dura? sólo tres horas en avión
supersónico, es posible pasar el fin de semana en un
pequeño pueblo de los Alpes y regresar el lunes a los rascacielos de
5   Wall Street. Y no sólo viajan los ricos; la clase media y los
estudiantes también dejan sus países en busca de nuevas experiencias y oportunidades de trabajo. El intercambio de turistas y
trabajadores es particularmente evidente en los Estados Unidos.
Todos los años miles de turistas compran sus billetes para ir a
10   México, a Colombia, a España o a otros países de habla española.
Los turistas hispanos que llegan a los Estados Unidos son menos
numerosos pero el número aumenta cada vez más. Y sin contar a
los turistas, hay más de veinte millones de personas de habla
española que viven en los Estados Unidos.
15   ¿Acompaña a este movimiento un mejor conocimiento de los
Estados Unidos en los países hispanos? ¿Comprenden los norteamericanos mejor a los hispanos hoy que en años anteriores? En
muchos casos, la respuesta es afirmativa pero hay todavía una

Los turistas a veces se sorprenden al descubrir que el flamenco no se baila por toda España. Aquí se observa un baile típico de Galicia, una región al norte del país.

tendencia a la visión estereotipada. Para muchos norteamericanos,
20 España es el país del sol, de los bailadores y cantantes de flamenco,
de las señoritas morenas con mantillas negras y de los don Juanes
seductores. No saben que en el norte y especialmente en el noroeste
de España la lluvia es más frecuente que el sol, que el flamenco sólo
se cultiva en el sur del país y que es sólo un tipo de baile español y
25 no el más típico, y que hay gran número de personas rubias y de ojos
azules en el norte y también en el sur de España. ¿Y el don Juan?
Hay muchas francesas, alemanas, japonesas y norteamericanas que
afirman con desdén que el tipo no es español sino° universal.   *but rather*

La imagen que tienen muchos norteamericanos de Latinoamé-
30 rica es igualmente simplista. Creen que todos los que viven al sur
hablan español, sin recordar que en el Brasil la lengua oficial es el
portugués. También imaginan que todos los latinoamericanos viven
en un clima tropical, llevan sombrero y ropa similar al pijama
norteamericano, siempre intentan evitar° el trabajo, duermen la   no hacer
35 siesta siempre que° pueden (cuando no hacen el amor o bailan el   siempre... *whenever*
cha-cha-chá), comen ordinariamente platos picantes? como el chile
con carne, las enchiladas y los tamales, y hacen una revolución cada
dos o tres meses.

En cambio,° la gente de los países hispanos, incluso° la gente   En... *On the other hand /*
40 educada, cree que la mayoría de los norteamericanos son unos   *even*

La gente latinoamericana tiene herencias culturales muy diversas.
Estos indígenas viven en Chincheros, en el altiplano cerca de
Cuzco, Perú.

materialistas que no se interesan por los valores espirituales o artísticos. Imaginan que todas las familias de los Estados Unidos viven en casas lujosas° y comen de latas o de platos preparados fuera de casa. También creen que todos los hombres norteamericanos

45 llevan pistola y que en los Estados Unidos se da más importancia a los deportes que a la educación. Según muchos hispanos, los turistas norteamericanos nacen con el chicle en la boca, una cámara en la mano, dinero en los bolsillos y gafas oscuras en la nariz.

Este tipo de estereotipo nace indudablemente de la ignorancia

50 de la vida y de las costumbres de otras culturas. Las diferencias entre un hispano y un norteamericano no son insuperables pero sí son grandes. Es muy fácil partir? de unas observaciones superficiales y crear° una imagen simplista. Pero es más interesante y más inteligente examinar las diferencias como reflejos de dos respuestas

55 a la experiencia humana, cada una con sus méritos y sus razones de ser°—históricas, sociales, políticas, geográficas o económicas.

Muchas veces un examen más a fondo? revela que la realidad y el estereotipo están en conflicto. Se dice° con frecuencia que en las relaciones sociales los norteamericanos son informales mien-

60 tras que los hispanos son formales. Vamos a ver algunos casos concretos.

A. Estamos en una reunión de colombianos. Todos están hablando,° cantando,° gritando°—en fin, son viejos amigos. Es medianoche, y uno de ellos necesita regresar a su casa, pero antes de

65 marcharse, de acuerdo con las costumbres hispanas, da la mano a cada uno de sus amigos.

grandes y hermosas

hacer, producir

razones... reasons for being

Se... It is said

speaking / singing / shouting

Una conversación entre amigos hispanos es animada y hay más proximidad y contacto físico entre las personas que en una conversación entre norteamericanos.

En Chicago hay otra reunión de amigos norteamericanos. Llega la hora en que uno debe marcharse. Con un «Buenas noches. Hasta pronto» se despide sin más.°

se... he says good-bye without further ceremony

70 **B.**   Un abogado de cincuenta años espera a su esposa en el aeropuerto de Lima. Descubre que un compañero de la universidad también está allí. Sorprendido y muy contento, corre y le da un abrazo a su viejo amigo.

Un hombre de negocios de Oregon entra en un hotel de Boston. 75 Allí ve a su antiguo compañero de los años universitarios. Los dos están muy contentos con la inesperada reunión. Se estrechan la mano.

C.   Una madre americana está en el parque Golden Gate con su hijo de tres años y una nena recién nacida.? La nena llora porque 80 desea comer. La madre le dice a su hijo que es necesario regresar a casa porque es hora de amamantar a la nena.

Una madre madrileña está en el Retiro° con su hija de cuatro años y un nene de pocos meses. Cuando el nene llora, la madre se sienta en un banco y le da de pecho.*

parque grande de Madrid

85 **D.**   Un norteamericano y un hispano hablan en una fiesta. El norteamericano está acostumbrado a mantener una distancia de

---

*In recent years, breast-feeding has increased considerably in popularity in the United States, while it has decreased in the Hispanic countries. However, the attitude toward nursing in public has not changed in the two cultures; it is generally accepted in Hispanic society and generally frowned on in the United States.

dos o tres pies entre él y la persona con quien habla. En cambio, el hispano normalmente mantiene una distancia de dieciséis pulga-das.° Cada vez que el hispano avanza a la distancia a que él está acostumbrado, el norteamericano retrocede.? Más que dos amigos, parecen dos adversarios.

inches

90

E.   En un restaurante de Sevilla, una turista norteamericana está comiendo° con su amiga española. Las dos piden plátanos de postre pero mientras que la turista pela? el plátano y después lo come con las manos, las manos de la sevillana nunca tocan la fruta. Primero, ella le quita la piel? con cuchillo y tenedor y después corta el plátano en pedazos pequeños que luego come con el tenedor.

eating

95

F.   Dos chicas norteamericanas deciden reunirse en la zona comercial de St. Louis con dos alumnas hispanas que estudian en su escuela. Hay mucha gente por las calles y las norteamericanas no pueden caminar juntas. A cada dos pasos se encuentran° separadas por otras personas que pasan entre ellas. En cambio, las hispanas caminan cogidas de brazo,° hablando de sus clases y de la vida escolar. Cuando ven a sus amigas de la escuela, deciden cambiar de compañeras y una de las hispanas toma el brazo de una de las norteamericanas. La de St. Louis está algo incómoda° porque no está acostumbrada a caminar así con otra mujer. La hispana nota que su compañera está incómoda y cree que es una chica muy fría.

se... they find themselves

cogidas... arm in arm

uncomfortable

100

105

¿Cuál de las dos culturas es más informal y cuál es más formal? No hay una respuesta categórica. Depende de la situa-ción y, en muchos casos, de la personalidad de cada persona.

110

Después de leer

COMPRENSION*

A.   Haga oraciones con las siguientes palabras, poniendo la forma correcta de los artículos, los verbos y los adjetivos. Donde se dan dos alternativas entre { }, escoja la forma apropiada. No cambie el orden de las palabras. Luego, indique si las oraciones son ciertas (**C**) o falsas (**F**) con respecto a la información de la lectura. Corrija las falsas.

1. _____ el / norteamericanos / viajar más / y / por eso / comprender / mejor / a / el / hispanos
2. _____ para mucho / turistas / norteamericano / España / {ser-estar} / el / país / de / flamenco y todo / el / españolas / {ser-estar} / moreno
3. _____ alguno / latinoamericanos / tener / {un-una} / imagen / de Norteamé-rica / que / {ser-estar} / también simplista

---

*Answers to many of the activities in this section are provided in the Answer Appendix.

4. _____ el / norteamericano / «típico» / {ser-estar} / {un-una} / materialista / que / vivir en / {un-una} / casa / lujoso y que / usar / gafas / oscuro

5. _____ la / personas / que / creer en / estereotipos / solamente / {ser-estar} / gente / estúpido

B. ¡**Necesito compañero!** Las siguientes oraciones se basan en la lectura. Con un compañero (una compañera) de clase, comenten cada oración brevemente. ¿Qué significa para Uds., ahora que han leído (*you have read*) la lectura? ¿Qué importancia tiene o qué ideas sugiere? ¿Por qué está en una lectura sobre los estereotipos?

1. El mundo es cada vez más pequeño.
2. La realidad y el estereotipo muchas veces están en conflicto.
3. El norteamericano saluda y se despide de sus amigos sin mucha ceremonia.
4. Los hispanos conversan en grupos compactos y de una manera animada.
5. La norteamericana come el plátano con las manos.

C. Complete la siguiente tabla con la información necesaria para resumir (*to summarize*) los contrastes culturales.

SITUACION	LOS HISPANOS	LOS NORTEAMERICANOS
el amigo que se despide en una fiesta		Dice adiós y sale.
viejos amigos en una reunión inesperada	Se abrazan.	
la madre con su nena en el parque público		
dos personas en una conversación típica		Hablan a una distancia de más o menos tres pies.
alguien come una banana u otra fruta con piel		La come con las manos.
dos amigas que caminan juntas por la calle		Caminan sin tocarse los brazos o las manos.

INTERPRETACION

A.   ¿Cuál es la idea principal del texto? ¿Cómo se compara con las ideas de la clase al completar la actividad B de la sección **Esquemas para comprender**?

B.   ¿Cree Ud. que las reacciones de los norteamericanos en los ejemplos de la lectura son típicas? Imagine que Ud. está en cada situación. ¿Cómo reacciona?

C.   ¡**Necesito compañero!**   ¿Son estereotipos todas las generalizaciones? Tomando en cuenta (*Considering*) las ideas que se comentaron en la actividad A de la sección **Esquemas para comprender,** con un compañero (una compañera), preparen una definición de la palabra «estereotipo». Pueden usar las palabras a continuación que les parezcan más apropiadas. Prepárense para justificar su definición.

una idea	flexible	cómico
una actitud	estúpido	persona
una acción	falso	grupo
una emoción	inevitable	totalmente
un concepto	inflexible	parcialmente
un punto de vista	incorrecto	la realidad
una generalización	correcto	la mentira
específico	superficial	siempre
negativo	profundo	nunca
positivo	cruel	a veces

APLICACION

A.   ¿Cuál es el origen de los estereotipos? Cuando observamos las acciones y costumbres de otro grupo de gente, podemos llegar a unas conclusiones falsas sobre ese grupo. ¿Qué imagen falsa sobre los norteamericanos puede tener una persona de otro país si observa sólo las siguientes costumbres?

1. Los norteamericanos se bañan (*bathe*) todos los días.
2. La mayoría de los jóvenes norteamericanos no viven con sus padres después de cumplir los dieciocho años.
3. La mayoría de las mujeres norteamericanas trabaja fuera de casa.
4. La típica familia norteamericana tiene dos carros.

B.   También llegamos a conclusiones sobre otros países según los sitios que visitamos. Si vamos solamente a un lugar, nuestra percepción del país va a ser muy limitada... y probablemente falsa. ¿Qué visión estereotipada de los Estados Unidos puede tener un turista si visita solamente estos lugares?

1. la ciudad de Nueva York
2. Abilene, Texas
3. su universidad
4. Miami Beach
5. Hollywood
6. San Francisco

¿En qué sentido van a ser falsas estas percepciones? ¿En qué sentido van a ser verdaderas? ¿Qué otros lugares debe visitar el turista para formarse una imagen más representativa de los Estados Unidos?

VOCES

In this section, you have the chance to read and listen to Hispanics from various parts of the Spanish-speaking world. These people have responded to questions about a variety of topics of interest to them. Sometimes their viewpoints will reflect a general Hispanic perspective; usually, however, their opinions are very personal and individual. Since the language of their **voces** is authentic, it contains dialectical expressions with which you may not be familiar. A few words and phrases have been glossed for you, but you should concentrate on getting a general understanding and on guessing from context the meaning of expressions that you do not know.

Elvira A.
Madrid, España

Angels M.
Barcelona, España

Juan P.
San Salvador, El Salvador

Juan C.
Lima, Perú

Eduardo B.
Santiago, Chile

1. *Cuando piensa en los Estados Unidos, ¿qué imágenes se le ocurren?*

Eduardo B.: Santiago, Chile
Los Estados Unidos ya no proyecta una imagen como Texas o Arizona, sino por el contrario, proyecta una ciudad de edificios con muchos habitantes pero llenos de egoísmo y preocupaciones. Quizás lo que sí más me llama la atención es la región de Ohio y Detroit por su clima tal vez más helado que el resto del país. Pero la imagen al estilo «Bonanza» ya se perdió hace tiempo.

Juan P.: San Salvador, El Salvador
Cuando pienso en los Estados Unidos se me ocurren las siguientes imágenes: un gigantesco parqueo alrededor de un centro comercial en lo alto del cual se ven girando carteles iluminados que anuncian McDonald's, Burger King y Jack-in-the-Box. Veo ciudades nuevas de amplios bulevares construi-

dos para acomodar tráfico de automóviles. Veo numerosos vecindarios de viviendas de clase media en los que cada casa tiene por lo menos un coche estacionado al lado.

Angels M.: Barcelona, España
Distingo entre ciudades y zonas rurales. Texas se encontraría en el segundo grupo y desde luego (*of course*) las características que se atribuyen a los de Texas están relacionadas con las películas que hemos visto... Entre las ciudades conocemos mucho

New York, sus rascacielos, los problemas de convivencia (*living together*) en los barrios con conflictos raciales... Los Angeles es una ciudad para nosotros muy atípica, mucho más lejos de nuestra forma de vida que New York. Nos imaginamos Los Angeles como una ciudad muy dispersa, a todos lados se puede llegar en coche, autovías y autopistas son sus calles...

2. *Y Ud., ¿qué imágenes le vienen a la mente o qué asociaciones hace cuando piensa en los siguientes países... ?*

Angels M.: Barcelona, España
¿Francia? Los franceses del sur son considerados como hermanos y de hecho, históricamente, lo son... Además en la zona que toca la actual frontera se habla todavía la misma lengua que nosotros: el catalán. Otra cosa son los franceses del norte, a quienes... consideramos unos chauvinistas, es decir, gente muy engreídos (*conceited*) en sus cosas, que no mira a los demás, que se autoalaban hasta la saciedad (*boast about themselves constantly*). Los catalanes decimos todavía como frase parémica ante un peligro: «Que vinga lo que Deu vulga, sols no vinguen els franceses», es decir «Que venga lo que Dios quiere, mientras no vengan los franceses» (*Let come whatever God wills as long as it's not the French*).

Juan C.: Lima, Perú
¿España? Pues... por ejemplo los conquistadores que llegaron a tierras indígenas (*Indian*), sacerdotes (*priests*) predicando su dogma, la música flamenca...

¿Japón? Asocio los samurais y su código de honor, el famoso «harikiri». Asocio también gente con un sentido muy arraigado (*deeply rooted*) hacia el núcleo familiar, tecnología y disciplina.

¿Colombia? Café, campo, gente de color haciendo faenas (*tasks*) de cultivo, violencia producto del narcotráfico, pero a la vez alegría en su música.

Elvira A.: Madrid, España
¿Alemania? Cerveza, gente minuciosa y detallista en lo que hace... ¿Colombia? Alegría, corrupción... ¿Inglaterra? Universidades y colegios universitarios, lluvia, gente reservada... ¿Francia? La Torre Eifel, gente antipática y seca.

Eduardo B.: Santiago, Chile
España... toro. Argentina... carne, tango. Japón... automóviles. Alemania... cerveza. Colombia... cocaína. Francia... edificios. Inglaterra... monarquía.

¡UD. TIENE LA PALABRA! (*You have the floor!*)

A. La imagen más frecuente de los Estados Unidos a los ojos de los hispanos, ¿es una imagen rural o urbana? ¿Cuáles son los lugares que más se conocen?

B. ¡Necesito compañero! Imaginen que Eduardo B., Juan P. y Angels M. piensan venir a visitar los Estados Unidos. ¿Qué itinerario podrían Uds. (*could you*) sugerir para que pudieran (*they might*) formar una visión más amplia del país? ¿Qué otros lugares deben visitar?

C. Al dar las imágenes y asociaciones que tienen de varios países, estas personas han revelado los estereotipos que tienen de los mismos grupos nacionales. ¿Cree Ud. que nosotros, los norteamericanos, compartimos las mismas asociaciones con respecto a estos grupos nacionales? Comenten.

CAPITULO DOS

Hay una gran variedad de razas y de tipos en el mundo de habla española.

La comunidad humana
El pueblo hispano

Por sí solo... leer y comprender*

Aspectos lingüísticos

Using Word Function to Determine Meaning

Part of guessing what words mean is figuring out what functions they have in a sentence—that is, who is doing what? To find out, you must watch for all of the structural clues about meaning that context provides. As this famous stanza from Lewis Carroll's "Jabberwocky" shows, you don't have to know the meaning of every word to understand a great deal about the relationships between words.

> 'Twas brillig, and the slithy toves
>   Did gyre and gimble in the wabe:
> All mimsy were the borogoves,
>   And the mome raths outgrabe.

You know that the words *wabe* and *borogoves* are nouns, because each follows the article *the.* In the phrase *the slithy toves, toves* is probably a noun, and *slithy*—because of the *-y* ending and its position before a noun—is likely to be an adjective. Despite the unfamiliar nature of most of its elements, the phrase *the slithy toves did gyre and gimble in the wabe* is largely interpretable: something *slithy* was *gyring* and *gimbling* in the *wabe.*

You can use structural clues in the same way in Spanish to help you interpret unfamiliar passages. Try this sentence.

> Donamente ganzaban los teloderos sepos a Luis, con una
>   padicioncita.

By looking at the word endings, can you find an adverb in the preceding sentence? A prepositional phrase? Which of the remaining elements in the sentence can you identify as a probable verb? As a subject? As an object?

Although you still don't know the specific meanings of the strange words, you are beginning to get an idea of the general meaning they convey: some **teloderos** were doing something to Luis **donamente,** with a little **padición.** This sentence is an extreme example because of the high percentage of unfamiliar words and because it is an isolated utterance. In general, the selections you will read in this text will not contain so much unfamiliar vocabulary, and you will be able to depend much more on context for meaning.

---

*The **Por sí solo... leer y comprender** section is designed for home study. When possible, answers to these exercises are provided in the Answer Appendix.

Here are some simple Spanish structural clues that will help you determine word function and meaning.

1. Watch for word endings: **-mente** signals adverbs, **-ísimo** signals both adverbs and adjectives, **-tad** signals nouns, and so on.
2. Articles (**el, la, un, una** and their plural forms) indicate a following noun.
3. Common prepositions and adjectives (with their characteristic endings) also help to locate nouns.

Locating the Subject, Verb, and Object

Keep in mind that Spanish word order is sometimes very different from the word order you see in English sentences, so you cannot assume that the first noun in the sentence is the subject. The subject may not be mentioned at all since in Spanish it is often indicated only by the verb ending.

If the ending of a verb is **-mos,** for example, then you know that the verb has a first person plural subject (**Ana y yo** or **nosotras,** for example). Again, if a word ends in **-an,** it may be either a singular noun (**pan**) or a third person plural verb (**miran**), and you will have to look for a third person plural subject to make sure it is a verb.

Suppose you have a verb that ends in **-an** and two third person plural nouns all in the same sentence. Which noun is the subject, and which is the object?

¿Miran los niños a sus padres?
¿Miran a los niños sus padres?

Since you know the word **a** marks human direct objects in Spanish, you can identify **sus padres** as the object of the first sentence and **los niños** as the subject. In the second sentence, **sus padres** is the subject and **los niños** is the object.

A. Identify the subjects (**S**), verbs (**V**), and any objects (**O**) in the following sentences.

1. La rica mezcla de gentes y tradiciones da un carácter único a la cultura hispana, pero al mismo tiempo plantea problemas que se resisten a soluciones fáciles o rápidas.
2. En los Estados Unidos consideramos al indio una raza, como al blanco y al negro, porque tiene ciertos rasgos físicos que lo tipifican.
3. Lo malo es que los defensores de la incorporación miran al indio desde un punto de vista paternalista y condescendiente.
4. Por su parte, dicen los indios, la sociedad debe proporcionar (*provide*) los recursos económicos necesarios.
5. Aunque esta alternativa intenta considerar el bienestar (*wellbeing*) del indio sobre todo, también quiere intensificar las separaciones y divisiones que ya existen en la sociedad latinoamericana moderna.

Recognizing Subordinate Clauses

Another group of important structural markers in Spanish is words used to introduce subordinate clauses. The most common of these markers is **que** (or expressions containing **que,** such as **aunque, porque,** and **para que**), but the group also includes **como, cuando, donde, quien, si,** and forms of **cual** (**el/la cual, los/las cuales**).

Me gusta leer el periódico
{
que tiene una extensa sección deportiva.
porque así aprendo mucho sobre los acontecimientos (*events*) del día.
cuando tengo tiempo.

It is helpful to skip over both prepositional phrases and subordinate clauses as a strategy for simplifying reading. However, when you want the information contained in the subordinate clause, it is sometimes helpful to break the whole sentence into its various components (or clauses). Each of the following sentences, for example, contains a main (independent) clause and a subordinate clause and can be broken down into two smaller sentences.

SENTENCE WITH SUBORDINATE CLAUSE
Los estudiantes que viven aquí son muy inteligentes.

Las personas que trabajan en el rancho no ganan mucho dinero.

SIMPLER SENTENCES
Los estudiantes son muy inteligentes. Esos estudiantes viven aquí.

Las personas no ganan mucho dinero. Esas personas trabajan en el rancho.

B. Read each of the following sentences, and then break them down into simpler sentences. Remember to use the subordinate clause markers (**que,** and so on) as a clue to the location of some clauses. In this exercise, preterite tense verb forms are indicated after the verb with this symbol: **tomó** (←).

1. El gallego, del cual se derivó (←) el portugués moderno, todavía se habla en Galicia.
2. En los países vascos se habla vasco, una lengua antiquísima y misteriosa que no parece estar relacionada con ninguna otra lengua del mundo.
3. Dentro de su propia comunidad, que tenía el carácter de un clan cerrado, regían leyes gitanas que ponían el honor personal, la grandeza y la fidelidad a lo gitano por encima de todo.
4. En España, como en muchas otras partes del mundo, pronto adquirieron (←) mala fama.
5. En el norte, los indios formaban tribus que vivían de la pesca, la caza y de una agricultura rudimentaria.
6. Aunque los resultados eran similares, los procesos fueron (←) distintos, y la situación actual de los indios en Norteamérica y en Sudamérica refleja estas diferencias.

Aproximaciones al texto

Using What You Already Know

It is important to keep in mind that, as a reader, you *bring* much information to a text. For this reason, it always seems easier to read a passage on a familiar topic than one about an unfamiliar topic, although there may in fact be no difference in the level of difficulty of the language found in each text.

On the other hand, you also need to be alert to the possibility that your knowledge of a particular subject—and thus, the context you provide for what you are reading—may differ considerably from the information presented in the text. For example, our U.S. visual images of Indians and Indian lifestyles, while more helpful than no knowledge at all about Indians, will not correspond very much to the image of the Indian that exists in Latin America.

Before you begin to read a text, be aware of your expectations of the topic. Then skim the text in order to confirm or revise those expectations. As you read the text more closely, be alert to the need to continue revising your expectations as you gain more information from your reading.

C.   This chapter's title, **La comunidad humana,** can be translated loosely as "The Human Family." In the United States, when we think about **la comunidad humana** as it relates to our own society, many of us think of variety and the melting pot, of ethnic groups, races, languages, and traditions that form our culture. When you think of **la comunidad humana** in the context of Hispanic culture, do the same images come to mind? Which word(s) in each of the following pairs better describes the mental images that you have with respect to the Hispanic **comunidad humana**?

1. one race / multiracial
2. few differences between generations / many differences
3. little variation in physical appearances / a lot of variation
4. one language / many languages
5. one religion / many religions
6. few regional differences / many differences

D.   Here is the first paragraph of this chapter's text. Skim it briefly, using the glosses that are provided and guessing the meaning of any other words that you may not know. How many of your expectations regarding the nature of the Hispanic **comunidad humana** were accurate?

Lejos de ser una comunidad homogénea y monocromática,° el pueblo hispano abarca° numerosos grupos humanos. Romano, árabe, europeo, indio, africano; creencias judías, cristianas, musulmanas, mitos indios y totemismo africano: esta rica mezcla de gentes y tradiciones ha dado° un carácter único a la cultura hispana. Al mismo tiempo, ha planteado° problemas que se resisten a soluciones fáciles o rápidas.

° de un solo color
° incluye

° ha... *has given*
° ha... *has presented*

 **Lectura**

Entradas al texto

Palabras y conceptos*

a través de across, throughout
analfabeto illiterate
la cartomancia fortune-telling with
   cards
el cruce crossroads
despreciado scorned
el/la gitano/a gypsy
idealizar to idealize
la identidad identity
incorporarse a to become part of

luchar to fight; to struggle
mantener (ie) to maintain
marginado shut out, pushed aside
mejorar to improve
la mezcla mixture
el/la nómada nomad
  nómada nomadic
la patria homeland
el pueblo people

A. Busque antónimos en la lista del vocabulario.

1. abandonar   2. admirado   3. deteriorar   4. sedentario   5. separarse

B. Busque sinónimos en la lista del vocabulario.

1. la combinación   2. la comunidad   3. exagerar lo bueno   4. combatir

C. Defina brevemente en español.

1. la patria   2. la cartomancia   3. el cruce   4. analfabeto   5. marginado

Esquemas para comprender

A. A continuación se reproduce la introducción del texto principal de este capítulo. Léala de nuevo.

Lejos de ser una comunidad homogénea y monocromática, el pueblo hispano abarca numerosos grupos humanos. Romano, árabe, europeo, indio, africano; creencias judías, cristianas, musulmanas, mitos indios y totemismo africano: esta rica mezcla de gentes y tradiciones ha dado un carácter único a la cultura hispana. Al mismo tiempo, ha planteado problemas que se resisten a soluciones fáciles o rápidas.

Según esta introducción, hay dos temas principales que posiblemente se van a tratar en el texto. ¿Cuáles de los siguientes son esos temas?

1. una descripción cronológica de los varios grupos que han llegado (*have come*) a las tierras hispanas

---

*Answers to many of the activities in this section are provided in the Answer Appendix.

2. una descripción de algunas dificultades que han surgido (*have arisen*) como resultado de la variedad étnica en el mundo hispano
3. una crítica de la contribución de los varios grupos étnicos a la cultura hispana en general

Entre todos.   Miren las palabras de la sección **Palabras y conceptos**. ¿Qué palabras se relacionan específicamente con esta idea principal?

B.   **¡Necesito compañero!**   ¿Qué saben Uds. de los gitanos? Trabajando con un compañero (una compañera) de clase, indiquen lo que saben de este grupo, indicando todas las respuestas correctas a cada pregunta.

1. ¿Dónde viven?

   a. en las ciudades grandes
   b. en el campo
   c. en los suburbios
   d. en los pueblos pequeños
   e. en barrios separados
   f. en barrios integrados

2. ¿Cómo viven?

   a. en casas pequeñas y humildes
   b. en apartamentos y pisos urbanos
   c. en carros y vagones rodantes
   d. en casas grandes y elegantes
   e. en chabolas (*shacks*)

3. ¿De dónde son originariamente?

   a. del Lejano Oriente (*Far East*)
   b. del Medio Oriente
   c. del norte de Africa
   d. nadie lo sabe
   e. de la India
   f. de Romanía o Hungría

4. ¿Cómo se ganan la vida? Son...

   a. médicos y abogados
   b. mendigos (*beggars*)
   c. trabajadores temporales
   d. artesanos
   e. adivinos (*fortune-tellers*)
   f. profesores
   g. ladrones (*thieves*)
   h. artistas (cantantes, bailarines)
   i. pequeños comerciantes
   j. labradores (*farmers*)

5. ¿Cómo los ve el resto de la población? Con...

   a. admiración
   b. recelo (*mistrust*)
   c. compasión
   d. desprecio
   e. cariño (*affection*) y humor
   f. indiferencia

Entre todos.   Miren las palabras de la sección **Palabras y conceptos**. ¿Qué palabras parecen apoyar (*to support*) sus ideas sobre los gitanos?

Nota: As you read the following selection, remember that the $^?$ symbol means that you should be able to guess the meaning of the indicated word based on the context. Vocabulary, grammatical structures, and verb tenses that may be unfamiliar to you will be glossed in the margin. The past tenses, the future, and the present participle, however, will be indicated with the following symbols.

future →   past ←   present participle (-*ing*) ∿

When a form is very irregular, its infinitive plus the appropriate symbol will appear: **fue** (← **ser**). The infinitive for some irregular subjunctive forms will also be indicated: **digas** (**decir**).

El pueblo hispano: Parte 1

1   Lejos de ser una comunidad homogénea y monocromática, el pueblo hispano abarca numerosos grupos humanos. Romano, árabe, europeo, indio, africano; creencias judías, cristianas, musulmanas, mitos indios y totemismo africano: esta
5   rica mezcla de gentes y tradiciones ha dado (←) un carácter único a la cultura hispana. Al mismo tiempo, ha planteado problemas que se resisten a soluciones fáciles o rápidas.

Los gitanos son el único grupo minoritario étnico de España. Su *cante* y baile forman parte de festivales como la Romería del Rocío en Sevilla.

Los gitanos en España

Situada en el cruce entre dos continentes y fácilmente accesible
desde el mar Mediterráneo, España ha sido (←) invadida y habitada
10   por muchos diferentes grupos a través de su historia: íberos, celtas,
griegos, romanos, godos, árabes. Todos estos grupos, especialmente
los romanos, que estuvieron (← estar) en España seis siglos,* y los
árabes, que ocuparon (←) la Península durante casi ocho siglos,†
han dejado (←) su impacto en la civilización y la cultura españolas.
15   Cada una de las diecisiete comunidades° autónomas conserva sus   regiones
propias tradiciones y costumbres, formando (ᴨ) así una patria
chica° dentro de la patria nacional. Quizás la más notable entre   pequeña
estas tradiciones es la persistencia de otras lenguas además del
español. El catalán, parecido al antiguo provenzal° de Francia, se   dialecto del francés
20   habla en las regiones de Cataluña y Valencia. El gallego, del cual se
derivó (←) el portugués moderno, todavía se habla en Galicia. En
los países vascos se habla vasco, una lengua antiquísima° y miste-   muy antigua
riosa que no parece estar relacionada con ninguna otra del mundo.

A pesar de° las diferencias regionales, hay bastante uniformidad   A... In spite of
25   racial y étnica por toda la Península Ibérica. En realidad, la única
minoría étnica que todavía existe en España son los gitanos. Sin
nacionalidad, los gitanos son un pueblo nómada. Originariamente
de la India, los gitanos aparecieron (←) en Europa en el siglo XV y
hoy se encuentran esparcidos° por casi todos los continentes del   scattered
30   mundo. Los europeos de aquel entonces° pensaban que eran de   aquel... back then
Egipto y por eso les pusieron (← poner) el nombre de *egiptanos*. De
ahí vino (← venir) el término *gitano* en español, al igual que *gypsy* en
inglés (de *Egyptian*).

Los gitanos formaban un grupo misterioso que no parecía tener
35   ningún interés en incorporarse a la sociedad en general. Dentro de
su propia comunidad, que tenía el carácter de un clan cerrado,
regían° leyes° gitanas que ponían el honor personal, la grandeza° y   were in force / laws /
la fidelidad a lo que era gitano por encima de todo. Aunque eran   generosity
excelentes artesanos y se les conocía° como grandes comerciantes   se... they were known
40   de caballos,° para muchas personas de aquella época, su habilidad   comerciantes... horse
en los espectáculos de circo° y la cartomancia los hacía sospecho-   traders
sos.° En España, como en muchas otras partes del mundo, pronto   circus
adquirieron (←) mala fama. Despreciados por su ropa exótica, su   suspect, suspicious
lengua extraña y su estilo de vida, se les atribuía° toda clase de   se... was attributed to
45   vilezas:° el robo, el engaño° en el comercio, la magia negra.   them
Durante los siglos XVI y XVII, el gobierno separó (←) a los

---

*Los romanos estuvieron (← estar) en España desde el siglo II a. de J.C. (antes de Jesucristo) hasta
principios del siglo V d. de J.C. (después de Jesucristo).
†Los árabes invadieron (←) España en el año 711 y fueron (← ser) expulsados por los Reyes Católicos en 1492.

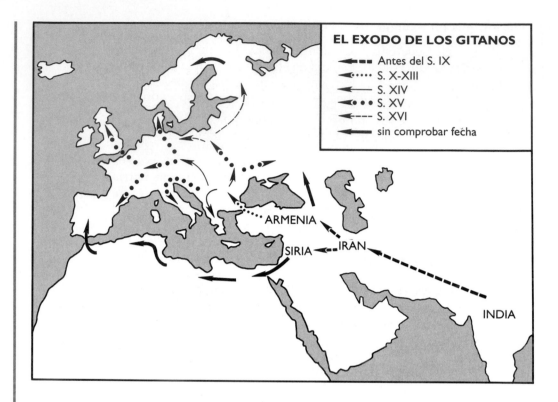

EL EXODO DE LOS GITANOS

◄■■■ Antes del S. IX
◄····· S. X-XIII
◄──── S. XIV
◄●●● S. XV
◄──── S. XVI
◄──── sin comprobar fecha

ARMENIA

SIRIA ◄─── IRAN

INDIA

gitanos del resto de la población, confinándolos (∿) en ciertas regiones del país. Al mismo tiempo quiso (← querer) prohibir que se agruparan? en comunidades separadas de modo que se vieran° obligados a asimilarse a la sociedad. Como resultado de estos esfuerzos, poco a poco empezaron (←) a perder su lengua y a mezclarse (si no exactamente a asimilarse) un poco más con el resto de la sociedad. Según algunos, fue (← ser) esta mezcla de lo gitano con lo español, y especialmente con lo árabe de Andalucía, lo que dio (←) origen al *cante* y baile flamenco, cuyos° ritmos tristes y sensuales han llegado a ser° sinónimo de la música más típica de España.

Ha habido° varios intentos de eliminar la discriminación contra las tradiciones y costumbres gitanas. Durante el siglo XVIII, se les consideró (←) ciudadanos° españoles. En los siglos XIX y XX varios escritores* hasta los idealizaron (←), presentándolos (∿) como víctimas románticas e inocentes. Sin embargo° todavía hoy son despreciados por muchos y, por lo tanto, siguen sufriendo (∿) discriminación. Analfabetos en un 80%, en su mayoría habitan en

de... so that they might be

whose

han... have become

Ha... There have been

citizens

Sin... Nevertheless

---

*Uno de los más famosos fue (← ser) el poeta Federico García Lorca (1898–1936), que habló (←) de los gitanos en el *Romancero gitano,* una colección de poemas.

65 chabolas sin los servicios básicos como agua corriente o luz
eléctrica. Los trabajos que ejercen, la compraventa de chatarra° y   *junk, scrap*
empleados temporales agrícolas, se consideran socialmente infe-
riores; la mendicidad° y el desempleo son frecuentes entre ellos.   *begging*
Viven marginados de la sociedad en general y excluidos de muchos
70 de sus beneficios. Aunque los gitanos buscan mejorar su situación
con respecto a los *payos* (nombre que les dan a los que no
son gitanos), no quieren perder su propia identidad
cultural.

Después de leer

COMPRENSION*

A. En la lectura, subraye en cada párrafo la oración que mejor resuma la
idea principal. Luego compare las oraciones que ha indicado (←) con las de
sus compañeros de clase para llegar a un acuerdo (*agreement*).

B. Las siguientes palabras aparecen en la lectura. Después de haberla leído
(*having read it*), ¿qué significado (*meaning*) tiene cada una para Ud.? ¿Qué información asocia con cada una?

1. el cruce
2. la mezcla
3. la lengua
4. la patria chica
5. nómada
6. sospechoso
7. separar
8. el flamenco
9. marginados

C. ¿Cierto o falso? Cambie las siguientes oraciones personales por otras im-
personales o pasivas usando (ᴎ) el pronombre **se**. Cuidado con la concordancia del verbo. Luego diga si son ciertas (**C**) o falsas (**F**) según la lectura. Corrija las oraciones falsas.

MODELO: *Encontramos* muchos grupos humanos en el pueblo hispano.→
Se encuentran muchos grupos humanos en el pueblo hispano.
Cierto.

1. _____ En las comunidades autónomas de España, *la gente conserva* muchas
tradiciones y costumbres distintas.
2. _____ En algunas de las comunidades, *la gente habla* una lengua diferente.
3. _____ *La gente de aquel entonces pensaba* que los gitanos venían de la India.
4. _____ *Muchos atribuían* características muy negativas a los gitanos, porque
muchos creían que era gente mala.

---

*Answers to many of the activities in this section are provided in the Answer Appendix.

5. ____ Para ganarse la vida, *la gente gitana trabajaba* en los circos, *practicaba* la artesanía y *tocaba* música flamenca.
6. ____ Durante la última parte del siglo XIX y la primera parte del siglo XX, *varios poetas escribieron* poemas románticos sobre los gitanos.
7. ____ Ya no *vemos* mucha discriminación contra los gitanos en España.

INTERPRETACION

A. ¡Necesito compañero!   Vuelvan a mirar el cuestionario sobre los gitanos que Uds. hicieron (←) en ejercicio B de la sección **Esquemas para comprender**. ¿Acertaron (*Did you guess correctly*) en todas sus respuestas? ¿Qué respuestas deben modificar ahora?

B. Entre todos.   Según lo que aprendieron (←) sobre los gitanos en la primera parte de la lectura de este capítulo, completen el siguiente mapa conceptual. Traten de incluir tantas palabras como puedan de la lista de la sección **Palabras y conceptos**.

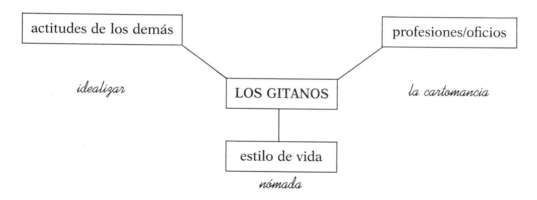

También en los Estados Unidos hay comunidades de gitanos. ¿Hay diferencias entre la imagen que se tiene del «gitano norteamericano» y la imagen del «gitano español»? ¿Existen también semejanzas entre ellos? Expliquen.

C. ¡Necesito compañero!   ¿Hay algunas semejanzas entre los gitanos y otros grupos étnicos? Identifiquen otros grupos étnicos o sociales que comparten estas características.

- la falta de nacionalidad
- la existencia de normas (*rules*) de conducta exclusivas del grupo
- el tener una lengua propia
- la resistencia a incorporarse a la sociedad mayoritaria

¿Piensan Uds. que algunas de estas características se deben al hecho de tener un estilo de vida (o tradición) nómada? ¿Cuáles? Expliquen.

Lectura

Entradas al texto

Palabras y conceptos

actual current day, present
la amenaza menace, threat
el analfabetismo illiteracy
el atraso backwardness
  atrasado backward
colonizar to colonize
  la colonia colony
  la colonización colonization
  el colono colonist
el desarrollo development
echarle la culpa to blame someone/
  something
esclavizar to enslave
  el esclavo slave
la fuerza force
imponer to impose

intentar to try
orgulloso proud
perder (ie) to lose
quitar to take away
el recurso resource
el rechazo rejection
la sangre blood
el ser being, creature
ser discriminado to be discriminated
  against
tanto... como... (...tanto como...) as
  well as . . .
tener vergüenza to be ashamed
tipificar to characterize
tratar de + *inf.* to try to (*do something*)

PEQUEÑO GLOSARIO DE TERMINOS RACIALES

BLANCO	A white person. This term is often used to refer to anyone who does not look predominantly Indian.
CRIOLLO	In colonial times, this word referred to a person of Spanish descent born in America. Now it is frequently used as a synonym for *white.*
CHOLO	A word with many different connotations, many of them extremely negative. Generally, it refers to a person in a state of transition between Indian and **mestizo** status.
GRINGO	In some countries, this is a general word for foreigner, especially one who looks white. The term is applied equally to someone from Europe or North America. In other countries (especially Mexico and Cuba) a **gringo** is specifically someone from the United States.
INDIGENA	An indigenous, or native, person or thing; an Indian.
INDIO	An Indian. Since this term often has negative connotations, the term **indígena** is a common substitute.*
MESTIZO	In colonial times, this term referred to a person of mixed European-Indian ancestry. Now it refers to someone who, regardless of ancestry, speaks fluent Spanish and shares the European culture, that is, someone who may be Indian by blood but not by culture.

---

*__Indio__ is the preferred term in sociological writing, a context in which it carries no negative connotations. Since it appeared as such in the source information on which the following reading is based, **indio** has been used alternately with **indígena** in this chapter's reading and exercises.

A. Busque sinónimos en la lista del vocabulario.

1. caracterizar
2. una persona o un animal
3. intentar
4. de hoy día

B. Busque antónimos en la lista del vocabulario.

1. liberar
2. dar
3. encontrar
4. la destrucción

C. ¿Qué palabra no pertenece al grupo? Explique por qué.

1. gringo, criollo, indígena, blanco
2. imponer, el recurso, la fuerza, la amenaza
3. marginado, discriminado, atrasado, orgulloso

D. Defina brevemente en español.

1. el mestizo
2. el criollo
3. la sangre
4. el gringo

Esquemas para comprender

A. La segunda parte de la lectura de este capítulo trata de la situación de los indígenas en Latinoamérica. Pensando (ᗩ) en lo que acaba de aprender con respecto a los gitanos españoles, mire la lista de **Palabras y conceptos**. ¿Qué palabras sugieren semejanzas entre la situación de los gitanos y la de (*that of*) los indígenas en Latinoamérica? ¿Qué palabras sugieren diferencias?

B. ᗩ **¡Necesito compañero!** Además del vocabulario, hay otros aspectos en un texto que dan también información sobre su contenido. Trabajando (ᗩ) con un compañero (una compañera), miren la segunda parte del capítulo brevemente, prestando (ᗩ) atención especial a los siguientes aspectos.

- el título
- los subtítulos
- las fotos
- las tablas
- las glosas
- las notas al pie de la página

Según esta información, indiquen lo siguiente.

1. La idea principal de este texto: ¿Qué va a describir?
2. Dos diferencias que Uds. notan entre el indio latinoamericano y la imagen que tienen del indio norteamericano.

ᗩ **Entre todos.** Compartan sus respuestas con las de sus otros compañeros de clase. ¿Hay mucha diferencia de opiniones entre Uds.?

El pueblo hispano: Parte 2

Los indios en América Latina

 En América Latina fue (← ser) el doble proceso de conquista y colonización lo que° inició (←) la mezcla de razas y tradiciones. Este proceso continuó (←) durante los siglos XVIII y XIX con la inmigración desde Europa de grandes números de italianos, ingleses, irlandeses y alemanes. Muchos todavía pueden sorprenderse° al ver el nombre de O'Higgins* entre los patriotas latinoamericanos, pero la verdad es que hoy O'Higgins y Ruf son nombres tan chilenos como Alvarez o Bustamante, y Pagliere y Livingston tan argentinos como Ortiz o López.

lo... what

be surprised

Lo que se encuentra con menos frecuencia son nombres como Tupahue, Noculqueo, Cusihuaman y Chuquín: nombres indígenas. En la América del Sur, como en la América del Norte, la colonización de todo un nuevo mundo implicó (←) la exclusión, cuando no la exterminación, de otra raza humana. «El problema del indio» es una vieja polémica° en Latinoamérica, donde muchos quieren culpar? al indio del atraso económico y social en comparación con las naciones europeas o con los Estados Unidos. Ellos observan entre la gente indígena varios aspectos negativos: un alto porcentaje de analfabetismo, su escasa° participación en la economía y su propia resistencia en general al contacto con los no indios. Se dice que los indios, porque se niegan a° asimilarse a la cultura y a la civilización occidentales, son incapaces de participar en la vida moderna. La conclusión lógica de estas personas es que la solución para el progreso y desarrollo de su país está en la liquidación de los indios.

debate

limitada

se... they refuse to

Es triste e irónico encontrar esta actitud hacia los indios en los mismos países donde el indígena históricamente alcanzó° elevados niveles? de civilización, y en donde casi toda la población tiene algo de sangre india. Pero como vamos a ver, tener apariencia física indígena es una cosa, mientras que ser indio es otra completamente diferente. Muchos hispanoamericanos están orgullosos de tener antepasados indígenas, pero ser indio en toda Latinoamérica es algo sumamente negativo.

reached

¿Quién es indio?

Los antropólogos no están de acuerdo cuando establecen los grupos sociales que hay en Latinoamérica. Unos dicen que hay tres grupos:

---

*Bernardo O'Higgins (1778–1842), líder revolucionario, fue (← ser) el primer jefe de estado de Chile después de que ese país consiguió (←) la independencia de España.

los blancos, los indios y los mestizos; otros dicen que hay cuatro: blancos, mestizos, indios y cholos; y otros dicen que hay solamente dos grupos: el mestizo y el indio. Si alguien le preguntara° a un indio cuántos grupos hay, su respuesta sería° dos: los indios y los no indios.

Si... If someone were to ask
would be

En los Estados Unidos consideramos al indio una raza, como al blanco y al negro, porque tiene ciertos rasgos físicos que lo tipifican. En Latinoamérica, el indio se define más por características socioculturales que por características raciales. Desde los días de la conquista, los españoles tomaron (←) esposas indígenas; así, hay una gran mezcla de sangre en Sudamérica. En muchos lugares, es muy difícil distinguir los indios de los que no son indios solamente por su apariencia física. La diferencia es cultural; el indio es el que vive como un indio; habla una lengua indígena (y muchas veces no habla otra lengua), lleva ropa indígena, participa en fiestas y otras costumbres indígenas y vive en una comunidad indígena.

Desgraciadamente, el que vive como indio también vive marginado de la sociedad en general. En varios lugares, es discriminado abiertamente; se le considera° un ser inferior y no se le permite° entrar en la vida nacional. En otros lugares, donde quieren y aun piden su participación, es el indio mismo quien se aleja,° quien no desea relacionarse con los otros grupos étnicos. Tanto la actitud negativa contra los indios como su aparente rechazo de la sociedad no indígena responden a motivos históricos que datan del principio de la colonización del Nuevo Mundo.

se... he/she is considered /
no... he/she is not permitted
se... backs away

La colonización del Nuevo Mundo

La historia de Norteamérica y de la América del Sur son similares en muchos aspectos. Los colonos ingleses y los conquistadores españoles encontraron (←) tierras fértiles y bellas, llenas° de enormes recursos naturales, con toda clase de plantas y animales exóticos. En el sur tanto como en el norte, el Nuevo Mundo ya estaba habitado por indios, bautizados° así por Colón porque creía que había llegado° a la India Asiática. En el norte, los indígenas formaban tribus que vivían de la pesca,° la caza° y de una agricultura rudimentaria. En el sur, había pescadores y cazadores, y todavía quedaban restos° del avanzado sistema social que habían alcanzado° las grandes civilizaciones inca, maya y azteca. El contacto entre los nuevos y los viejos habitantes de América fue (← ser) violento y su resultado inevitable: los indios poco a poco perdieron (←) sus tierras y vieron (←) la destrucción de sus antiguos modos de vida.

full

baptized
había... he had arrived
fishing / hunting

quedaban... había evidencia
habían... had attained

Aunque los resultados eran similares, los procesos fueron (← ser) distintos, y la situación actual de los indios en Norteamérica y en Sudamérica refleja estas diferencias. Los ingleses llegaron (←) al Nuevo Mundo por razones religiosas y políticas; vinieron (← venir) con sus familias para colonizar, es decir, para establecer nuevas comunidades en el nuevo territorio. Cuando encontraron (←) que las tierras estaban en manos indígenas, usaron (←) la fuerza para desplazarlos.° Poco a poco empujaron° a los indios hacia el oeste, y por fin los encerraron° en pequeñas parcelas de tierra, los «Territorios Reservados», en donde todavía viven hoy muchos de sus descendientes.

En Latinoamérica, la situación era muy distinta. Los españoles que acompañaron (←) a Cortés y a Pizarro eran soldados y no vinieron (← venir) al Nuevo Mundo tanto para colonizar como para conquistar. Querían sacar los recursos (especialmente el oro y la plata) del nuevo territorio y para hacerlo, necesitaban a los indígenas. Les quitaron (←) sus tierras, pero en vez de empujarlos a otro lugar, los esclavizaron (←) y les hicieron (←) trabajar la tierra y las minas. Aunque después la corona° intentó (←) abolir la *Crown* esclavitud y la explotación de los indios, no pudo (← poder) controlar totalmente a los colonos. Legalmente los indios no eran esclavos, pero en el terreno económico, continuaban bajo el control de la clase dominante.

La situación actual del indio

Desde el principio de la conquista hasta el presente, los indios en Latinoamérica se han encontrado° en una situación ambigua; están *se... have found* dentro de la sociedad, pero también fuera de ella; son una parte *themselves*

En la América Latina, como se ve en este grupo de ecuatorianos, no es posible distinguir a los indios solamente por su apariencia física. La diferencia es cultural.

importante de la economía* pero se les excluye° de sus beneficios.   *se... they are excluded*
Así es que hoy los indígenas, unos 20 millones de personas, forman
una población efectivamente marginada de la vida nacional. En
muchos países, sus compatriotas no indios los ven como una
vergüenza, como impedimento al progreso. Hay otros que quieren
ayudar a los indios porque reconocen que la miseria en que viven es
el resultado de los 500 años de opresión y explotación que han
sufrido (←) a manos de sus hermanos «civilizados». Ambos grupos
saben que tienen que encontrar una solución al «problema del
indio» si sus países quieren beneficiarse al máximo de sus recursos
y de su población.

K   El problema se agrava? porque muchas veces los indígenas
mismos no están dispuestos? a cooperar con sus «salvadores».°   La   *saviors*
experiencia les ha enseñado (←) a ser suspicaces;° ahora interpretan   *suspicious*
toda intervención de los no indios como otro intento de quitarles sus
posesiones o imponerles las reglas y normas de la cultura dominante. Ven a todo extranjero como una amenaza. Podemos citar el
caso de un pueblo indígena ecuatoriano. Durante una campaña°   *campaign*
para controlar la viruela,° el gobierno de Ecuador mandó (←)   *smallpox*
personal sanitario° para vacunar? a los habitantes del pueblo. Pero   *health*
fue (← ser) imposible convencerles de que aceptasen° la ayuda de   *para... to accept*
los médicos: o les tiraban piedras,° o huían? a las montañas y no   *tiraban... they threw*
regresaban al pueblo hasta que los médicos se habían marchado.°   *rocks*
Los médicos finalmente convencieron (←) al cura para que les   *se... had left*
ayudase.° Anunció (←) una misa especial; cuando todos los indios   *cura... priest to help them*
habían llegado,° cerraron la puerta de la iglesia con llave° y así   *habían... had arrived /*
pudieron (← poder) vacunar a gran número de ellos, usando (∩)   *cerraron... they locked*
incluso la fuerza si el indio se resistía. Entonces corrió (←) el rumor   *the church door*
entre los indios no inoculados de que los *misti* (no indios) ya no
estaban contentos con robarles sus tierras y sus aguas sino que°   *sino... but rather*
ahora querían robar también sangre indígena.

¿Cómo solucionar el problema?

L   Generalmente se considera que hay tres posibles soluciones al
problema de los indios en Latinoamérica: la incorporación, la
integración o la libre determinación.

M   Los que proponen la incorporación de los indios quieren
educarlos de acuerdo con las normas sociales y culturales de la
sociedad no indígena. Aunque se han establecido° programas de   *se... have been established*
educación, de atención sanitaria y de organización social en las
comunidades indígenas, lo malo es que los defensores de la

---

*The Indian population has always been important economically in terms of its labor and the agri-
cultural and clothing goods it produces and contributes to the larger economy. However, Indians
themselves have not benefited greatly from their work and products and do not participate in the
larger economy in terms of saving, investing, and exchanging money.

La integración del indígena no implica el abandono de su propia cultura. Por medio de la radio, este indígena colorado de Ecuador también participa de otras culturas.

incorporación miran al indio desde un punto de vista° paternalista y condescendiente. Quieren salvarlo° de su ignorancia, porque piensan que el indio no tiene cultura propia. O si bien reconocen que existe una cultura indígena, deciden que esa cultura no sirve,° que es inferior y que supone una barrera? para el progreso. En realidad, la incorporación del indio es solamente otra forma de liquidación porque tratan de quitarle su cultura para imponerle otra.

La solución de la integración busca formar una tercera sociedad que no sea ni blanca ni india, sino° una integración de lo bueno de las dos culturas. Los defensores de la integración quieren cambiar la visión negativa que se tiene de los indios y sustituirla por otra que los ve como seres humanos, con formas culturales y valores tan buenos como° los de la sociedad blancomestiza. La integración trata de conocer la realidad indígena para seleccionar los valores y características que deben ser conservados y desarrollados. Se intenta hacer esta selección mediante° la participación completa del indio mismo. En vez de° imponerle un sistema de educación o de salud,° quieren su participación directa en todo lo relacionado con su vida colectiva y pública, su educación y su salud, sus derechos° económicos y sociales. El problema más grande es decir quién o quiénes deben tener el derecho de decidir cuáles son los rasgos de la cultura indígena que deben ser conservados y cuáles eliminados.

La tercera solución, la de la libre determinación, fue (← ser) formulada por varios dirigentes? de los movimientos indigenistas de los Estados Unidos y el Canadá. Consiste en un rechazo total de los

punto... perspectiva
to save him

no... is no good

but rather

tan... as good as

by means of
En... Instead of
health
rights

intentos de integración o de incorporación porque proceden° de
grupos no indígenas. La idea básica es que la comunidad indígena
debe decidir el presente y el futuro de su pueblo. Los indios deben
plantear° los problemas de su comunidad y también las soluciones.
Y por su parte, dicen los indios, la sociedad debe proporcionar° los
recursos económicos necesarios como recompensa por la explotación histórica que han padecido,° y porque ellos son los verdaderos dueños° de las riquezas de América. De esa forma, los indios
demandan el progreso, pero solamente a partir de° su propia
cultura, de su organización social y política. Aunque esta alternativa
intenta considerar el bienestar° del indígena sobre todo, también
quiere intensificar las separaciones y divisiones que ya existen en la
sociedad latinoamericana moderna.

vienen

dar, contribuir

han... *they have suffered*
verdaderos... *rightful
  owners*
a... *based on*

well-being

P

¿Incorporación, integración o libre determinación? Cualquiera
que sea° la solución, sus consecuencias cambiarán (→) la historia y
el desarrollo económico de la América hispana y sus
repercusiones tendrán (→ tener) un gran impacto en el
mundo actual.

Cualquiera... *Whatever
  may be*

Después de leer

COMPRENSION

A. Al lado de cada párrafo de la segunda parte de la lectura hay una
letra. Escriba la letra del párrafo junto a la oración que resuma mejor su
información.

1. _____ Los indios a veces tienen miedo de cooperar con los no indios, aun
   cuando esta cooperación los beneficia directamente.
2. _____ Hay muchas semejanzas históricas entre Norteamérica y América
   del Sur con respecto a los colonos y su contacto con los pueblos
   indígenas.
3. _____ Para los colonos ingleses, los indios representaban un estorbo (impedimento) para sus planes de establecer comunidades en el nuevo
   territorio.
4. _____ Tanto con respecto a su participación en la sociedad moderna como
   a la actitud de los no indios hacia esta participación, la situación actual de los indios es ambigua.
5. _____ Esta posible solución busca una mezcla de lo mejor de las dos culturas—la india y la no india—mediante la participación directa de
   los indios en el proceso.
6. _____ Esta posible solución prefiere que el indio abandone su cultura (que
   es primitiva y atrasada) para aceptar la cultura y todos los beneficios
   de la sociedad no india.
7. _____ Hay diferencias de opinión sobre la definición de *indio*.

B.   Con cinco o seis palabras clave (*key*) de la lista del vocabulario, escriba un breve resumen (de una o dos oraciones) de la lectura sobre los indios.

C.   Conteste las preguntas según la lectura. Use complementos pronominales para evitar la repetición innecesaria.

> MODELO: ¿Consideramos al indio en Estados Unidos como una raza? →
> Sí, lo consideramos como una raza.

1. ¿Consideran al indio en Latinoamérica como una raza?
2. ¿Aceptan o rechazan los indios la sociedad no indígena?
3. ¿Cierta gente latinoamericana ve a los indios actuales como seres superiores?
4. ¿Incluían los colonos ingleses a la gente india en sus planes para colonizar el Nuevo Mundo?
5. ¿Querían los médicos ecuatorianos robar sangre india?

D.   La siguiente tabla resume la comparación de las experiencias de los indios en Norteamérica y Sudamérica durante el período de colonización. Complétela con información de la lectura.

PUNTOS DE COMPARACION	NORTEAMERICA	SUDAMERICA
Grupo colonizador principal		
Motivos para la colonización		
Tratamiento que se daba a los indios		
Resultado de este tratamiento		
Actitud general hoy en día de los indios hacia la cultura no india		

INTERPRETACION

A.   **Entre todos.**   Comenten las tres soluciones propuestas al problema de los indios en Latinoamérica, usando (∾) los siguientes temas para organizar la discusión.

1. Lo que cada solución propuesta cambia y lo que no cambia.
2. ¿Cómo se implementan los cambios? ¿Quiénes los llevan a cabo (*carry out*)?
3. Las actitudes relacionadas con los cambios.

Según esta discusión, ¿qué ventajas y desventajas tienen las tres soluciones propuestas?

B. 🌅 **Entre todos.** ¿Recuerdan Uds. cuáles fueron (←) las dos actitudes contradictorias hacia los gitanos mencionadas en la primera parte de la lectura? Completen las siguientes oraciones.

Por un lado, son figuras románticas porque se asocian con...
Pero, por otro lado, mucha gente...

¿Existen las mismas actitudes contradictorias respecto al indígena en Latinoamérica? Expliquen. ¿Notan Uds. semejanzas o diferencias en cuanto a las actitudes hacia el indio en los Estados Unidos? Existe «un problema indio» en los Estados Unidos? Comenten.

C. 🌅 **¡Necesito compañero!** ¿Cuál es la imagen del indio que se presenta en la televisión y el cine norteamericanos? Con un compañero (una compañera) de clase, escojan los cinco adjetivos de la siguiente lista que correspondan mejor con esta imagen. Prepárense para justificar su respuesta.

inocente	guapo	débil
corrupto	primitivo	inferior
estúpido	trágico	víctima
inteligente	mentiroso	honrado
justo	trabajador	romántico
heroico	feo	artístico
cobarde	fuerte	igual
cruel	natural	superior
perezoso	materialista	religioso

Una película reciente que intenta retratar a los indios de otra manera es *Bailando con lobos* (*Dances with Wolves*). ¿Cómo aparecen los indios en esta película? ¿Qué cualidades tienen? ¿Y los blancos? ¿En qué otra manera se ve el respeto a la cultura indígena? ¿Cree Ud. que la película tuvo (← tener) éxito en presentar una imagen más positiva del indio? ¿Por qué sí o por qué no?

APLICACION

A. ¿Cree Ud. que los problemas que tienen los indios en los Estados Unidos son diferentes de los problemas que tiene cualquier otro grupo minoritario? ¿Por qué sí o por qué no?

B. Tanto los gitanos de Andalucía como los indios norteamericanos provocan cierto interés turístico. ¿Qué ventajas y desventajas trae esto?

C. Ultimamente, las nociones de «pluralismo cultural» y «diversidad étnica» han recibido (←) atención en muchas universidades norteamericanas, donde las ven como ideales para la sociedad contemporánea. En la actualidad, en algunas universidades incluso es un requisito académico que todo estudiante tome una clase que trate del racismo o del multiculturalismo. ¿Se han debatido (←) estos asuntos en su universidad? ¿Cuál ha sido (←) el resultado? ¿Qué opina Ud. de la idea de incluir en los estudios académicos un curso sobre el racismo? ¿y sobre el multiculturalismo? ¿Cuáles podrían (*might*) ser algunas de las razones para justificarla? ¿y para no incluirla?

  # V O C E S

Sonsoles D.
Madrid, España

Josep L.
Barcelona, España

Laura C.
Armenia, El Salvador

Alan V.
Santiago, Chile

Celia B.
Rosario, Uruguay

1. *¿Qué grupos raciales o étnicos viven en su país? ¿Cuáles son considerados marginales?*

Sonsoles D.: Madrid, España
Hasta hace pocos años sólo existía la minoría gitana, prácticamente marginada. Ahora comienzan a llegar algunos africanos y europeos del Este. ¿Marginales? Sobre todo los gitanos.

Celia B.: Rosario, Uruguay
En mi país viven diferentes grupos étnicos... de todas partes del mundo, como los hay en los Estados Unidos. La mayoría de la población es blanca, descendiente de europeos. Como la población indígena fue exterminada antes de que se mezclara con los europeos, pues (los indios) eran sumamente agresivos, no se ven prácticamente mestizos tal como sucede en Centro América y México.

Laura C.: Armenia, El Salvador
Podría decir que mi país tiene una población casi homogénea. Los dos grupos que se distinguen por su presencia son los árabes y los chinos. ¿Marginados? Prácticamente ninguno de los grupos; pues el pueblo por lo general los acepta. Los chinos pasan casi desapercibidos (*unnoticed*). La mayoría son comerciantes en pequeña escala, y tienen tiendas y negocios de productos orientales, sobre todo en los mercados... En cuanto a los árabes, muchos son vistos con cierto desdén, tradicionalmente, por sus costumbres tan diferentes de las costumbres locales. Anteriormente, a pesar de (*despite*) sus grandes fortunas, les era negada la membresía en los

clubes más exclusivos. Por lo general, se casan con personas de su misma raza.

Alan V.: Santiago, Chile

La población mapuche, el único grupo indígena de cierta importancia hoy, sufre, en cierta medida de discriminación racial y social... En su mayoría se ha mantenido en la pobreza y analfabetismo, subsistiendo en la zona rural donde mayoritariamente le han sido arrebatadas sus tierras (*their lands have been snatched away*) por los hacendados. Los pocos individuos que logran salir de dicha condición emigran a la zona central (principalmente a Santiago, la capital) en busca de trabajo y educación. Pero solo consiguen, a lo más, un trabajo como obrero de la construcción, planificador o asesora del hogar, quedando sus aspiraciones de educación postergadas (*postponed*) por tener que trabajar mucho y ganar poco.

He podido observar que muchos nos vanagloriamos (*we pat ourselves on the back*) de que en Chile el problema racial no existe, y en el fondo somos tan racistas como en otros países.

Josep L.: Barcelona, España

A nivel (*level*) general habría un grupo marginal en toda España: los gitanos... En el ámbito de las autonomías,* hay diferencia entre los (individuos) que son de las autonomías... y los que han emigrado por razones económicas... Los emigrantes, sobre todo los que emigran de las regiones del sur de la península como Andalucía, son de una clase social más baja y se concentran principalmente en barrios determinados en las áreas metropolitanas... Tienen más dificultades para acceder a todos los niveles de educación y trabajo. Las escuelas públicas no son del mismo nivel que en otros barrios.

¡UD. TIENE LA PALABRA!

A. Alan V. sugiere que la gente puede hablar de una manera (« ...nos vanagloriamos de que en Chile el problema racial no existe... ») y actuar o pensar de otra (« ...en el fondo somos tan racistas como en otros países»). ¿Hay evidencia de estas dos actitudes en las otras voces? ¿Y en los Estados Unidos también? Explique con ejemplos.

B. Josep L. se interesa más por la marginalización de que uno puede ser objeto si se muda de una región a otra para buscar trabajo. ¿Ocurre esto en los Estados Unidos también? De los problemas que él menciona, ¿cuáles existen también en este país? ¿También tienen problemas los que son de una región cuando llega un grupo de forasteros (*outsiders*)? Comente.

C. Estas voces reflejan percepciones muy personales de la situación étnica en sus respectivos países. ¿Cómo se puede ver la influencia de la región donde uno vive en esta percepción? ¿Cree Ud. que la región donde vive afectaría (*would affect*) también la respuesta de un norteamericano a esta misma pregunta? ¿En qué sentido? ¿Qué otros factores afectarían su percepción? Haga un pequeño sondeo entre sus compañeros de clase (o entre otros amigos) para averiguarlo. Entre todos, preparen una o dos preguntas y entrevisten a dos o tres personas. Luego compartan sus resultados con los demás de la clase. ¿Qué semejanzas o diferencias notan?

---

*The **autonomías** are the seventeen political/geographic regions of Spain: Aragón, Navarra, País Vasco/Euskadi, Cantabria, Asturias, Galicia, Castilla-León, Castilla-La Mancha, Madrid, La Rioja, Cataluña, País Valenciano, Extremadura, Andalucía, Murcia, Islas Baleares, Islas Canarias. Each of these regions—some of which were historically independent areas—has a certain amount of autonomy or independence to pursue its own social, cultural, educational, and economic interests.

El Día de los Muertos, Pátzcuaro, México

La muerte y el mundo del más allá

El hispano ante la muerte

Por sí solo... leer y comprender

Aspectos lingüísticos

More on Word Guessing

In Chapter 1 you learned how to recognize word meanings based on several common suffixes (**-ado, -ido, -tad,** and **-dad**). Three other suffix groups that will help you guess word meanings are superlatives, diminutives, and augmentatives.

SUPERLATIVES: **-ísimo**

This suffix is attached to adjectives or adverbs to give superlative meaning, expressing *very/extremely + adjective/adverb.*

> malo *bad*   →   mal**ísimo** *extremely bad*
> lento *slowly* →   lent**ísimo** *very slowly*

DIMINUTIVES: **-ito, -ico, -illo, -ín (-ina), -uelo**

Added to any word, the diminutive endings express smallness and/or affection. They correspond to English *-y* (*Bill* → *Billy*), but are used more frequently in Spanish. The use of these endings, along with the way in which they are affixed to words, varies from region to region, with one form preferred within a particular area.

> perro *dog*   → perr**ito** *little dog*
> abuela *grandmother*   → abuel**ita** *granny, grandma*
> pollo *chicken*   → poll**uelo** *chick*

Although all of these endings signify smallness, **-illo** expresses negativity or worthlessness as well. Compare **animalito** (*cute little animal*) with **animalillo** (*wretched, miserable animal*).

AUGMENTATIVES: **-ón (-ona), -azo, -ote (-ota), -acho, -ucho**

These suffixes connote largeness and/or derogatory meaning. The **-acho/-ucho** endings imply only negative feelings.

> mujer *woman* → mujer**ona** *large, grotesque woman*
> silla *chair*   → sill**ón** *large chair*
> libro *book*   → libr**azo,** libr**aco** *voluminous book (of little worth)*
> delgado *thin*   → delgad**ucho** *absurdly skinny*
> feo *ugly*   → fe**ote** *big and ugly*

A.   Can you guess the meaning of the following words? **¡OJO!** Included in this exercise are words with suffixes from Chapter 1.

1. amiguito
2. burlón
3. dedicado
4. gravedad
5. solemnidad

6. angelito
7. tristísimo
8. cursillo
9. querido
10. perdido

11. resignado
12. arbolucho
13. pequeñito
14. confortabilidad
15. positivísimo

Aproximaciones al texto

Using the Main Idea to Anticipate Content

In Chapters 1 and 2 you practiced techniques that enable you to quickly skim a selection to get a general idea of its meaning. Another important technique is using your knowledge of the main idea to anticipate the rest of the selection's content.

If you know, for example, that the main topic is a history of embalming practices throughout the world, then you can predict that you will find information in the text from a variety of countries (not just one), that the information will probably be organized chronologically, and that there is likely to be a fair amount of comparative detail about the religious or cultural significance of embalming. On the other hand, if the topic appears to be Egyptian embalming practices, then you would expect the text to limit itself to that country and to describe the process in detail.

B. What type(s) of information from column B would you expect to find in a text whose main idea is indicated in column A?

—————————— A ——————————	—————————— B ——————————
1. _____ comparison/contrast of attitudes about death in several countries	a. anecdotal information (the description of specific cases)
2. _____ discovery of the tomb of King Tutankhamen	b. information from more than one country
3. _____ exposé on artificial means of prolonging life	c. biographical information
4. _____ famous deaths that changed the world	d. historical detail
	e. geographical description
	f. technical detail
	g. biological information
	h. philosophical discussion

If you thought that any item from column B applied to more than one selection from column A, how would the specific information differ according to each topic? That is, if you expected to find historical detail in two texts, what specific types of detail would you look for in each?

C. Listed on the next page are the opening sentences of each paragraph of this chapter's reading. Read them quickly, trying to guess the meaning of the words you don't know from the context. Then answer the questions.

- Se dice que la manera en que una persona muere nos revela mucho de su vida.
- ¿Reacciona la gente de la misma manera en el mundo hispano?
- También en la expresión del sufrimiento los norteamericanos intentan quitarle importancia a la muerte.
- La cultura hispana tiene otras actitudes y respuestas a la experiencia de la muerte.
- En muchas partes del mundo, la gente del pueblo cree que las almas de los difuntos vuelven a su casa el 31 de octubre o el primero de noviembre.
- Esta convivencia siempre hace menos formales las relaciones entre la gente mientras que la distancia o el desconocimiento produce la formalidad.
- A algunos norteamericanos la actitud del hispano les parece morbosa.
- De ese modo, la tradición cultural hispana hace difícil la evasión de la muerte.
- La diferencia entre la actitud hispana y la de otros grupos étnicos se ve claramente en un estudio sobre las actitudes hacia la muerte que se hizo en Los Angeles.
- Paradójicamente, en comparación con los otros grupos, los mexicanoamericanos están más dispuestos a confesar su miedo ante la muerte, y, por lo general, no quieren saber si tienen una enfermedad grave o van a morir.
- ¿Qué consecuencias en las dos culturas tienen las diversas maneras de enfocar la muerte?

1. Según lo que acaba de leer, ¿cuál parece ser la idea principal del texto?

    a. Hay muchas semejanzas entre la manera en que los españoles y los latinoamericanos reaccionan ante la muerte.
    b. Los anglosajones no comprenden las actitudes de los hispanos hacia la muerte.
    c. A los hispanos les gusta la muerte; a los anglosajones no les gusta.
    d. Las diferencias culturales entre el mundo hispano y el mundo anglosajón se reflejan en las actitudes de ambos hacia la muerte.

2. ¿Cómo se organiza la información de la lectura?

    a. comparación/contraste
    b. causa/efecto
    c. narración cronológica
    d. clasificación (es decir, agrupar varias prácticas según sus semejanzas)

3. Según las respuestas que Ud. eligió para las preguntas anteriores, ¿cuál(es) de estos tipos de información espera encontrar en este texto?

    a. información biográfica sobre personas famosas ya muertas
    b. descripción de las prácticas o tradiciones típicas en las dos culturas respecto a la muerte
    c. informes estadísticos sobre la frecuencia del cáncer y las enfermedades del corazón en las dos culturas
    d. comentario sobre cómo la actidud hacia la muerte afecta la forma de vivir de la gente

e. datos históricos sobre la forma en que se ha visto (←) la muerte a través de los siglos en el mundo hispano

 **Lectura**

Entradas al texto

Palabras y conceptos

el asco disgust; revulsion
la burla joke
el cementerio cemetery
convivir (con) to live together (with)
el/la difunto/a dead person
disfrazar to disguise
el dolor grief
en cambio on the other hand
enterrar (ie) to bury
  el entierro burial
evitar to avoid
la gravedad seriousness
el gusto taste
  ser de mal (buen) gusto to be in bad (good) taste

la liberación liberation
la pérdida loss
permanecer to remain
el recuerdo memory; remembrance
sorprender to surprise
el sufrimiento suffering
superar to overcome, surpass
tratar to treat, deal with
la vela candle
el velorio wake

A.   ¿Qué palabra no pertenece al grupo? Explique por qué.

1. el entierro, la liberación, el velorio, el cementerio
2. el sufrimiento, el dolor, la pérdida, la vela

B.   Complete las oraciones en una forma lógica, usando (∿) la forma correcta de las palabras de la lista del vocabulario.

1. No creo que entiendas _____ del caso; es un delito (*crime*) serio.
2. Ellos quieren salir de la ciudad para ir a vivir al campo, pero su hijo quiere _____ en la ciudad.
3. Creo que tú tienes razón. _____, lo que dice Julián no tiene sentido.
4. Cuando visito un lugar nuevo, me gusta comprar algo como _____ de mi visita.
5. En este país se considera de _____ contar chistes (*jokes*) sobre las personas incapacitadas.
6. A veces es imposible comprender muy bien a otra persona hasta que uno _____ con ella.
7. Es una persona muy sensible (*sensitive*); no le gusta hablar de temas tristes ni _____ otros asuntos negativos.
8. Después de un año pudo _____ el dolor de su pérdida.

C. ¡**Necesito compañero!**   Miren con atención las siguientes caras. Indiquen la(s) palabra(s) de la lista del vocabulario que asocian con cada dibujo.

1.

2.

3.

4.

5.

Esquemas para comprender

A. ¡**Necesito compañero!**   La palabra *el difunto,* una palabra más delicada que *el muerto,* se utiliza para referirse a una persona que ha muerto. Con frecuencia se utiliza este tipo de expresiones, llamadas eufemismos, para hablar de temas que la gente prefiere no comentar abiertamente. Por ejemplo, mucha gente utiliza eufemismos para referirse al sexo, a la muerte y a ciertas partes del cuerpo y sus funciones biológicas. En dos minutos, hagan una lista de todos los eufemismos en inglés que puedan recordar con que la gente se refiere a la muerte. Luego, compartan la lista con los otros compañeros de clase. ¿Cuántos eufemismos pudieron recordar? ¿Hay ciertos grupos o personas que se asocien típicamente con algunas de estas frases?

B. **Entre todos.**   Miren con atención las fotos que acompañan la lectura.

1. Digan lo siguiente con relación a cada una.

    - ¿Quiénes están en la foto?
    - ¿Dónde están?
    - ¿Qué hacen?

2. ¿Cómo reaccionan Uds. al ver las fotos? ¿Les parecen normales o extrañas? ¿Les gustan? ¿Les sorprenden? ¿Les molestan? Expliquen. ¿Qué hay en las fotos que estimula esta reacción?

3. ¿Hay alguna foto que les impresione más que las otras? ¿Cuál es? ¿Pueden explicar por qué les produce una impresión tan fuerte?

4. ¿Qué acciones o actitudes esperamos ver en fotos de los mismos sitios en los Estados Unidos?

El hispano ante la muerte

1   Se dice que la manera en que una persona muere nos revela mucho de su vida. Del mismo modo, la manera en que una cultura trata la muerte nos dice mucho de esa cultura. Es curioso observar que en el caso de los países anglosajones, la

5   manera de tratar la muerte es no tratarla. Según el sociólogo Geoffrey Goren, la muerte ha sustituido al° sexo como el tabú del siglo XX. Si antes los niños creían que una cigüeña? los traía al mundo, hoy reciben lecciones de biología desde temprana edad. Pero si antes los niños asistían a la muerte de un abuelo o de otra

10 persona, hoy nadie les permite ver escenas de esta clase. Y cuando los niños preguntan por un abuelo «desaparecido», raras veces les dicen que está muerto; se prefiere inventar una explicación menos desagradable, como, por ejemplo, el cuento del abuelo que duerme tranquilo en un jardín bello.°

15   ¿Reacciona la gente de la misma manera en el mundo hispano? Si leemos el testimonio de los viajeros españoles que han pasado (←) algún tiempo en los Estados Unidos, vemos que las dos culturas tienen actitudes bien distintas ante la muerte. Miguel Delibes* ve con sorpresa que en los EEUU la gente quiere «disfrazar» la muerte.

20 Mientras que en España el Día de los Difuntos es un día dedicado al recuerdo de los familiares muertos, en USA es una fiesta infantil. Y cuando la muerte llega, como por fuerza° tiene que llegar, no entra en casa de los norteamericanos. Los enfermos son llevados al hospital y mueren allí aun cuando no puedan hacer nada por ellos.

(margin notes)
ha... has substituted for
bonito
por... inevitablemente

En la cultura hispana hay una mayor aceptación de la muerte. En esta procesión fúnebre se observan aspectos de celebración y tristeza al mismo tiempo.

*Escritor español contemporáneo y autor de un libro de observaciones sobre los Estados Unidos, *USA y yo,* publicado en 1966.

25 Y después de morir, el difunto es llevado a la funeraria, donde hacen
el milagro° de quitarle toda apariencia de muerto. «Parece que   *miracle*
duerme», dice la gente que viene a despedirse? del difunto. Otra vez
la muerte aparece disfrazada. Lo mismo ocurre en el cementerio,
sitio que a los viajeros españoles les parece más bien un parque con
30 sus lagos plácidos, su yerba cepillada° y sus árboles decorativos. Al   yerba... *manicured grass*
hispano le sorprende mucho que los norteamericanos intenten
hacer desaparecer la muerte del mismo cementerio.

También en la expresión del sufrimiento los norteamericanos
intentan quitarle importancia a la muerte. Se considera de mal
35 gusto manifestar el dolor con demasiada fuerza. Sólo se puede
llorar o gritar cuando uno está solo, raras veces en presencia de
otros. Esto sucede menos con las mujeres pero aun ellas deben
disfrazar su dolor.

La cultura hispana tiene otras actitudes y respuestas a la
40 experiencia de la muerte. Se habla mucho del «culto a la muerte» en
la sociedad hispana y es indudable que en la vida social y en la
literatura, la muerte aparece con una frecuencia que sorprende y
molesta al anglosajón. Muchos estudiantes norteamericanos que
siguen su primer curso de literatura hispana se quejan de° que   se... *complain*
45 siempre muera alguien en las obras.° Pero es que, mientras el   *works of literature*
norteamericano evita o disfraza la muerte, el hispano convive con
ella. En todos los países de cultura hispana, se celebra el Día de los
Difuntos con visitas al cementerio. La gente pone flores y velas sobre
la tumba en memoria de sus muertos. En muchas partes, las visitas
50 duran varias horas durante las cuales la familia come, bebe y
charla? al lado de la tumba de un ser querido. El deseo de estar cerca
de los familiares muertos es tan fuerte en algunos sitios que los
vivos no quieren mudarse° de su pueblo. Así les pasa a unos viejos de   *ir a vivir a otro lugar*
un cuento de Juan Rulfo,* que insisten en permanecer en un pueblo
55 pobre y casi deshabitado: «Pero si nosotros nos vamos, ¿quién se
llevará (→) a nuestros muertos? Ellos viven aquí, y no podemos
dejarlos solos.»

En muchas partes del mundo, la gente del pueblo cree que las
almas° de los difuntos vuelven a su casa el 31 de octubre o el   *souls*
60 primero de noviembre. Mientras que el fantasma inglés es generalmente una figura cruel que asusta,? el fantasma hispano es recibido
como un amigo perdido; en algunos países, la familia pone algo de
comida o la bebida favorita del difunto en el altar o en algún rincón
de la casa.

65 Esta convivencia? siempre hace menos formales las relaciones
entre la gente mientras que la distancia o el desconocimiento
produce la formalidad. Así en los Estados Unidos, la gente se porta°   se... *actúa*

---

*Cuentista mexicano contemporáneo.

En la cultura hispana, el recuerdo de la muerte puede ser
cómico, como en estos pasteles en forma de calavera para el
Día de los Difuntos en México.

con gran solemnidad y reserva en toda situación relacionada con la
muerte. Se considera que es inmaduro o de mal gusto contar chistes
70 sobre la muerte. El hispano también sabe portarse con gravedad
ante la muerte pero es igualmente capaz de otras reacciones.
Combina la tristeza y la festividad, los lamentos ante la pérdida de
un amigo y la aceptación resignada ante la muerte, la gravedad y la
burla irreverente. De esta manera, durante el Día de los Difuntos en
75 México, se decoran las casas con calaveras, se venden panes con
forma de huesos y esqueletos y se cantan canciones populares
haciendo (∿) burla de la muerte.

A algunos norteamericanos la actitud del hispano les parece
morbosa. Acostumbrados a mantener una separación bastante
80 rígida entre la muerte y la vida, les disgusta la fusión de las dos en
la visión hispana. Pero es que para el hispano, es inconcebible pensar en la vida sin pensar en la muerte. El famoso poeta Quevedo*
expresa la idea de vida como «no morir» en uno de sus sonetos, y
Calderón,† otro escritor español, escribe un conocido° drama   famoso
85 titulado *La vida es sueño.* Es decir,° la muerte es más real que la vida   Es... *That is to say*
y representa el momento en que despertamos a la verdad. La
tradición indígena de Latinoamérica tiene una visión semejante.
Para los mayas, la muerte no es un fin sino una mutación, un
cambio a otra fase de la existencia.

90 De ese modo, la tradición cultural hispana hace difícil la evasión
de la muerte. También hay una explicación socioeconómica. En un
país desarrollado² donde la mayor parte de la gente vive en la

---

*Franii I.juz Quevedo (1580–1654), poeta y moralista español.
†Pedro Calderón de la Barca (1600–1681), dramaturgo español.

Para muchos hispanos, el orden y el arreglo de los cementerios norteamericanos no los hace parecer verdaderos cementerios, sino parques.

95

100

105

110

confortabilidad, la muerte representa una pérdida. En cambio, para un pueblo miserable, la muerte representa una liberación, un escape de los sufrimientos que traen el hambre, la pobreza y la enfermedad. En muchas partes, se llama «angelito» al niño que muere, porque va directamente al cielo² y tiene la suerte de morir sin experimentar el sufrimiento de la vida. Claro, hay mucha gente en los países hispanos que no vive en la miseria y es interesante notar que en las clases medias y altas de estos países, la tendencia a «disfrazar» la muerte es cada vez más evidente.

La diferencia entre la actitud hispana y la de otros grupos étnicos se ve claramente en un estudio sobre las actitudes hacia la muerte que se hizo en Los Angeles. Se estudió a cuatro grupos: los japoneses, los anglos, los negros y los mexicanoamericanos.* Se descubrió que, en comparación con los otros grupos, los mexicanoamericanos piensan en la muerte con más frecuencia y están más dispuestos² a manifestar sus emociones en público. Incluso los mexicanoamericanos dicen que les preocuparía si no pudieran° expresar con fuerza su dolor ante la muerte de un ser querido.

les... *it would bother them if they couldn't*

---

*The study distinguishes between Chicanos (born in the United States and of Mexican descent) and Mexican-Americans (of Mexican descent and born and raised in Mexico prior to relocating in the United States).

También están más dispuestos a besar° o tocar al difunto, lo cual les   *to kiss*
da asco a muchos anglos. Además, su actitud hacia el velorio es
distinta. Mientras que sólo el 22 por ciento de los anglos entrevis-
tados° querían tener un velorio, el 68 por ciento de los mexi-   *interviewed*
115 canoamericanos se mostraron partidarios.°   *se... were in favor*

Paradójicamente, en comparación con los otros grupos, los
mexicanoamericanos están más dispuestos a confesar su miedo
ante la muerte, y, por lo general, no quieren saber si tienen una
enfermedad grave o van a morir. Sin embargo, aceptan la muerte y
120 sienten la necesidad de pensar en ella. Es probable que sea° por   *it is*
medio de la convivencia con la muerte como el individuo hispano
supera el miedo que siente. Es interesante notar que en el estudio de
Los Angeles, sólo un 35 por ciento de los anglos, frente a un 73 por
ciento de los mexicanoamericanos, consideraron que la entrevista y
125 la discusión sobre la muerte fueron una experiencia positiva.

¿Qué consecuencias tienen las diversas maneras de enfocar la
muerte en las dos culturas? Según Goren, la prohibición a la
manifestación pública del dolor hace que la pérdida de un ser
querido sea° más traumática. Sin la posibilidad de expresarse   *be*
130 sinceramente, el norteamericano disfraza sus propios sentimientos
e intenta disfrazar la muerte misma. Para el hispano, en
cambio, la convivencia con la muerte es una necesidad y al
mismo tiempo un beneficio.

Después de leer

COMPRENSION

A. Mire las palabras de la sección **Palabras y conceptos**. En su opinión,
¿cuál de ellas representa mejor la actitud hispana hacia la muerte? ¿y la actitud norteamericana? Justifique su respuesta.

B. ¡Necesito compañero! Las siguientes ideas vienen de la lectura.
Busquen dos o tres puntos que apoyen (*support*) o que ejemplifiquen (*are
examples of*) cada idea general.

1. En el mundo hispano, el Día de los Difuntos es un día dedicado al recuerdo
   de los familiares muertos; en los Estados Unidos es una fiesta infantil.
2. El hispano sabe portarse con gravedad ante la muerte pero es igualmente
   capaz de otras reacciones.
3. El nivel socioeconómico puede afectar la manera en que uno reacciona
   ante la experiencia de la muerte.
4. Tanto el tema de la muerte como la expresión abierta del dolor son más
   aceptables entre los hispanos que entre los anglosajones.
5. En la literatura hispana, el tema de la muerte aparece con frecuencia.

C. ¿Cierto o falso? Complete las siguientes oraciones con la forma correcta del pretérito o del imperfecto de los verbos indicados. Luego diga si son ciertas (**C**) o falsas (**F**) según la lectura o según su propia vida. Corrija las oraciones falsas.

1. _____ El estudio que se (*hacer*) en Los Angeles (*revelar*) que hay diferencias entre los sexos con respecto a las actitudes hacia la muerte.
2. _____ Para muchos de los adultos hispanoamericanos, la muerte no es un tema grave o morboso. De niños muchos de ellos (*ir*) al cementerio el Día de los Difuntos; allí (*comer: ellos*) y (*charlar*) con su familia al lado de la tumba de un pariente querido.
3. _____ En el pasado los niños norteamericanos (*soler*) asistir a los entierros familiares.
4. _____ Hoy es posible que algunos adultos norteamericanos no recuerden ninguna experiencia infantil relacionada con la muerte porque, de niños, cada vez que un pariente (*morir*), los adultos no les (*decir*) que la persona desaparecida (*estar*) muerta sino que (*but rather*) (*dormir*) o que (*vivir*) en un jardín bello muy lejano.
5. _____ Según la tradición indígena de la América del Sur, la muerte (*representar*) el fin de la existencia.

INTERPRETACION

A. 🌅 **¡Necesito compañero!**   ¿Creen Uds. que los sociólogos tienen razón cuando dicen que el norteamericano evita el tema de la muerte? ¿Cómo reaccionan Uds. cuando se habla de la muerte? Hagan los siguientes ejercicios con un compañero de clase. Luego compartan sus opiniones con los otros compañeros de clase.

¿Cómo completarías (*would you complete*) las siguientes oraciones?

1. La experiencia de la muerte es triste, pero es peor si la persona...

   - es muy vieja
   - es muy joven
   - es padre/madre
   - es importante
   - es muy pobre
   - es alguien que conozco

2. También es peor si ocurre...

   - inesperadamente (*unexpectedly*)
   - lentamente
   - rápidamente
   - con sufrimiento físico
   - como resultado de un accidente
   - como resultado de un crimen
   - como resultado de una larga enfermedad

3. ¿Qué opinas de las siguientes afirmaciones? Usa la siguiente escala.

1 = siempre	2 = a veces	3 = nunca

Hablar de la muerte es...

_____ aburrido	_____ triste
_____ aterrador (*frightening*)	_____ de mal gusto
_____ asqueroso (*sickening*)	_____ terapéutico
_____ mala suerte	_____ morboso
_____ importante	_____ interesante
_____ difícil	_____ fácil
_____ estúpido	_____ deprimente (*depressing*)
_____ malo para los niños	_____ controvertible (*controversial*)

¿Qué revelan los resultados? ¿Hay mucha diferencia de opinión entre los de la clase?

B. ¿Puede Ud. pensar en otros aspectos de la vida de los cuales el norteamericano prefiera no comentar o evitar completamente? ¿Hay otros ejemplos de conversión de una fiesta religiosa en una fiesta infantil? Explique.

C. Hoy en día, hay una tendencia a dejar morir en casa en vez de en el hospital a las personas gravemente enfermas. Se dice que es más humano. ¿Para quién es más humano? ¿para el enfermo? ¿para los niños de la familia? ¿para los amigos y los otros parientes del enfermo?

D. ¿Ha asistido (←) Ud. alguna vez a un velorio? ¿Qué hacían las personas y cómo era el ambiente? ¿Qué grupos étnicos mantienen el rito del velorio? ¿Conoce Ud. las costumbres de otro grupo étnico con respecto a la muerte? ¿Son similares a las norteamericanas o muy diferentes? Explique.

E. ¿Qué aspecto del contraste entre las actitudes hispana y norteamericana hacia la muerte le parece el más interesante? ¿Por qué?

APLICACION

A. Después de la explosión del *Challenger* en 1986, se habló mucho del impacto traumático que eso iba a tener en los niños, ya que ellos casi habían considerado (*had considered*) a la maestra-astronauta Christa MacAuliffe como una amiga personal. Se informó que iban a poner psicólogos en las escuelas para ayudar a los niños a hablar de sus sentimientos sobre este asunto. ¿Qué revela este episodio sobre la actitud norteamericana hacia la muerte?

B. Después de la tragedia del *Challenger,* se insistió en tomar todas las medidas necesarias para localizar y recuperar los restos de los siete astronautas muertos en el accidente. ¿Por qué cree Ud. que se hizo esto? ¿Cree Ud. que esta acción fue útil o dañina (*damaging*) para la familia y los amigos de los difuntos? Explique.

C. Hoy en día los libros y las películas de terror están de moda (*are "in"*). En su opinión, ¿cómo se puede explicar la fascinación por lo aterrador y lo terrorífico (*hair-raising*)? ¿A Ud. le gustan estas películas? ¿Por qué sí o por qué no?

¿Cuál es la película más aterradora que Ud. ha visto (←)? Describa brevemente lo que pasó en la película.

D. ¡**Necesito compañero!**   La muerte es uno de los temas centrales en cada una de las siguientes películas.

Ghost   *Terms of Endearment*   *Dead Again*   *Beaches*

Con dos o tres compañeros de clase, comenten las siguientes preguntas con respecto a cada película (o alguna otra película cuyo tema central es la muerte). Luego, compartan sus opiniones y el resultado de su análisis con los otros compañeros de clase.

- ¿Quién muere y bajo qué circunstancias? ¿Es la escena de la muerte propiamente una parte importante de la película?
- ¿Qué explora la película—la manera en que la muerte afecta a la familia y amigos íntimos del difunto, o la manera en que la idea de la muerte afecta a la persona que va a morir?
- En general, ¿cómo reaccionan las personas más cercanas al difunto ante su muerte? ¿La aceptan? ¿Están tristes? ¿perplejos (*confused*)? ¿furiosos? ¿Se sienten de alguna manera culpables (*guilty*)? ¿responsables? Explique.
- ¿Hay algún cambio a través de la película con respecto a este sentimiento? Explique.
- En su opinión, ¿es realista la representación de la muerte en la película? ¿Es creíble (*believable*) la reacción de las otras personas?

E. ¡**Debate!**   Fórmense tres grupos de cuatro o seis estudiantes para debatir los siguientes temas.

Primer paso: Identificar
La mitad de cada grupo va a preparar una lista de todos los argumentos que apoyen el lado afirmativo de los casos que se presentan a continuación. La otra mitad hará una lista de los argumentos que apoyen el lado negativo. Todos tienen unos diez minutos para preparar su lista.

1. Un pariente está gravemente enfermo. ¿Se lo deben decir?
2. Un pariente quiere donar su cuerpo para investigaciones científicas. ¿Debe hacerlo?
3. La madre de un amigo acaba de morir y él quiere que se celebren los ritos funerarios en su casa. ¿Debe tenerlos en casa?

Segundo paso: Presentar
Cada grupo debe elegir dos secretarios: uno para anotar (*to jot down*) en la pizarra el lado afirmativo y otro para anotar el lado negativo. Los estudiantes de cada grupo presentarán (→) todas las ideas de su lista, alternativamente punto por punto.

Tercer paso: Evaluar
Entre todos, examinen las dos listas para cada situación. ¿Cuál de las dos, la afirmativa o la negativa, encuentran más convincente? ¿Hay otras ideas que los otros miembros de la clase pueden agregar?

V O C E S

Elvira A.
Madrid, España

Sonsoles D.
Madrid, España

Bertha S.
Piura, Perú

Heber T.
Deán Funes, Argentina

1. *En su familia y país, ¿cómo cuidan a los familiares ancianos y enfermos?*

Elvira A.: Madrid, España
Los ancianos suelen vivir con la familia de su hijo o hija en caso de que su marido o mujer muera. Pero hay asilos donde se les recoge y cuida.

Heber T.: Deán Funes, Argentina
En mi familia, al igual que en mi país, los ancianos son cuidados por algún familiar, normalmente algún hijo o hija. Muchas veces se turnan entre los hijos y casi siempre viven en la casa de sus hijos también. Normalmente los ancianos reciben alguna pequeña ayuda monetaria de sus pensiones o jubilaciones. Existen algunas instituciones tipo religiosas que apoyan el cuidado de ancianos, pero que no cubren un amplio porcentaje de la población, es sólo para una minoría.

Sonsoles D.: Madrid, España
Hasta hace unos 4, 6 años, los ancianos permanecían en la familia. En estos últimos años se están creando residencias privadas porque las estatales son insuficientes por dos razones: (1) envejecimiento de la población, (2) pérdida del sentido familiar por las dificultades de las familias emigradas del campo que habitan las zonas suburbanas.

Bertha S.: Piura, Perú
La mayoría de las veces, cuidamos a nuestros seres queridos en nuestras casas. Existen también instituciones sociales que apoyan ampliamente a los que cuidan y a los que son cuidados. Es una atmósfera de amistad y alegría.

2. *¿Ha estado Ud. o alguno de su familia a punto de morir? ¿Qué efecto tuvo esa experiencia en su vida?*

Heber T.: Deán Funes, Argentina
Una vez estuve junto con mi hermano a punto de morir de una intoxicación de gas. Recuerdo que me levanté con necesidad de ir al baño por la noche. Di dos pasos y caí al suelo como una bolsa sin poder respirar. Lo único que pude hacer fue decir «Ariel, me muero» y agarrarme con mis manos la cara. Fue la sensación más horrible que sentí en mi vida saber por sólo unos segundos que estaba muriendo. Recuerdo que luego me desperté con frío en los pies y gente que

me rodeaba y yo sin saber que es lo que acontecía (*what was happening*). Llamaba a mi hermano pidiendo su ayuda sin darme cuenta que él estaba en peligro también. Luego nos llevaron en una ambulancia hasta el hospital donde después de varias horas recobramos el conocimiento (*we regained consciousness*).

El impacto emocional fue tremendo. Recuerdo que daba gracias a Dios por la vida, daba gracias a un amigo marroquí y a otro libio que me salvaron la vida. Me ha hecho pensar más a menudo que hoy estamos y

mañana no, que debemos hacer más cosas que nos gustan, pues, la vida es realmente corta.

Elvira A.: Madrid, España
Yo estuve a punto de morir envenenada con dos años, porque chupé accidentalmente una figura de bronce que tenía limpiametales en su superficie. Por lo visto me cambió de carácter, me puse más tristona.

Bertha S.: Piura, Perú
Hace muchos años tuve una operación de vida y muerte. Esta noticia para mí fue devastadora, tenía mis hijos tan chicos. Lloré con toda mi alma y le pedí al

Santísimo que no me llevara. Luego cuando me llevaban en una camilla (*stretcher*) a la sala de operaciones, vi en el patio el mismo Nacimiento de Jesús y sentí una paz infinita, como si estuviera rodeada de nubes, me desconecté de este planeta, de mis seres más queridos... No recordé más, pero cuando me desperté después de la operación, los doctores estaban maravillados, me dijeron que ellos pensaron por un momento que había muerto, era un gran milagro. Ahora yo no tengo absolutamente ningún miedo de morir, es una transición.

¡UD. TIENE LA PALABRA!

A. Estas personas notan algunos cambios relativamente recientes en la manera en que se cuida a los ancianos en sus países. ¿Significan estos cambios que la cultura hispana es cada vez más parecida o diferente a la cultura norteamericana? Entreviste a otros hispanos que conoce; según la información que obtiene, ¿cuál(es) de las voces de este capítulo les parece más representativa? Si un hispano le preguntara (*were to ask you*), «¿Cómo se cuida a los ancianos en los Estados Unidos?», ¿qué le respondería (*would you answer*)?

B. ¿Cuál de las experiencias casi fatales le impresionó más? ¿Por qué?

C. ¡Necesito compañero! Imagine que el Ministerio de Salud de un país hispano le ha invitado (*has invited*) a trabajar como asesor (*consultant*) con respecto al cuidado de los ancianos. Según su propia experiencia de las ventajas y desventajas de cuidar a los ancianos en asilos, ¿cree Ud. que esta práctica sea buena idea? ¿Por qué? Trabajando (∿) con un compañero (una compañera) de clase, preparen una lista de cinco puntos para la consideración del Ministerio.

D. ¡Necesito compañero! Entreviste a un compañero (una compañera) de clase para saber si estuvo alguna vez a punto de morir. ¿Cuáles fueron las circunstancias? ¿Cómo le afectó la experiencia?

CAPITULO CUATRO

La hora de la comida. Barcelona, España.

La familia

La familia hispana

Por sí solo... leer y comprender

Aspectos lingüísticos

Reading Skills Practice

So far you have practiced three techniques that can help you improve your reading skills.

1. *Guessing the meaning of unfamiliar words.* To read well in any language, you need a relatively large vocabulary. You can look up unfamiliar words as you read, but this is not always necessary. You have learned to guess the meanings of words in several ways: by looking for English cognates, by considering the context in which words are used, and by learning to recognize some common suffixes (**-ado, -ido, -tad, -dad**). Remember that you do not need to know the meaning of every word in order to understand the general meaning of a reading passage or selection.
2. *Identifying the main parts of the sentence.* First, watch for verb endings to help you locate the verb. Once you have found the main verb, look for possible subjects and objects. The verb ending will suggest the subject if none is stated in the sentence, and the word **a** will signal human objects.
3. *Word formation (diminutives, augmentatives, and superlatives).* Remember that the **-ísimo** ending communicates *very/extremely + adjective/adverb.* The diminutives (**-ito, -ico, -illo, -ín, -uelo**) generally indicate smallness and/or affection. The augmentatives (**-ón, -azo, -ote, -acho, -ucho**) express largeness and/or negative qualities.

A. Practice the techniques you learned in previous chapters as you read the following article. Remember to use the techniques to reconstruct the text's probable content first; then read the selection quickly. Try to guess the meaning of words that you don't know and concentrate on grasping the general idea or gist of the article.

Las tareas con mamá
Un hábito peligroso que más vale no fomentar.

Las tareas con mamá
Un hábito peligroso que más vale no fomentar

A estas alturas del año, Isabel está absolutamente agotada. Estudia sistemáticamente de lunes a viernes y, a veces, también los fines de semana. Como no le falta sentido del humor, cuenta que el año pasado pasó raspando, pero que no sabe si este año lo logrará. Lo gracioso del asunto es que Isabel ya no es una joven estudiante sino una mamá de cuatro hijos, uno de los cuales se niega a estudiar si no está con ella.

En realidad el asunto es bastante trágico, porque Jorge ya tiene doce años y nunca aprendió a estudiar por su cuenta. Siempre ha dependido de la ayuda de su mamá en la realización de cualquier trabajo, tarea o investigación que se le pide en el colegio; más aún cuando se trata de una prueba.

Isabel—con la mejor de las intenciones— asumió esta rutina, tratando de ayudar a su hijo porque veía que no le resultaba fácil estudiar. Desgraciadamente, Jorge se acostumbró de tal manera que ni siquiera es capaz de imaginar la posibilidad de estudiar solo. Cuando la mamá no está en casa, simplemente no se hacen las tareas...

Este no es un caso único y, por eso, la psicopedagoga Ximena Maira advierte a los padres frente al peligro de fomentar este hábito. Si bien hay niños que necesitan más ayuda que otros en sus tareas y en sus estudios, jamás hay que crear la dependencia.

Cuando la situación que se ha creado es tan grave como en el caso de Jorge e Isabel, la especialista recomienda que se le vaya dejando solo, aunque esto signifique una baja importante en el rendimiento e incluso la posibilidad de repetir el año. Aunque el costo parece grande, los beneficios serán aún mayores. El niño irá asumiendo el trabajo escolar como su propia responsabilidad y, lo que es más importante, también podrá considerar suyos los logros que obtenga. Una nota regular pero obtenida por sí solo tendrá mucho más valor que la calificación más alta que debe compartirse con la mamá.

Más allá de las notas, subraya Ximena Maira, el estudiar por sí mismo implica también un logro de independencia en otros aspectos de la vida. Si un niño sigue dependiendo de su madre para estudiar, lo más probable es que en el futuro sea una persona insegura, ya que no ha podido tomar conciencia de sus propias capacidades.

1. ¿Cuál es la idea principal de la lectura?

    a. Muchas madres hoy trabajan y también son estudiantes.
    b. Los niños aprenden mejor si sus madres los ayudan con la tarea.
    c. Las madres no deben ayudar demasiado a sus niños con la tarea.
    d. Hoy las madres ayudan a sus niños con la tarea más que en el pasado.

2. Identifique a las siguientes personas.

    _____ Isabel
    _____ Jorge
    _____ Ximena

    a. maestro/a de escuela
    b. madre/padre
    c. psicólogo/a
    d. hijo/a
    e. amigo/a

3. ¿Cuál es un beneficio que puede resultar de la recomendación de la especialista?

    a. notas más altas
    b. un mejor sueldo
    c. una familia más inteligente
    d. un niño más independiente

4. ¿Cuál es un problema que puede resultar de ayudar a los hijos con las tareas?

    a. un niño más dependiente
    b. conflictos entre los padres y los maestros
    c. notas más bajas
    d. dificultades con los jefes en el trabajo

B.   Mire el texto una vez más. ¿Qué pueden significar las palabras o expresiones subrayadas?

1. En realidad el asunto es bastante trágico, porque Jorge ya tiene doce años y nunca aprendió a estudiar por su cuenta.

    a. using the book
    b. on his own
    c. for a story
    d. without a reward

2. La especialista recomienda que se le vaya dejando solo, aunque esto signifique una baja importante en el rendimiento e incluso la posibilidad de repetir el año.

    a. an important reduction in what is accomplished
    b. less importance given to what is learned
    c. little overall difference in the results
    d. a large increase in the amount of work

3. El niño irá (→) asumiendo el trabajo escolar como su propia responsabilidad y, lo que es más importante, también podrá considerar suyos los logros que obtenga.

    a. the logs
    b. the problems
    c. the playmates
    d. the achievements

Aproximaciones al texto

Scanning for Specific Information

Up to this point, you have practiced techniques for reading for the general idea of a text. Sometimes you will also want to read for very specific information. When you read the index of a book, for example, or an ad in a newspaper, you are interested in locating specific information. For this reason, you let your eye pass over or scan the text very quickly until you find exactly what you are looking for.

C. Look first at the questions that accompany each of the following articles; then scan each article quickly to find the answers.

Tribulaciones de los escolares

Dos de cada diez niños españoles en edad escolar pueden enfermar de la columna vertebral si la escuela a la que asisten tiene unos viejos e incómodos bancos que les obligan a sentarse en mala posición. Esto, unido a la falta de ejercicios físicos, serán los culpables de la *escoliosis,* que así se llama el mal.

Sin embargo, todo parece que terminará bien, gracias al invento del Scolitrón, un pequeño aparatito a pilas que actúa por estimulación eléctrica sobre el costado del niño.

La corriente es muy pequeña y no provoca molestias en el peque. Sólo estimula los músculos intercostales y fortalece la columna.

El estimulador, que tiene un precio aproximado a las 70.000 pesetas, ha comenzado a ser distribuido en Estados Unidos, donde fue construido por los doctores Jens Axeelgaard y John Brown, del Instituto de Minneapolis.

1. ¿Cuál es el problema que señala el artículo?
2. ¿Cuántas personas sufren de ello?
3. ¿Cuál es la posible solución?
4. ¿Cuánto cuesta la solución?

Las viudas no son alegres

La Federación Nacional de Viudas Españolas existe, y cuenta con 279.000 afiliadas, muy bien organizadas, «porque con unas leyes machistas y napoleónicas como las de este país, es el único medio de sobrevivir», dice su presidenta.

La presidenta, en efecto, no anda con matices: «La situación de la viuda en nuestro país es desesperada. Hay que tener en cuenta que la edad media de viudedad ha bajado mucho—entre los cincuenta y los cincuenta y dos años—y esto crea grandes problemas económicos. El marido muere y deja a los hijos sin educar y a la mujer sin poder percibir la pensión. Además, en la mayoría de los casos, sin ningún ahorro, pues los primeros años de un profesional son muy duros.» Todas se quejan de lo escasa que es la jubilación de las viudas—un 40 por 100 del sueldo base en pasivos y un 47 por 100 de la Seguridad Social—y de la cantidad de trabas que pone la Administración a la hora de percibirla. «Esta situación angustiosa nos incitó a asociarnos.»

La señora viuda de Carré, cincuenta y cinco años, discreta y enérgica, preside los destinos de las viudas organizadas desde hace diez años.

279.000 viudas amargadas, angustiadas y que no bromean, inscritas en 210 delegaciones distribuidas por toda España.

Las viudas de la Federación Nacional constituyen apenas un 10 por 100 de las viudas españolas. Dos millones de señoras de este país lloran a su marido fallecido. Dos millones de mujeres que enfrentan solas los problemas de la vida, a menudo cargadas de hijos sin educar y casi todas sin la menor formación profesional.

1. ¿Cuál es el nombre de la organización mencionada en el artículo?
2. ¿Cuántos miembros tiene?
3. ¿Cómo se llama la presidenta de la organización?
4. ¿Cuántas viudas hay en todo el país?

**Lectura**

Entradas al texto

Palabras y conceptos

el/la ahijado/a godchild
aislado isolated
el compadrazgo godparent status,
   relationship
  el compadre, la comadre godfather,
   godmother of one's child
criar to raise, bring up
desempeñar to fulfill (*a function*); to
  play (*a role*)
encargarse de to take charge of
la estructura structure

el lazo tie, link
el padrino, la madrina godfather,
  godmother
pertenecer to belong
recoger to collect; to pick up; to take in
repartir to share; to divide up
sobrevivir to survive
  la supervivencia survival
tener en común to have in common
la urbanización urbanization, move
  toward the cities

A.   ¿Qué palabra o frase de la segunda columna asocia Ud. con una de la primera?

1. _____ el compadrazgo
2. _____ la ahijada
3. _____ aislado
4. _____ encargarse
5. _____ la urbanización
6. _____ pertenecer
7. _____ recoger
8. _____ el lazo

  a. el bautismo
  b. el privilegio
  c. una responsabilidad
  d. las ciudades
  e. la conexión
  f. la hija espiritual
  g. formar parte de
  h. la separación
  i. reunir

B.   **¡Necesito compañero!**   ¿Asocian Uds. los siguientes términos con los padres o con los hijos? ¿Por qué? ¡OJO! En varios casos, hay más de una respuesta posible.

1. criar
2. sobrevivir
3. el compadre

4. repartir
5. la madrina
6. desempeñar

Esquemas para comprender

A.   **¡Necesito compañero!**   Completen rápidamente el siguiente mapa semántico usando (ᴎ) como idea principal la vida urbana o la vida rural. (La mitad de las parejas deben elaborar mapas con el tema de la vida urbana y la otra mitad con el tema de la vida rural.)

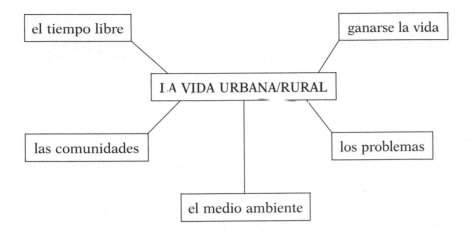

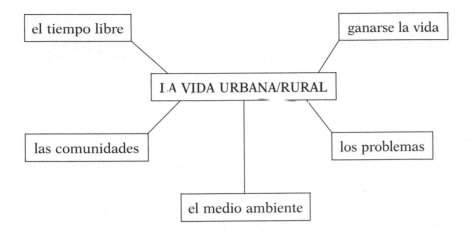 **Entre todos.**   Todas las parejas que trabajaron en el mismo tema deben reunirse en un grupo para compartir sus ideas y hacer un solo mapa. Luego, un miembro de cada grupo debe copiar los mapas en la pizarra para compararlos. ¿Hay otras ideas que se puedan agregar?

B. **¡Necesito compañero!**   ¿Qué familia creen Uds. que se describe en las siguientes afirmaciones, una familia urbana (**U**) o una familia rural (**R**)? Luego compartan su clasificaciones con los otros grupos de la clase. ¿Hay mucha diferencia de opiniones?

1. _____ Representa la estructura más tradicional.
2. _____ Los hijos con frecuencia ayudan a los padres con el trabajo.
3. _____ Cada vez más la madre tiene un trabajo extradoméstico por el que recibe un sueldo.
4. _____ La familia nuclear suele ser más común que la extendida.
5. _____ La familia es sólo una de las muchas «comunidades» o grupos sociales a los que pertenecen los padres y los hijos.
6. _____ Los abuelos desempeñan un papel importante en la crianza de los niños.
7. _____ Los intereses y las experiencias de los hijos suelen ser muy diferentes de los de sus padres.
8. _____ Tener muchos hijos puede ser una ventaja.
9. _____ Organizaciones como por ejemplo las guarderías infantiles, los asilos para ancianos, se encargan de funciones familiares importantes.
10. _____ El padre es una figura autoritaria.

 Entre todos.   De las afirmaciones anteriores, ¿hay algunas que Uds. asocian más frecuentemente con la familia norteamericana? ¿Cuáles? ¿Cuáles asocian más con la familia hispana?

C. **¡Necesito compañero!**   Se ha dicho que los siguientes factores desempeñan un papel importante en la estructura de la familia. Pónganlos en orden de importancia (1 = el más importante, 5 = el menos importante) según su propia opinión y experiencia. Luego compartan sus opiniones con los otros miembros de la clase, justificando el orden en que decidieron poner los factores para llegar a un acuerdo entre sí.

_____ el medio (urbano o rural)
_____ la clase social; el nivel de educación
_____ las tradiciones culturales, étnicas y regionales
_____ las posibilidades para planificar la familia (si son accesibles los anticonceptivos; si es legal o no el aborto)
_____ las posibilidades para terminar el matrimonio

D.   Mire las fotos y lea rápidamente el primer párrafo y los subtítulos de la primera parte de la lectura. Luego imagine que Ud. busca la información a continuación sobre la familia hispana. Según lo que aprendió de las fotos, el primer párrafo y los subtítulos, ¿cree Ud. que sería conveniente (*it would be a good idea*) leer esta parte de la lectura para encontrar la información que busca?

SI   NO   QUIZAS

☐ ☐ ☐   1. Las fiestas familiares
☐ ☐ ☐   2. La importancia de la religión dentro de la familia
☐ ☐ ☐   3. El número de hijos en la familia típica
☐ ☐ ☐   4. Diferencias entre la familia rural y la familia urbana
☐ ☐ ☐   5. Factores que afectan la estructura familiar
☐ ☐ ☐   6. Las maneras en que los padres disciplinan a sus hijos

La familia hispana: Parte I

1   Antropólogos y sociólogos concuerdan° en que, en muchos aspectos, hay más diferencias culturales entre clases sociales dentro de un país que entre dos países distintos. No es decir que no haya ninguna diferencia entre una familia de Bogotá
5   y otra neoyorquina de la misma clase social, sino que estas dos familias tienen más en común que dos familias colombianas de dos clases sociales distintas. La clase social a la que pertenece la familia y también el *status* económico del país influyen mucho en la estructura familiar. Puesto que en muchos países hispanos coe-
10   xisten sectores económicos muy industrializados con otros menos desarrollados, es evidente que no se puede hablar de la familia hispana como si se tratara de° una institución homogénea. Hay que hablar de varias familias hispanas: la rural tradicional y la urbana industrial, para nombrar sólo las clasificaciones principales.

como... *as if it were a question of*

La familia rural y la economía campesina

15 La familia rural de las sociedades más tradicionales es típicamente una agrupación? aislada y autónoma. En muchas partes del mundo hispano, la población rural vive en casas aisladas y dispersas. Por ejemplo, en Hispanoamérica entre el 30 y el 40 por ciento de las familias rurales posee y cultiva un pequeño terreno; estas familias,
20 casi todas indígenas, participan muy poco en la vida económica del país. Producen su propia comida y en gran medida satisfacen sus propias necesidades. Muy frecuentes también son las familias en que el padre trabaja en una de las grandes haciendas y recibe un salario con el que logra aumentar lo que recoge de una tierra
25 arrendada.° En algunas regiones, por ejemplo en ciertas áreas del Ecuador y en las partes central sur de España, es más frecuente que las casas rurales se encuentren agrupadas en pequeños pueblos alejados entre sí.° En cada caso, a causa de la distancia que hay entre las zonas rurales y los grandes centros urbanos, la familia
30 constituye la institución más importante y es frecuentemente la única institución con la que el ciudadano° está en contacto.

La familia rural típicamente es una familia numerosa. Con muchos niños el trabajo se puede repartir; desde pequeños, los niños participan en las ocupaciones y tareas familiares. La super-
35 vivencia de la familia depende en gran parte de su capacidad de operar como unidad. En consecuencia, la familia rural suele

rented

alejados... at some distance from one another

citizen

La familia hispana de la clase baja, como ésta de Santiago de Chile, es típicamente unida y numerosa. Cuantos más hijos hay, más manos para las labores diarias.

organizarse de una manera jerárquica y autoritaria. Es una familia patriarcal, en la que el padre toma todas las decisiones importantes. La madre tiene la responsabilidad de la casa y la crianza de los hijos. Los hijos tienen más o menos autoridad según el orden de nacimiento; así, el hijo mayor se encarga de proteger y disciplinar a sus hermanos menores y la hija mayor sustituye muchas veces a su madre en los trabajos domésticos.

La familia rural es unida, protectora y estable; generalmente incluye a los abuelos, tíos, primos y otros familiares como miembros de la unidad central. Después de casarse, es frecuente que el nuevo matrimonio pase a vivir en casa de los padres del marido, o con menos frecuencia, de los padres de la novia. No es raro que varios matrimonios emparentados° vivan en una sola casa, y en algunas ocasiones, eso quiere decir en un solo cuarto. Esta familia extendida, que existe comúnmente en todas las sociedades rurales del mundo, representa una adaptación útil a unas condiciones de vida poco favorables. Con más de dos adultos en la familia, todos tienen más seguridad. La muerte y la enfermedad afectan menos si hay otros individuos que pueden sustituir al que ya no puede cumplir sus responsabilidades. En otras palabras, la familia rural extendida desempeña muchas de las funciones en la sociedad tradicional que en la sociedad urbana desempeñan las nuevas organizaciones sociales con fines° específicos. En lugar de ir al hospicio,? el huérfano es recogido por una tía o una hermana u otra persona que siempre ha convivido (←) con el niño. En vez de ir a un asilo de ancianos, los abuelos o los tíos abuelos° son acogidos en casa de sus parientes.

En muchos países la familia extendida abarca? a más personas que los parientes consanguíneos.? Los lazos de mutuo cariño y obligación se extienden también a todos los compadres. Aunque esto ocurre en todas las familias hispanas, las relaciones de compadrazgo son más fuertes en los ambientes rurales. El compadrazgo tiene su origen en ritos eclesiásticos como el bautismo, la confirmación y el matrimonio. Cuando un individuo recibe uno de estos sacramentos, necesita padrinos o padres espirituales, que se encargarán (→) de su cuidado religioso y aún físico, si se le mueren los padres verdaderos. Normalmente los padres del niño les piden a unos parientes o buenos amigos que sirvan de padrinos. En muchos países, incluso en los Estados Unidos, el compadrazgo se cumple por razones religiosas, pero no existe ni se espera una estrecha relación entre el padrino y el ahijado. En los países hispanos, por el contrario, si uno acepta la invitación de ser padrino, entra en una relación muy especial con el ahijado y también con los padres. En algunos sectores de México, en particular, cada ocasión de cierta importancia requiere nuevos padrinos: la cura de una enfermedad, la construcción de una nueva casa, un campeonato° de fútbol o de básquetbol, etcétera.

que son parientes

purposes

tíos... great-uncles and great-aunts

championship match

Como resultado del movimiento feminista, hoy en día, los hombres participan más en el cuidado y la educación de sus hijos.

Muchas de las características de la familia campesina son comunes a todas las sociedades rurales del mundo. Sin embargo, si comparamos la sociedad agrícola tradicional de los Estados Unidos con la de los países hispanos, podemos ver algunas diferencias importantes. Los colonos que poblaron los Estados Unidos vinieron para establecer su independencia religiosa, social o económica. Llegaron a una tierra relativamente despoblada y se acostumbraron a no tener grandes barreras que estorbaran° sus movimientos. Por lo tanto,° la idea de espacios abiertos resulta ser muy importante en los Estados Unidos. Muchos colonos abandonaban las casas que habían construido° y las tierras que habían desmontado° cuando veían que venían nuevos colonos. No querían vivir «encerrados» con tanta gente. El concepto de *privacy* sigue siendo (∩) muy importante para el ciudadano norteamericano. En cambio, la palabra española que expresa *privacy*, «privacidad», es tan reciente que todavía no aparece en muchos diccionarios.

La diferencia de actitud hacia el espacio se ve claramente en la manera en que las dos culturas pueblan el campo. En los Estados Unidos la casa del agricultor se construye en medio de su terreno. La distancia de un vecino a otro varía pero la casa del vecino está casi siempre lejos. En cambio, en muchas partes de España y Latinoamérica el agricultor que posee su propia tierra vive en comunidad y sale cada día para trabajar su tierra, reflejo inverso° del *suburbanite* norteamericano que día y noche hace el viaje rutinario entre su casa y su oficina.

La familia urbana y la sociedad industrializada

La industrialización trae cambios importantes en cuanto a la organización familiar. Mientras que en la sociedad tradicional la

Por... For this reason

habían... had built

reflejo... mirror image

familia es la unidad de producción, en la sociedad urbana industrial la familia ya no produce lo que consume; depende cada vez más de estructuras no familiares y de un salario. Mientras que los campe-
115   sinos de la sociedad rural no necesitan estudios formales para aprender su oficio, la industrialización trae una creciente especialización en los trabajos y, por lo tanto, exige una mayor preparación de los trabajadores. Los niños ya no son una ventaja sino una carga,°   *burden* puesto que necesitan estudiar durante un tiempo más o menos largo antes de entrar al mundo laboral. En consecuencia, hay una
120   tendencia a tener menos hijos en una sociedad industrializada. También han tenido (←) su impacto la incorporación de la mujer al trabajo, la generalización del uso de anticonceptivos y la consecuente planificación familiar. En los países hispanos, como en otras partes del mundo, son muchos los católicos que no siguen las
125   prohibiciones de la Iglesia en este asunto. Pero la ideología y la situación económica cuentan: los no creyentes tienen menos hijos que los creyentes; los de izquierda son menos fecundos que los de derecha; y los de clase alta o culta son también menos prolíficos que los de clase baja y con escasos estudios.
130   Otra diferencia que se puede señalar está en relación con la importancia de la familia extendida. En general instituciones ajenas a° la familia como bancos, seguros, asilos y guarderías infantiles? se   *ajenas... outside of* encargan de las tradicionales funciones familiares para que los esposos puedan trabajar. Por todas estas razones, en el medio
135   urbano la gran familia extendida es reemplazada por la familia nuclear, es decir, la unidad compuesta por los padres y los hijos.*
    En los países hispanos, igual que en los Estados Unidos, la familia nuclear ha estado (←) sufriendo (ᴍ) graves trastornos°   *efectos negativos* como producto de la creciente industrialización y urbanización. En
140   la sociedad industrializada, la familia no trabaja junta; el padre, y cada vez más la madre, sale del hogar° y permanece fuera durante   *casa* gran parte del día. Aunque esto también puede pasar en una sociedad rural, los hijos siempre pueden acompañar al padre al campo, donde llegan a tener un conocimiento directo del trabajo
145   que hace. En cambio, es posible que los hijos de un abogado o fundidor° nunca observen a su padre en su lugar de trabajo. De este   *welder* modo, se crea una distancia entre padres e hijos.
    En las últimas décadas se ha visto (← ver) en Hispanoamérica una migración masiva hacia las ciudades. En 1936 el 65 por ciento
150   de la población venezolana vivía en el campo; en 1970 el 75 por

---

*En España se ha visto (*has been seen*) últimamente un aumento en el número de familias monoparentales: es decir, de un solo padre. La mayoría (el 80%) de estas familias está encabezada por mujeres, muchas de las cuales han quedado (*have been left*) como jefes de familia como resultado de un divorcio. Tampoco es infrecuente que una mujer soltera que se encuentra «en estado de espera» opte por criar a su niño sin casarse.

ciento de la población estaba concentrada en las ciudades. Ya en 1990, el porcentaje de la población urbana llegó al 84 por ciento. Este fenómeno se repite en todos los países de Hispanoamérica. Para la familia, la emigración a la ciudad significa una ruptura
155 drástica, cuyas repercusiones son particularmente fuertes en las relaciones entre padres e hijos. Los hijos se adaptan rápidamente a los nuevos sistemas mientras que muchas veces los padres los desaprueban.° En estas circunstancias, las diferencias generacionales pueden fácilmente ahondarse° y a menudo
160 la familia se desintegra aún más.

rechazan

grow deeper

Después de leer

COMPRENSION

A. Complete las oraciones con la respuesta correcta.

1. La familia rural de la sociedad preindustrializada *no* es una familia _____.

    a. de numerosos hijos
    b. en que los hijos ayudan con el trabajo de la casa
    c. patriarcal
    d. que interviene en la economía de su país

2. El campesino del país hispano _____.

    a. vive lejos de los grandes centros urbanos
    b. prefiere tener muy pocos hijos
    c. está más consciente de los asuntos nacionales que el campesino de los Estados Unidos
    d. tiene conciencia del concepto de *privacy*

3. El compadrazgo _____.

    a. sólo ocurre en los países hispanos
    b. se considera de gran importancia en los países hispanos
    c. se limita a los ritos eclesiásticos
    d. sólo se establece entre los hombres

4. En la familia urbana hispana _____.

    a. la familia nuclear casi ha desaparecido (←)
    b. los padres tienen más autoridad que en la familia rural
    c. las instituciones sociales se encargan de ciertas funciones familiares
    d. la mujer no trabaja

5. La familia hispana rural se parece mucho a (*greatly resembles*) _____.

    a. cualquier otra familia hispana
    b. cualquier otra familia rural, no importa de qué país

B. Un amigo tiene las siguientes ideas sobre la familia hispana. ¿Qué información de la lectura necesita tomar en cuenta (*to take into account*)?

1. La típica familia hispana es una familia extendida.
2. Las características de la familia campesina hispana son exclusivamente hispanas.
3. La vida de los campesinos pobres sería (*would be*) mucho mejor si no tuvieran (*they did not have*) tantos hijos.
4. La familia hispana parece que es diferente de la familia norteamericana.

C. Complete la siguiente tabla con la información necesaria para resumir los efectos del contexto social y económico en la estructura de la familia.

FACTOR	EFECTO EN LA FAMILIA
1. La familia está demasiado lejos de un centro urbano para poder depender de las instituciones sociales si un pariente se enferma o se muere.	
2. Los trabajos demandan cada vez más entrenamiento y educación.	
3. La urbanización es rápida y masiva.	

INTERPRETACION

A. Vuelva a mirar la actividad B de la sección **Esquemas para comprender**. ¿Qué tal acertaron Uds. (*How well did you do*) en sus opiniones con respecto a las familias hispanas?

B. ¿Cuáles son las ventajas de la familia nuclear? ¿de la familia extendida? ¿Cuáles son las desventajas de cada una? ¿Hay ciertos grupos en los Estados Unidos que suelen tener familias extendidas? ¿Cuáles son? ¿Por qué cree Ud. que la familia extendida es típica de estos grupos y no de otros?

C. Haga una lista de las relaciones personales más importantes que un individuo contrae a lo largo de su vida. ¿Hay alguna que sea la más importante de todas? ¿Cuál es, en su opinión? En los Estados Unidos, ¿hay alguna institución que sea semejante al sistema del compadrazgo hispano? Si Ud. o un miembro de su familia necesita ayuda económica o emocional, ¿a quién se dirige (*turn*)? Explique su respuesta.

D. ¿Es distinta la familia rural norteamericana de la urbana? ¿Cuáles son las diferencias entre ambas? ¿En cuál de los dos ambientes prefiere Ud. vivir? ¿Por qué?

Lectura

Entradas al texto

Palabras y conceptos

castigar to punish
  el castigo punishment
la cohabitación cohabitation
competir (i, i) to compete
  la competencia competition
cooperar to cooperate
cotidiano daily
dar a luz to give birth

divorciarse to get divorced
  el divorcio divorce
educar to teach (*rules of good behavior*)
  la educación training, upbringing
gozar to enjoy
independizarse to become independent
la unión consensual common-law
  marriage

A. ¡**Necesito compañero!**   ¿Quién? ¿Cuándo? ¿Por qué? Indiquen qué miembro(s) de la familia Uds. asocien con cada una de las siguientes acciones. Luego, digan las circunstancias en que las hace(n).

1. castigar
2. competir
3. cooperar
4. dar a luz
5. educar
6. independizarse

B.   Explique la relación que la primera palabra tiene con las otras palabras del grupo. A veces hay más de una posibilidad.

1. educar

   a. criar   b. castigar   c. independizarse

2. el matrimonio

   a. la cohabitación
   b. la unión consensual
   c. el divorcio
   d. dar a luz

Esquemas para comprender

A.   A continuación se reproducen los subtítulos de la segunda parte de la lectura. Léalos rápidamente e indique en qué sección o secciones se puede encontrar la información en la página siguiente.

SUBTITULOS

A. La socialización de los hijos
B. El matrimonio y el divorcio
C. Nuevos papeles, nuevas posibilidades

─────────────── INFORMACION ───────────────

1. _____ la manera en que los padres educan a los niños
2. _____ los cambios en las funciones paternas/maternas dentro de la familia
3. _____ la posibilidad de convivencia (cohabitación) de la pareja antes de casarse
4. _____ los valores dentro de la familia
5. _____ los conflictos entre las leyes civiles y las leyes religiosas

B. 🔆 **¡Necesito compañero!**   ¿Cierto o falso? Según lo que ya saben acerca de la cultura y la familia hispanas, ¿creen Uds. que las siguientes afirmaciones son ciertas (**C**) o falsas (**F**)?

1. _____ Los padres hispanos suelen mimar (*to spoil*) a sus hijos más que los padres norteamericanos.
2. _____ Los padres norteamericanos utilizan el castigo físico con los niños más que los padres hispanos.
3. _____ Los jóvenes hispanos se independizan de sus padres más tarde que los jóvenes norteamericanos.
4. _____ El divorcio todavía no es legal en todos los países hispanos.
5. _____ Después de legalizarse el divorcio en España, casi el 50% de los matrimonios se disolvieron.
6. _____ La unión consensual es una frecuente alternativa al matrimonio entre las clases más humildes hispanoamericanas.
7. _____ La situación de los abuelos es más precaria hoy que antes.
8. _____ Ahora que las familias son más pequeñas, hay un reparto más o menos equitativo de las tareas domésticas entre los esposos.
9. _____ Los hombres cuyas esposas tienen trabajos extradomésticos tienen actitudes menos tradicionales con respecto a los papeles masculino y femenino en la familia.

🔆 **Entre todos.**   Compartan entre sí sus reacciones. ¿Hay mucha diferencia de opiniones? Al leer la segunda parte del texto, busquen las respuestas correctas. ¡A ver qué tal aciertan!

La familia hispana: Parte 2

La socialización de los hijos

1   «Es curioso», observó recientemente un chileno que ha pasado (←) mucho tiempo en los Estados Unidos, «pero he notado (←) que cuando las amistades visitan a una mujer norteamericana que acaba de dar a luz, la mayoría de su atención e
5   interés recae sobre ella: ¿cómo está? Y ¿cómo estuvo?° Y ¿cuándo puede volver a casa? En cambio, cuando da a luz una mujer hispana, se encuentra más o menos desatendida² mientras sus

°¿cómo... *how did it go?*

Hoy en día es cada vez más común que un jardín de infantes forme parte de la niñez de los jóvenes hispanos.

visitantes se reúnen en torno del° recién nacido, pasándolo de uno a otro entre exclamaciones de admiración y afecto.» En los países 10 hispanos, los niños son el foco,° la «razón de ser» del matrimonio. Como tal, reciben mucha atención, con frecuencia se les incluye en las actividades de los miembros adultos y suelen ser tratados con más indulgencia y tolerancia que los niños en los Estados Unidos. Pero esto no quiere decir que no reciban ninguna disciplina. Desde 15 una edad temprana se les enseña que su propia libertad importa menos que el respeto a sus padres.

Muchas familias rurales, que gastan toda su energía en sobre- vivir, no muestran su cariño con palabras ni con abrazos ni besos. Si toda la familia vive en un solo cuarto, la proximidad física se 20 compensa con una distancia emocional. En otros contextos el contacto físico entre padres e hijos—de tipo cariñoso al igual que castigante?—suele ser más visible. Los norteamericanos a veces se muestran confusos por el comportamiento de los padres hispanos. Por un lado pueden parecer «besucones»° y demasiado indulgentes; 25 por otro se muestran más autoritarios, gritan a los niños y emplean el castigo físico—sea un tirar del pelo o un bofetón°—con más frecuencia que muchos padres norteamericanos. Pero esto se debe a que en general los hispanos son más demostrativos y abiertos con sus emociones que los norteamericanos. En los Estados Unidos se 30 recurre más al castigo «psicológico», por ejemplo, se le manda al niño a su cuarto sin comer o se le quita algún privilegio. El castigo físico se reserva para cuando ya no hay otro remedio y por lo tanto se asocia con la ira° y la pérdida de control. Dentro de la cultura hispana no tiene ese impacto, ni para los padres ni para el niño. 35 Hay otras esferas en que es importante reconocer diferencias culturales para no llegar a conclusiones inexactas. Por ejemplo, los

se... *cluster around the*

centro

que besan y abrazan mucho

slap

anger

hijos hispanos suelen vivir en casa de sus padres por más tiempo
que los hijos norteamericanos. Sin embargo, sería° un error con-   *it would be*
cluir que por lo tanto el hijo hispano se independiza más tarde que
40   el norteamericano. En los Estados Unidos la independencia del hijo
casi se define por la separación; el que todavía vive en casa de sus
padres, por definición, carece de libertad personal. En la cultura
hispana no es así. Un hijo mayor puede vivir con sus padres y, con
tal que esté trabajando (ᴧ) y ganando (ᴧ) algún dinero, tendrá (→
45   tener) tanta independencia como el norteamericano que vive solo.*

En la cultura hispana, la independencia en el sentido de «poder
hacerlo solo» no tiene la importancia que tiene en la norteamericana. Sea en la sociedad rural o en la urbana, los padres hispanos
fomentan la cooperación antes que el espíritu competitivo y
50   agresivo. Esto se ve más claramente en las culturas donde hay una
gran influencia india. Entre los indios mixtecas° se ha observado   *de la región de Oaxaca*
(←) una aversión absoluta a toda forma de agresividad. Las madres   *en México*
mixtecas expresan continuamente su deseo de impedir que los hijos
participen en cualquier clase de riña aun si fueran° atacados por   *they were*
55   otros. Para muchas de estas madres, la única ocasión en que ellas
usarían° un castigo físico es precisamente para impedir la conducta   *would use*
agresiva de los hijos. Sin duda los mixtecas son un caso extremo,
pero las familias mexicanas que residen en Ciudad de México
demuestran una actitud algo parecida. Hace poco, dos sociólogos
60   hicieron un estudio sobre el fenómeno. Diseñaron un juego en que
la cooperación era necesaria para ganar, y expusieron a este juego a
un grupo de niños mexicanos y a otro norteamericano. Les sor-
prendió descubrir que a pesar de° la presencia de un premio para los   *a... in spite of*
que ganaban, los niños norteamericanos no pudieron renunciar a la
65   competencia para adoptar una conducta cooperativa. Los niños
mexicanos, en cambio, por no tener una gran tendencia competi-
tiva, asumieron una conducta cooperativa con mucha facilidad.

El matrimonio y el divorcio

En toda sociedad la estructura familiar está determinada en gran
medida por la formación, el funcionamiento y las posibilidades de
70   terminar el matrimonio. En casi todos los países hispanos el
catolicismo es la religión oficial; por lo tanto existen grandes trabas°   *obstáculos*
culturales que se oponen al divorcio. Antes de que España lega-
lizara? el divorcio en 1981, había una fuerte campaña adversa de la
derecha y de la Iglesia, que advertía que el divorcio significaba la
75   disolución de la familia. En realidad, muchas menos parejas de lo
que se pensaba se han aprovechado° de la nueva ley. Esto se explica   *se... have taken advantage*
en parte porque es menor el número de parejas: en los últimos diez
años, las bodas en España se redujeron en un 30 por ciento.

---

*Esta libertad es menos probable en el caso de la hija que se queda viviendo en casa de sus padres.

También se ha visto (← ver) una extensión de la cohabitación sin matrimonio, especialmente entre la población entre los 25 y 35 años de edad. En general en España desde 1981 se observa una tendencia hacia la pérdida de valor del matrimonio como institución y un aumento de las relaciones informales.

Aunque no tan acusada° como en los Estados Unidos, se ve en España también una inclinación a posponer el matrimonio. Según una encuesta° reciente, la edad ideal para casarse es de 26,3 años para el hombre y 23,7 años para la mujer. Al mismo tiempo, los encuestados? parecen oponerse a la tradición española de tener el primer hijo en seguida:? la mayoría de ellos cree que es mejor dejar pasar un tiempo después de casarse antes de tener el primer hijo.

°notable
°sondeo

En algunos países hispanos la ley no admite divorcio de ningún tipo. En otros se permite el divorcio en casos limitados, mientras que en unos pocos países se consigue por petición de los casados.* Para la gente adinerada° el divorcio es siempre posible: se arregla un viaje a un país donde el divorcio es legal o se invierte una fuerte cantidad de dinero para anular el matrimonio. Para la clase pobre no hay posibilidad de divorcio en muchos de los países hispanos. En consecuencia, no es raro que el individuo pobre prefiera la unión consensual. Con frecuencia, la mujer pobre teme el matrimonio porque quiere conservar la posibilidad de abandonar a su compañero si él abusa de ella.

°que tiene dinero

También influye el factor económico, ya que muchos pobres no tienen bastante dinero para una boda. Además, un pobre que tiene poco que dejar a sus hijos, puede creer que no es necesario protegerlos como herederos legítimos.

Las relaciones consensuales son muy frecuentes en Hispanoamérica y muchas veces constituyen relaciones estables. No obstante, la posibilidad de abandono de la familia por el padre es más posible que en una pareja formalmente unida, lo cual deja a la mujer en una situación muy difícil para sostener a la familia. Por fuerza tiene que dejar al hijo a veces solo en casa mientras que ella sale a ganar una miseria.°

°salario muy bajo

Nuevos papeles, nuevas posibilidades

Vivir en el moderno ambiente urbano ha afectado (←) profundamente a la familia hispana, así como a la familia en todas partes del mundo. Aunque algunos de los efectos parecen dañinos, otros han sido (←) beneficiosos. Dos grupos en particular que están viendo (∿) cambiar su mundo son los abuelos y los hombres.

---

*La separación legal y también la anulación del matrimonio sí ocurren en todos los países hispanos, especialmente entre las clases acomodadas.

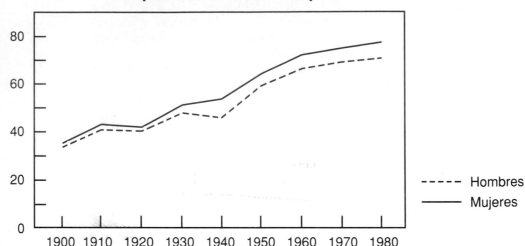

En el pasado era frecuente que los abuelos pasaran (←) a vivir con uno de sus hijos al llegar a cierta edad. Allí ayudaban con las labores de la casa y con el cuidado de sus nietos; allí eran atendidos por su hija o su nuera° cuando se enfermaban. Hoy día en el medio urbano, la familia nuclear es cada vez más el tipo de familia que predomina. Y la nueva generación de abuelos parece muy distinta a las anteriores: son más jóvenes, más vitales, más independientes. Lejos de retirarse de la vida activa y esperar resignados la vejez, los abuelos modernos aprovechan su libertad de jubilados° para dedicarse a sus pasatiempos, a viajar y, claro, a pasar tiempo con sus nietos. En muchas partes del mundo hispano, la actual generación de abuelos es la primera que ha tenido (←) solamente el número de hijos que quiso. Cuando llega el primer nieto, estos abuelos todavía están llenos de vida. Esta generación de la llamada «tercera edad», a diferencia de las anteriores generaciones de abuelos, goza de mejor salud y vitalidad física, practica deportes, monta en bicicleta, y muchas veces comparte con sus nietos el interés por la música *rock* y hasta tiene las mismas convicciones políticas. Es que hoy en día un abuelo de sesenta años no parece tan viejo como un abuelo de esa edad hace unas pocas décadas.

Otro factor que distingue a los abuelos de hoy de los de antes es un mejor nivel de cultura, y un mayor nivel de vida. Hace cuarenta años, tener un título de bachiller* era algo tan especial que incluso se ponía en las tarjetas de visita «Fulano de tal,° bachiller». Hoy

daughter-in-law

retired persons

Fulano... So-and-so

120

125

130

135

140

---

*Este título se consigue al completar el bachillerato, el cual representa un nivel de preparación académica más avanzado que el que recibe el típico estudiante norteamericano de la escuela secundaria, pero menos elevado que el del *Bachelor's Degree* universitario.

muchos abuelos tienen títulos universitarios y son profesionales con carreras exitosas, lo cual les proporciona más dinero y más independencia de los que tenían los abuelos de antaño.[?]

145 El papel que desempeñan los hombres en la familia moderna también está cambiando (∽), aunque a paso más lento. En los medios urbanos del mundo hispano, como en el resto del mundo occidental, la entrada de gran número de mujeres al mundo laboral ha tenido (←) un enorme impacto tanto en los hijos como en las

150 relaciones de la pareja. A pesar de estos cambios, la vida cotidiana de muchas mujeres de hoy en realidad sigue siendo determinada por su situación familiar. Trabaje o no° fuera de la casa, la jornada° de la mujer depende de las necesidades y actividades de los demás miembros de su familia. La mujer todavía asume la mayor parte de

Trabaje... Whether or not she works / workday

155 las tareas domésticas y se responsabiliza de la educación de los niños de manera casi exclusiva. Sin embargo, varios estudios indican que los hombres que viven con mujeres que trabajan como asalariadas, y el número de ellos aumenta cada vez más, tienen actitudes muy distintas de las de los hombres que viven en

160 matrimonios más tradicionales. En la nueva «pareja democrática», especialmente en las parejas más jóvenes (24 a 35 años), estos padres participan más en las labores de la casa y colaboran más activamente en el cuidado de los niños. Y se supone que ayudarán (→) a dar a los hijos varones° una educación muy diferente de la que

masculinos

165 se les daba antiguamente.

Como se ha visto (← ver), no se puede hablar de una sola familia hispana. Es necesario tener en cuenta muchos otros factores, especialmente la clase social y el contraste entre el medio rural y el urbano. Como en todas partes del mundo, la familia hispana ha sido

170 (←) afectada negativamente por los procesos de modernización. A pesar de estos cambios, ha conservado (←) algunas características de la familia tradicional—la solidaridad, la autoridad paternal, la cooperación—que la diferencian de la estructura familiar típica de los Estados Unidos. Se espera que la fuerza de estos valores logre

175 contrarrestar[?] los efectos de la urbanización y ayude a la familia a defenderse y a persistir como una institución de suma importancia cultural y humana.

Después de leer

COMPRENSION

A. ¿Cierto o falso? Vuelva a mirar la lista de afirmaciones de la actividad B de la sección **Esquemas para comprender**. ¿Qué tal acertaron Ud. y sus compañeros? Según lo que Ud. sabe ahora de la familia hispana, corrija las oraciones falsas.

B.   Un amigo tiene las siguientes ideas sobre la familia hispana. ¿Qué información de la lectura necesita tomar en cuenta?

1. Los jóvenes hispanos son mucho menos independientes que los jóvenes norteamericanos porque siguen viviendo (∿) en la casa de sus padres aun hasta los treinta años.
2. La mayoría de las parejas hispanas se casa por la Iglesia, aunque muchas de ellas se divorcian.
3. Después de los sesenta, casi todos los abuelos viven con sus hijos.
4. Los hombres no ayudan ni con el cuidado de la casa ni con la educación de los niños.

C.   Complete la siguiente tabla con la información necesaria para resumir los efectos del contexto social y económico en la estructura de la familia.

FACTOR	EFECTO EN LA FAMILIA
1. La salud y la situación económica de los abuelos de hoy son mejores que las de las generaciones anteriores de abuelos.	
2. Cada vez más mujeres trabajan fuera de casa.	
3. El matrimonio no es el único modelo para la cohabitación.	

INTERPRETACION

A.   En la familia rural hispana, hay poco contacto físico entre los parientes. ¿Pasa lo mismo en la familia norteamericana? En los Estados Unidos, ¿se considera permisible el contacto físico entre dos miembros de la familia en público? ¿En qué circunstancias? ¿Cuándo no es permisible?

B.   Según la lectura, ¿por qué es erróneo decir que los hijos hispanos se independizan más tarde que los norteamericanos? En su opinión, ¿es bueno o malo que los hijos norteamericanos dejen la casa de sus padres muy temprano? Explique. ¿Cuáles son algunos de los efectos de una separación temprana?

C.   Suele decirse que la familia hispana es más unida que la norteamericana. ¿Qué entiende Ud. por una familia «unida»? ¿Qué pueden hacer los padres para crear una familia unida? ¿Qué importancia tiene la disciplina o la falta de ella para la unidad familiar?

APLICACION

A.   🌅 **¡Necesito compañero!**   Según la lectura, la familia hispana y la norteamericana se diferencian en cuanto al respeto hacia los padres. ¿Están

Uds. de acuerdo? En una típica familia norteamericana, ¿cuánta importancia se les daría (*would be given*) a las siguientes acciones?

1 = de poca importancia   3 = importante   5 = de gran importancia

_____ responder (*to talk back*) a los padres
_____ discutir (*to argue*) con los padres
_____ no escuchar consejos
_____ no defender a los padres
_____ salir de casa sin decir adónde se va
_____ no llegar a comer sin aviso previo

_____ desobedecer a la madre
_____ desobedecer al padre
_____ mentir o engañar
_____ insultar a los padres
_____ hablar mal de los padres
_____ no pedir permiso para salir o hacer algo
_____ llegar tarde a casa sin avisar

¿Qué indican sus respuestas sobre el respeto hacia los padres en la familia norteamericana? ¿Hay otras acciones que deban agregarse a la lista?

B. Cuando Ud. era niño/a, ¿qué tipo de castigo era el más frecuente en su familia, el castigo físico o el castigo psicológico? En su opinión, ¿cuál es el peor? ¿Por qué?

C. Aunque se haya documentado (←) que aproximadamente la mitad de las parejas que se casan en los Estados Unidos se divorciarán (→), en los últimos años el porcentaje de parejas que se casan está aumentando (ᴨ). ¿Cómo explica Ud. estos dos fenómenos contradictorios?

D. ¿Cree Ud. que ha sido (←) del todo (*completely*) una ventaja para la mujer el hecho de que (*the fact that*) haya logrado (←) entrar en grandes números al mundo laboral? ¿Cuáles son algunas de las ventajas y desventajas?

E. Se habla mucho de la desintegración de la familia como unidad social en todas partes del mundo. ¿Cree Ud. que la familia va desintegrándose (ᴨ)? Justifique su respuesta, dando (ᴨ) los datos (*information*) en que basa su opinión.

F. Hoy en día, además de hablar de la familia nuclear y de la familia extendida, se habla de la familia «bi-nuclear», es decir, del niño que pertenece a dos familias distintas. ¿Cómo puede ocurrir esta situación? ¿Qué problemas o posibles ventajas le trae al niño? ¿y a los padres?

G. ¡**Necesito compañero!** Imaginen que Uds. van a escribir un artículo sobre la típica familia norteamericana. De las siguientes familias (o de otras que quieran agregar a la lista), ¿cuál escogerían (*would you select*) como el mejor ejemplo de la familia «típica»? ¿Por qué?

los Ewing de «*Dallas*»
los Simpson de «*The Simpsons*»
los Arnold de «*The Wonder Years*»
los Huxtable de «*The Cosby Show*»
los Connor de «*Roseanne*»

V O C E S

María José R.
Sevilla, España

Angels M.
Barcelona, España

Xavier N.:
Caracas, Venezuela

Juan P.
San Salvador, El Salvador

Juan C.
Lima, Perú

Alan V.
Santiago, Chile

Cecilia B.
Santiago, Chile

1. *Cuando piensa en la manera de vivir de una familia norteamericana, ¿qué imágenes se le ocurren? ¿Puede comparar estas imágenes con las que tiene de una familia en su país?*

Angels M.: Barcelona, España
Quizás una imagen más agitada, donde todos van por su cuenta (*go their separate ways*) y el hogar no es un espacio de vida en común, de tranquilidad, sino sólo para comer y dormir y ver la televisión. Creemos que los americanos cocinan menos, que dan menos importancia a esta reunión familiar de la hora de la comida. Cada uno se puede comer una hamburguesa, o un bocadillo y no necesariamente

en la mesa. Cosa que aquí... todavía no ocurre y se conserva el hábito de la comida familiar en la mesa, aunque la situación ha cambiado mucho en los últimos años...

Juan P.: San Salvador, El Salvador
La imagen de la familia en los Estados Unidos, para mí, es de dos padres que trabajan y uno o dos hijos que también trabajan además de ir a la escuela. Los abuelos y parientes cercanos viven lejos, en otros estados. La familia va de compras a los centros comerciales en los fines de semana... Me parece que la familia norteamericana vive para trabajar y para comprar artículos de consumo. Generalmente no hablan de lo que sienten o del sentido de sus vidas.

Juan C.: Lima, Perú
Cuando pienso en la manera de vivir de una familia americana pienso en los «Simpsons». Si comparo... a una familia americana y a una latina, encontraría (*would find*) muchas diferencias. Lógicamente admiro en los americanos la independencia con que crían a sus hijos. Hasta cierto punto los crían sin tantos «tabúes» como en sociedades como la mía. Llaman a las cosas por sus nombres y promueven la autodeterminación de las personas, cosa que no es tan frecuente con los latinos...

2. *¿Qué miembro de su familia ejerció la influencia más grande en su vida?*

María José R.: Sevilla, España
No puedo decir que haya una sola persona de mi familia que me haya influido particularmente. Más bien diría (*Rather, I would say*) que en determinadas épocas alguna persona ha sido más especial que otra... Mi padre, todavía hoy un hombre muy atractivo, fue durante mi adolescencia mi auténtico ídolo... pasaba bastante tiempo con nosotras, era él quien nos llevaba al cine, al circo, y muchos domingos por la mañana nos llevaba al parque de El Retiro y siempre nos compraba tebeos (*comic books*) y cuentos en un mercadillo de segunda mano... En la actualidad tengo una relación más especial con mi madre. Somos muy distintas pero la admiro una barbaridad (*a ton*).

Más que una relación madre-hija, somos amigas.

Xavier N.: Caracas, Venezuela
Definitivamente mi padre; él es un hombre de gran integridad personal, estoy sumamente orgulloso de él. El es un médico de vocación, vive para ayudar y hacer el mundo un lugar mejor.

Alan V.: Santiago, Chile
Mi hermana mayor, pues supo llevar adelante la familia (*was able to keep the family on track*). Patricia tenía 23 años al fallecer (*to die*) mamá y siempre se ha caracterizado por sacar una fortaleza (*strength*) increíble para afrontar todas las dificultades. Ella se caracteriza por ser la fuerte de la familia (mucho más que cualquiera de los otros hermanos, e incluso más que mi

padre, que vivió sólo seis años más que mamá).

Cecilia B.: Santiago, Chile
Bien, difícil es para mí nombrar a una sola persona. Pienso que mis padres influyeron en gran medida pero considero que mi abuela—que vivió con nosotros—fue muy importante en mi vida y la de mis ocho hermanos. Ella siempre tenía una palabra de aliento (*encouragement*) para cada momento difícil. Creo tener mis mejores recuerdos de infante junto a ella, nuestras excursiones, idas al cine, al campo, playa, etcétera. ¡Qué optimismo y valor frente a la vida! ¡Ah!, y por supuesto fue con ella con quien aprendí a leer...

¡UD. TIENE LA PALABRA!

A. Apunte (*Jot down*) las impresiones de Angels M., Juan P. y Juan C. con respecto a la familia norteamericana que le parecen ciertas y después las que le parecen falsas. Luego, comparta con sus otros compañeros de clase sus dos listas. ¿Hay mucha diferencia de opiniones? ¿De dónde cree Ud. que vienen las imágenes de la familia norteamericana que tienen estos hispanos? ¿Qué otra información deben ellos tener en cuenta?

B. ¿A cuál de estas personas se parece Ud. más? ¿En qué sentido? ¿Hay un pariente descrito que le recuerda (*reminds you of*) a un pariente suyo? Comente.

C. ¡Necesito compañero! Utilizando la segunda pregunta (¿Qué miembro de su familia... ?) entreviste a su pareja. Trate de obtener una descripción detallada de la persona descrita. Luego, compartan con los demás de la clase lo que supieron el uno del otro.

CAPITULO CINCO

Arequipa, Perú

Geografía, demografía, tecnología

La Hispanoamérica actual

Por sí solo... leer y comprender

Aspectos lingüísticos

Simplifying Sentence Structure

It is a lot easier to identify the main parts of a sentence (subject, verb, object) if you can identify the nonessential parts. Prepositional phrases and verbal phrases are two constructions that can complicate the basic structure of a sentence. Fortunately, both are easy to recognize.

Recognizing Prepositional Phrases

Prepositional phrases are always introduced by prepositions such as **por, para, contra, de,** and so on. The preposition is always followed by a noun or pronoun that serves as the object of the preposition: **por él, para Juan, contra mis deseos, de plástico**. The preposition and object together form a prepositional phrase.

Just as you learned with subordinate clauses in Chapter 2, it is also helpful to identify and omit prepositional phrases when trying to locate the main subject and verb of a sentence. **¡OJO!** Remember that subjects may be the impersonal *one* or *it*.

A. Read each of the following sentences and identify any prepositional phrases and subordinate clauses. Then identify the main parts of the basic sentence that remain: subject (**S**), verb (**V**), and any objects (**O**).

1. En comparación con las montañas Rocosas y la Sierra Nevada de los Estados Unidos, los Andes forman una barrera mucho más infranqueable.
2. Cuando se habla de Hispanoamérica, se suelen señalar dos aspectos contradictorios: la inmensa riqueza natural de la zona y la pobreza extrema de buena parte de la población.
3. Para entender la coexistencia de estas dos realidades paradójicas, hay que considerar los factores geográficos y demográficos que influyen en el desarrollo de los países hispanoamericanos.

Recognizing Verbal Phrases

In addition to prepositional phrases and subordinate clauses, the verbal phrase is another structure that can be ignored when trying to understand the main idea of a complicated sentence. A verbal phrase, in contrast to a clause, does not contain a conjugated verb. It consists instead of either a past participle (**-do: hablado, comido**) or a present participle (**-ndo: hablando, comiendo**). The past participle functions as an adjective, the present participle as an adverb.

Cualquier discurso **pronunciado por él** tiene que ser interesante.	*Any speech given by him has to be interesting.*
Queremos resolver el problema **hablando con ellos**.	*We want to solve the problem by talking with them.*

Verbal phrases like these can be ignored while you locate the main verb and the rest of the main sentence. For instance, the main idea of the second example sentence is that *We want to solve the problem.* Once you understand this, you can then figure out exactly how this is to be done (by talking with them).

Though eliminating verbal phrases may omit important information from the sentence, it is a good strategy for simplifying passages with which you may be having difficulty. Using this technique helps you to understand the basic message of the sentence, which in turn allows you to make intelligent guesses about the meaning of the remainder of it.

Nota: When these verb forms are accompanied by auxiliary verbs, they are functioning as verbs and should be considered carefully when you analyze the sentence. Auxiliary verbs used with the past participle include **haber** (**he preparado** = *I have prepared*), **ser** (**es preparado** = *it is prepared*), and **estar** (**está preparado** = *it is prepared*). Auxiliary verbs used with the present participle include, among others, **estar** (**estoy preparando** = *I am preparing*), **venir** (**viene preparando** = *he's coming along preparing*), and **seguir** (**siguen preparando** = *they keep on preparing*).

B.   Read each of the following sentences and identify any prepositional phrases, verbal phrases, and subordinate clauses. Then identify the main parts of the basic sentence that remains: subject (**S**), verb (**V**), and any objects (**O**).

1. Dos cordilleras atraviesan el país de norte a sur, creando (ℳ) una meseta en el centro.
2. Ansioso de terminar y enojado por su falta de previsión, tomó toda la materia que le quedaba y la arrojó en un gran montón.
3. Limitados a un área relativamente pequeña, algunos hispanoamericanos tienen por fuerza que vivir en los Andes.

Aproximaciones al texto

Discriminating Between Facts and Opinions

An important skill to develop as a reader is the ability to tell the difference between facts and opinions. Uncritical readers accept anything in print as factual simply because it has been published. Being a *critical* reader means making decisions. You will want to accept immediately what you view as factual. In contrast, however, you will want to think about opinions and decide whether or not there is enough information available to justify accepting them.

C. Escriba **H** si Ud. cree que la oración representa un **hecho** (*fact*) y **O** si Ud. cree que es una **opinión**.

1. _____ España es un país con una gran diversidad geográfica: montañas, playas, bosques y campos áridos.
2. _____ La cordillera de los Andes se extiende sin interrupción desde Venezuela al extremo sur de Chile.
3. _____ La cordillera de los Andes es muy hermosa.
4. _____ En Hispanoamérica los habitantes de una región miran al ciudadano de una comunidad vecina con hostilidad.
5. _____ El índice de analfabetismo en Hispanoamérica disminuye todos los años, al igual que el de la mortalidad infantil.
6. _____ Para resolver sus problemas, Hispanoamérica tiene que explotar más sus recursos naturales.
7. _____ Al mismo tiempo, será (→) beneficioso que se haga en Hispanoamérica una propaganda intensa a favor del control de la natalidad.
8. _____ En Argentina uno de cada tres habitantes vive en Buenos Aires.

¿En qué basó Ud. su decisión en cada caso?

 # Lectura

Entradas al texto

Palabras y conceptos

a pesar de in spite of
el aislamiento isolation
atravesar (ie) to cross
aumentar to increase
la barrera barrier
el camino road
el ciudadano citizen
el control de la natalidad birth control
la cordillera mountain range
la cosecha harvest
crear to create
crecer to grow, become larger
　el crecimiento growth
cultivar to grow, cultivate
dificultar to make difficult
disminuir to decrease, diminish
la escasez scarcity
la esperanza de vida life expectancy

el ferrocarril railroad
fértil fertile
el índice (la tasa) de mortalidad death rate
el índice (la tasa) de natalidad birth rate
lleno full
paradójico paradoxical
la periferia periphery
poblar (ue) to populate, settle
　despoblado uninhabited
　el poblador settler
la pobreza poverty
el regionalismo regionalism
la riqueza riches
la selva jungle, forest
subir to go up; to climb

A. Busque antónimos en la lista del vocabulario.

1. poblado
2. bajar
3. facilitar
4. el centro
5. aumentar
6. destruir
7. la riqueza
8. vacío
9. a causa de
10. el nacionalismo
11. estéril
12. la abundancia

B. ¡**Necesito compañero!** Organicen todas las palabras que puedan según las siguientes categorías.

OPORTUNIDAD	PROBLEMA	SINTOMA	SOLUCION
fértil	*el aislamiento*	*la escasez*	*la diversidad*

Entre todos. Compartan las listas que hicieron para cada categoría. ¿Hay mucha diferencia de opiniones?

C. ¡**Necesito compañero!** Hay muchas maneras de clasificar palabras. Inventen las categorías que Uds. creen necesarias para poder agrupar las palabras de la lista del vocabulario. En cada categoría deben incluir por lo menos dos palabras o frases de la lista.

Esquemas para comprender

A. Mire el título y los subtítulos de la lectura de la primera parte de este capítulo. ¿Cuál parece ser el tema central? ¿Qué información se va a presentar?

B. Examinando (ᐱ) las fotos y los mapas, ¿qué impresión tiene Ud. de la geografía de Hispanoamérica? ¿Qué adjetivos la describen mejor?

tropical
verde
seca
industrializada
fértil
montañosa

superpoblada
natural
agrícola
despoblada
llana

uniforme
árida
variada
fría
salvaje

¿Se pueden aplicar todos estos adjetivos al paisaje de los Estados Unidos también? Para Ud., ¿cuál de los adjetivos (u otros que no estén en la lista) describen mejor el paisaje norteamericano?

C. ¿En qué sentido puede la geografía afectar cada uno de los siguientes aspectos de la vida?

1. el comercio   2. la educación   3. la manera de vivir   4. la salud

La Hispanoamérica actual: Parte 1

1   Los conquistadores españoles vinieron de un país que se destaca° por su diversidad geográfica. En el sur tiene tierra fértil y risueña,° en el norte hay verdes intensos y cielos nublados. En Castilla domina la severidad de los inmensos llanos°

5   de la meseta central. Por sus montañas y playas, bosques° y campos° áridos, los conquistadores estaban acostumbrados a una geografía variada. Aun así, se sorprendieron ante los contrastes del terreno hispanoamericano. Esta rica diversidad es el mejor recurso del pueblo hispanoamericano y, al mismo tiempo, su mayor problema.

10   Cuando se habla de Hispanoamérica, se suelen señalar dos aspectos contradictorios: la inmensa riqueza natural de la zona y la pobreza extrema de buena parte de la población. Entre sus muchos recursos naturales, Hispanoamérica cuenta con la selva tropical más grande del mundo e importantes yacimientos° de

15   cobre,° estaño,° plata° y petróleo. El cultivo de sus tierras produce fruta, café y trigo y en los llanos del sur se cría ganado.° Su enorme costa rinde una rica variedad de comestibles y otros productos marinos. A pesar de la gran riqueza de Hispanoamérica, sigue habiendo° una gran pobreza. Para entender la coexistencia de

se... stands out
feliz
plains
forests / fields

copper / tin / silver
cattle

sigue... there continues to be

España es un país con una gran diversidad geográfica, lo cual se observa en los contrastes de esta región cerca de Málaga.

20   estas dos realidades paradójicas, hay que considerar los factores geográficos y demográficos que influyen en el desarrollo de los países hispanoamericanos.

La geografía de Hispanoamérica

Geográficamente, Hispanoamérica es una de las zonas más variadas de todo el mundo. Gran parte de su extensión está en la zona tropical. Pero el continente sur tiene 4.500 millas* de largo y si incluimos la zona de Centroamérica, la longitud es de 6.000 millas. A modo de comparación, la distancia entre Londres y Pekín es también de 6.000 millas. Así que desde México a Argentina se pasa de la zona templada a la tropical hasta llegar a la isla de la Tierra del Fuego con sus vientos glaciales y sus temperaturas frígidas (apenas 50 grados Fahrenheit en verano).

Pero aún más impresionante es la presencia de los Andes. La cordillera andina se extiende sin interrupción desde Venezuela al extremo sur de Chile; es decir, 4.500 millas. En comparación con las cordilleras de Europa, los Estados Unidos y Africa, los Andes son las montañas de mayor altura y de mayor extensión. En muchas partes de Hispanoamérica, las montañas están cubiertas de nieve durante todo el año, aun en zonas tropicales que están en la misma latitud que el Congo o Tanzania en Africa. En consecuencia, en muchos países hispanoamericanos, el clima está determinado más por la altitud que por la latitud. En Colombia, sólo unas 30 millas separan una selva tropical de la nieve perpetua.

Se ve el dramatismo de los Andes muy claramente en el Ecuador. Dos cordilleras atraviesan el país de norte a sur, creando (ᴨ) una meseta en el centro. Pero otras cordilleras cruzan la meseta por el medio y la dividen en una gran cantidad de secciones que se llaman «hoyas». Para atravesar el Ecuador de norte a sur o de oeste a este, hay que soportar un continuo subir y bajar con cambios constantes de temperatura y de presión.

En comparación con las montañas Rocosas y la Sierra Nevada de los Estados Unidos, los Andes forman una barrera mucho más infranqueable.° Hay pocos puertos de montaña° y a menudo los coches que se atreven a° cruzar tienen que compartir el camino con los muleros.° Los caminos que atraviesan los Andes no son, por supuesto, rutas comerciales. Los Andes, en el oeste, y la selva amazónica, en el este, han impedido (←) la comunicación y el comercio entre la periferia del continente y el interior.

Aun cuando se han vencido (←) los obstáculos para construir una vía férrea, la comunicación no es ni rápida ni económica. Hay una línea de ferrocarril que une la ciudad de Lima con Cerro de

puertos... *mountain passes*
se... *dare to mule drivers*

---

*En la enumeración española, se utiliza un punto (.) donde la enumeración inglesa utiliza una coma (,) y viceversa: español = $3.000,00; inglés = $3,000.00.

Los Andes atraviesan casi todos los países de Sudamérica y afectan profundamente la vida de sus habitantes. Forman una enorme barrera que dificulta la comunicación y el transporte.

Pasco. La distancia directa entre los dos lugares es de 115 millas. Pero con las curvas y los rodeos que la vía tiene que seguir, el tren viaja a lo largo de 220 millas, es decir, casi el doble. Además, se necesita más combustible para el viaje, la velocidad es menor que en un viaje a través de terrenos más uniformes y también es menor la cantidad de mercancía° permisible. Un viaje que se puede hacer en dos o tres horas en terreno llano? se hace en diez en los Andes.

merchandise

Como consecuencia de esta situación geográfica, la población hispanoamericana está concentrada en la periferia, y la comunicación entre los diversos centros de población se efectúa por avión o por barco. Hasta hace muy poco todas las ciudades de Hispanoamérica estaban a 300 millas o menos de la costa. Sólo se aprecia una cierta dispersión de la población en México, donde el terreno fértil y el clima templado atrajeron a la gente. En el resto del continente sur, el interior queda practicamente despoblado. Como ha dicho (← decir) un estudiante de geografía hispanoamericana, la situación sería° igual en los Estados Unidos si sus pobladores nunca hubieran atravesado° los Apalaches.

would be

nunca... had never crossed

Limitados a un área relativamente pequeña, algunos hispanoamericanos tienen por fuerza que vivir en los Andes. El 20 por

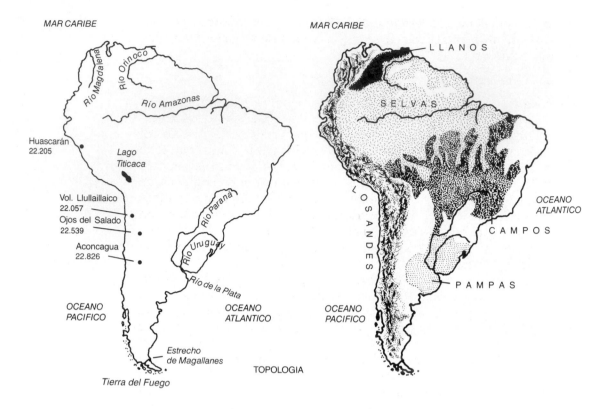

ciento de la población vive en una altitud tan considerable como
para padecer° ciertos efectos especiales. El cambio de altura influye   sufrir
en el tipo de agricultura, en la fisiología animal y humana y también
en el funcionamiento de los motores de vapor° y de gasolina. La   steam
gente acostumbrada a vivir en esas alturas sufre problemas respi-
ratorios si se traslada? a zonas de baja altitud. Por otra parte, quien
se traslada a vivir en zonas de gran altura puede sufrir de esterilidad
durante temporadas más o menos largas.

   Las grandes diferencias que existen entre la tierra alta y la baja
contribuyen a diferenciar las culturas de la gente que puebla las dos
regiones. Del mismo modo la presencia de los Andes y de otras
barreras para la comunicación tiende a crear un fuerte regionalismo que puede tener graves consecuencias económicas y políticas.
En miles de comunidades de un mismo país, los ciudadanos se
identifican más con las tradiciones locales que con las nacionales. A
veces ven al ciudadano de una comunidad vecina con cierta
hostilidad, y en muchas ocasiones ni siquiera hablan el mismo
idioma. Todavía se hablan más de noventa lenguas en México y,
aunque el número no es tan alto en otros países, grandes sectores de
la población hispanoamericana no hablan español. El aislamiento
de las diversas comunidades también contribuye al analfabetismo, a

la existencia de un elevado índice de mortalidad infantil y de toda clase de problemas relacionados con la falta de servicios pedagógicos y médicos adecuados.

La tecnología y la explosión demográfica

105 Poco a poco, el desarrollo del transporte aéreo y la necesidad de ampliar la extensión de las tierras cultivables van estableciendo (ᴧᴧ) medios de comunicación entre zonas que antes no los tenían. El índice de analfabetismo disminuye todos los años, al igual que el de la mortalidad infantil. Es precisamente el mejoramiento del servicio

110 médico lo que ha dado (←) origen a la explosión demográfica de Hispanoamérica. Tradicionalmente, las familias eran muy grandes porque la alta incidencia de la mortalidad infantil lo requería. Ahora que la mortalidad infantil ha disminuido (←), el número de hijos en las clases medias y altas es cada vez menor pero en las clases bajas

115 no ha experimentado (←) una reducción considerable.

El control de la natalidad no se acepta en las clases bajas por muchas razones. En primer lugar, se necesita cierta educación para emplear los diversos métodos contraceptivos. En segundo lugar, la iglesia católica lo prohíbe. En tercer lugar, ciertos grupos sospechan

120 de todo lo que viene de los Estados Unidos y, precisamente, es el Cuerpo de Paz? una de las organizaciones que ha promovido (←) el control de la natalidad. Y por último, durante años se dio una gran importancia al número de hijos que la mujer tenía. La madre de una familia grande era una buena madre y, por lo tanto, una mujer

125 estimable. No es sorprendente que ella rechace el control de la natalidad, ya que ella mide su propio valor dentro de la sociedad según el número de hijos que tiene.

La poca aceptación del control de la natalidad, en combinación con la reducción espectacular de la tasa de mortalidad, hace que el

130 crecimiento demográfico de Hispanoamérica sea el más alto del mundo después de Africa.* Igualmente grave, ahora el 40 por ciento de la población hispanoamericana tiene menos de quince años, frente al 20 por ciento que se da en Europa.

Las consecuencias de un crecimiento demográfico desenfrena-

135 do° son numerosas. Mientras el sector pasivo° de la sociedad aumenta rápidamente, el sector activo? permanece más o menos estable. La mano de obra° es constante pero tiene que sostener a un número cada vez mayor de niños que piden comida, educación, atención médica, etcétera.

140 El rápido crecimiento de la población es todavía más problemá-

sin control / *nonworking*

mano... *work force*

---

*Durante el período de 1985−90, el crecimiento medio (*average*) de los países hispanoamericanos fue del 2,3 por ciento frente al 2,7 por ciento del continente africano. Durante el mismo período, el crecimiento demográfico medio de los Estados Unidos fue del 1,0 por ciento, en España del ,7 por ciento y en toda Europa del ,35 por ciento.

Para algunos, la inmensa selva del Amazonas no representa un patrimonio que hay que proteger sino un recurso para aprovechar. Se han quemado miles de hectáreas de terreno para pastos para la industria ganadera.

tico si se recuerda que esa población está concentrada en ciertos lugares de la costa. En Argentina, por ejemplo, el 34,5 por ciento de la población vive en Buenos Aires y en Uruguay, más del 40 por ciento de la población vive en la ciudad de Montevideo. En muchos
145 países, pues, hay una capital sobrepoblada y un gran número de comunidades pequeñas que permanecen alejadas° de la vida, la   distanciadas cultura y la economía de su país. Para los hispanoamericanos que quieren participar en la vida económica nacional, la única solución es la emigración a la capital. En consecuencia, las ciudades están
150 creciendo (ᴍ) continuamente mientras que las posibilidades de sostener a esos nuevos ciudadanos disminuyen constantemente.

   A pesar de las grandes barreras geográficas—los Andes, las selvas amazónicas, las regiones áridas—Hispanoamérica tiene que mejorar la explotación de sus recursos naturales y también tiene
155 que mejorar espectacularmente su producción agrícola. Concretamente, hoy en día sólo se cultiva el 5 por ciento de la tierra frente al 20 por ciento en los Estados Unidos. Para que no haya una gran escasez de alimentos, será (→) necesario que se cultiven nuevas tierras, que se mejore el rendimiento² de las tierras ya culti-
160 vadas y que se experimente con nuevas cosechas y con nuevos métodos de cultivo. Además, será (→) beneficioso que se haga una propaganda intensa a favor del control de la natalidad.

Después de leer

COMPRENSION

A. Explique la importancia que tienen las siguientes ideas dentro del contexto de la lectura. ¿Con qué asocia Ud. cada una?

1. paradójico
2. la diversidad
3. la barrera
4. el aislamiento
5. el regionalismo
6. el control de la natalidad

Escoja Ud. otras *dos* palabras o frases de la lista del vocabulario (o de la lectura) que le parezcan muy importantes y explique su importancia.

B. Usando (ꟿ) una de las siguientes palabras o frases, comente las afirmaciones a continuación según la información de la lectura.

Dudo...   (No) Creo...   (No) Es cierto...

1. Hay mucha diversidad geográfica en Hispanoamérica.
2. La cordillera de los Andes se extiende desde el país más norteño (*northern*) hasta el punto más al sur de Hispanoamérica.
3. El transporte de mercancías se hace rápida y fácilmente dentro de los países hispanoamericanos.
4. El índice de mortalidad es más bajo hoy que hace diez años.
5. Muchas rutas comerciales atraviesan los Andes.
6. La mayoría de la población vive en los pequeños pueblos de las zonas rurales.
7. El crecimiento demográfico en Latinoamérica representa uno de los más altos del mundo.
8. El clima en toda Hispanoamérica es bastante uniforme.
9. La mayoría de la población en Hispanoamérica es muy joven.
10. Los escasos recursos naturales de Hispanoamérica causan la gran pobreza de mucha gente.

C. Para cada afirmación falsa o dudosa del ejercicio anterior, cambie la información para hacerla verdadera. Luego para cada afirmación, coméntela usando (ꟿ) **Es bueno/problemático que... porque...**

D. Vuelva a leer el ejercicio C de **Aproximaciones al texto**. ¿Hay algunas oraciones que Ud. indicó como opiniones que ahora acepta como hechos? ¿En qué casos prefiere tener más información antes de tomar una decisión?

E. Estudie las siguientes ideas con cuidado y luego explique *la causa* y *el efecto* de cada una en la Hispanoamérica actual.

1. La comunicación entre la periferia y el interior es difícil.
2. Hay diferencias culturales muy acusadas (notables) entre la gente que puebla las tierras altas y la que habita las tierras bajas.
3. En las clases bajas no se acepta el control de la natalidad.
4. En muchos países hay una capital sobrepoblada y muchas comunidades pequeñas que están aisladas de la vida, la cultura y la economía del país.

INTERPRETACION

A. ¿En que se diferencian la geografía y la demografía de los Estados Unidos de las de Hispanoamérica? En su opinión, ¿qué situaciones geográficas han favorecido (←) el desarrollo de los Estados Unidos?

B. ¿Dónde vive la mayoría de la población norteamericana? Hoy en día la población de ciertas regiones de los Estados Unidos está creciendo (ᴗᴗ); la de otras está disminuyendo (ᴗᴗ). Identifique estas regiones y explique a qué se deben estos cambios.

C.  **¡Necesito compañero!**   A continuación se enumeran algunas de las áreas problemáticas de Hispanoamérica para las que se han sugerido soluciones. Trabajando con un compañero (una compañera), hagan una sugerencia para mejorar cada área, indicando un posible beneficio y un problema que puedan resultar de ella.

> MODELO: la ganadería (*livestock breeding*) →
> Hispanoamérica debe aumentar su producción ganadera.
> *Beneficio:* Produce carne y así ayuda a reducir el hambre.
> *Problema:* Muchas veces se destruye la selva para hacer espacio
> para el ganado.

1. la agricultura
2. la industrialización
3. el control de la natalidad
4. la alfabetización

Entre todos.   Comparen sus listas con las del resto de la clase y recopílenlas (*compile them*) en una sola lista. En la opinión de la clase, ¿cuál de las sugerencias ofrece el mayor número de beneficios con el menor número de problemas? Encontrarán más información al respecto en la segunda parte de este capítulo.

Lectura

La Hispanoamérica actual: Parte 2

Nota: Los textos de esta parte vienen de revistas y periódicos de varias partes del mundo hispano. Contienen palabras y expresiones que a lo mejor (*perhaps*) Ud. no sabe. ¡No se preocupe! La sección **Esquemas para comprender** le ayudará a captar las ideas esenciales en cada caso.

Entradas al texto

Esquemas para comprender

A. **Entre todos.** Examinen brevemente el siguiente mapa y el pequeño texto que lo acompaña.

> *A*quí todo es a lo grande: la selva, la devastación, los recursos naturales, la mezcla de etnias, el crimen organizado, la riqueza y, por supuesto, la miseria. Hay quien ha definido a la Amazonia como «la exageración de la Naturaleza». Selvas en millones de kilómetros cuadrados, agua en billones de metros cúbicos, animales y plantas en cientos de miles de especies conocidas y catalogadas... y otros cientos de miles aún por descubrir.... Pero este ecosistema único está amenazado. Con la Amazonia la Humanidad se juega su futuro.

Hagan un mapa semántico sobre la Amazonia en el que incluyan lo que asocian con las ideas enumeradas en el texto de arriba.

B. ¿Qué importancia tiene la Amazonia con respecto a las sugerencias que hicieron en la actividad C de **Interpretación,** en la primera parte del capítulo?

VOCABULARIO UTIL

la ganadería livestock breeding
la hectárea hectare (unit of land equivalent to 2.471 acres)
el incendio (brush) fire
pastar to graze
  el pasto pasture

el rebaño herd
el suelo ground
talar to clear; to cut down trees and brush

La destrucción de las selvas tropicales en el mundo

1 La desforestación tiene una historia reciente en los trópicos, pues tradicionalmente los pueblos nativos no talaban más selva ni cazaban más de lo que necesitaban 5 para subsistir e intercambiar bienes. Al ser colonizados, la comercialización de los productos tropicales supuso para todos los países del trópico una ruptura de sus relaciones tradicionales con la naturaleza.

10 En América queda el 50 por ciento de todas las selvas del mundo. De ellas, tres cuartas partes pertenecen a la Amazonia. También la superficie que se tala aquí es la mayor del mundo... La selva se tala—generalmente por medio de grandes incendios—por distintos motivos, entre ellos. 15

- la comercialización de los productos tropicales, en especial la industria de la madera y la minería
- para cultivar la tierra; la ironía—y la tragedia—es que la rica y variada vegetación de la 20 selva tropical crece sobre un suelo relativamente pobre en nutrientes

25

30

■ para conseguir espacio para la ganadería extensiva: en gran parte de América, es habitual destinar los terrenos desforestados a la ganadería extensiva, cuyos rebaños pastan libremente sobre grandes superficies... Empleando el fuego como instrumento para ganar pastos, puede llegar a mantenerse una vaca por hectárea en los primeros años, aunque el rendimiento (la producción de carne y leche) decae con rapidez a causa del agotamiento del terreno*...

La selva tropical posee mecanismos que la permiten neutralizar agresiones como huracanes, 35 incendios producidos por rayos, sequías o inundaciones. Pero es incapaz frente al ataque de *buldozers*, talas o incendios provocados.

Ecología y vida, Barcelona; *Natura*, Madrid

Después de leer

COMPRENSION

A. ¿Qué más se puede agregar ahora al mapa semántico sobre la Amazonia? ¿Hay algunas ideas que ahora quieren cambiar o modificar?

B. ¿Cierto o falso? Complete las siguientes oraciones con la forma correcta del verbo (indicativo o subjuntivo) y luego diga si son ciertas o falsas.

1. _____ Es bueno que los campesinos (talar) _____ la selva para implantar la agricultura.
2. _____ No hay ningún producto de la selva que (tener) _____ posibilidades comerciales.
3. _____ Hay mucha gente que (utilizar) _____ los incendios para talar la selva.
4. _____ Algunos quieren que los bosques se (convertir) _____ en pastos para la ganadería.
5. _____ La desforestación es un problema que (existir) _____ sólo en la Amazonia.
6. _____ El autor del texto cree que los nuevos usos que se hacen del suelo de la selva (ser) _____ menos valiosos que los antiguos.

Entradas al texto

Esquemas para comprender

¡Necesito compañero! Imagine que Ud. y su compañero/a tienen que hacer un trabajo por escrito acerca del crecimiento de la población mundial y algunas de sus consecuencias o implicaciones. Deben incluir en el trabajo información sobre los temas a continuación. Antes de buscar los datos específicos, comenten entre Uds. lo que ya saben sobre estos temas.

---

*La diferencia de los bosques de las zonas templadas es que crecen en suelos fértiles y pueden ser utilizados para la ganadería y la agricultura una vez talados. En cambio, los suelos selváticos tienen un bajo contenido mineral y no almacenan nutrientes...

- las diez ciudades o áreas metropolitanas más grandes del mundo y las cifras de su población
- si estas ciudades se encuentran en los países desarrollados o no y si entre ellas hay algunas ciudades hispanas
- cómo y cuándo se obtuvieron estas cifras y los problemas o dificultades en hacer cálculos fiables (*reliable*)
- las ciudades (o áreas metropolitanas) cuya población ha aumentado más en los últimos diez años
- si se cree que el crecimiento de la población seguirá al mismo paso, más rápidamente o a un paso más lento en el futuro
- cuáles serán las mayores ciudades para el año 2000
- algunas razones que explican el crecimiento de la población en general y de las ciudades en particular
- información sobre la calidad de vida y los problemas que pueden resultar o que han resultado del crecimiento de la población en el mundo
- medidas que se han tomado en varias partes del mundo para controlar el crecimiento de la población en general y de la de las ciudades en particular

Ahora, para obtener la información que necesitan, uno/a de Uds. debe leer el artículo «Las mayores ciudades del mundo» mientras el otro (la otra) lee «Ya somos 5.000 millones».

Las mayores ciudades del mundo

Hoy existen 139 ciudades millonarias, la mayor parte en Europa y en la periferia de los continentes. En el año 2000 los gigantes urbanos estarán en el Tercer Mundo.

1   ¿Conoce usted Netzahualcóyotl? ¿No? No es extraño. Esta ciudad mexicana no era más que un lago hace poco más de veinte años. Sin embargo hoy tiene más habitantes
5   que París o Barcelona, incluso si a estas últimas les añadimos sus concentraciones de población circundantes. Por ejemplo, con todos sus alrededores y barriadas París cuenta con casi nueve millones de habitantes. Netzahualcóyotl por sí sola forma
10   parte de la periferia de México, que ya ha sobrepasado sin duda los 17 millones de habitantes.

De todas formas, las comparaciones estrictas son difíciles, pues los censos no se han hecho todos al tiempo; hay que contentarse con valoraciones
15   más o menos fiables. Además, los límites de las grandes ciudades son un poco vagos. Es cierto que la ciudad acaba donde empieza el campo, pero traducir esto a la práctica es mucho más complicado y plantea muchos problemas.

20   En 1960 la ciudad de México ocupaba trescientos kilómetros cuadrados y tenía 5,2 millones de habitantes. En 1983 casi había cuadruplicado su extensión —1.100 kilómetros cuadrados— y su población alcanzaba los 9,1 millones. En el año 2000 vivirán 27,6 millones de
25   mexicanos en un área de 1.750 kilómetros cuadrados.

¿Qué se puede hacer para hacer frente a esta tromba humana? En algunos países como China, las autoridades están aplicando una política muy rigurosa de control de natalidad. Chile, Argentina,
30   Venezuela y Uruguay no se preocupan tanto, pues su población está ya muy urbanizada. Alcanzan la increíble cifra del ochenta por ciento de población urbana. Un argentino de cada tres vive en Buenos Aires. Pero en cualquier otra parte, tanto en
35

América Latina como en Africa o en Asia, una natalidad muy superior a la mortalidad, combinada con un éxodo rural masivo se traduce en una explosión demográfica vertiginosa. Las ciudades del Tercer Mundo tendrán que acoger de aquí al año 2000 la astronómica cifra de 10.360 millones de nuevos habitantes, les convenga o no les convenga.

Roma no se hizo en un día, dicen. Esta ciudad fue una de las primeras en alcanzar el millón de habitantes. En 1900 había dieciséis ciudades por encima de esa cota millonaria; dos no eran ni europeas ni americanas: Pekín y Calcuta. Londres tenía al comenzar el siglo 6,4 millones; Nueva York, 4,2; París, 3,3... Cada diez años las grandes ciudades del Tercer Mundo doblan, por término medio, su población. De las 35 grandes aglomeraciones urbanas, veinticinco estarán en ese bloque del subdesarrollo en el año 2000.

Tales explosiones demográficas plantean problemas terribles, y los poderes públicos deben hacer frente a todos los embrollos a la vez: construcción de viviendas, vías públicas, redes de electricidad, alcantarillado, traída de agua potable, transportes públicos. Todo esto debe crecer a un ritmo inimaginable, imposible. Los empleos precarios y la contratación clandestina florecen con frecuencia en una situación de subempleo masivo. La asistencia sanitaria y la educación están más que desbordadas; en México, por ejemplo, uno de cada dos habitantes es menor de veinte años. A estas ciudades les cae encima, casi de repente, una montaña de problemas como polución, delincuencia y criminalidad, que florecen como setas en este terreno abonado por la explosión demográfica urbana.

Pero, ¿qué impulsa a la gente a amontonarse en estos gigantes invivibles? Tengamos en cuenta, por ejemplo, que de cada cuatro habitantes de nuestro planeta uno ignora lo que es el agua potable que sale de un grifo, y uno de cada dos —la mitad de los mortales—, el alcantarillado. En los medios rurales esas cifras casi se multiplican por dos. Y, a pesar de todo, las escuelas, dispensarios y empleos están más cerca de las *favellas* de São Paulo que del medio rural circundante.

LAS DIEZ GIGANTES DEL AÑO 2000	
MEXICO	27,6 millones
SHANGHAI	25,9 millones
TOKIO-YOKOHAMA	23,8 millones
PEKIN	22,8 millones
SÃO PAULO	21,5 millones
NUEVA YORK	19,5 millones
BOMBAY	16,3 millones
CALCUTA	15,9 millones
YAKARTA	14,3 millones
RIO DE JANEIRO	14,2 millones
(Valoración de la ONU)	

Muy interesante, Madrid

Ya somos 5.000 millones

A mediados del año 1990 la población mundial alcanzaba 5.321.000.000, lo cual representaba un incremento de más de 93 millones sobre el año anterior. Subir de cuatro a cinco mil millones tardó solamente 12 años; se calcula que llegar a seis mil millones podrá hacerse aún más rápidamente, alcanzando esa cifra en 1997 después de sólo diez años.

Aunque por el mundo entero el índice de natalidad seguía bajando paulatinamente, el número de habitantes del planeta seguía creciendo.

¿Cómo era posible? La reducción en el número de recién nacidos ha sido contrarrestado por un aumento en la esperanza de vida.

Estos cambios representan retos muy distintos para los países desarrollados en comparación con los países en vías de desarrollo. Los países industrializados, especialmente los de Europa y Japón, necesitan hacer frente a una población cada vez mayor de edad y reconocer al mismo tiempo que en la economía activa entra cada vez menos gente joven. En estos países la política nacional tiene que preocuparse por gran número de jubilados y al mismo tiempo buscar maneras de aumentar la mano de obra o facilitando la participación de más mujeres o permitiendo la entrada de más inmigrantes.

En los países en desarrollo es todavía importante frenar el crecimiento de la población para mejor aprovecharse de los recursos nacionales. Donde la tasa de crecimiento de la población au-

menta a razón de 2,4% al año, la población del país se duplica cada 29 años. Según algunos pronósticos, en el próximo siglo muchos países no serán capaces de alimentar a sus ciudadanos. Más de la mitad de los suelos cultivables habrán desaparecido, por lo que la carencia de alimentos y la desnutrición se verá en aumento.

	LAS AREAS URBANAS MAS GRANDES DEL MUNDO*		Area metropolitana	
	Ciudad	País	Población	Año
1	TOKIO	Japón	27.824.000	1985†
2	NUEVA YORK	EEUU	18.120.200	1988†
3	SÃO PAULO	Brasil	16.832.285	1989†
4	OSAKA	Japón	15.891.000	1985†
5	MEXICO	México	14.775.977	1990
6	LOS ANGELES	EEUU	14.117.000	1989†
7	SHANGHAI	China	12.590.000	1989†
8	LONDRES	Inglaterra	12.255.300	1988†
9	BOMBAY	India	11.428.000	1989†
10	CALCUTA	India	11.413.000	1989†
11	BUENOS AIRES	Argentina	11.360.000	1989†
12	RIO DE JANEIRO	Brasil	11.140.933	1989†
13	PEKIN	China	10.819.407	1990
14	SEUL	Corea del Sur	10.726.000	1990†
15	EL CAIRO	Egipto	9.753.860	1986
16	PARIS	Francia	9.060.000	1990
17	MOSCU	URSS	8.967.000	1989
18	RHINE-RHUR	Alemania	8.730.000	1986†
19	YAKARTA	Indonesia	8.498.709	1987†
20	TIENTSIN	China	8.324.515	1988†
21	CHICAGO	EEUU	8.180.900	1988†
22	DELHI	India	8.156.000	1989†
23	NAGOYA	Japón	8.139.000	1985†
24	MANILA	Filipinas	7.974.000	1990†
25	KARACHI	Pakistán	7.417.000	1989†

*Esta lista se basa en las estadísticas de la Enciclopedia Británica.
†No se basa en un censo oficial, sino en un cálculo aproximativo.

Encyclopedia Britannica

Después de leer

COMPRENSION

A. Compartan brevemente la información que obtuvieron de los dos textos. ¿Qué información tienen ahora que pueden utilizar en su trabajo?

B. Comparen sus resultados con los de los otros grupos. ¿Qué información tienen que buscar todavía? ¿Tiene alguien de la clase otros datos (que no aparecen en estos dos artículos) que también podrían ser de utilidad? Expliquen.

APLICACION

A. Hay muchas sugerencias para hacerle frente al problema de la destrucción de la selva amazónica. Según la información presentada en el artículo «La destrucción de las selvas tropicales en el mundo» y en la primera parte de este capítulo, ¿qué ventajas y desventajas presenta la implementación de cada una de las siguientes medidas? Comente. ¿Qué otras posibles soluciones hay?

1. Dictar—y hacer cumplir (*to enforce*)—leyes estrictas contra cualquier acto que implique la destrucción de la selva después de cierta fecha.
2. Introducir métodos no incendiarios para talar los bosques.
3. Crear empleos que no dependan de la desforestación.
4. Introducir programas para educar y convencer al público de la necesidad de proteger la naturaleza.
5. Crear nuevos empleos en las ciudades para que la gente no quiera habitar la selva.

B. Vuelva a leer el análisis de los beneficios y problemas que se hizo en la actividad C de **Interpretación** de la primera parte del capítulo. Ahora, con la información que tiene, ¿quiere modificar la lista que se recopiló? ¿Quiere cambiar su opinión con respecto a la sugerencia que promete más beneficios a cambio de pocos problemas? ¿Qué otras posibilidades se le ocurren?

C. ¡Necesito compañero! Cada uno de los siguientes asuntos es problemático para Hispanoamérica. Con un compañero, indiquen

- cuáles son problemáticos para los EEUU también
- cuáles pueden ser resueltos con la ayuda de avances tecnológicos
- qué solución existe para los demás asuntos

1. la distribución de la población
2. el crecimiento demográfico
3. el analfabetismo
4. el regionalismo
5. la sobrepoblación en las ciudades
6. la despoblación de las zonas rurales
7. la comunicación entre las varias regiones geográficas

8. una población cada vez más joven
9. la escasez de alimentos
10. la explotación de los recursos naturales

En su opinión, ¿cuál de los asuntos problemáticos es el más urgente? Expliquen. ¿Hay otros que Uds. agregarían (*would add*) a la lista?

D.   En su opinión, ¿hay problemas en los Estados Unidos que sean el resultado (parcial o total) de la tecnología? Explique.

E.   Complete la siguiente oración, justificando (〰) su respuesta: **Lo que ocurre en Hispanoamérica afecta / no afecta a los Estados Unidos porque...**

  V O C E S

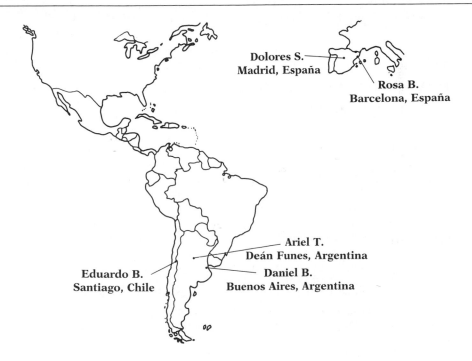

Dolores S.
Madrid, España

Rosa B.
Barcelona, España

Ariel T.
Deán Funes, Argentina

Daniel B.
Buenos Aires, Argentina

Eduardo B.
Santiago, Chile

¿Qué peligros o problemas enfrenta el medio ambiente en su país?

Eduardo B.: Santiago, Chile
El peligro mayor que enfrenta Santiago creo que obedece al de toda gran metrópoli: la contaminación y me refiero no tan sólo a la atmosférica sino también a la acústica, aguas, etcétera. Creo que es el precio del desarrollo... la solución está dándose, pero en forma lenta porque como país en vías de desarrollo, o subdesarrollado, no tenemos básicamente los medios ni materiales para restaurar vías de comunicación o de transporte.

Ariel T.: Deán Funes, Argentina
En mi país como en casi todo el mundo el problema es la polución en las grandes ciudades debido al humo de los automóviles... En factor que han contribuido a crear el problema es la dependencia de los vehículos movidos con los derivados del

petróleo, pues anteriormente en las ciudades existían los tranvías que eran movidos por electricidad pero debido a la conveniencia de los que se benefician con las ventas y compras de petróleo, esos medios de comunicación tan seguros fueron cambiados por los actuales que contaminan el aire y todo el medio ambiente.

Dolores S.: Madrid, España
España es el segundo país después del Japón en la cantidad de ruidos. Madrid es una ciudad muy contaminada. Las industrias han contaminado muchos ríos. En verano, a causa de la

sequía (*drought*) hay grandes incendios que están acabando con los árboles, por ejemplo en Galicia.

Daniel B.: Buenos Aires, Argentina
Como problemas principales considero el agujero de ozono en la parte sur del país y la quita de árboles en bosques. En general no hay conciencia de estas cosas, o no se les da la importancia que merecen. En general en Argentina se espera, en todos los órdenes, que pase algo malo para tomar medidas. Dando un ejemplo menor, no se

respeta como en otros países las advertencias de no fumar.

Rosa V.: Barcelona, España
El medio ambiente está bastante deteriorado, lo cual me pone pesimista. El sur de España tiene un clima muy seco: la desertización es un problema grave que también afecta ahora al norte de España, que siempre había sido lluvioso... Algunos de los parques nacionales ven desaparecer sus lagunas y las aves migratorias no pueden establecerse en ellas, con lo cual se deteriora su ciclo y el del ecosistema.

¡UD. TIENE LA PALABRA!

A. ¿Quién lo habrá dicho (*might have said*)? Al describir los problemas que confrontan sus países, estas personas también ofrecieron posibles soluciones, que se reproducen a continuación. ¿Puede Ud. identificar quién sugirió cada una de las soluciones?

1. _____ Sin duda, convendría invertir grandes cantidades de dinero para que las industrias dejen de contaminar, limpiar los ríos. Siendo este problema preocupante, propondría que parte del dinero que se están gastando (𝖓) en armamentos se utilice para descontaminar, para que la humanidad sea un poco más feliz, más tranquila, más culta.

2. _____ Pese a (*Despite the fact*) que las ideas están allí, siempre topamos con la falta de recursos económicos. Para todo se necesita dinero, pero allí se topa con la gran problemática: o comida o aire puro.

3. _____ El consumismo agrava el proceso, ya que la gente no está concientizada y sigue con sus hábitos perjudiciales para el medio ambiente. Pero tampoco la Administración dicta normas (*rules, laws*) que frenen este proceso, y que, a largo plazo (*in the long run*), probablemente no tengan solución.

4. _____ Una de las soluciones a este problema sería promover la creación de transporte público movido por electricidad.

5. _____ No creo en las simpáticas y muy bien hechas publicidades ecologistas; creo más en la educación infantil basada en el respeto a los demás, como algo obligatorio en los colegios. Agregar a esto gobiernos que hagan aplicar las leyes sin discriminación, dando el ejemplo.

B. 🌅 **¡Necesito compañero!** Utilizando (𝖓) la misma pregunta que contestaron estos hispanos, entreviste a un compañero (una compañera) acerca de la región donde él (ella) o sus padres viven. Luego, compartan Uds. lo que han aprendido con los demás de la clase para crear un perfil (*profile*) de «el estado de la ecología en los Estados Unidos». ¿Pueden Uds. hacer algunas sugerencias para solucionar estos problemas?

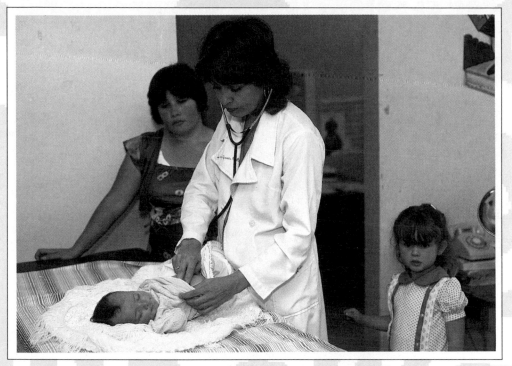

CAPITULO SEIS

Alajuela, Costa Rica

El hombre y la mujer en el mundo actual

La mujer en el mundo hispano

Por sí solo... leer y comprender

Aspectos lingüísticos

More on Word Guessing

In addition to the suffixes that you have already learned to recognize, there is one more group of suffixes and several prefixes (parts added to the beginning of a word) that will help you increase your ability to recognize the meaning of unfamiliar words.

SUFFIXES: **-dor, -ero, -ería**

The **-dor (-dora)** suffix often corresponds to English *-er*. When added to verbs, it forms a noun that describes the person who performs the action of the verb. Frequently, the new word can function as an adjective as well.

trabajar *to work* → trabaja**dor(a)** *worker; hardworking*
beber *to drink* → bebe**dor(a)** *drinker*

When added to nouns, the **-ero (-era)** ending forms a new noun that usually indicates either the place where the stem-noun is kept, or the person who makes, sells, or works with the stem-noun.

azúcar *sugar* → azucar**era** *sugarbowl*
lápiz *pencil* → lapic**ero** *pencil holder*
libro *book* → libr**ero** *book dealer, bookseller*

The **-ería** suffix is added to nouns to indicate the place where something is sold.

pan *bread* → panad**ería** *bread store*
libro *book* → libr**ería** *bookstore*

PREFIXES: **des-, in-, im-, en-, em-, re-**

Each of these prefixes is almost identical to its English equivalent.

des-	*to take away from*
des-, in-, im-	*negative or opposite in meaning*
en-, em-	*to put into*
re-	*to repeat, do again*

A. Can you guess the meaning of the following words?

1. descabezar
2. desplumar
3. descontento
4. infiel
5. indistintamente
6. impuro
7. encajonar
8. embotellar
9. rehacer
10. reunir

Nota: The following exercises practice the prefixes and suffixes from this chapter, Chapter 1, and Chapter 3.

B. Las siguientes palabras son palabras derivadas; es decir, cada una consiste en una raíz (*stem*) más un sufijo o prefijo. Identifique la raíz y el sufijo o prefijo en cada caso. Luego indique el significado de cada palabra derivada. ¡OJO! La raíz puede tener más de un sufijo o prefijo.

1. imprudente
2. pastelería
3. rapidísimo
4. niñera
5. envasar
6. cigarrillo
7. habladora
8. monedero
9. innecesario
10. desigualdad
11. releer
12. desempleado

C. Lea el siguiente cuentecito. Luego indique los sufijos (aumentativos, despectivos y diminutivos) y explique su significado.

Erase una vez una pajarina que había construido (←) su nidillo° en un viejo arbolacho del bosque. Un día, estaba en el nido con los pajaritos cuando les sorprendió un enorme gato flacucho y feote. Metiendo (∿) la cabecita debajo del alica,° los pajaritos temblaron de miedo. La pájara también tembló: ¿qué harían° si les atacara ese gatazo feroz? Pero la pájara era una viejecita astuta y sólo vaciló un momentito. De repente abrió el piquito° y con una tremenda vocezota ladró: «¡Guau! ¡Guau!» Muy asombrado, el gatote se escapó corriendo (∿). Mirando (∿) a los pajaritos, la pájara observó con tranquilidad, «Ya ven, hijitos, lo bueno de saber hablar una lengua extranjera».

nido: *nest*

ala: *wing*

would they do

pico: *beak*

Aproximaciones al texto

Recognizing Text Structure: Main and Supporting Ideas

You know from your practice with skimming and scanning that in most reading selections the first paragraph contains a great deal of information about the content of the selection. Also, there is often a sentence near the beginning of the paragraph that states the main idea of that paragraph. An awareness of these features of text structure makes skimming a selection possible: you know exactly where to look for a quick hint about the general content.

Many reading selections present the main idea in the first paragraph and develop that main idea with specific information in the rest of the selection. The specific information may be in the form of reasons, examples, or consequences.

D. An outline of the first half of the reading selection from Chapter 5, **Geografía, demografía y tecnología,** is given below, followed by a list of possible subtopics **(subtemas)**. Complete the outline with the appropriate subtopics according to the directions given in parentheses.

GEOGRAFIA, DEMOGRAFIA, TECNOLOGIA: LA HISPANOAMERICA ACTUAL

 I. Introducción: La rica diversidad de Hispanoamérica es, al mismo tiempo, su mejor recurso y su mayor problema.

 II. La geografía de Hispanoamérica
   A. Geográficamente, Hispanoamérica es una de las zonas más variadas del mundo. (Dé dos ejemplos.)
   B. El progreso económico y social es impedido por la presencia de los Andes. (Dé tres razones.)
   C. Las cordilleras contribuyen a problemas regionales al aislar muchas comunidades. (Dé dos ejemplos.)

 III. La tecnología y la explosión demográfica
   A. Los avances tecnológicos resultan tanto en beneficios como en más problemas para Hispanoamérica.
     1. Se mejoran mucho los medios de comunicación. (Dé dos consecuencias.)
     2. Se mejoran mucho los servicios médicos. (Dé dos consecuencias.)
   B. El crecimiento demográfico
     1. No se acepta universalmente el control de la natalidad. (Dé dos razones.)
     2. Tiene consecuencias negativas el crecimiento demográfico. (Dé dos ejemplos.)

 IV. Conclusión: Hispanoamérica tiene que mejorar la explotación de sus recursos naturales y también el rendimiento agrícola de sus tierras; al mismo tiempo tiene que reducir el crecimiento demográfico.

SUBTEMAS:
 una población cada vez más joven y dependiente
 se hablan muchas lenguas diferentes
 grandes cambios de altitud
 prohibición religiosa
 hacen mucho más largo cualquier viaje en tren
 disminución de la mortalidad infantil
 hay una falta de servicios pedagógicos y médicos adecuados
 impiden la comunicación y el comercio entre la periferia y el interior
 sobrepoblación en las ciudades
 disminución del analfabetismo
 enorme crecimiento demográfico
 grandes cambios de clima
 facilitación del comercio
 contribuyen a una distribución desigual de la población
 valor cultural y económico de una familia grande

Lectura

Entradas al texto

Palabras y conceptos

a menudo frequently
a pesar de in spite of, notwithstanding
la abnegación self-denial, self-sacrifice
  abnegado self-denying, self-sacrificing
agresivo aggressive
el comportamiento behavior
con todo still, nevertheless
contar (ue) con to count on
de hecho in fact
el descanso (period of) rest
la (des)igualdad (in)equality
el embarazo pregnancy
la empresa company, firm
la fábrica factory

llevar a cabo to complete
la mano de obra work force
el marido husband
el mito myth
el/la obrero/a worker
oponerse a to oppose
el parto birth
la pauta pattern; model
perjudicar to damage, harm
el puesto job, post
reducido lessened, reduced
sin embargo nevertheless
sumiso submissive
el/la viudo/a widow; widower

A. ¿Qué palabra no pertenece al grupo? Explique por qué.

1. el embarazo, el parto, el mito, el marido
2. la fábrica, la mano de obra, la abnegación, la empresa
3. sumiso, agresivo, abnegado, humilde

B. 🗣 **¡Necesito compañero!** Completen la siguiente tabla con todas las palabras o frases que asocien con cada categoría. Incluyan por lo menos dos palabras de la lista de **Palabras y conceptos** en cada columna. Compartan sus resultados con los de sus otros compañeros de clase para recopilarlos en una tabla muy completa. En general, ¿hicieron todos más o menos las mismas asociaciones en cada categoría o hay diferencia de opiniones?

	LA MUJER Y EL TRABAJO	LA MUJER Y LA PAREJA	LA MUJER Y LA MATERNIDAD
personas			
lugares			
cualidades			
actividades			

C.   ¿Qué frase de la columna de la derecha completa lógicamente una de las frases de la columna de la izquierda?

1. _____ Ha habido (←) mucho progreso en el mundo hispano con respecto a la educación de las mujeres. Sin embargo...

2. _____ En muchos países hispanos el movimiento feminista ha conseguido (←) la igualdad formal entre los dos sexos. De hecho...

3. _____ Las leyes prohíben la discriminación sexual en el trabajo. Con todo...

4. _____ La imagen tradicional de la mujer hispana es que es virginal y que no le interesa el sexo aunque...

5. _____ Las mujeres siguen decidiéndose por las carreras estereotípicamente femeninas a pesar de que...

a. ...hay más niños ilegítimos que legítimos en Latinoamérica.

b. ...algunas mujeres se ven obligadas a elegir entre el desarrollo profesional y la maternidad.

c. ...en España hay más mujeres que hombres en las universidades.

d. ...tienen cada vez más educación y acceso a la preparación profesional.

e. ...las mujeres hispanas tienen más derechos que las norteamericanas.

f. ...las preferencias académicas de los dos sexos siguen pautas muy tradicionales.

En su opinión, ¿cuál(es) de las afirmaciones anteriores son ciertas? Ud. puede encontrar la respuesta en el texto de este capítulo.

Esquemas para comprender

A.   Este capítulo se subtitula «La mujer en el mundo hispano». En su opinión, ¿qué temas es probable que se comenten?

1. el amor
2. la belleza
3. el noviazgo y el matrimonio
4. la moda femenina
5. mujeres famosas del mundo hispano
6. la liberación de la mujer
7. el trabajo y las carreras
8. recetas de cocina

¿En qué basa Ud. esta opinión? ¿En qué tipo de material escrito se encuentran frecuentemente los otros temas?

B.   Cuando Ud. piensa en «la liberación de la mujer», ¿en qué piensa? ¿«liberación» con respecto a qué?

C.   Se hizo mención de la mujer en el Capítulo 4 («La familia») y también en el Capítulo 5 («Geografía, demografía y tecnología»). ¿Qué información ya tiene Ud. respecto a la situación social y económica de la mujer en el mundo hispano? Mire brevemente las fotos que acompañan la selección de este capítulo. ¿En qué sentido confirman o no la información que Ud. ya tiene? ¿Qué información nueva agregan?

Nota: Beginning in this chapter, symbols for verb tenses will no longer be used. New grammatical structures and all other unreviewed verb forms will continue to be glossed in the margin.

La mujer en el mundo hispano: Parte 1

En muchas partes del mundo, la división del trabajo entre los sexos todavía sigue pautas tradicionales. Estas españolas están en un lavadero público cerca de Avila.

1   Como en todas partes, el papel de la mujer en la sociedad hispana ha cambiado mucho en los últimos años. Actualmente hay una tendencia hacia una mayor igualdad entre los sexos y por lo general la mujer interviene mucho más en la vida
5   económica y política de su comunidad. Ni que decir tiene° que la situación de la mujer cambia de un país a otro de acuerdo con su historia y su nivel socioeconómico.

Históricamente, la sociedad hispana consideraba a los dos sexos de manera distinta y a menudo contradictoria. Se exaltaba la figura
10   del don Juan como prototipo masculino y, al mismo tiempo, se proponía a la Virgen María como modelo de la conducta femenina.

Ni... *Needless to say*

Según el marianismo,* la mujer había de ser° pasiva, pura, virgi-   había... debía ser
nal, sumisa, abnegada: en fin, todo lo contrario al macho fuer-
te, independiente, dominante. Aun hoy entre muchas mujeres la
15   abnegación persiste como el valor femenino más admirado. Así
cuando le preguntaron a la editora de una revista chilena de buen
tono° si había alguna mujer chilena a la que ella admiraba, la   de... elegante
editora mencionó a una mujer pobre que venía a su casa a lavar la
ropa. Esta mujer «modelo» tenía diez hijos, un esposo alcohólico, y
20   se pasaba la vida trabajando para sostener a la familia, sin quejarse.°   complaining
   Aunque la mujer de la clase alta admira la abnegación, de hecho
ella está bastante más liberada que su hermana de la clase baja. La
existencia de una gran mano de obra doméstica en los países
hispanos libera a la mujer de la clase alta de muchos quehaceres°   tareas
25   hogareños.° Especialmente en las casas que tienen criadas «de   de la casa
puertas adentro»° siempre hay alguien en casa para vigilar a los   de... que viven en la casa
niños y la madre puede salir a trabajar con mucha más facilidad que
la mujer norteamericana. La mujer de las clases privilegiadas,ʼ al
contar con tiempo libre y no tener necesidades económicas, pudo
30   empezar a dedicarse a diversas actividades: obras de caridad° y   ayuda a los pobres
actividades artísticas e intelectuales. Incluso ha llegado a intervenir
en el mundo científico y político. Muchas mujeres norteamericanas han comentado con sorpresa que, en los niveles más altos de
la cultura hispana, hay menos obstáculos para la mujer que en la
35   sociedad norteamericana.
   Con todo, hay que reconocer que este nivel de libertad femenina
sólo se obtiene entre las clases sociales más altas, es decir, todavía
afecta a una pequeña minoría de la población total. La realidad para
las mujeres de las clases media y baja suele ser muy distinta.

La educación de la mujer hispana

40   En el campo de la educación, la situación de la mujer hispana ha
mejorado mucho en los últimos años. Tradicionalmente los padres
hispanos no daban mucha importancia a la educación de sus hijas
y, en consecuencia, el índice de analfabetismo era mucho más alto
entre las mujeres.
45   Hoy el movimiento feminista y los cambios sociales y políticos
han conseguido la igualdad formal entre los dos sexos. Actualmente,
tanto en España como en Latinoamérica, el número de niños y
niñas en la escuela primaria corresponde a su proporción dentro de
la sociedad en general. De hecho, en España el porcentaje de
50   alumnas supera el 50% del total en las aulas universitarias. Sin

---

*Nombre que se usa para referirse a este concepto de la conducta femenina; se deriva de la pala-
bra *María*. También se usa el término *hembrismo*, derivado de la palabra *hembra* (*female of the
species*).

embargo, siguen en evidencia pautas de comportamiento totalmente tradicionales, como lo indican datos recientes de España.

- En las escuelas secundarias los chicos estudian ciencias en números mucho más grandes que las chicas.
- 55 Más de la mitad de todas las estudiantes universitarias se matriculan en sólo dos facultades: la de Derecho y la de Filosofía y Letras.*

La participación de la mujer en el mundo laboral ha subido mucho en los últimos años por todo el mundo hispano (del 20% en los años 80 hasta más del 25% en Hispanoamérica y más del 30% en España), aunque estas cifras siguen siendo bajas en comparación con las de otros países.[†] Además, entre las mujeres laboralmente activas todavía se encuentran en la mayoría las profesiones consideradas tradicionalmente femeninas (peluqueras, costureras,° *seamstresses* enfermeras, dependientas, personal de limpieza, empleadas domésticas) que conducen a menor prestigio, menos éxito,° con peores *success* salarios y menor demanda laboral. En otras palabras, aunque hoy más mujeres trabajan que nunca, el número de mujeres que tienen un trabajo equiparable[?] a su nivel de educación es todavía muy reducido.

Algunas mujeres hispanas, como Violeta Barrios de Chamorro, han llegado a ocupar altos cargos políticos en los gobiernos de sus países.

---

*Los estudios de Filosofía y Letras abarcan más o menos los de *humanities* en una universidad norteamericana.
[†]Por ejemplo, las mujeres representan 48% de la fuerza laboral en Suecia y 40% en el Japón.

La mujer y el mundo laboral

Para comprender la participación limitada de las mujeres hispanas en el mundo laboral, hay que considerar varios factores. En primer lugar, la mujer modelo de la cultura hispana es ante todo° el ama de casa y la madre de varios hijos. Con la excepción de algunos grupos de las clases alta y media, generalmente pertenecientes° a núcleos urbanos, en España y en el resto del mundo hispano se cree que la mujer casada y con familia sólo debe trabajar si hay una necesidad económica. Y aun en el caso de necesidad económica, muchos hombres no quieren que su esposa trabaje. En un estudio hecho en España en 1987, la gran mayoría de los hombres admitió que el trabajo asalariado era importante para la mujer. Al mismo tiempo no aceptó que el trabajo pudiera tener para la mujer la *misma* importancia que tenía para el hombre, considerando negativo para la pareja que ambos trabajaran fuera de casa.

Si la mujer quiere trabajar y si su marido no se opone, todavía existe el problema de la desigualdad salarial y la tendencia de muchas empresas a no emplear a mujeres. El director de una fábrica de calzado° expresa claramente la política de su compañía: «El asunto del trabajo de las mujeres es muy serio. Nosotros tratamos, en lo posible, de no contratar mujeres; tenemos aproximadamente ochenta en el taller° y creemos que ya van demasiadas. Fíjese° que a largo plazo° las mujeres son ruinosas para la industria».

Desgraciadamente, lo que dice el director no es del todo discutible. La legislación de los países hispanos siempre ha tratado de proteger a la mujer, en particular a la que trabaja. Ya en 1900 la ley en España establecía un descanso obligatorio y pagado a la obrera que daba a luz, y si ella volvía al trabajo, el patrón° tenía que permitirle una hora libre para amamantar a su nene, sin descontar esa hora de la jornada.° Actualmente en España la ley impone un descanso de 16 semanas por parto.* En Hispanoamérica los gobiernos de varios países han impuesto leyes semejantes. En la Argentina actual, la ley prohíbe que una mujer sea despedida° a causa del embarazo y establece que puede volver al trabajo en cualquier momento durante el primer año después del parto. Tiene un descanso de doce semanas, con por lo menos seis semanas después del parto y una hora libre para amamantar a su hijo durante 240 días después de su nacimiento.

En comparación con las leyes de los Estados Unidos, las de los países hispanos manifiestan un mayor interés y comprensión de los problemas que afronta? la madre que trabaja fuera de casa.

ante... *first and foremost*

belonging

zapatos

shop, workroom
Keep in mind / a... *in the long run*

jefe

workday

fired

---

*Como parte de la lucha contra la desigualdad sexual, la Constitución Española señala que tanto la madre como el padre pueden acogerse indistintamente a todos estos derechos.

Desgraciadamente, los gobiernos hispanos imponen todas estas condiciones sin ayudar mucho financieramente a las empresas que las obedecen. En consecuencia, algunas empresas optan por la
115 solución más lucrativa y procuran° no emplear a mujeres.   *tratan de*

La mujer que tiene alguna educación y consigue un trabajo a veces no recibe un sueldo justo, pues como en muchas partes del mundo, el sueldo de la mujer hispana no está equiparado al° del   *no... is not comparable to*
hombre aunque desempeñen? la misma profesión. La dificultad de   *that*
120 encontrar un trabajo que proporcione un sueldo adecuado es particularmente aguda? para la mujer rural. En consecuencia, muchas de ellas emigran a las ciudades, donde se encuentran desorientadas y vulnerables a toda clase de explotación.

Después de leer

COMPRENSION

A. Complete cada oración de la primera columna con la información apropiada de la segunda. Conjugue el verbo entre paréntesis en la forma correcta del indicativo o del subjuntivo según el contexto.

1. En la sociedad hispana tradicional se insiste en que ____.
2. La gran mano de obra doméstica permite que ____.
3. A los padres tradicionales no les importa que ____.
4. Muchos maridos hispanos se oponen a que ____.
5. El hombre hispano tradicional prefiere que ____.

a. la mujer (*tener*) pocos niños
b. la mujer (*ser*) pasiva y abnegada
c. la mujer (*quedarse*) en casa y (*cuidar*) a los hijos
d. la mujer de clase alta (*tener*) más oportunidades profesionales
e. las mujeres (*trabajar*) fuera de casa
f. sus hijas (*educarse*)

B. Seleccione la respuesta correcta, conjugando en la forma correcta del subjuntivo los verbos que aparecen en infinitivo.

En algunos países hispánicos, las leyes laborales ____.

a. (*permiten/prohíben*) que las compañías (*despedir*) a las mujeres a causa del embarazo
b. (*permiten/prohíben*) que las mujeres (*amamantar*) a sus hijos durante el día laboral
c. (*permiten/prohíben*) que las mujeres (*tener*) derecho a un descanso pagado después del parto
d. (*permiten/prohíben*) que las compañías (*pagar*) más a los hombres que a las mujeres por el mismo trabajo

C. ¿Qué le sugieren las siguientes palabras? ¿Qué importancia tiene cada una dentro del contexto de esta lectura?

1. el machismo
2. el marianismo
3. el analfabetismo
4. la empleada doméstica

D. Explique brevemente la causa y el efecto de las siguientes afirmaciones.

1. Las mujeres de la clase alta tienen mucho más tiempo libre que las de las clases bajas.
2. A muchas compañías, les cuesta más emplear a mujeres que a hombres.
3. Para la mujer rural, muchas veces es necesario emigrar a la ciudad para encontrar trabajo.
4. En Latinoamérica menos del 30% de la fuerza laboral consta de mujeres.

Lectura

La mujer en el mundo hispano: Parte 2

La mujer, la ley y el sexo

1   Como ocurre en todos los países, los códigos? penales de los países hispanos suelen reflejar y perpetuar algunos valores de su cultura. En España el código civil que regía hasta 1979 disponía que las hijas menores de veinticinco años no podían

5   establecer un hogar propio° sin el permiso del padre a menos que fuera° para casarse o entrar en un convento. Ya que los códigos civiles de todos los países hispanos se basaban en el código napoleónico, se estipulaba? que la mujer había de° vivir donde su marido decidiera y no podía viajar al extranjero, abrir una cuenta bancaria,

10   ni trabajar ni recibir una herencia sin la autorización de su marido. Es decir, la mujer se encontraba en un limbo legal, entre niña y adulta.

Se puede ver uno de los ejemplos más claros de la desigualdad legal entre los dos sexos en las leyes sobre el adulterio. Según reza°

15   la ley en varios países, la mujer comete adulterio si tiene relaciones sexuales con un hombre que no es su marido; en cambio, el marido sólo comete adulterio si tiene relaciones con su amante? *dentro* de la casa conyugal o si sus relaciones adúlteras llegan a ser escandalosas. La cuestión tiene mucha importancia, ya que en varios países

20   hispanos el matrimonio no puede disolverse sin una prueba de adulterio. Es importante reconocer que en muchos países la presión de los grupos feministas ha cambiado, o está cambiando, estas leyes. Pero es evidente que, a pesar de estos cambios, las convic-

hogar... residence of their own
a... unless it was

había... debía

reads, states

ciones sociales retrógradas⁷ seguirán° manteniéndose. Y es más, el
25 mito de la mujer sumisa, virginal, entre niña y adulta, sigue en pie°
a pesar de la existencia de una realidad social muy distinta.

En realidad la mujer hispana de varios países es sexualmente
activa fuera del matrimonio—en particular la mujer de la clase
baja. En algunos países, la unión libre° es mucho más frecuente que
30 el matrimonio y no es raro que una mujer viva con varios hombres
a lo largo de su vida sin casarse con ninguno de ellos. ¡En nueve
países de Latinoamérica hay más niños ilegítimos que legítimos! A
pesar de la indiscutible actividad sexual de gran número de mujeres
hispanas, persiste la visión machista/marianista de la sexualidad: el
35 hombre es un ser de un fuerte instinto sexual mientras que la mujer
normal no tiene ningún interés en el sexo, ni antes ni después de
casarse. En muchos países hispanos se oye el eufemismo «Le hice el
servicio» o «He cumplido»° en boca de mujeres cuando aluden al
coito. En cambio, el hombre dice «Me la voy a tirar» o «Me la
40 apropio.°» Para comprobar la creencia masculina de que toda mujer
buena es también frígida, un periodista peruano hizo relación de los
siguientes comentarios que él oyó en boca de otros hombres:
«Fulana es una mujer mala; una vez le hizo el amor al esposo en la
bañera.°» «Las gringas son todas prostitutas. Conozco a una que es
45 agresiva° en el sexo.»

van a seguir

en... existiendo

*unión... unión
consensual*

*Le..., He... I've done my
duty*

*Me..., Me... I'm going to
take her (in a sexual
sense).*

bathtub

es... takes the initiative

Aunque hayan mejorado las posibilidades para la igualdad entre los sexos, la educación a veces
sigue reforzando las pautas tradicionales.

El porvenir de la mujer hispana

A pesar de que la tradición machista es más fuerte en los países hispanos que en las culturas anglosajonas, en muchos sentidos la mujer de esos países está frecuentemente tan liberada como la de los Estados Unidos y, en algunos casos, ha logrado derechos que provocan la envidia de su hermana norteamericana.

En muchos países hispanos hay mujeres en puestos importantes: en 1979 se nombró a una mujer presidenta de Bolivia y hubo otra en la Argentina, Isabel Perón. En 1990 Violeta Barrios de Chamorro ganó la presidencia de Nicaragua. Aunque es cierto que Perón y Barrios de Chamorro llegaron al poder siendo viudas de importantes figuras públicas, el hecho de que° sus países las acogieran° revela una aceptación de la mujer como líder que todavía no es muy común en los Estados Unidos.

el... *the fact that / accepted*

Sin embargo, aun teniendo un mayor acceso a la educación y preparación profesional, a la hora de decidirse, la mayoría de las mujeres hispanas sigue optando por carreras menos ambiciosas y más estereotipicamente femeninas. Como en todo el mundo, algunas de las barreras para la incorporación de la mujer a todas las esferas de la vida social y profesional no son tanto legales ni económicas como actitudinales. La verdad es que a muchas mujeres todavía les cuesta aceptar su propia capacidad para las carreras tradicionalmente «masculinas», temiendo que para alcanzar el éxito profesional tienen que dejar de ser femeninas. Los hombres también se sienten incómodos en aceptar todas las consecuencias que implica el eliminar la desigualdad sexual. El estudio español de 1987 antes citado señaló que aunque los hombres aceptaban en términos generales y abstractos la igualdad de la mujer, en realidad no aceptaban que ella tuviera que trabajar fuera de casa, ni mucho menos que él debiera compartir con ella el trabajo de la casa.

Desde muy jóvenes, todas las imágenes y asociaciones culturales llegan a convencer a las niñas de que su misión más importante se va a realizar en el hogar,° como esposas, amas de casa o madres de familia, mientras que para los niños, esta misión se va a realizar en el campo laboral. No hay duda que esto limita a los niños como personas, pero el efecto en las niñas es aún más grave, ya que les pone en una situación de dependencia e inferioridad.*

casa

---

*Estudios que se han hecho en España y Latinoamérica de los libros de texto utilizados en las escuelas primarias y secundarias revelan una penetrante discriminación implícita: dan pocos ejemplos de mujeres en puestos de importancia y los hombres rara vez aparecen expresando sensibilidad (*sensitivity*). Las aspiraciones femeninas presentadas se relacionan con casarse o ser actriz, mientras que las masculinas se relacionan con tener iniciativas o aventuras fantásticas.

Muchos creen que la lengua castellana también contribuye a crear una imagen inferior en las niñas, ya que el género masculino tiene predominio sobre el femenino. Por ejemplo, cuando se habla de un grupo mixto o de una persona cuyo sexo se desconoce, siempre se utiliza la forma masculina. Según muchos educadores, esto produce la identificación inconsciente de la totalidad con lo masculino, ocultando la existencia y participación de la mujer.

Hoy en día se reconoce—y se combate—cada vez más la presencia de este sexismo implícito, y es de esperar que los grandes cambios obtenidos en las esferas legales y políticas pronto se verán en lo actitudinal también.

85

Después de leer

COMPRENSION

A. Vuelva a la actividad C de la sección **Palabras y conceptos**. ¿Cuáles de las oraciones resultaron ciertas? ¿Se sorprendió Ud. de algunas? Explique.

B. Seleccione la respuesta correcta, conjugando en la forma correcta del subjuntivo los verbos que aparecen en infinitivo.

1. Las leyes de ciertos países _____.

   a. (*permiten/prohíben*) que una pareja (*divorciarse*) por razones de adulterio
   b. (*permiten/prohíben*) que la mujer (*asistir*) a la universidad
   c. (*permiten/prohíben*) que la mujer (*ser*) elegida para cargos políticos

2. Según las creencias tradicionales, _____.

   a. (*la gente se opone a/se espera*) que el hombre (*tener*) mucha experiencia sexual antes de casarse
   b. (*la gente se opone a/se espera*) que la mujer (*tener*) mucha experiencia sexual antes de casarse
   c. (*se cree/se duda*) que la mujer «buena» (*ser*) frígida

C. Complete el siguiente bosquejo (*outline*) según la información que se presentó en las dos partes de la lectura.

   I. Introducción
      A. Idea básica: _____.
      B. Los valores tradicionalmente «femeninos» (Dé dos ejemplos.)
      C. Los valores tradicionalmente «masculinos» (Dé dos ejemplos.)

  II. La educación de la mujer hispana
      A. Tradicionalmente los padres no daban mucha importancia a la educación de sus hijas. (Dé una consecuencia.)
      B. Con respecto a la educación hay igualdad formal entre los sexos, pero cierto comportamiento sexista continúa. (Dé dos ejemplos.)
      C. La educación no parece cambiar radicalmente la situación laboral de la mujer. (Dé dos razones.)

 III. La mujer y el mundo laboral
      A. Varios factores explican por qué no trabaja la mujer hispana. (Dé dos ejemplos.)

    B. Las leyes ayudan y al mismo tiempo perjudican a la mujer que trabaja. (Explique brevemente.)

IV. La mujer, la ley y el sexo
    A. Hasta recientemente en España, la ley consideraba a la mujer como inferior al hombre. (Dé tres ejemplos.)
    B. Con respecto a su vida sexual, la realidad de la mujer es muy diferente del mito. (Dé dos ejemplos.)

  V. El porvenir de la mujer hispana (Dé un breve resumen de la idea básica.)

INTERPRETACION

A. ¿Cómo se compara la situación de la mujer hispana con la de la norteamericana? Divídanse en grupos de dos o tres. El profesor (La profesora) asignará a cada grupo uno de los siguientes temas. Expliquen las semejanzas y/o diferencias entre la situación de la mujer en las dos culturas. Utilicen la información del texto, la que encuentren en la biblioteca o la que obtengan hablando con amigos y parientes (especialmente los de otras generaciones). Luego, los grupos deben compartir los resultados.

1. el ideal de la feminidad
2. la situación de la mujer en cuanto a la educación
3. la participación en el mundo laboral
4. la actitud hacia el acto sexual, la virginidad, las madres solteras (*unmarried*)
5. los problemas que afronta la madre que trabaja
6. el código penal o civil: leyes sobre el divorcio, los derechos, la vida familiar
7. la discriminación implícita en la representación de los sexos en los libros y en la publicidad
8. el sexismo en el lenguaje

B. En la sección que se titula «La mujer y el mundo laboral», se describe la manera en que la ley, al tratar de proteger a la mujer, acaba por perjudicarla. ¿Conoce Ud. otros ejemplos semejantes de una protección o ayuda «dañina»? ¿Tienen el mismo problema los hombres?

APLICACION

A. ¡Necesito compañero! ¿De dónde vienen nuestras ideas sobre los conceptos de masculinidad y feminidad? Pongan las siguientes fuentes (*sources*) en el orden de importancia que les parezca más apropiado. Agreguen otras a la lista si les parece necesario.

    _____ las revistas   _____ los amigos
    _____ la televisión   _____ los padres
    _____ la literatura popular   _____ los anuncios comerciales
    _____ las canciones populares   _____ las películas

_____ los libros de texto

_____ el ejemplo de las personas
famosas

_____ la lógica

_____ los cuentos infantiles

_____ la religión

_____ la biología

B. **Entre todos.**   Comparen los resultados del análisis anterior. ¿Qué factores se consideran que son los más importantes? Indiquen los factores que suelen tener un impacto positivo en la percepción de los norteamericanos y los que suelen tener un impacto negativo. Comenten brevemente la manera en que los cinco primeros factores de la lista influyen en esas percepciones. ¿Qué cambios se han notado durante los últimos años en la manera en que estos factores influyen en las pautas relacionadas con los sexos? Especifiquen.

C.   ¿Qué pueden hacer los padres si no quieren que sus hijos sigan los modelos sexuales tradicionales? En su opinión, ¿existen en realidad ciertas cualidades que *biológicamente* resulten ser «femeninas» o «masculinas»? Explique.

  V O C E S

Lorena C.
Managua, Nicaragua

Soledad N. M.
Bogotá, Colombia

Alan V.
Santiago, Chile

Mariana A.
Buenos Aires, Argentina

1. *Describa un caso en que le dieron a Ud. un trato diferente del de los demás por razón de su sexo.*

Mariana A.: Buenos Aires, Argentina

Siempre he notado que por ser mujer, en la vida diaria tengo

ayudas y atenciones de parte de los hombres, ya sea cambiándome una goma de auto, ayudándome con papeleos en los bancos, etcétera...

Lorena C.: Managua, Nicaragua

Vengo de una familia numerosa, diez hijos en total, seis hembras y cuatro varones. Yo soy la penúltima de todos. Mis padres eran comerciantes: tenían una abastecedora de artículos domésticos (una especie de minimercado) y una ferretería (*hardware store*) y la casa estaba adjunta a ambos negocios. El desfile de hombres buscando materiales de construcción, o alguna u otra herramienta (*tool*), al mismo tiempo señoras o niñas comprando o consiguiendo algo para el consumo cotidiano (*daily*) era mi medio ambiente.

Por otro lado el trabajo estaba distribuido según las necesidades de las circunstancias. Si mis hermanos varones estaban presentes, indiscutiblemente se les designaban los trabajos físicos. Pero en caso que ellos faltaran se debía de realizar el trabajo de todas maneras. Esto provocaba un doble estándar para nosotras, ya que tal vez uno se encontraba en estas circunstancias, cuando de repente mi padre se hacía presente y se armaba una discusión acalorada, debatiendo que ciertos trabajos tendrían que ser realizados por los hombres, pero si el trabajo no se llevaba a cabo, también producía la misma discusión, preguntando él por qué el trabajo no se había realizado.

2. ¿Cree Ud. que los papeles del hombre y la mujer han cambiado en los últimos quince años?

Mariana A.: Buenos Aires, Argentina

Sí han cambiado. Cada día las mujeres tienen que trabajar para ayudar con la economía de la casa y eso hace que los hombres tengan que ayudar en las tareas de la casa y de los chicos.

Alan V.: Santiago, Chile

En mi país, creo que sí... Pero aún quedan quienes, por su falta de educación, de aspiraciones, arraigado machismo familiar (incluso promovido por las propias mujeres) y motivos económicos, siguen postergadas (*postponed*) a un segundo plano. Se limitan a subemplearse en tareas en las que no requieren preparación (comercio, aseo, etcétera) o siguen en el papel de esposas encargadas de sus hijos y casa.

Soledad N.M.: Bogotá, Colombia

En los últimos 15 años las cosas han cambiado positivamente. Ahora hay más personas que reconocen el papel de la mujer y sus capacidades para desempeñar cargos que tradicionalmente han estado en manos de hombres... Actualmente la agricultura de nuestro país está en manos de una mujer, quien es la Ministra de Agricultura y lo ha hecho muy bien.

¡UD. TIENE LA PALABRA!

A. Según lo que revelen estas personas, ¿cuáles son algunas de las ventajas y desventajas de ser mujer en la cultura hispana? ¿Le parecen muy diferentes de las de la situación en la cultura norteamericana? Explique.

B. Indique por lo menos dos de las razones que dan estas personas para explicar por qué está cambiando el papel de la mujer en el mundo hispano? ¿Cómo explicaría Ud. el por qué de los cambios en la cultura norteamericana?

C. Según estas personas, ¿hay algunos grupos que se oponen a los cambios con respecto al papel de la mujer? Hablando por su experiencia personal, ¿son estos grupos los mismos que se oponen a los cambios dentro de la cultura norteamericana? Explique.

D. ¡Necesito compañero! Utilizando la primera pregunta de la sección **Voces**, entreviste a un compañero (una compañera) de clase. Luego compartan Uds. la información con los demás de la clase. ¿Hay todavía muchos ejemplos de tratamiento sexista en la cultura norteamericana? ¿Son negativos todos los ejemplos presentados, o creen Uds. que a veces tienen un resultado positivo? Expliquen.

CAPITULO SIETE

Buenos Aires, Argentina

El mundo de los negocios
Los Estados Unidos en Hispanoamérica

Por sí solo... leer y comprender

Aspectos lingüísticos

Understanding Connecting Words

Understanding relationships between clauses is extremely important when you are reading in any language. For example, the message of the first sentence below is quite different from that of the second, even though the clauses in each are identical. The change in meaning results from the way the clauses are related, as determined by the italicized connecting words.

> The wildlife was abundant *because* the river was very low.
> The wildlife was abundant *although* the river was very low.

In the first sentence, the second clause explains the first clause. In the second sentence, the second clause contrasts with the first clause.

There are many words that function like *because* and *although,* and they are used for indicating how clauses are related. They also perform the same function between sentences, or between paragraphs. These connecting words fall into several general categories.

1. Some introduce the *cause* of a situation or condition.

a causa de (que)	*because of*	debido a (que)	*because of, due to*
como	*since*	porque	*because*

2. Some introduce the *effect* of a situation or condition.

así (que)	*thus*	por consiguiente	*therefore*
		por lo tanto	
en consecuencia	*as a result*	por eso	*for that reason, therefore*

3. Some introduce a *contrast.*

a diferencia de	*in contrast to*	en cambio	*on the other hand*
en contraste con		por otra parte	
al contrario	*on the contrary*	no obstante	*nevertheless, however*
a pesar de (que)	*in spite of*	sin embargo	
aunque	*even though, although*	con todo	*nevertheless, still*
		pero	*but*
		sino	

4. Some introduce a *similarity.*

de la misma manera	*similarly, in the same way*	igual que + *noun*	*like + noun*
de manera semejante		tal como	*just like, just as*
del mismo modo		tanto... como	*both . . . and, as well as*

5. Other useful expressions are as follows.

Additional information:	además (de)	*besides, furthermore*
	en adición (a)	*additionally, in addition (to)*
Restatement:	es decir ⎱	*that is to say; in other words*
	o sea ⎰	
General statement:	en general	*in general*
Specific statement:	por ejemplo	*for example*

A. Look over the connecting words above (especially those in groups 1–4), trying to learn to recognize the meaning of each. Then read the following sentences and decide whether the clause beginning with the italicized word(s) relates to the rest of the sentence as its cause (**C**), as its effect (**E**), as a similar statement (**S**), or as a contrasting statement (**CS**).

1. ____ No pudieron comprenderse; *por lo tanto,* se divorciaron.
2. ____ *Tal como* los mayas, los aztecas recibían tributos de otras tribus.
3. ____ Los salarios son bajos; *sin embargo,* el costo de la vida es alto.
4. ____ *Debido a* la explotación de los esclavos, los españoles se enriquecieron en el Nuevo Mundo.
5. ____ *Aunque* trabajaron mucho, no pudieron ahorrar dinero.

B. Look over the connecting words in groups 3–5. After you read the following sentences, decide whether the clause beginning with the italicized word(s) relates to the rest of the sentence as additional information (**A**), as a restatement (**RS**), as a similiar statement (**S**), or as a contrasting statement (**CS**).

1. ____ *A pesar de que* el mundo es cada vez más pequeño, el hombre parece más y más aislado.
2. ____ Ud. es un sinvergüenza (*rascal*); *además,* es mentiroso.
3. ____ *Al igual que* las vacas, los caballos son herbívoros.
4. ____ Su filosofía es totalmente reaccionaria; *o sea,* quiere volver a la situación de hace cien años.
5. ____ Su informe es bueno; *no obstante,* tiene que ampliarlo un poco más.

C. Read these sentences quickly and decide whether the information following the italicized words is appropriate (**sí** or **no**) to the rest of the sentence.

1. ____ La manzana, *igual que* la naranja, es roja.
2. ____ Ella se murió; *como consecuencia,* se enfermó.
3. ____ El cielo es azul; *en cambio,* las nubes son blancas.
4. ____ *Aunque* Ud. es inteligente, recibe notas muy buenas.
5. ____ Estoy muy contenta; *sin embargo,* voy a llorar.

D. Read each of the following sentences and choose the appropriate alternative to complete the thought, paying particular attention to the italicized words.

1. Ella no puede hacer el ejercicio *a causa de que* ____.

    a. le duele mucho la cabeza
    b. pasó toda la noche preparándose

2. Este año ha aumentado el número de crímenes *a pesar de que* ____.

   a. tenemos más policías
   b. tenemos menos policías

3. Los mayas eran unos indios muy pacíficos; *en cambio*, los aztecas ____.

   a. eran muy agresivos
   b. eran muy amables

4. Su esposo es muy chauvinista; *o sea*, ____.

   a. trata de ayudarla tanto como puede
   b. nunca hace nada en la casa

5. El precio de la gasolina está más alto que nunca; *con todo*, ____.

   a. no ha disminuido nada el tráfico
   b. se ven menos carros en las carreteras

Aproximaciones al texto

Understanding the Function of a Text: Tone

An important preparatory skill for reading comprehension is to grasp the function or purpose of the reading. Informing, convincing, entertaining, and criticizing are all functions that a text may have. Understanding the author's purpose for communicating helps to prepare you to comprehend new information.

E.   Ciertos textos normalmente se asocian con funciones específicas. Usando las sugerencias indicadas, conteste las siguientes preguntas relacionadas con cada uno de los textos a continuación. ¡OJO! Un texto puede tener más de un solo propósito. El mensaje del texto tambien puede estar dirigido a distintos grupos, dependiendo del contenido.

- ¿Quién escribió el texto?
- ¿Cuál es el propósito del texto?
- ¿A quién se dirige el mensaje?

───────────────── TEXTOS ─────────────────

1. un anuncio
2. un pasaje de un texto de ciencias
3. una reseña (*review*) de una película
4. una carta al director (*editor*)
5. un artículo de la revista *Time*
6. un pasaje de un cuento de ciencia ficción
7. un artículo de *The New England Journal of Medicine*
8. un panegírico (*eulogy*)

———— AUTOR ————	———— PROPOSITO ————	———— PUBLICO OBJETO ———— (TARGET AUDIENCE)
• un experto o especialista • un periodista • una persona común y corriente • una compañía o empresa	• convencer • criticar • informar • evaluar • alabar (*to praise*) • entretener • quejarse	• al público en general • a especialistas • a personas de una edad determinada (por ejemplo: niños, adolescentes, mayores) • a consumidores • a personas de un sexo determinado (por ejemplo: mujeres)

¿En qué sentido le afecta a Ud. el saber quién escribió el artículo y con qué propósito lo escribió?

Writers not only have specific purposes for writing, but also attitudes about their topic. The attitude—or tone—of the writer can be gathered from the particular language used, as well as from the way the information is presented to the reader.

F. Decida cuál es el tono de las siguientes oraciones. Escriba la letra que mejor caracterice cada oración y trate de identificar qué elementos lingüísticos le ayudaron a decidirse en cada caso.

a. práctico (*matter-of-fact*)
b. humorístico
c. crítico
d. admirador
e. compasivo (*sympathetic*)
f. irónico

1. _____ La historia de las relaciones interamericanas es una serie de maniobras egoístas (*selfish maneuvers*) de parte de los Estados Unidos.
2. _____ La Doctrina Monroe ha influido profundamente en la política exterior (*foreign policy*) de los Estados Unidos.
3. _____ Ese programa simbolizó un nuevo comienzo, ya que inició toda una nueva era en sus relaciones.
4. _____ Los liberales quedan tan deslumbrados (*dazzled*) por su propia retórica que ni siquiera notan lo vacío (*the emptiness*) de sus ideas.
5. _____ ¿Es difícil imaginar la política de un presidente con relación a Centroamérica cuando éste se refería con frecuencia a sus habitantes como «Dagos»?
6. _____ La Alianza para el Progreso fue un fracaso casi total.
7. _____ La Alianza para el Progreso logró muy pocas de sus grandes y generosas metas.

 **Lectura**

Entradas al texto

Palabras y conceptos

al alcance within reach
el aliado ally
el bien (*philosophical*) good
  los bienes (*material*) goods
culpar to blame
  la culpa blame, guilt
  culpable guilty
el derrumbamiento toppling, tearing
  down
(des)agradecido (un)grateful
la deuda (externa) (foreign) debt
el dictador dictator
  la dictadura dictatorship
la disponibilidad availability
la exportación export(s)
fortalecer to strengthen
la fuente source
intervenir (ie, i) to intervene

invertir (ie, i) to invest
  la inversión investment
izquierdista leftist
el lema slogan
la libre empresa free enterprise
las materias primas raw materials
la medida measure, means
la meta goal
odiar to hate
la política (exterior) (foreign) policy
el préstamo loan
el presupuesto budget
proporcionar to give, yield
proteger to protect
respaldar to back, support
  el respaldo backing
la subvención grant (*of money*)

A. Apunte las palabras de la lista de **Palabras y conceptos** que Ud. asocia con...

1. las actividades económicas
2. las actividades políticas o militares

¿Hay algunas que se relacionen con ambas? Explique.

B. Imagine que Ud. es economista. ¿En qué circunstancias hace cada una de las acciones que se enumeran a continuación? Si quiere, puede considerar algunos de los siguientes factores para explicar sus acciones.

- el déficit
- la inflación
- la Bolsa (*Stock Market*)

- el deterioro/la mejora de la economía

MODELO: culpar → Cuando no hay mucha actividad en la Bolsa, culpo al enorme déficit federal.

1. culpar
2. invertir
3. proteger

4. respaldar
5. intervenir

C. Ahora, imagine que Ud. es político/a. ¿En qué circunstancias hace cada una de las acciones enumeradas en la actividad B? Si quiere, puede considerar los siguientes para explicar sus acciones: la apatía/el interés de los votantes, el escrutinio (el examen minucioso) de los periodistas, la opinión de los aliados.

D. ¿Qué palabras de la segunda columna asocia Ud. con las de la primera? Explique la relación o asociación entre ellas.

1. _____ el derrumbamiento
2. _____ el dictador
3. _____ la inversión
4. _____ el aliado
5. _____ agradecido
6. _____ la subvención
7. _____ respaldar
8. _____ las materias primas
9. _____ la libre empresa
10. _____ la política exterior

a. competencia, ganancias, capitalismo
b. apoyar, aprobar, ayudar
c. destruir, hacer caer, derrocar
d. Bush, diplomáticos, tratados (*treaties*)
e. comestibles, petróleo crudo, minerales en bruto
f. Shearson, Lehman; Merrill Lynch; Wall Street
g. amigo, defensor, partidario
h. Stalin, Mussolini, Somoza
i. préstamo, ayuda económica, crédito
j. contento, atento, dar las gracias

Esquemas para comprender

A. Lea rápidamente los dos primeros párrafos de esta lectura. ¿Cuál parece ser el propósito principal de la lectura?

1. Describir las semejanzas y diferencias culturales entre los Estados Unidos e Hispanoamérica.
2. Identificar un problema y explicar sus causas.
3. Dar breves biografías de famosos americanos, tanto del sur como del norte.
4. Describir los sistemas de gobierno de varias naciones hispanoamericanas.
5. Hablar del impacto cultural de Hispanoamérica en los Estados Unidos.

B. Mire los títulos, los subtítulos y las fotos de la lectura. ¿Confirman o contradicen su primera impresión? ¿Qué información añaden?

C. ¿Qué sabe Ud. ya de la historia de los Estados Unidos con relación a Hispanoamérica? ¿Qué expresiones de la segunda columna asocia Ud. con los nombres de la primera? ¡OJO! A veces una expresión puede corresponder a más de un nombre. Explique la asociación en cada caso.

1. _____ Theodore Roosevelt
2. _____ Franklin Roosevelt
3. _____ John F. Kennedy
4. _____ Jimmy Carter
5. _____ Ronald Reagan
6. _____ George Bush

a. los derechos humanos
b. los luchadores por la libertad (*freedom fighters*)
c. Operación «Causa Justa»
d. «*Speak softly and carry a big stick.*»
e. la Alianza para el Progreso
f. el canal de Panamá
g. la Política de Buena Voluntad (*Good Neighbor Policy*)
h. la bahía de Cochinos (*Bay of Pigs*)

D.   En su opinión, ¿cuáles de las siguientes expresiones se asocian con las relaciones entre los Estados Unidos y la América Latina? ¿Puede Ud. explicar el porqué de estas impresiones? ¿Qué otras expresiones se pueden agregar?

positivo	fuerte
negativo	no importante
una larga tradición	la economía
el ejército	el fracaso
la cultura	agresivo
frío	confuso
violento	no interesante
amigable	los derechos humanos
la diplomacia	incomprensible
el éxito	las acciones secretas (*covert*)
la ayuda mutua	la frustración

Los Estados Unidos en Hispanoamérica: Parte 1

1   Las relaciones entre los Estados Unidos (EEUU) y los países latinoamericanos tienen una larga historia, muchas veces violenta y paradójica. Por un lado, en toda América Latina existe una enorme admiración por el grado de avance

5   económico y social que han logrado los EEUU. Casi todos los latinoamericanos están de acuerdo en que la lucha por la independencia norteamericana fue un modelo que ellos quisieron imitar al separarse de su pasado colonial, e incluso en los sectores más izquierdistas se admira a hombres como Abraham Lincoln. Por otro

10   lado, los EEUU actualmente inspiran un recelo y un resentimiento—hasta un odio—entre muchos latinoamericanos que ni programas ambiciosos, como la Alianza para el Progreso, ni una creciente cantidad de ayuda económica y militar han conseguido cambiar.

15   Esta crítica y ataque a los EEUU—que últimamente se ve no sólo en Hispanoamérica sino en muchas otras partes del mundo—es una actitud que a veces sorprende al norteamericano medio y lo deja perplejo, cuando no irritado. «¿Por qué nos odian, si todo lo hemos hecho por su bien? Son unos desagradecidos.»

20   «¿Para qué mandarles nuestros dólares si después nos llaman imperialistas y nos gritan lemas antiyanquis?» Que se hagan tales preguntas no sólo muestra la frustración que caracteriza las relaciones entre los EEUU e Hispanoamérica, especialmente en los últimos años; también revela una falta de comprensión acerca de la

25   realidad de Hispanoamérica, la cual en sí es parte del problema.

Las relaciones interamericanas: Una perspectiva histórica

Para comprender la imagen bastante negativa que tienen muchos latinoamericanos de los EEUU, es preciso examinar las relaciones interamericanas dentro de una perspectiva histórica. En su mayor parte, al relacionarse con los países hispanoamericanos, los EEUU han sido motivados por el doble deseo de desarrollar sus intereses económicos y asegurar su seguridad nacional estableciendo su control político en el hemisferio. Desafortunadamente, muchas acciones de los EEUU han tenido como resultado una serie de experiencias dañinas° y humillantes para los países hispanoamericanos.   *harmful*

LA DOCTRINA MONROE

Desde principios del siglo XIX, cuando las colonias hispanas empezaron a independizarse de España, los EEUU han considerado sus relaciones con los países del sur como algo muy especial. En 1823, después de reconocer la independencia de las nuevas naciones latinoamericanas, y en parte para evitar cualquier esfuerzo por parte de España o de sus aliados para reconquistarlas,* el presidente norteamericano James Monroe pronunció los principios de lo que más tarde se llamaría° «la Doctrina Monroe». Este   *se... would be called*
documento, que ha influido profundamente en la política exterior de los EEUU, anunciaba el fin de la colonización europea en el Nuevo Mundo y establecía una política de no intervención de los gobiernos de los países europeos en los países americanos.

Mientras que algunos norteamericanos consideraron la Doctrina Monroe como un intento de proteger a sus hermanos del sur, algunos hispanos la vieron desde otra perspectiva. Para ellos, la Doctrina parecía impedir que otros países intervinieran en los asuntos interiores hispanoamericanos mientras dejaba campo abierto para acciones semejantes por parte de los EEUU. Es decir, aunque el gobierno norteamericano se opuso a los intentos franceses y españoles (y con menos consistencia, a los de los ingleses) de entrometerse° política y económicamente en Lati-   *to get involved*
noamérica, otras acciones muy semejantes por parte del gobierno y del comercio norteamericanos no se limitaron.

LA EPOCA DE LA INTERVENCION: ROOSEVELT, TAFT Y WILSON

El norteamericano que más se asocia con la expansión de los EEUU a costa de Latinoamérica es Theodore Roosevelt. Bajo Roosevelt, el gobierno de los EEUU empezó a considerar que tenía derecho absoluto a controlar la región del Caribe y Centroamérica, por medio de inversiones económicas o presiones políticas o militares.

---

*El mensaje de la Doctrina Monroe fue dirigido a Rusia también, que en aquel entonces (*back then*) tuvo algunos deseos de explorar el territorio que ahora forma parte de Alaska.

En 1904 Roosevelt expuso su propia versión de la Doctrina Monroe,
en la cual declaró que era el «deber» de los EEUU intervenir en los
países latinoamericanos (a los cuales se refería con frecuencia como
«wretched republics») para asegurar las inversiones e intereses
económicos de «las naciones civilizadas». Esta política se conoció
como «el Corolario Roosevelt» a la Doctrina Monroe y marcó el
comienzo de un período de frecuentes y violentas intervenciones
que se ha llamado la Epoca del Palo Grande.°   Palo... *Big Stick*

Después de Roosevelt, los presidentes William Howard Taft y
Woodrow Wilson continuaron la política de intervención. Taft se
interesó mucho en la expansión de los intereses económicos de los
EEUU. Su interpretación del «Corolario Roosevelt», que vio la
conversión de la economía centroamericana en un verdadero
monopolio de unas cuantas° empresas norteamericanas, llegó a   unas... *a few*
denominarse «La Diplomacia del Dólar». A diferencia de Roosevelt,
que se interesó en el poder, y de Taft, que se preocupó de la
promoción comercial, Woodrow Wilson llegó a la presidencia con
opiniones idealistas sobre cómo debían de ser los gobiernos de los
países latinoamericanos. Aunque quería que todos fueran libres y
democráticos, en realidad este ideal muy pocas veces guió su
política exterior, ya que intervino violentamente en Nicaragua
(1912), México (1914, 1918), la República Dominicana (1916) y
Cuba (1917).

Algunos norteamericanos reconocen ahora que el período entre
1895 y 1933 fue uno de los más vergonzosos° de la historia di-   *shameful*

ALGUNAS INTERVENCIONES MILITARES DE EE UU EN CENTROAMÉRICA

NICARAGUA	PANAMÁ	HONDURAS	CUBA	R. DOMINICANA
1850, 1852, 1854, 1857, 1894, 1896, 1898, 1899, 1910, 1912, 1925, 1926, 1933, 1982	1856, 1865, 1903, 1904, 1912, 1914, 1918, 1920, 1921, 1925, 1945, 1989	1903, 1907, 1911, 1912, 1919, 1924, 1925	1898, 1906, 1912, 1917, 1922, 1933, 1961	1903, 1904, 1914, 1916, 1924, 1955
		GRANADA 1983	**GUATEMALA** 1920, 1954	**HAITÍ** 1888, 1891, 1914, 1915, 1934

plomática de los EEUU. La política intervencionista de Roosevelt, Taft y Wilson (y, con menos energía, la de Harding, Coolidge y Hoover) engendró, como se puede comprender, una imagen muy negativa de los EEUU en la mente de muchos latinoamericanos y una profunda desconfianza en cuanto a los motivos de los líderes de los EEUU. Para 1933 la «protección» norteamericana de Latinoamérica les había proporcionado a los EEUU el territorio entre Texas y California, una base naval permanente en Cuba y el control completo de su política interior, la posesión de Puerto Rico, derechos permanentes a un canal a través de Panamá y derechos a construir otro canal en Nicaragua. Se había usado la fuerza militar en siete de los países de la región y en cuatro de éstos se había sancionado una larga ocupación militar. En fin, durante las tres primeras décadas de este siglo, los EEUU habían conseguido la dominación de gran parte de la economía suramericana y el control casi total de la centroamericana. Al mismo tiempo que estas acciones protegían los intereses económicos de los EEUU, establecieron un patrón de dependencia política en el Caribe y Centroamérica cuyos impactos han tenido aun peores consecuencias para las relaciones interamericanas. Los países de la región empezaron a mirar cada vez más hacia Washington para la solución de sus problemas interiores. Esta dependencia colocó a los EEUU en el centro de la estructura del poder en Centroamérica. Mantener allí la estabilidad de gobiernos conservadores y hasta autoritarios sirvió a los intereses comerciales de los EEUU en aquel entonces, pero ha sido la fuente de enormes problemas en la época actual.

LA POLITICA DE BUENA VOLUNTAD°

Buena... *Good Neighbor*

El nombre Roosevelt es uno de los más odiados en toda Latinoamérica, pero al mismo tiempo es uno de los más respetados. Si Theodore Roosevelt llegó a simbolizar todo lo negativo del nacionalismo expansionista de los Estados Unidos, su primo Franklin empezó a recuperar la confianza y la cooperación de Latinoamérica. En 1933 Roosevelt anunció su Política de Buena Voluntad y sus intenciones de mejorar las relaciones entre los continentes americanos. Se repudió la intervención directa en los asuntos interiores de otros países. Aunque Roosevelt sugirió y apoyó fuertes inversiones económicas en Latinoamérica, declaró que la Diplomacia del Dólar ya no imperaba[?]. Sus acciones confirmaron sus promesas: no hubo ninguna represalia cuando el gobierno de Lázaro Cárdenas nacionalizó las compañías petroleras de México en 1938.

Roosevelt buscaba establecer un nuevo espíritu de cooperación y solidaridad entre las naciones del hemisferio. Aunque la expansión económica de los EEUU en Latinoamérica aumentó, los esfuerzos de Roosevelt sí lograron disminuir la sospecha y desconfianza que se había creado durante los años anteriores. El estallar[?] de la

Fundado por el presidente Kennedy, el Cuerpo de Paz manda voluntarios a todas partes del mundo, donde ayudan a implementar programas educativos, sociales y comerciales.

Segunda Guerra Mundial estimuló la cooperación entre los EEUU y Latinoamérica. Después de la guerra, la expansión del comunismo y el desarrollo de un fuerte nacionalismo latinoamericano provocaron nuevas tensiones.

135

Después de leer

COMPRENSION

A. Conjugue los verbos en las siguientes oraciones en el pretérito del indicativo o el imperfecto del subjuntivo según el contexto. Luego diga si son ciertas (**C**) o falsas (**F**) según la lectura y corrija las falsas.

1. _____ La Doctrina Monroe prohibió que ninguna nación europea (*intervenir*) en los gobiernos americanos.

2. _____ Antes de 1930 los EEUU (*seguir*) una verdadera política de no intervención en los países centroamericanos.

3. _____ Theodore Roosevelt (*hacer*) mucho para que se (*limitar*) la expansión de los EEUU en la América Latina.

4. _____ El «Corolario Roosevelt» a la Doctrina Monroe (*defender*) la integridad territorial de los países centroamericanos.

5. _____ Franklin Roosevelt quería que (*haber*) más cooperación y solidaridad entre los países del hemisferio.

B.  **¡Necesito compañero!** Utilizando las frases indicadas e incorporando información de la lectura, completen cada oración de dos maneras diferentes.

1. Muchos latinoamericanos sienten un gran resentimiento hacia los EEUU...

   a causa de que   por otra parte   a pesar de que

2. Al principio de este siglo las repúblicas latinoamericanas se encontraron en una situación vulnerable y precaria...

   además   debido a que   por consiguiente

3. Durante el período entre 1895 y 1933, la intervención norteamericana en Latinoamérica protegió los intereses económicos de los EEUU...

   sin embargo   además   por ejemplo

Lectura

Los Estados Unidos en Hispanoamérica: Parte 2

Las relaciones interamericanas: Metas y motivos

EL FACTOR ECONOMICO

1 Una economía colonial se caracteriza por la producción de materias primas, como los bienes agrarios y los minerales no refinados; una economía industrializada, en cambio, es la que produce bienes manufacturados. El problema es que las 5 materias primas siempre cuestan mucho menos que los productos refinados. Por lo tanto, la economía colonial suele funcionar con un déficit: lo que se vende no proporciona lo suficiente para amortizar² lo que se compra o se necesita comprar. Además, como los precios de las materias primas fluctúan con frecuencia, las economías 10 coloniales suelen ser menos estables que las industrializadas. La inestabilidad se acentúa cuando la economía se basa en sólo uno o dos productos.

Históricamente, todos los países de América Latina han mantenido economías de tipo colonial. En años recientes se han hecho 15 esfuerzos para diversificar las economías y para desarrollar la industria manufacturera. Con todo, durante el período entre 1987–1989, en trece de los diecinueve países* más del 40 por ciento

*Se excluye aquí al Brasil.

Como se ve en esta manifestación en Buenos Aires, algunos planes económicos gubernamentales para reducir la enorme deuda externa han producido el sufrimiento y descontento en la población.

de la exportación nacional todavía se basaba en sólo uno o dos productos no refinados.

20   Los grandes recursos naturales de Latinoamérica—es una de las fuentes más grandes del mundo de cobre° y de estaño,° y tiene importantes reservas de petróleo—complementan y fortalecen las industrias norteamericanas que dependen en mayor o menor grado de la disponibilidad de materias primas. Por esta razón el gobierno

25 norteamericano estimuló mucho la inversión económica en Latinoamérica, especialmente después de la Segunda Guerra Mundial.

    El estímulo económico también fue motivado por el deseo de combatir el comunismo. Cuando el Vicepresidente Nixon visitó Latinoamérica en 1958, algunos grupos latinoamericanos lo reci-

30 bieron con piedras en vez de aplausos. Este incidente y la profunda impresión causada por la revolución cubana de 1959 hicieron creer a muchos norteamericanos que el comunismo se extendería° por toda Latinoamérica si no se tomaran medidas extraordinarias e inmediatas. En agosto de 1961 el Presidente Kennedy anunció la

35 Alianza para el Progreso. Aunque el temor a la amenaza comunista fue la razón principal de la Alianza, en muchos aspectos era sumamente idealista. Se esperaba que, con la ayuda económica y el apoyo político de los EEUU, los países hispanoamericanos pusieran en marcha diversos proyectos para el progreso económico y la

40 reforma social. Las mejoras en el nivel de vida fortalecerían° a la vez el papel de un gobierno democrático. Desafortunadamente, la

copper / tin

se... would spread

would strengthen

Alianza logró muy pocas de sus metas y despertó, durante los diez años que existió, tantas controversias como esperanzas. En algunos casos, había resistencia hacia ciertas reformas por parte del gobierno y del elite económico del país; en otros, aunque se iniciaron cambios, la presión de los EEUU provocó el resentimiento de grupos que consideraron la Alianza como otro tipo de intervención norteamericana.

El continuo estímulo a la inversión económica en Hispanoamérica, sumado a la falta de industrias nacionales que compitieran con las norteamericanas, y la existencia de leyes que favorecían el comercio con Norteamérica sobre el comercio con otros países acabaron por producir un monopolio norteamericano en la América Latina. En Cuba, por ejemplo, antes de la época de Castro, empresas norteamericanas controlaban el 90 por ciento de la energía eléctrica y del servicio telefónico, el 37 por ciento de la producción de azúcar, el 30 por ciento de la banca comercial,° el 50 por ciento de los ferrocarriles, el 66 por ciento de las refinerías de petróleo y el 100 por ciento de la explotación del níquel. En Centroamérica la United Brands (que incluye la United Fruit Company, conocida localmente como «el pulpo»*) todavía monopoliza el 80 por ciento de las exportaciones de bananas, más de la mitad del mercado mundial. En Chile, antes de 1970, dos empresas norteamericanas—Anaconda y Kennecott—dominaban totalmente la producción de cobre, la cual equivalía a un 12 por ciento de la producción mundial y a más del 70 por ciento del producto nacional bruto° de Chile.[†]

Al mismo tiempo, hay que reconocer que esta dominación no se logró sin alguna cooperación por parte de los gobiernos latinoamericanos, que en repetidas ocasiones han pedido la inversión de capital extranjero. La mayoría de los países de la América Latina no cuentan con los fondos necesarios para buscar y explotar sus propios recursos. Dependen de la inversión extranjera y de préstamos que pueden conseguir de los bancos internacionales, en muchos de los cuales tienen una voz importante los EEUU. A través de los años, la inversión extranjera, especialmente la norteamericana,[‡] fue acumulando cada vez más poder económico. En todas partes del mundo, hay gobiernos que han permitido y apoyado la

banca... commercial banking

producto... Gross National Product

---

*La imagen del pulpo (en inglés, *octopus*) con sus muchos e implacables tentáculos, hace que esta palabra se use en muchas partes de Latinoamérica para referirse a una persona o una compañía que explota a los demás.

[†]Es posible a veces perder el significado de tales cifras. Se pueden comprender mejor los sentimientos alarmados de un chileno si se imagina una situación equivalente en los EEUU, es decir, si General Motors, General Foods, General Electric, Ford, IBM, todos los bancos, las minas, la aviación y la construcción (entre otras compañías) estuvieran bajo el control de dos empresas extranjeras.

[‡]Antes de la Doctrina Monroe, eran los ingleses y los franceses quienes se encontraban en gran número en Latinoamérica; ellos fueron poco a poco reemplazados por los estadounidenses. En los últimos años, Japón y Alemania han aumentado su nivel de participación en la economía latinoamericana.

inversión extranjera, aunque esto a la larga° haya sido un obstáculo para el desarrollo social y económico del propio país. En Lati- noamérica no han escaseado° tales gobiernos.

80

Si son los países mismos quienes han acogido a los EEUU, ¿por qué culpan a los norteamericanos? Si los EEUU no los ha dominado, sino que ellos se han dejado dominar, ¿no tienen estos países la culpa de su propia dependencia? Sí y no. La expansión norteamericana en Latinoamérica nunca pudo haber llegado° al nivel de dominio sin la ayuda, o por lo menos la falta de oposición, de los gobiernos latinoamericanos. A pesar de esta colaboración oficial, hay que tener en cuenta que tradicionalmente muchos de los gobiernos latinoamericanos no han reflejado, ni mucho menos protegido, los deseos e intereses de la gran mayoría de su población. En muchos casos el gobierno ha estado aliado con la pequeña minoría oligárquica que posee la mayoría de la tierra y del dinero y juntos se han enriquecido con las inversiones extranjeras; en otros, el gobierno estaba bajo el control de los militares y éstos creían que dejar el campo libre a las empresas norteamericanas les facilitaría la adquisición de armas, con las que podían fortalecer su propio control político.

85

90

95

Pero si el gobierno no protege los intereses de su país, ¿cómo se puede esperar que una compañía extranjera lo haga? Los grandes hombres de negocios, sean de la nacionalidad que sean,° no se caracterizan precisamente por su filantropía. Es importante recor- dar que en los EEUU los intereses de las grandes empresas no tienen la influencia que tienen en Latinoamérica; la Ford, la General Motors, la U.S. Steel y la Exxon son enormemente ricas y poderosas pero no controlan el país: no pueden destruir la constitución ni organizar una revolución ni dejar que un país extranjero se apodere de la tierra o de los recursos de la nación. En cambio, en Latinoamérica las grandes empresas sí pueden realizar todo esto y lo han hecho varias veces en diversos países. En los EEUU existen leyes que limitan el tamaño y el poder que una empresa puede alcanzar; hay muy pocas leyes de este tipo en la América Latina. En los EEUU el sistema capitalista de la libre empresa funciona porque hay diversos niveles de competencia (hay muchas empresas grandes pero también hay miles de compañías independientes más peque- ñas) y las leyes protegen también a las pequeñas. En Latinoamérica, donde la competencia es mínima y no existe ningún sistema que frene y equilibre° el poder y la expansión de las grandes empresas, la libre empresa no funciona para el desarrollo general, sino para el beneficio particular.° Después de la Segunda Guerra Mundial, la relación tradicional de patrón y cliente entre los EEUU e His- panoamérica ha ido desapareciendo poco a poco entre olas de revoluciones, reformas agrarias, competencia de otros países y administraciones más nacionalistas. Existe un nuevo espíritu in-

100

105

110

115

120

a*... in the long run*

no*... haven't been lacking*

nunca*... could never have achieved*

sean*... whatever their nationality*

frene*... checks and balances*

individual

dependiente que ya no quiere aceptar sin protestas el control
norteamericano, sea o no beneficioso° para la región.

sea... *whether or not it may be beneficial*

Lo que ahora se empieza a creer es que un sistema socialista
puede ser más apropiado para modernizar e independizar económicamente a estos países que un sistema capitalista, en el que el
progreso está en manos privadas y, en el caso concreto de
Latinoamérica, en manos extranjeras. Esta consideración hizo que
varios gobiernos de Latinoamérica nacionalizaran muchas de las
compañías extranjeras para poder encauzar° mejor sus recursos. A
pesar de las fuertes protestas de los comerciantes norteamericanos,
el gobierno de los EEUU ha aceptado semejantes acciones con tal
de que las compañías nacionalizadas reciban una recompensa
adecuada.

to channel, direct

En otras áreas los EEUU han tratado de colaborar con gobiernos
latinoamericanos para crear programas de beneficio mutuo. Por
ejemplo, el programa de maquiladoras* que se ha establecido entre
México y los EEUU. En junio de 1990 el presidente George
Bush anunció su Iniciativa de las Américas, un plan para establecer
una Zona de Libre Comercio que comprenda Latinoamérica, el
Caribe, los Estados Unidos y el Canadá. Además se han firmado
acuerdos especiales entre México y los EEUU para facilitar el
comercio mutuo.

Con todo, es necesario señalar que en vez de mejorar la vida del
hispanoamericano medio, la presencia del negociante norteamericano ha intensificado las diferencias entre los ricos y los pobres.
Para éstos, la Coca-Cola es un símbolo doble. Por un lado,
representa todos los bienes, las maravillas y los lujos de América;
por otro, hace resaltar° los enormes contrastes de riqueza y
poder que separan el norte del sur y que imposibilitan el
alcance de ese modo de vida.

stand out

Después de leer

COMPRENSION

A. ¡**Necesito compañero!** Según lo que acaban de leer, ¿tienen Uds.
asociaciones positivas o negativas con respecto a cada uno de los siguientes
temas? Con un compañero (una compañera) de clase, coloquen cada uno en la
línea a continuación.

---

*Según este programa, una compañía norteamericana tiene dos plantas, una en los EEUU y otra
en México. La planta norteamericana manda los materiales a México para ser refinados. Una vez
refinados, los productos vuelven a los EEUU para no competir con la industria mexicana. Los
sueldos que hay que pagar a los obreros mexicanos, aunque son mucho más bajos que los que se tendrían que (*one would have to*) pagar en los EEUU, son altos en comparación con el sueldo medio
mexicano.

positivo   negativo

←——→

la Alianza para el Progreso   la libre empresa
la Iniciativa de la Américas   la economía colonial
«el pulpo»   las maquiladoras

Den por lo menos una razón que explique e porqué de su reacción. Luego comparen sus asociaciones con las de los otros compañeros de clase. ¿Hay mucha diferencia de opiniones?

B. **¡Necesito compañero!**   Utilizando las frases indicadas e incorporando información de la lectura, completen cada oración de dos maneras diferentes.

1. La Alianza para el Progreso fue motivada por el deseo de estimular la economía...

    por otra parte   tanto como   debido a que

2. El estímulo de la inversión económica en Hispanoamérica acabó por producir un verdadero monopolio norteamericano en la América Latina...

    sin embargo   por ejemplo   debido a que

3. Muchos gobiernos latinoamericanos comparten la culpa del dominio norteamericano de sus economías...

    es decir   a causa de que   aunque

4. Los EEUU han tratado de colaborar con algunos gobiernos para crear programas de beneficio mutuo...

    por ejemplo   no obstante   ya que

Lectura

Los Estados Unidos en Hispanoamérica: Parte 3

Las relaciones interamericanas: Metas y motivos

EL FACTOR POLITICO

1   Para comprender algunos de los problemas que caracterizan las relaciones interamericanas actuales es importante recordar que desde después de la Segunda Guerra Mundial hasta el comienzo de la década de los 90, el enfoque principal de la
5   política exterior de los EEUU fue la lucha contra el comunismo.

Limitar la expansión del comunismo en el hemisferio occidental se consideraba especialmente importante por las dos razones anteriormente mencionadas: primero, porque las naciones latinoamericanas proporcionan materias primas para la industria; y segundo,

10 porque la proximidad del continente sudamericano a los EEUU daría° a un poder comunista diversas ventajas estratégicas en caso   *would give* de guerra.

El problema se produjo cuando este intento de controlar la expansión del comunismo hizo que los EEUU tuvieran que escoger

15 entre el orden y la estabilidad por un lado y el cambio y la posibilidad de un régimen hostil por otro. La historia diplomática de las relaciones interamericanas indica claramente que, enfrentados a estas dos alternativas, los EEUU siempre optan por el *status quo*, aun cuando esto signifique apoyar a un gobierno autoritario.

20 Se observa, por ejemplo, que los gobiernos que recibieron más ayuda de la Alianza para el Progreso durante la década de los sesenta no eran los países más democráticos como México y Uruguay, sino los más anticomunistas como las dictaduras de Duvalier en Haití, Somoza en Nicaragua y Stroessner en Paraguay.

25 Se notan, además, repetidos casos de intervención directa (por ejemplo, en la República Dominicana en 1965) e indirecta (por ejemplo, en Nicaragua durante 1985–1989) que se habían justificado principalmente por el temor al comunismo.

En 1965 la República Dominicana estaba dividida entre los

30 partidarios? de Juan Bosch y las fuerzas militares conservadoras. Bosch había ayudado a establecer un gobierno democrático después del asesinato de Rafael Trujillo* en 1961. Presidente de la República Dominicana durante sólo nueve meses, Bosch quiso imponer varias reformas sociales y luego fue expulsado por un golpe militar. Poco

35 después, empezó una guerra civil entre los «constitucionalistas», que querían que Bosch volviera al poder, y las fuerzas militares. Al principio Washington no quiso intervenir, pero después de recibir noticias de cierta presencia comunista entre los «constitucionalistas» decidió apoyar a las fuerzas militares para evitar «una segunda

40 Cuba».

Los EEUU intervinieron militarmente en la República Dominicana, mandando tropas para asegurarse de los resultados deseados. Después de esta invasión, la intervención norteamericana, en general, ha sido menos directa.† En Nicaragua, por ejemplo, siguió

45 una política de «desestabilización» para contener la propagación del comunismo.

---

*Rafael Trujillo (1891–1961) fue dictador absoluto desde 1930 hasta su asesinato en 1961.
†La invasión norteamericana de la isla caribeña de Granada en 1983 fue el primer uso de fuerza militar directa en la región desde la invasión de la República Dominicana.

En 1987, los líderes de cinco países centroamericanos negociaron un plan de paz para Nicaragua que incluyó la disolución de los contra y la implementación de elecciones democráticas.

Igual que la República Dominicana, Nicaragua había visto una casi constante presencia militar de los EEUU durante las primeras décadas de este siglo. En los dos países el gobierno estadounidense había aprobado una larga ocupación militar para proteger sus intereses económicos allí. En los dos países los EEUU se aprovecharon del momento para iniciar algunas reformas sociales y también para entrenar a la fuerza militar local que mantendría° el   *would maintain* orden una vez que las tropas norteamericanas fueron retiradas. En los dos países, esta fuerza militar sostuvo en el poder a dictadores brutales y corruptos: Trujillo en la República Dominicana y Somoza en Nicaragua. El régimen de Somoza, que duró desde 1935 hasta 1979, fue apoyado por los EEUU principalmente por su filosofía política. Rodeada de movimientos revolucionarios izquierdistas, Nicaragua bajo Somoza mantenía una postura firmemente proamericana y anticomunista.* Durante la dictadura de Somoza, un grupo revolucionario llamado el Frente Sandinista de Liberación Nacional (FSLN)† luchó esporádicamente para derrocarla.? En 1979 los esfuerzos del FSLN por fin lograron echar a Somoza, en gran parte porque el presidente norteamericano Carter consideraba la

50

55

60

65

---

*Refiriéndose a Anastasio Somoza, padre, Franklin Roosevelt dijo una vez que era «*an S.O.B. but at least he's our S.O.B.*».

†Llamado así por Augusto Sandino (1893–1934), un líder militar que fue tan brutal como Somoza, pero que se convirtió en héroe popular y patriota nacional por su oposición a la presencia norteamericana en Nicaragua. Somoza, poco antes de asumir el poder en Nicaragua, le mandó asesinar.

revolución sandinista como una expresión de la voluntad del pueblo nicaragüense y se negó a continuar el respaldo norteamericano de Somoza. Al principio, el gobierno de los sandinistas emprendió varias reformas sociales en Nicaragua, pero al mismo tiempo provocó grandes preocupaciones en los EEUU por su retórica marxista agresivamente revolucionaria y antiamericana. Entre fuertes debates en el Congreso norteamericano, el respaldo militar al grupo guerrillero antisandinista (los «contra») continuó hasta 1984. En ese año las dudas acerca de los objetivos de los contra culminaron con la Enmienda Boland, en la cual se prohibía todo tipo de ayuda militar a los contra. Lejos de poner fin a la intervención en Nicaragua, la aprobación de la Enmienda Boland puso en marcha uno de los episodios más curiosos de la política norteamericana de la posguerra: el asunto Irán-Contra. Durante 1985–86, miembros del gobierno del presidente Ronald Reagan, encabezados[?] por el teniente coronel Oliver North, llevaron a cabo un plan secreto para continuar dando respaldo militar a los contra. Actuando en violación de las leyes norteamericanas, vendieron armas a los iraníes a cambio de conseguir la liberación de varios rehenes[?] norteamericanos, pasando una parte* de las ganancias de esas ventas a los «luchadores por la libertad» en Nicaragua y Honduras.

En 1987 los líderes de cinco países centroamericanos[†] negociaron un acuerdo por la paz nicaragüense que incluía un plan (el Plan Arias) para disolver a los contra y celebrar elecciones democráticas. Las elecciones por fin tuvieron lugar al final de 1990 y ganó la presidencia Violeta Barrios de Chamorro, candidata del partido UNO (Unión Nacional de Oposición). Los problemas tanto económicos como políticos que confronta el nuevo gobierno son enormes, pero su éxito en persuadir la dispersión de los contra y el desarme de los sandinistas ofrece alguna esperanza para el futuro.

Mirando hacia el futuro

Como se ha visto, en el pasado, muchos de los conflictos entre los EEUU y los países hispanoamericanos se debían en el fondo a la confrontación Este-Oeste de las dos superpotencias.[?] Esta confrontación llevó a los EEUU a representar ideales democráticos y al mismo tiempo valerse de métodos—cuando no de gobiernos—de reputación dudosa para contener la propagación del comunismo.

---

*De los 15 millones de dólares ganados por este artilugio (*contrivance*) se estima que menos de 4 millones llegaron a los contra; la mayoría del dinero desapareció, pero se cree que el general norteamericano Richard Secord y el mediador árabe Albert Hakim se lo apropiaron.
†Vinicio Cerezo Arévalo (Guatemala), Oscar Arias Sánchez (Costa Rica), José Azcona Hoyo (Honduras), Alfredo Cristiani (El Salvador) y Daniel Ortega (Nicaragua). Por sus esfuerzos a favor del acuerdo, a Arias Sánchez le fue otorgado el Premio Nóbel de la Paz en 1987.

Esta paradoja dividió a las administraciones norteamericanas, al Congreso y al mismo pueblo norteamericano.

105   Por un lado están los «reformistas» que abogan por los principios democráticos como manera de decidir la conducta que se ha de observar con respecto a otros gobiernos. Para ellos, la alianza entre los EEUU y cualquier gobierno autoritario daña su credibilidad como protector de la libertad y la dignidad humana. Por otro lado
110   están los «realistas», quienes se muestran igualmente convencidos de que las decisiones de los EEUU tienen que basarse principalmente en la defensa de sus intereses y de la seguridad nacional. Según los realistas, un gobierno autoritario es siempre preferible a un gobierno totalitario ya que rara vez es permanente y no elimina
115   toda oposición. La lucha entre estas dos filosofías ha creado situaciones en las que una adminstración de los EEUU podía hacer presión por elecciones libres y un gobierno constitucional en El Salvador y al mismo tiempo participar en acciones subversivas y claramente ilegales en Nicaragua.
120   Ahora que ya no existen dictaduras en Latinoamérica* (con la excepción de Cuba) y que los cambios en la antigua Unión Soviética hacen que la propagación del comunismo tampoco amenace, ¿qué se puede esperar de las relaciones interamericanas? Tristemente, la respuesta todavía no puede ser muy optimista.
125   Primero, hay que reconocer el grave dilema económico en que se encuentran actualmente todos los países latinoamericanos. Hay que recordar que estos países dependen del dinero que obtienen de la venta de sus materias primas para comprarles a otros países productos manufacturados que ellos mismos no pueden producir
130   por falta de la infraestructura y la tecnología necesarias. En los últimos años, el valor de las materias primas ha caído en precio, provocando un serio desequilibrio en la balanza de pagos: sale del país más dinero del que entra. Como consecuencia, la deuda externa se incrementa día a día. En vez de poder concentrar sus energías en
135   crear nuevas industrias, los países tienen que acudir continuamente al Fondo Monetario Internacional (FMI) con el fin de solicitar préstamos cuyo único objeto es pagar parte de la deuda externa. En varios de los países la inflación devora la economía: a fines de 1989, la inflación en el Perú llegó al 3.000% y en la Argentina alcanzó casi
140   un 5.000%. Para que puedan refinanciar sus obligaciones, los bancos les obligan a imponer un plan de austeridad. Estos planes

---

*En febrero de 1989 el general Andrés Rodríguez acabó con casi 35 años de dictadura en Paraguay, echando a Alfredo Stroessner por medio de un golpe de estado. Tres meses después, Rodríguez fue elegido presidente del país. En diciembre del mismo año, Patricio Alwyn ganó la presidencia de Chile, acabando con la dictadura militar de Augusto Pinochet, quien había gobernado el país desde 1973.

han ayudado a controlar la inflación en algunos casos, pero al mismo tiempo han creado enorme sufrimiento y descontento entre el pueblo, lo que luego puede llegar a socavar[?] los gobiernos. Se
145 espera que las nuevas iniciativas para establecer una Zona de Libre Comercio desde Alaska hasta la Tierra del Fuego ayuden a hacer frente a una situación económica realmente crítica.

El segundo desafío con respecto al porvenir de las relaciones interamericanas tiene su ejemplo máximo en la invasión de Panamá
150 a finales de 1989. El presidente Bush planteó la invasión, Operación «Causa Justa», como una manera de llevar al General Manuel Noriega ante los tribunales de justicia de los EEUU a causa de su participación en el narcotráfico y también para devolver la democracia a Panamá. La población panameña, harta de° Noriega y   harta... *fed up with*
155 acostumbrada a una convivencia histórica con los EEUU, aceptó la invasión casi como una bendición. Sin embargo, esta invasión produjo en América Latina un enorme trauma: fue la primera vez en la posguerra que no se utilizó la contienda[?] Este-Oeste para justificar una intervención militar norteamericana. Esta acción
160 parecía demostrar claramente la tendencia, todavía operante, de actuar de manera unilateral en vez de buscar soluciones entre iguales. Como decía un periodista mexicano, «el viejo corsario Roosevelt... cabalga° de nuevo. Ya no se interviene solamente como   *rides*
parte de la lucha global contra el comunismo; hoy se interviene para
165 garantizar simplemente la aplicación extraterritorial de la legislación norteamericana. La implicación resulta obvia: existe una serie de normas que, aunque definidas en uno solo de los países del hemisferio, tienen aplicación en todo él.... También un régimen islámico puede legislar el castigo de un escritor "hereje". Pero no
170 creo que ningún observador ni latinoamericano ni norteamericano acepte que tal "sentencia" pueda ser llevada a la práctica en nuestro territorio con alguna pretensión de validez legal.»

Dada la difícil historia de las relaciones interamericanas es probable que el porvenir sea problemático. La enorme desigualdad
175 en cuanto al poder y riqueza despierta, quizás inevitablemente, cierta envidia y resentimiento por parte de los hispanoamericanos, y para los EEUU dificulta una relación igualitaria de socio y vecino. Está claro que todavía queda mucho por hacer para que los americanos tanto del norte como del sur puedan reemplazar la
180 amenaza y el recelo por el respeto mutuo y la amistad. No obstante, es de esperar que en el futuro esté al alcance de los EEUU llegar a combinar la protección de sus intereses con la defensa de sus principios, los cuales incluyen la justicia social y la mejora de la calidad de vida de todos los habitantes del
185 hemisferio.

Después de leer

COMPRENSION

A.   ¿Qué asocia Ud. con cada una de las siguientes palabras o frases? ¿Qué importancia tiene cada una en el contexto de la lectura de este capítulo?

1. la balanza de pagos
2. Operación «Causa Justa»
3. el Plan Arias
4. el asunto Irán-Contra
5. realista
6. reformista
7. «una segunda Cuba»

B.   Conjugue los verbos en las siguientes oraciones en la forma apropiado del pasado del indicativo o del subjuntivo, según el contexto. Luego diga si son ciertas (**C**) o falsas (**F**) las oraciones y corrija las falsas.

1. _____ Las administraciones norteamericanas normalmente creían que los movimientos revolucionarios latinoamericanos (*resultar*) de la expansión del comunismo.
2. _____ Kennedy dudaba que el desarrollo económico (*estimular*) la reforma social.
3. _____ Durante las décadas de los cincuenta y los sesenta, la intervención norteamericana (*ser*) menos directa que hoy en día.
4. _____ Los EEUU (*respaldar*) a varios dictadores en América Latina con tal de que (*ser*) anticomunistas.
5. _____ Los planes de Oliver North para respaldar a los contra se llevaron a cabo sin que ni el pueblo norteamericano ni el Congreso (*darse*) cuenta.

C.   ¡Necesito compañero!   Busquen por lo menos dos datos de la lectura que apoyen o que contradigan las siguientes oraciones.

1. Los EEUU se mueven menos por el deseo de luchar *por* la democracia que por el de luchar en *contra* del comunismo.
2. Theodore Roosevelt tenía más respeto por los latinoamericanos que su primo Franklin.
3. La historia de las relaciones interamericanas revela muchas buenas intenciones que salieron mal.
4. Los EEUU se aprovechaban de la Doctrina Monroe para explotar a la América Latina.
5. Los latinoamericanos odian todo lo norteamericano.
6. Las economías hispanoamericanas son muy fuertes ya que dependen de su recurso más abundante: las materias primas.
7. Los negocios norteamericanos explotan a los latinoamericanos.

D.   ¿Qué palabra de la segunda columna asocia Ud. con una de la primera? Explique la relación o asociación entre ellas. ¡OJO! No se usan todos los términos de la segunda columna.

1. _____ la Doctrina Monroe
2. _____ el Palo Grande
3. _____ la Política de Buena Voluntad
4. _____ Nicaragua
5. _____ la República Dominicana
6. _____ la Diplomacia del Dólar
7. _____ la Coca-Cola
8. _____ Panamá

a. Somoza
b. Taft
c. no intervención
d. Bosch
e. Noriega
f. símbolo doble
g. el pulpo
h. Franklin Roosevelt
i. Theodore Roosevelt

E. Complete las siguientes oraciones, usando o el presente o el imperfecto del subjuntivo según el contexto.

1. El Presidente Kennedy esperaba que la Alianza para el Progreso _____.
2. A veces, aun cuando la intención de los EEUU es ayudar, las demás naciones se quejan de que _____.
3. Los latinoamericanos se ofendieron mucho de que Theodore Roosevelt _____; en cambio, se alegraron de que Franklin Roosevelt _____.
4. A los reformistas no les gusta que su gobierno _____; por otra parte, a los realistas les parece estúpido que el gobierno _____.
5. Muchos panameños se pusieron contentos de que _____; por otro lado, muchos latinoamericanos se horrorizaron de que _____.

INTERPRETACION

A. ¿En qué situaciones cree Ud. que un país o gobierno tiene el derecho de intervenir en otro? ¿Cree Ud. que la ayuda económica es una forma de intervención? ¿Lo es el Cuerpo de Paz? ¿la oferta de medicinas o comida después de una catástrofe? ¿la ayuda militar? Justifique su punto de vista.

B. ¿Cree Ud. que los EEUU deben castigar a los gobiernos que nacionalizan sus compañías? ¿Por qué sí o por qué no?

C. ¿Cree Ud. que los países latinoamericanos tienen la culpa de su situación económica menos desarrollada? Explique su respuesta.

D. En esta lectura se ha insistido en las razones económicas y políticas como motivo de la ayuda que los EEUU ofrecen a los países sudamericanos. En su opinión, ¿qué otros motivos explican sus relaciones interamericanas? ¿Qué motivo es el más importante?

APLICACION

A. ¿Qué es el Cuerpo de Paz? ¿Conoce Ud. a alguien que haya pasado algún tiempo en un país extranjero como voluntario del Cuerpo de Paz? ¿Qué efectos positivos puede tener esta experiencia, tanto para el individuo como para el país? ¿Puede tener efectos negativos también? Explique.

B.   ¿Cree Ud. que los países más desarrollados tienen la responsabilidad de ayudar a los países menos desarrollados? ¿Por qué sí o por qué no?

C.   ¿Cuál es la política de la administración actual sobre Hispanoamérica? ¿Cree Ud. que es «realista» o «reformista» en su orientación? Explique. ¿Está Ud. de acuerdo con esta política? ¿Por qué sí o por qué no?

D.   ¿Qué individuos ejemplifican actualmente las posiciones «reformista» y «realista» según se describieron en la lectura? Por ejemplo, ¿cómo clasificaría Ud. (*would you classify*) la posición de Ronald Reagan? ¿William F. Buckley? ¿Jimmy Carter? ¿Doonesbury? ¿Cree Ud. que los liberales suelen ser reformistas y los conservadores realistas? ¿Puede Ud. identificar el punto de vista del autor de la lectura principal de este capítulo? Justifique su respuesta con citas específicas de la lectura.

E.   ¿Está Ud. de acuerdo con que un gobierno autoritario sea mejor que un gobierno totalitario? En su opinión, ¿es verdad que los gobiernos revolucionarios izquierdistas generalmente se convierten en gobiernos totalitarios? ¿Con qué tipo de gobierno (autoritario, totalitario o democrático) asocia Ud. las características siguientes? Algunas de ellas se pueden asociar con más de un gobierno.

- el control absoluto de la economía
- el control parcial de la economía
- fomentar la alfabetización
- la participación popular en el proceso político
- los abusos de los derechos humanos
- el crecimiento económico
- la disminución de la violencia doméstica
- la estratificación de las clases sociales
- la libertad de prensa
- la separación del poder militar del poder político
- la corrupción entre los líderes
- un único partido político

F.   En muchos países latinoamericanos la dominación económica de los EEUU ha provocado recelo y un sentimiento antinorteamericano. ¿Existe en los EEUU una situación similar con respecto a la presencia o influencia de inversionistas extranjeros? Indique cuáles son algunos de estos grupos. ¿Cuál es la reacción del pueblo norteamericano hacia ellos? En su opinión, ¿en qué es semejante y en qué es diferente esta reacción de la reacción de los latinoamericanos hacia los EEUU?

G. 🏛 **¡Debate!**

1. Los EEUU deben relacionarse solamente con gobiernos democráticos.
2. La intervención militar de un país en otro no se puede justificar bajo ninguna circunstancia.
3. A veces para alcanzar los fines deseados es necesario y justificable ir más allá de lo estrictamente permitido por la ley.

VOCES

Sonsoles D.B.
Madrid, España

Josep L.
Barcelona, España

Ariel T.
Deán Funes, Argentina

Eduardo B.
Santiago, Chile

¿Qué empresas extranjeras de renombre han establecido negocios en su país? ¿Cómo ven los ciudadanos de su país la presencia de estas empresas, positiva o negativamente? ¿Cómo expresa el pueblo lo que siente?

Ariel T.: Deán Funes, Argentina

Muchas empresas extranjeras se han instalado en mi país, entre las más destacadas están Ford, General Motors, Fiat, Peugeot, Esso, etcétera. Mucha gente no está de acuerdo con la presencia de estas empresas en el país porque éstas se llevan al extranjero todas las riquezas naturales y se enriquecen a costa de explotar los países no industrializa-dos. Pero debido a que por lo general crean fuentes de trabajo, los gobiernos se ven obligados a aceptar la entrada de estas empresas... La población en general está dividida, unos en favor y otros en contra de la instalación de estas grandes empresas extranjeras.

Eduardo B.: Santiago, Chile

En general en Chile existen oficinas de las más variadas empresas extranjeras desde el papel higiénico (*toilet paper*) hasta el más sofisticado aparato de sonido... Sin embargo creo que la presencia de estas empresas tiene en mente una función monopolista sin ninguna intención de formar verdaderamente algo nuevo. Han aplicado una sicología netamente económica. Esas empresas buscan enrique-cerse a costa de países subdesarrollados a quienes se les induce a usar tal o cual camisa, tal o cual televisor, y tal o cual automóvil.

Sonsoles D.B.: Madrid, España

Empresas japonesas, americanas, europeas. El país lo ve yo creo que con indiferencia o agrado cuando sirven para disminuir el paro (*unemployment*). [De vez en cuando aparecen] algunas llamadas de atención en la prensa en contra.

Josep L.: Barcelona, España

Se puede afirmar que todas las empresas de ámbito multinacional están ubicadas en España, unas por el mercado interior y otras como puerta de entrada a la Comunidad Europea... Otra razón para esta inversión extranjera ha sido la privatización de empresas públicas que se han vendido a empresas extranjeras... A la gente de la calle también le duele cuando una empresa española pasa a manos extranjeras, ya que en muchas regiones las empresas principales de la zona se convierten en estandartes del país. Perder las empresas principales es perder la identidad. De todas formas, el consumidor español como tal no toma medidas de rechazo o selección en su faceta de comprador; al contrario, creo que se beneficia de una mejor oferta (*supply*) en calidad y precio.

¡UD. TIENE LA PALABRA!

A.   ¿Nota Ud. alguna diferencia entre la forma en que perciben los españoles y los latinoamericanos la presencia de negocios extranjeros en sus respectivos países? ¿Qué compañías o productos mencionan? ¿Qué creen que hay de bueno en su presencia? ¿Y de malo?

B.   ¿Cómo describiría Ud. el tono de los varios comentarios con respecto a la presencia de negocios extranjeros? ¿Cuáles son las palabras o expresiones que le ayudan a clasificar el tono en cada caso? ¿Quién de los hablantes le parece que es el más positivo en este respecto? ¿y el más negativo? ¿Hay alguien que le parezca más o menos indiferente?

C.   Josep L. comenta la tristeza que se siente cuando una compañía nacional pasa a manos extranjeras. ¿Recuerda Ud. algunos casos semejantes en los EEUU? ¿Cuál fue la reacción del pueblo norteamericano?

D.   ¡Necesito compañero!   Cuando una compañía extranjera empieza a desplazar a una compañía nacional, ¿quién tiene la culpa (o la responsabilidad), los consumidores, las compañías nacionales o el gobierno? Con un compañero (una compañera) de clase, decidan en qué orden pondrían éstos en cuanto a su responsabilidad o culpa. Luego comparen su *ranking* con el de los otros de la clase. ¿Hay mucha diferencia de opiniones? ¿Qué dirían los hispanos de esta sección de **Voces**?

Procesión de Semana Santa, Cuenca, España

Creencias e ideologías

Tradiciones, misterios y curiosidades

Por sí solo... leer y comprender

Aspectos lingüísticos

Reading Skills Practice

A.   In previous chapters you practiced word guessing skills, simplifying sentence structure, and understanding connecting words. You have also practiced using what you already know about the topic of a text to anticipate its content. Remember to put these skills to use as you read the following article, taken from the magazine *SOMOS*, published in Argentina. First, skim the text quickly for the main ideas. Then briefly go over the comprehension exercises which follow the article and scan the text again looking for the answers.

La secta Moon en la Argentina

Por Daniel Hadad

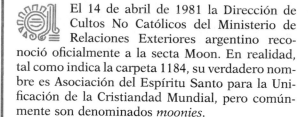

1 El 14 de abril de 1981 la Dirección de Cultos No Católicos del Ministerio de Relaciones Exteriores argentino reconoció oficialmente a la secta Moon. En realidad,
5 tal como indica la carpeta 1184, su verdadero nombre es Asociación del Espíritu Santo para la Unificación de la Cristiandad Mundial, pero comúnmente son denominados *moonies*.

La vida *moonie*

Los *moonies*, a través de sus distintas organizaciones, acostumbran a realizar cursos y seminarios
10 en distintos lugares del mundo. En 1984, en Japón, se dictó el 7° seminario de Medios de Comunicación al que asistieron más de 700 periodistas de distintos países, inclusive de Argentina. En febrero
15 de 1985 el Consejo de Seguridad Internacional—otra de las fundaciones de Moon—auspició una reunión de militares retirados—generales o su equivalente—a la que asistieron, según los diarios de la época, siete militares argentinos.
20 La vida de los *moonies* siempre estuvo rodeada de cierto misterio. SOMOS averiguó que el principal centro de adiestramiento para los jóvenes

misioneros de la iglesia fue, hasta 1983, una pequeña granja—33 hectáreas—ubicada en Brandsen, donde se dictaban los cursos de instruc- 25 ción. Para esa época, Yosatihiro Nakata, un japonés de 40 años, representante de la empresa *Wins Incorporated*—una de las tantas subsidiarias de Moon—compró a la familia Gottelli un campo de 250 hectáreas en la localidad de Lobos. El 30 mismo está ubicado sobre la ruta 205—a 20 kilómetros del centro de la ciudad—y se pagó la suma de 700 mil dólares a pesar de valer—según martilleros de la zona—casi 2 millones y medio. En el campo está el castillo más lujoso y más 35 antiguo de la provincia, construido a imagen y semejanza de uno existente en los alrededores de París: tiene catorce dormitorios, siete comedores, alojamiento para unas cien personas y data de 1902. El campo también cuenta con casa de 40 huéspedes, haras, canchas de tenis, pileta de natación y capilla propia. Si bien sólo viven allí unas ocho personas—el señor Fuji, que es el casero, junto a su mujer, tres hijos y tres emplea- dos—, se lo utiliza siempre que hay un gran 45 acontecimiento, un seminario o una importante reunión de negocios. Ahí se dictan los ejercicios espirituales que reciben los jóvenes que ingresan a la secta.

La disciplina que rige en esas jornadas es absoluta: se prohíbe fumar y tomar bebidas alcohólicas. Obviamente los iniciados practican una rigurosa abstención sexual prescripta por el reverendo Moon—que deben mantener hasta llegar al matrimonio.

Los seguidores de Moon mantienen un ritual poco convencional en la elección de sus parejas para el matrimonio. Luego de dos, tres o cuatro años de celibato—según el caso—envían una ficha con sus datos a la sede central de la iglesia, en Terrytown, donde el reverendo Moon decide con quién van a casarse.

Más allá de la eficiencia o no de los métodos de captación utilizados por la secta, lo cierto es que la población *moonie* en Argentina no es muy numerosa, al menos por ahora. Según cálculos propios, los acólitos del reverendo coreano no superan los 200.

Las polémicas

En algún momento se habló de corrupción de menores en la provincia de Tucumán, pero en los tribunales no pudo comprobarse la existencia de delito alguno. En aquella oportunidad fueron detenidos dos integrantes de la secta, pero su abogado doctor Juan Carlos Ortiz Almonacid logró la inmediata libertad de los mismos.

La secta Moon—en cualquier lugar del mundo—sólo acepta miembros mayores de edad, ya que aseguran *«no querer más problemas con algunos padres»*. Es que no fueron pocos quienes protestaron porque sus hijos abandonaban los hogares, ya que el iniciado que ingresa a la secta debe dedicarse de lleno a ella.

No son pocos los que ven con preocupación el avance que podrían llegar a tener en Argentina los hombres de Moon. Se habla—en medios bien informados—que hay gobernadores justicialistas que habrían tenido contactos con los hombres de Moon, solicitando ayuda económica para sus provincias a cambio de brindar mayor espacio a las actividades de la secta.

Lo real es que—en todo el mundo—la secta no es aceptada con facilidad, y eso se refleja en el número de adherentes, que, comparativamente con su poder económico, no es elevado. En el país, si bien no superan los 200, ellos aseguran que llegan con sus publicaciones—que son muchas—a los sectores de poder (diputados, senadores, funcionarios públicos y académicos). Los especialistas en el tema aseguran—sin temor a equivocarse—que, hoy por hoy, la secta no representa un factor de poder importante en la Argentina.

1. ¿De qué trata el artículo?

   a. Es una historia de la secta Moon desde sus comienzos hasta el momento presente.
   b. Es una condenación de los ritos y creencias religiosas de la secta Moon.
   c. Es una descripción del estilo de vida de los *moonies* y algunos de los problemas asociados con la secta.
   d. Es una comparación entre las creencias de los miembros de la secta Moon y las de los miembros de varias otras sectas en la Argentina.

2. Imagine que un amigo le hace a Ud. las siguientes preguntas sobre la secta Moon en la Argentina. Según lo que aprendió en la lectura, conteste sus preguntas con: **sí, no** o **no sé** (si la información no aparece en el artículo).

   a. Está en la Argentina desde hace menos de cinco años, ¿verdad?
   b. ¿Es verdad que la secta posee una mansión grande y hermosa?

c. ¿Se caracteriza el estilo de vida de los miembros de la secta por sus orgías y la falta de disciplina?

d. ¿Tiene muchos seguidores en la Argentina la secta Moon?

e. ¿Hay sospecha de que los *moonies* sean comunistas?

f. ¿Tienen miedo algunos argentinos de que los *moonies* contribuyan a la corrupción de los jóvenes?

g. ¿Les es prohibido a los *moonies* comer carne?

h. ¿Hablan una lengua especial entre sí los *moonies*?

i. ¿Es la secta Moon una organización internacional?

j. ¿Tienen muchos intereses económicos los *moonies*?

3. Identifique la raíz y el prefijo o sufijo de cada palabra. Luego explique su significado.

a. oficialmente
b. construido
c. lujoso
d. detenido
e. facilidad

4. Adivine el significado de las palabras o expresiones indicadas.

a. El principal centro de *adiestramiento* para los jóvenes misioneros de la iglesia fue una pequeña granja donde *se dictaban* los cursos de instrucción.

b. Los gobernadores *solicitan* ayuda económica para sus provincias *a cambio de brindar* mayor espacio a las actividades de la secta.

Aproximaciones al texto

Reading Magazine and Newspaper Articles

The language of newspaper and magazine articles is often sophisticated and colorful. Nevertheless, if you apply the reading techniques that you have learned thus far to journalistic prose, you will find it easier to understand.

First, most newspaper and magazine articles have the easily recognizable purpose of either informing or entertaining the reader. Some articles—editorials and exposés, for example—are written in a more argumentative style and attempt to convince the reader of something. It is not necessary for an article to have only a single purpose; it may aim to both entertain and inform, for example.

The majority of newspaper articles are informative; they report basic information on newsworthy people and events. Such articles must be structured so as to make the information easy to find: the titles are concise and to the point; the answers to *who? what? where? when?* and *why?* usually appear in the first paragraphs. Like newspaper articles, magazine articles may be informative, but many aim to entertain or to convince the reader of something—the existence of a problem, for example, or the need to take some kind of action. To accomplish either purpose, both the title and the introductory paragraphs are designed to attract attention and to draw the reader into the article. You will greatly simplify your reading task if you make a preliminary decision about the article's purpose (to inform? entertain? convince? a possible combination?) before you begin reading. This first evaluation will give you an important hint about what kind of information to expect in the first paragraphs.

Second, newspaper and magazine articles must be relatively brief. This means that the information is presented more compactly, with fewer descriptive digressions than in literature. You might have to read several pages of a book, sometimes even an entire chapter, to get a clear idea of what it is about, but you only have to read the title and skim the first paragraph or two of an article to have a basic idea of the content. Skimming for a general impression of content before you begin to read more closely will usually give you enough context to make the entire article comprehensible, even if the first paragraphs contain unfamiliar vocabulary.

Third, the organization of newspapers and magazines is designed to help the reader find specific kinds of information. For example, there are sports sections and lifestyle sections, as well as the editorial page. When you pick up a newspaper or magazine, you will find the articles much easier to read if you learn to take advantage of the publication's structure.

Fourth, although the language of newspaper and magazine articles will certainly contain many words and constructions that are unfamiliar to you, avoid the temptation to give up or (perhaps worse) to begin looking up every word in the dictionary. Using the skills you have practiced this far, skim the article first to get a basic idea of its content and then read it all the way through *more than once*. It will actually take you less time to read the article twice without looking up words than it would to read it once stopping to consult the dictionary at every unfamiliar turn—and you'll understand it better! Don't look up any words until after you've read the article at least twice, and then choose your words carefully. Decide the areas in the text that are the most important to understand and look for words that will help you with these passages.

B. Mire los siguientes titulares e indique cuál podría ser (*could be*) el propósito (informar, entretener, convencer—o alguna combinación) del artículo que encabeza cada uno.

1. Explosión en una escuela peruana: once personas resultaron heridas
2. Se prohíbe la publicidad de tabaco y alcohol en las competiciones deportivas
3. El Salvador: la guerra invisible que no cesa
4. Paraíso de hedonistas: millonarios y príncipes azules juguetean en Ibiza
5. Tres nuevos trasplantes: dos de corazón y uno de hígado
6. Las elecciones europeas y el reconocimiento del éuscara, nuevos objetivos del Partido Nacionalista Vasco
7. El robot: el mejor amigo del hombre en el año 2000
8. En España se venden alimentos infantiles contaminados de gérmenes
9. Orientación: deporte y aventura en la naturaleza

Lectura

Tradiciones, misterios y curiosidades: Parte 1
Las tradiciones religiosas

Las creencias religiosas y espirituales proporcionan al ser humano los fundamentos de gran parte de sus valores y aspiraciones. Estas creencias han existido en todas las culturas humanas no sólo para establecer las normas de conducta, lo que se acepta y lo que se rechaza, sino también para ofrecer una explicación de los misterios de la existencia.

La gran mayoría de los hispanos son católicos, aunque muchos de ellos no practican activamente su religión. Además, los hispanos siempre han estado en contacto con otras religiones importantes. En España, los judíos y los musulmanes convivieron durante siglos con los cristianos hasta que fueron expulsados en 1492 por los Reyes Católicos. Aunque en España no se permitió la práctica legal del judaísmo sino hasta 1869, los judíos sí practicaban su fe en Hispanoamérica desde los primeros años de la Conquista. En Hispanoamérica la Conquista impuso la religión católica a los pueblos indígenas, quienes mezclaron ritos católicos con varias prácticas de sus propias creencias y tradiciones indígenas. Ultimamente, el protestantismo evangélico ha ganado terreno en Hispanoamérica, mientras que una versión radicalmente activista del catolicismo, la teología de la liberación, atrae a otros.

Los artículos que se reproducen en este capítulo fueron publicados originalmente en una variedad de periódicos y revistas del mundo hispano. Probablemente contienen palabras y estructuras que Ud. no sabe. ¡No se preocupe! La sección de **Esquemas para comprender**, como también las estrategias para leer que ha aprendido y empleado, le ayudarán a captar las ideas esenciales en cada caso.

Entradas al texto

Esquemas para comprender

A. Lea brevemente el título y el subtítulo del artículo de las páginas 153–155. ¿Qué información le dan acerca de las siguientes preguntas periodísticas?

¿quiénes?   ¿qué?   ¿dónde?   ¿cuándo?   ¿por qué?

B. El título y el subtítulo sugieren que existe una relación especial entre España y los judíos. Indique las palabras o frases que lo sugieren. ¿Cuál(es) de las siguientes explicaciones podría(n) (*might*) ser la causa de estas relaciones especiales?

1. El número de judíos que vive en España es muy grande.
2. Una reliquia judía muy importante se encuentra en España.
3. Un evento histórico muy dramático les ocurrió a los judíos en España.
4. Los judíos comparten una tradición cultural (por ejemplo, algunas celebraciones, la lengua, etcétera) con los españoles.

C. Mire brevemente la actividad A de la sección **Comprensión** que sigue al artículo. Lea el artículo buscando la información necesaria para completar esa actividad.

 VOCABULARIO UTIL

conmemorar to commemorate
el exilio exile
expulsar to expel
　la expulsión expulsion

guardar to keep
repartir to distribute

Millares de judíos vendrán a España, su segunda Israel

Diez mil dirigentes judíos de todo el mundo se encontrarán en Toledo durante la exposición Sefarad 92. El V Centenario de la expulsión de los judíos de España propicia el renacimiento sefardita, cultura que ha guardado la lengua española y el amor a un país que es su segunda tierra prometida.

Por José Manuel Fajardo, enviado especial

1 　　Todos los jueves, a las 8 de la tarde, Radio Exterior de España se introduce en el túnel del tiempo y habla al mundo con una lengua de hace cinco siglos:

5 　　—Nos topamos kou grande alegría en el korazou e dar empesijo a nuestra emisión —presenta la locutora.

　　Mientras, a varios miles de kilómetros, en la capital de Israel, Tel Aviv, la radio habla durante 10 15 minutos diarios en la misma lengua inusitada:

　　—Nochada buena a muestros oyentes.

　　Son las voces de Sefarad, de la España judía arrojada al exilio por los Reyes Católicos en 1492, el mismo año del descubrimiento de América, 15 voces conservadas en las numerosas comunidades sefarditas repartidas por los cinco continentes.

　　La reciente concesión del premio Príncipe de

Asturias a la Concordia a las comunidades de judíos sefarditas ha sacado del olvido uno de los patrimonios culturales y lingüísticos más singu- 20 lares de la Humanidad. Una cultura y una lengua, la española del siglo XV, mantenidas con mimo por los hijos de quienes pagaron con la expulsión de su patria su negativa a abrazar la fe católica.

　　La imposición de la cultura católica a las tres 25 comunidades que componían la España del siglo XV —la musulmana, la judía y la cristiana— llevó al exilio a 150.000 judíos que se repartieron por los países del naciente imperio otomano y por Europa. Detrás dejaban su patria Sefarad —como llama- 30 ban a la península ibérica—, pues desde hacía 1.500 años había una numerosa presencia judía en el confín europeo del imperio romano.

　　Aquella expulsión fue una doble tragedia. Con ella se producía la primera gran represión an- 35 tisemita y también se inauguraba la inveterada costumbre hispana de mandar al exilio a sus hijos.

Para colmo de desdichas, no dejaba de ser hiriente que fueran precisamente los Reyes Católicos —cuyo matrimonio fue *arreglado* por tres judíos, Isaac Abrevanel, Abraham Senior y el converso Pedro de la Caballería— y siendo el mismo don Fernando descendiente de judíos, quienes terminaran con la creativa coexistencia de tres culturas en España.

«La expulsión ha sido la mayor tragedia del pueblo judío entre la destrucción de los dos templos de Jerusalén, en la antigüedad, y el holocausto nazi», afirma Isaac Navon, ex presidente del estado de Israel.

«España —se queja Isaac Navon— es una amada que nos traicionó pero a la que seguimos amando.»

Tras los pasos de Colón

Pero se trata de un amor que empezaba a ser correspondido. La voz de la locutora de Radio Exterior de España, Matilde Gini de Barnatán, hace ya cuatro años que cuenta noticias en judeo-español y la labor de sus colegas israelitas ha sido reconocida por las autoridades e instituciones españolas.

Sin embargo, será el año talismán de 1992 el que marque el auténtico reencuentro de los sefarditas con España. Y no es algo puramente casual. Para historiadores como la sefardita de Tetuán, Sarah Leibovici, hay razones más que fundadas para creer que el misterio que rodeó la vida de Cristóbal Colón se debió a su origen judío. En su libro *Cristóbal Colón judío*, Leibovici apunta con agudeza la ascendencia judía del descubridor del Nuevo Mundo.

«Las autoridades españolas se han mostrado muy dispuestas a conmemorar la expulsión —explica Jerry Goodman, director ejecutivo de Sefarad 92— y el rey Juan Carlos nos ha prometido que el día 31 de marzo de 1992 derogará el decreto de expulsión dictado por los Reyes Católicos y visitará nuestra sinagoga en un acto de reconciliación con los expulsados judíos.»

Ese es quizá el gesto que esperan más emotivamente los cuatro millones de sefarditas repartidos por el mundo. Porque a estas alturas, los gestos tienen la mayor importancia: derogar un decreto injusto o devolverle sus nombres judíos a las sinagogas de la ciudad de Toledo, rebautizadas como Santa María la Blanca y del Tránsito.

Dentro del acervo cultural judío, la comunidad sefardita ha guardado sus rasgos diferenciadores. Más de un millón de sefarditas viven actualmente en el Estado de Israel. Más de 300.000 lo hacen en Francia.

En Turquía aún existe una comunidad de 25.000 sefarditas, otros tantos han vuelto a asentarse en España y cerca de medio millón viven en los Estados Unidos. No en vano, Sefarad 92 tiene su cuartel general en Nueva York, la ciudad con más habitantes judíos del mundo: dos millones, de los que más de 150.000 son sefarditas.

Junto a su número e influencia, pues han gozado durante años de una buena reputación social y cultural, frente a los *ashkenazis* —los judíos de origen centroeuropeo—, las comunidades sefarditas tienen un signo inequívoco de identidad: su lengua, el judeo-español. Y algo que no todos los judíos tienen: dos tierras prometidas, Israel y Sefarad (la península ibérica).

Haim Vidal Saphiha, sefardita nacido en Bélgica de familia de origen turco, es el máximo especialista de la lengua sefardita.

«El judeo-español es el español arcaico que hablaban los judíos cuando fueron expulsados y que se ha conservado como tal, con algunas incorporaciones de las lenguas de los países en que pasaron su exilio —explica Vidal Saphiha.

Pero el judeo-español, como tantas otras lenguas minoritarias, conoce dificultades y ello pese a contar con un diario escrito en tal idioma, *La luz de Israel*, con una tirada de 10.000 ejemplares; con emisiones de radio y con publicaciones en otros países, como el semanario *Teknik Kauçuk* de Estambul; o la revista *Sefárdica*, editada en Buenos Aires desde 1982.

«Nuestra lengua, el judeo-español, está en crisis —afirma Moshé Shaul, que también dirige la revista *Aki Yerushalayim*—, sólo la hablan los adultos, pero los jóvenes la van perdiendo poco a poco.»

Tolerancia como norma

Pero si hay un mensaje y un balance en el que desde el rabino Sirat hasta el ateo Vidal Saphiha coinciden, al hablar de la cultura sefardita, éste es la tolerancia.

«La coexistencia y el respeto mutuo fue la gran

contribución de Sefarad para la civilización de la
humanidad», afirma Mauricio Hatchwell.

135 Sin embargo, la realidad de este fin de milenio
no parece responder a tal mensaje. Los conflictos
árabe-israelitas en Oriente Medio. El resurgir del
fanatismo islámico. Los brotes antisemitas en
Francia, la xenofobia contra argelinos y el drama
140 palestino poco tienen que ver con el espíritu de
Sefarad.

Mauricio Hatchwell resume las esperanzas
depositadas en Sefarad 92: «Al igual que la comunidad sefardita ha servido de puente para el
145 establecimiento de relaciones diplomáticas entre
España e Israel, hay que buscar el reencuentro de
las tres culturas de Sefarad, la cristiana, la judía y
la árabe. La refundación de la antigua Escuela de

Traductores de Toledo,* como un espacio de
encuentro cultural entre las tres puede ser un 150
primer paso. Y si por fin se impone la paz en el
conflicto entre Israel y el mundo árabe, habría que
marchar también allí en ese camino de tolerancia
y coexistencia, hacia un mercado económico de los países del área y hacia 155
fórmulas de cooperación. Hay lugar para
todos.»

Con información de Hazael
Toledano (Jerusalén), Charo Quesada
(Nueva York), Norma Morandini
(Buenos Aires) y Fernando Alvarez

Cambio 16, Madrid

Después de leer

COMPRENSION

A. Asocie las palabras y frases de la primera columna con las de la segunda.

1. _____ Sefarad
2. _____ las tres culturas de la España del siglo XV
3. _____ Sefarad 92
4. _____ el judeo-español
5. _____ expulsaron a los judíos en 1492
6. _____ el 31 de marzo de 1992
7. _____ el sefardita

a. la lengua que se hablaba en la España del siglo XV y que todavía hablan los judíos sefarditas
b. la fecha de la derogación (*repeal*) del decreto de expulsión de los judíos
c. España
d. los Reyes Católicos
e. el judío expulsado de España en el siglo XV y sus descendientes
f. la cristiana, la musulmana y la judía
g. una exposición para conmemorar los 500 años de exilio de los judíos de España

B. Vuelva a leer el artículo una vez más buscando los siguientes datos.

1. evidencia de la importancia de los judíos en España *antes de* su expulsión

---

Nota de los editores: La Escuela de Traductores, fundada por Alfonso X, El Sabio, en el siglo XIII, era un centro de actividad intelectual de la Europa medieval. Por medio de los esfuerzos de los traductores de esta escuela, se dieron a conocer por primera vez en Europa textos importantes en árabe y otras lenguas orientales, cuyos temas incluían la astronomía, las matemáticas, la química, la medicina y hasta el ajedrez. Debido a que el propósito de la escuela era la integración de los conocimientos humanos, comprendiendo los clásicos, los orientales, los hebreos y los cristianos, la Escuela de Traductores sirve de símbolo del espíritu de colaboración y cooperación multicultural.

2. un rasgo que distingue a los sefarditas de los judíos ashkenazis
3. el lugar en el mundo donde vive actualmente la mayoría de los sefarditas

Entradas al texto

Esquemas para comprender

A. **Entre todos.**   El segundo artículo tiene que ver con la primera comunión. En algunas culturas católicas, y especialmente dentro de la cultura hispana, esta ceremonia tiene mucha importancia, tanto simbólica como social. Lea el título del artículo. ¿Qué asocia Ud. con la primera comunión? Entre todos, hagan un mapa semántico de este concepto, utilizando las siguientes ideas para sugerir categorías relacionadas: la ropa, las actividades, los sentimientos/las emociones, las personas, los motivos.

B. El subtítulo del texto sugiere otro tema: los padres «progres» (progresivos) y su actitud hacia este acto religioso de sus hijos. ¿Qué actitud tendrán (*might they have*)? ¿positiva? ¿negativa? ¿indiferente?

C. Lea brevemente el primer párrafo del texto. ¿Qué descubrió? ¿Tenía Ud. razón con respecto a sus respuestas a la pregunta B? ¿Le sorprende la actitud de estos padres? ¿Por qué sí o por qué no?

D. Lea rápidamente las preguntas de la sección **Comprensión** que sigue al artículo. Lea el artículo buscando la información necesaria para completar esas preguntas.

 VOCABULARIO UTIL

bautizarse to get baptized
  el bautizo baptism
el boato pomp and circumstance
la catequesis catechism classes

comulgar to take communion
eludir to avoid
hacer la primera comunión to participate
  in one's first communion

Papá, quiero hacer la comunión

Hijos de padres «progres» que no fueron bautizados se someten al rito católico-social cada año

Por Milagros Pérez Oliva

 Es un fenómeno relativamente reciente, pero significativo y, según algunos catequistas, creciente. Son las *conversiones escolares*. Niños que quieren hacer la primera comunión, pero que primero tienen que pasar por la pila del bautismo, porque sus padres no lo hicieron de pequeños. Hijos de agnósticos o de creyentes no practicantes, algunos de ateos, estos niños conversos han descubierto de repente una inagotable fuente de inspiración y de magia en la retórica de la religión y, muy especialmente, de la historia sagrada. Y la han descubierto en la escuela, muchos de ellos en el patio de recreo.

10

Sus padres reaccionan como pueden ante estas conversiones inesperadas y, en el fondo, inconscientes. Unos tratan de quitarles importancia, otros intentan encauzarlas por derroteros no dogmáticos, y otros, en fin, rechazan de plano lo que consideran un dogma.

La mayoría de los padres anteponen el respeto hacia el sentimiento del niño a sus propias convicciones. «No creo que a esta edad sea una decisión demasiado consciente. Pero es una decisión, y como tal hay que respetarla», afirma César, un padre de treinta y pocos años cuyo hijo, Marc, acaba de bautizarse y comulgar. «Nuestro planteamiento es que la religión es una cuestión muy personal, que no debe ser inducida. No quisimos bautizar a Marc para que fuera él quien eligiera. La verdad es que ahora elige más por razones sociales que otra cosa, pero si en su día adoptamos aquella decisión para preservar su libertad, ahora tenemos que respetarla». Los padres de Marc se han volcado en el bautizo y comunión de sus hijos. Pero le han puesto una condición: nada de boato. «Te daremos el dinero que costaría una fiesta, y lo dedicas a una obra que creas que merece la pena»,

En España, la primera comunión se celebra con ropa especial y fiestas familiares. Las niñas llevan vestidos blancos largos o a veces se visten de monjitas; los niños se visten de militares o de monjes.

le dijeron. Y Marc está encantado. Lo va a dar a niños necesitados.

Sandra también ha tenido que bautizarse antes de hacer la comunión. «Un amigo de la escuela iba a catequesis y me decía que viniera, que era muy bonito y vine, y me gustó». Sandra dejó la cerámica por el catecismo y se inició en la fe con tanto ahínco que convenció a sus padres para que bautizaran también a su hermana Elisabeth, de tres años.

La abuela, factor clave

No son muchos los que se bautizan, pero el fenómeno es significativo. En el centro de catequesis de Sarrià, en Barcelona, de 650 niños que se han preparado para la comunión este año, 10 no estaban bautizados. Los niños que acuden a los capuchinos de Sarrià pertenecen a capas medias y a altas y a sectores creyentes progresistas. «Son hijos de una generación que valora mucho la libertad personal. Estos niños no fueron bautizados deliberadamente por respeto a su libertad individual», afirma Josep Massana, responsable de la catequesis.

60 La mayoría de los padres, sin embargo, no esperaba una conversión tan temprana. Y siempre les queda la duda de si la elección está o no condicionada por factores no estrictamente religiosos. Resulta muy difícil para ellos eludir al 65 montaje comercial que rodea las comuniones. «Esta es una batalla perdida de la Iglesia y también de las familias», afirma Massana. Al niño le hace ilusión el vestido, el rito, el banquete. Por una vez él es el protagonista absoluto. Los padres lo saben, 70 y les cuesta negarle este deseo, pero les desagrada. Los grandes almacenes bombardean con publicidad, y aunque durante algunos años se logró casi erradicar el pomposo vestido de princesa o el marcial traje de mariscal, la presión comercial ha 75 provocado el retorno de los tules y las gasas.

Finalmente, todos los padres ceden algo. «A veces has de cerrar los ojos un poco, porque tampoco los niños están preparados para asumir una presión excesivamente fuerte contra sus deseos», afirma la madre de otro pequeño comul- 80 gante.

Los niños tienen importantes aliados que alimentan su fantasía. La abuela, por ejemplo. La abuela es un factor de conversión esencial. Y también una excelente maestra de ceremonias a la 85 hora de decidir ritual. «Nuestros niños tienen bastante asimilado que ha de ser un acto austero. Pero las madres no tanto», afirma la hermana Nicol, de las siervas de la Pasión. 90

El País, Madrid

Después de leer

COMPRENSION

¿Cierto o falso? Complete las siguientes oraciones con la forma correcta del indicativo o del subjuntivo de los verbos indicados. Luego diga si son ciertas o falsas según el artículo. Corrija las oraciones falsas.

1. Los padres «progres» opinan que es mejor que los niños (*decidir*) por sí sólos si quieren bautizarse.
2. Hoy en día muchos niños españoles tienen que bautizarse antes de que (*ellos: poder*) hacer la primera comunión.
3. A todos los padres les gusta mucho que sus hijos (*desear*) bautizarse y hacer la primera comunión.
4. Algunos padres creen que sus hijos (*elegir*) la religión por razones no espirituales.
5. Algunos padres aceptan la decisión de sus hijos para que éstos (*tener*) la experiencia de ser protagonistas de una ceremonia muy linda.
6. En España, las tradiciones asociadas con la primera comunión suelen ser muy sencillas (no comercializadas) a menos que uno (*ser*) de la clase alta.

Entradas al texto

Esquemas para comprender

A. ¿Asocia Ud. el concepto de «renacer» o ser «renacido» con el catolicismo o con el protestantismo? ¿Cómo interpreta Ud. el título del artículo a continuación? ¿De qué se tratará? Indique las posibilidades que le parezcan las más probables.

1. _____ Las diferencias entre el catolicismo y el protestantismo están desapareciendo en la América Latina.
2. _____ Cada vez más católicos latinoamericanos se están convirtiendo al protestantismo.
3. _____ Cada vez más protestantes latinoamericanos se están convirtiendo al catolicismo.
4. _____ Muchos latinoamericanos profesan las dos religiones, tanto el catolicismo como el protestantismo.
5. _____ Los católicos latinoamericanos se están volviendo más católicos que nunca, practicando cada vez más las antiguas tradiciones de su fe.
6. _____ Cada vez más católicos latinoamericanos creen en la reencarnación.

B. ¡**Necesito compañero!** ¿Qué opinan Uds. de cada una de las posibilidades mencionadas en la actividad anterior? Con un compañero (una compañera) de clase, indiquen si cada una de ellas representaría, en general, algo positivo o negativo para la América Latina. ¿Por qué? Traten de dar por lo menos una razón para justificar cada opinión. Compartan sus opiniones con los demás de la clase. ¿Hay mucha diferencia de opiniones?

C. **Entre todos.** Comenten lo que podría ser la causa o los motivos de este «renacer» que se va a describir en el artículo.

VOCABULARIO UTIL

los altibajos ups and downs, ebb and flow
atónito amazed, thunderstruck
célibe celibate
la cursilería cheapness, tawdriness
dar por sentado to take for granted
de recorrido largo for the long haul
la fila row
la inmediatez suddenness

la pandilla gang
el/la pecador(a) sinner
predicar to preach
la rama branch
el sacerdote priest
sagrado sacred, holy
el tatuaje tatoo

La América Latina Católica, «Renace»

Por Richard Rodríguez

 1 Después de cuatro siglos de catolicismo, una nueva rama de la cristiandad se está extendiendo rápidamente en la América 5 Latina. La América Latina, el hemisferio católico de América se está volviendo protestante, y no sólo protestante, sino evangélico.

Evangélico: el que evangeliza; el cristiano que predica el evangelio. Y uso el término con cierta libertad, como lo usa la prensa norteamericana, para trasmitir la idea de un movimiento amplio, 10 más que una religión o un grupo determinado de iglesias.

Los evangélicos son los más protestantes de los protestantes. La conversión evangélica se basa en la experiencia directa de Cristo, aceptando que Cristo es el redentor personal de cada uno. Los evangélicos son fundamentalistas. Leen las Escrituras literalmente. Dicen sí cuando quieren decir sí, y no cuando quieren decir no.

A principios del siglo había menos de 200.000 protestantes en toda la América Latina. Hoy, uno de cada ocho latinoamericanos es protestante; hay más de 50 millones de protestantes en la América Latina. Los índices de conversión (un cálculo: 400 por hora) lleva a los demógrafos a predecir que la América Latina se habrá vuelto evangélica antes del fin del siglo 21.

Un sacerdote católico que conozco rechaza la urgencia con que describo el fenómeno. «En América Latina—dice—eres católico con sólo respirar el aire. La fe católica ha penetrado tanto en la vida del pueblo, en el tribunal de justicia, la cocina, la plaza, el paisaje urbano, que se necesitarían siglos para sacársela».

Este es el modo católico de ver las cosas. Es mi modo. Soy católico porque soy de México, y es tan difícil para mí imaginarme una América Latina protestante como lo sería imaginarme el Océano Pacífico sin sal.

¿Cómo entender la América Latina moderna? Cuando los periodistas norteamericanos viajan a la América Latina recogen noticias de los contra o de la última brigada de marxistas en la jungla; tratan desesperadamente de seguir los pasos de los comandantes guerrilleros que aparecen y desaparecen en las ventanas de los palacios de gobierno. Pero no enfocan en lo esencial. Los generales no son el punto esencial de la América Latina. Las drogas no son el punto esencial de la América Latina. El catolicismo es el punto esencial de la América Latina. Pregúntele a cualquier protestante. Pregúntele a Eleanor Roosevelt. Pregúntele a Gloria Steinem. Pregúnteles a los organismos de *Planned Parenthood*. La América Latina sufre porque es católica. Bebés. Culpa. Fatalismo.

El catolicismo asume que los seres humanos son impotentes, seres incapaces. El catolicismo siempre ha sido administrado por hombres célibes, pero su intuición es completamente femenina.

La Iglesia es nuestra madre. La Iglesia es la «esposa» de Cristo. (Los católicos son sus niños.) Los católicos necesitan de la intercesión de los santos y la Virgen María. Los católicos dependen de la guía de la Iglesia, siglos de tradición, siglos de ejemplo. Los católicos viven en comunión con todas las generaciones de fieles, vivos y muertos.

El problema del catolicismo, el gran pecho maternal y consolador del catolicismo, es que lo abarca y lo comprende todo. El catolicismo es tan abarcador que en él se define una nación entera o un hemisferio. Pero cuando la religión llega a ser tan omnicomprensiva, es fácil darla por sentada. ¿Qué importa que Brasil reclame ser el país católico más grande del mundo, si en Brasil nadie va a misa?

Los bohemios y los poetas de los climas protestantes siempre se han sentido atraídos hacia el romance de las ciudades católicas o los barrios católicos de las ciudades. Todo el mundo sabe que los restaurantes y cafés católicos son mejores que los protestantes. Los católicos tienen una arquitectura mejor, hace más sol en sus plazas, tienen una virtud más fácil y una piel más calurosa. El catolicismo es tolerante, pero es cínico. La policía y las cortes protestantes son más honestas. Los trenes protestantes están más limpios que los trenes católicos y además llegan a tiempo.

La iglesia católica asume que errar es humano. Uno puede ser pecador y sin por ello dejar de ser católico. El catolicismo espera que la fe tenga altibajos en el curso de una vida. La liturgia católica es compatible con las estaciones de la vida humana, que va del dolor a la alegría a través de los desiertos del Tiempo Ordinario. «El catolicismo es una religión de recorrido largo», dice triunfalmente mi sacerdote.

Nosotros los católicos sospechamos de los cambios repentinos y de la gente que confiesa ese tipo de cambio. Las resoluciones de cambiar la vida personal como las que se hacen para el Año Nuevo son típicas nociones protestantes. Los misioneros católicos militan tan fervientemente como los evangélicos, pero un acto de conversión no define al catolicismo. El catolicismo es un modo de vida que no necesita nunca de una catarsis, ni depende de una sola decisión.

Según la fe evangélica la inmediatez es sagrada. El cambio es un imperativo religioso. Puedes, y debes, renacer. La conversión define la fe. Los obispos latinoamericanos critican a los misioneros evangélicos por promover la desintegración de la familia, oponiendo hermano contra hermana. A los ojos de los obispos, la iglesia evangélica introduce la idea perniciosa del auto cambio. Pero, por supuesto, en esto reside la innegable atracción del protestantismo evangélico.

Para los jóvenes que no tienen tiempo que perder, el atractivo teatral y televisivo del protestantismo evangélico, emparentado con una imagen maquillada, es la promesa de un cambio rápido. Tres adolescentes en América Central me comentaron que se convirtieron en evangélicos porque el predicador gringo siempre usaba traje y corbata. En este caso, el visible signo de gracia y fe es de pronto signo de éxito.

Por cuatro siglos en la América Latina la Iglesia ha predicado lo opuesto, el sentido trágico de la vida. En toda iglesia católica en la América Latina se puede ver la trágica efigie del *Ecce Homo* (las palabras de Poncio Pilato: Mirad al hombre), el Cristo humillado. «Cristo no triunfó», me dice frecuentemente mi sacerdote. «Los evangélicos predican acerca de la victoria y el éxito y lo alcanzan. ¿No se dan cuenta que Cristo nunca triunfó en este mundo?»

Me he sentado en las filas de atrás de iglesias evangélicas y me he quedado atónito de lo que veía. He visto chicos con tatuajes, chicos rudos, chicos que han pasado su infancia entre drogas, pandillas y violencia, chicos ahora en traje y corbata, cantando himnos a Cristo. Estos hombres no se han convertido de pronto en «niñitos santos». Estos son hombres agresivos que han descubierto el poder de la autoafirmación espiritual. Si el catolicismo es femenino, luego el genio del protestantismo me parece masculino. ¡Transfórmate en un hombre! ¡Toma responsabilidad de tu propia vida!

La parte católica que hay en mí, ancestral, cínica, femenina es espantada por la cursilería, la vulgaridad, la falta de sentido del humor y de sofisticación, y aun por la dulzura de los relatos de las conversiones evangélicas. ¿Puede una vida transformarse así de la noche a la mañana? ¿Cuánto durará esta conversión? Pero, otra parte en mí no negará que estos hombres y mujeres han encontrado lo que necesitaban.

Y admito que ellos no han sido alimentados por un catolicismo cultural, que les parecería tan intangible como el aire que respiran. «¡Volverán!», mi sacerdote dice. «En veinte años los evangélicos hispanos se estarán muriendo, literalmente muriendo por regresar a la Iglesia.» El católico está inclinado a negar la probabilidad de que se requiere una generación para transformar el curso de la historia. La importancia del cristianismo evangélico, es que 400 años de catolicismo autoritario pueden ser transformados en una generación. La América Latina nunca volverá a ser la misma.

Los Angeles Times

Después de leer

COMPRENSION

A. ¿Cómo responde Ud. ahora a las tres preguntas de la sección **Esquemas para comprender** que contestó antes de leer el artículo? ¿Quedó sorprendido/a de lo que dice el artículo? ¿En qué sentido?

B. ¿Cómo interpretaría Ud. las siguientes palabras o frases después de leer el artículo? ¿Qué importancia tienen con respecto al tema?

1. Los periodistas norteamericanos, al hacer informes sobre los acontecimientos políticos y militares latinoamericanos, no captan lo esencial de la América Latina.
2. El catolicismo siempre ha sido administrado por hombres célibes, pero su intuición es completamente femenina.
3. Tres adolescentes en la América Central me comentaron que se convirtieron en evangélicos porque el predicador gringo siempre usaba traje y corbata.
4. La América Latina nunca volverá a ser la misma.

C. **¡Necesito compañero!** Aplicando las técnicas que practicaron en el Capítulo 7, contesten las siguientes preguntas. Luego comparen sus respuestas con las de los otros grupos.

1. ¿Quién será el autor? (¿un religioso?, ¿un protestante?, ¿un católico?, ¿otro?)
2. ¿Cuáles serán los propósitos principales del artículo? (¿criticar?, ¿convencer?, ¿entretener?, ¿informar?, ¿otro?)
3. ¿Cuál será el público objeto? (¿el público en general?, ¿los sacerdotes?, ¿los católicos?, ¿los niños?, ¿los adultos?, ¿otros?)

APLICACION

A. ¿Cree Ud. que es buena idea dejar que los niños tomen sus propias decisiones con respecto a la religión? ¿Por qué sí o por qué no? ¿Qué pierden los niños si no tienen una formación religiosa desde pequeños? ¿Hay algún beneficio en no tenerla?

B. El artículo sobre la conversión evangélica de Latinoamérica sugiere que la religión tiene un papel importante en la vida aunque uno a veces la dé por sentada. ¿Cree Ud. que estas actitudes sean contradictorias? Explique.

C. Para los sefarditas, España representa un lugar especial. De pequeño/a, ¿tenía Ud. un lugar especial? Descríbalo. ¿Por qué era especial para Ud. este lugar? ¿Todavía lo es?

D. De todos los artículos de esta sección, ¿le sorprendió alguno? ¿Cuál? ¿Por qué?

Lectura

Tradiciones, misterios y curiosidades: Parte 2
Los enigmas y las curiosidades

Además de las creencias religiosas, en todas las culturas han existido a través de los tiempos otros tipos de creencias (leyendas, mitologías, espiritismo, supersticiones) que también escapan a la lógica y a la razón. ¿Les tiene Ud. miedo a los gatos negros? ¿Evita tomar decisiones importantes los viernes trece? Para los incrédulos, éstas son tonterías. Pero, ¿la sensación del *déjà-vu*? ¿la comunicación con los muertos? ¿la reencarnación? ¿los *poltergeist*? De verdad, ¿cree Ud. que hay explicaciones racionales para todo? ¡A ver qué opina después de leer los siguientes artículos... !

Osel es un joven de Granada, España, que los budistas tibetanos reconocen como la reencarnación de Yeshe, un lama que murió poco antes que Osel naciera. Osel vive ahora en la India, preparándose para su futura vida sacerdotal.

Entradas al texto

Palabras y conceptos

anhelar to yearn
anterior earlier
concienzudamente conscientiously
contar (ue) con to count on, depend on
desahogo emotional release
descargar to discharge
dotado endowed with
el duende elf; goblin
encantar to bewitch, cast a spell
escocés from Scotland
el escondite hiding place
el farsante faker
fidedigno credible
grabar to record
la hazaña deed
maléfico evil

materializarse to appear (out of nowhere)
la percepción extrasensorial extrasensory perception
perecedero perishable
perseguir (i, i) to pursue
por doquier on every side, everywhere
postular to hypothesize, suggest
repentino sudden
retroceder to go back
sea como fuere be that as it may
someter to subject
trastornar to upset
ultratumba on the other side of the grave

A. Mire la lista del vocabulario e indique las palabras o frases que Ud. asocia con los siguientes fenómenos: los *poltergeist*, la comunicación con los muertos y la reencarnación.

🔅 **Entre todos.** ¿Qué otras asociaciones tienen Uds. con estos fenómenos? En grupos de dos o tres, hagan una lluvia de ideas (*brainstorm*) sobre cada uno. Piensen en acciones, cualidades y objetos que no están en la lista del vocabulario. Luego, hagan un mapa semántico para cada tema.

B. Defina brevemente en español. Sea tan específico como pueda.

1. ultratumba
2. el duende
3. fidedigno
4. la percepción extrasensorial
5. perecedero
6. el escondite

Esquemas para comprender

A. Vuelva a examinar los mapas semánticos que hicieron en la sección **Palabras y conceptos**. En general, ¿cree Ud. que la clase es escéptica o más bien receptiva con respecto a cada tema? Para averiguarlo, haga un rápido sondeo entre algunos miembros de la clase usando las siguientes declaraciones.

1. La existencia de los *poltergeists* y otros espíritus es posible.
2. Es posible la comunicación con los muertos a través de un médium o por medio de objetos como un tablero de ouija.
3. Cuando uno muere es posible que vuelva a nacer, tiempos después, con otra identidad.

B. La clase debe dividirse en grupos de tres. Cada miembro del grupo debe leer uno de los tres artículos. Después de terminarlos, los tres deben reunirse para compartir su información, completando la tabla a continuación.

🔅 **TITULO**

1. Defina o dé unos ejemplos del fenómeno descrito.
2. Resuma, en dos o tres oraciones, la idea principal del texto.
3. Dé por lo menos dos puntos que sirvan de evidencia a favor del fenómeno.
4. Dé por lo menos dos puntos que sirvan de evidencia en contra del fenómeno.
5. Explique brevemente su propia opinión al respecto y justifíquela con argumentos basados en el texto o en su propia experiencia.
6. ¿Qué tiene en común este fenómeno con los otros dos? [Va a tener que hablar con sus compañeros para formular esta respuesta.]

Poltergeist: Viviendas encantadas

Por Enrique de Vicente

1 En 1967 una serie de inexplicables incidentes trastornaron el despacho del abogado Adam en Rosenheim (Alemania Federal), los cuatro teléfonos sonaban simultánea-
5 mente, las conversaciones eran bruscamente interrumpidas y las facturas alcanzaban sumas astronómicas. Los técnicos revisaron el equipo sin encontrar averías, cambiaron todo el cableado, instalaron un contador, tomaron nota de las lla-
10 madas que se hacían y finalmente colocaron candados en los diales. No resolvieron el problema... El informe oficial postulaba «la existencia de una energía desconocida para la tecnología, que se encuentra más allá de nuestra comprensión».
15 Intervino entonces Hans Bender, director del Instituto de Parapsicología de la Universidad de Freiburgo, quien acabó identificando a la presunta causante inconsciente: Annemarie Schneider, una secretaria de diecinueve años. Frustrada y
20 sometida a fuertes tensiones psíquicas, odiaba aquella oficina y anhelaba que llegara la hora de salida. Cuando se ausentó, los fenómenos cesaron repentinamente, volviendo con mayor intensidad a su regreso... Bender está convencido de
25 que descargaba paranormalmente su agresividad reprimida.

Este es uno de los casos más famosos de *poltergeist* (en alemán, duendecillo alborotador), término con el que los parapsicólogos designan
30 fenómenos inexplicables que parecen dotados de cierta inteligencia: extraños ruidos de todo género; voces espectrales; lluvias de piedras; vajillas y lámparas que caen al suelo; muebles que bailan o se elevan; luces que se apagan o encienden....
35 Se trata de un fenómeno universal y muy frecuente, descrito con una constancia asombrosa en las más diversas épocas y culturas, que se produce en todas las clases sociales, en las grandes ciudades, en el campo o entre las tribus primitivas,
40 y en lugares tan diversos como China, Rusia, Java/ o Africa, siguiendo siempre idénticas pautas de comportamiento.

La Inquisición relacionó las casas encantadas con la posesión diabólica. En el siglo XIX se
45 comenzaron a estudiar los fenómenos con métodos científicos. Y a partir de los años cincuenta,

equipos como el formado por varios doctores del Laboratorio de Parapsicología de la Universidad de Duke, han estudiado muchos otros casos.

50 Sabemos hoy que estos fenómenos suelen iniciarse repentinamente, sin causa aparente y del mismo modo suelen desaparecer. Se producen en el interior, en el exterior o en los alrededores inmediatos a un edificio.

55 Debe comenzarse buscando las posibles causas físicas, como averías en las cañerías, defectos de construcción, ondas subterráneas o ratas juguetonas. Es necesario, asimismo, excluir las manipulaciones fraudulentas, a las que se deben muchos
60 falsos *poltergeist*.

Excluidas todas estas posibilidades, queda un elevado número de fenómenos que resultan inexplicables. Hay numerosos factores que aumentan su grado de extrañeza, como las sensaciones de
65 frío que perciben algunas personas en ciertos lugares de la casa o las reacciones de los animales que suelen mostrarse hipersensitivos en estos sitios, por lo que ciertos parapsicólogos utilizan en sus investigaciones perros, gatos, ratas y hasta
70 serpientes.

Para explicarlos se han propuesto diversas hipótesis. Dejando de lado las explicaciones tradicionales, que suelen atribuirlos a entidades sobrenaturales—sean duendes, espíritus elemen-
75 tales, demonios u otras fuerzas maléficas, o bien ánimas de difuntos—la parapsicología científica propone la denominación PKER (psicokinesis espontánea recurrente). Partiendo de la hipotética existencia de potenciales facultades *psicocinéticas*,
80 se estima que en estos fenómenos se manifiestan de manera espontánea e inconsciente en torno a una persona viva, que es la fuente energética de la fuerza desconocida que los causa.

Ahora bien, los especialistas distinguen dos
85 tipos de *encantamientos:* los persistentes, que se desarrollan lentamente, centrándose en un lugar específico, al que parecen vinculados independientemente de los sucesivos inquilinos, produciéndose aun en su ausencia. Y los esporádicos o
90 *poltergeist* propiamente dichos, generalmente muy violentos, de corta duración y vinculados a una determinada persona, llegando, a veces, a perseguirla allí donde vaya.

En ocasiones, al examinar la historia del edi-

95 ficio o de los terrenos donde se producen los *encantamientos persistentes* se descubre que alguien fue asesinado o enterrado allí antes de que comenzaran las manifestaciones, o bien fue escenario de acontecimientos traumáticos... Además 100 de que podemos pensar que esta relación se debe al azar, los parapsicólogos disponen de otras explicaciones... entre ellas la *impregnación mental*. Este descubrimiento plantea la posibilidad de que en el caso de fantasmas ligados a cierto lugar, las 105 personas sensitivas sigan viendo en realidad a los participantes en una escena desarrollada en aquellos sitios donde ocurrieron sucesos cargados emo-

cionalmente de sentido dramático, como son las muertes violentas.

Sea como fuere, en distintas épocas y lugares 110 ha existido la creencia de que la fuerza del pensamiento es capaz de crear fantasmas que incluso se podrían comportar con cierta autonomía.

Si esto nos parece una especulación carente de 115 fundamento, tendremos que encontrar una explicación más adecuada para la experiencia realizada en 1972 por un grupo de la Sociedad de Investigación Psíquica de Toronto. Tras inventar con todo lujo de detalles la vida de un personaje imaginario 120

de la Inglaterra del siglo XVI, al que llamaron Philip y que se aseguraron no correspondía a ningún personaje real que hubiese vivido en tales circunstancias, los miembros del grupo comenzaron a invocarle. Después de más de un año de sesiones, este espíritu imaginario comenzó a contestar sus preguntas, produciendo manifestaciones físicas como golpes en las paredes y desplazamientos de muebles, que fueron grabadas y filmadas.

En opinión del grupo, la similitud entre el comportamiento de un fantasma imaginario y los casos de *poltergeist* es tan asombrosa que la identificación de la inexplicable fuerza que opera tras todos estos fenómenos y su aplicación en nuestra vida cotidiana podría tener consecuencias revolucionarias para el futuro del hombre.

Muy interesante, Madrid

¿Podemos comunicarnos con los muertos?

Péndulos, ouijas y ectoplasmas son algunos instrumentos de los que se sirven los muertos para charlar con los vivos. Por lo menos así lo aseguran los partidarios del espiritismo....

Por Rosa Gómez Oliva

El deseo de comunicarse con los difuntos con fines adivinatorios es común a muchos pueblos de la antigüedad y cuenta con numerosos ejemplos documentados.

Con la institucionalización del cristianismo se reprimen los intentos de contactar con ultratumba. La Iglesia no tiene interés en lo que puedan decir los difuntos sobre el más allá porque las revelaciones sobre la otra vida ya han sido hechas por Jesucristo y sus apóstoles. Sin embargo, subsiste la necesidad larvada de comunicarse con lo desconocido.

Durante las últimas décadas del siglo XIX la moda espiritista hace furor en Europa. De la noche a la mañana todo el mundo parece interesado en recibir mensajes del más allá y las sesiones espiritistas proliferan por doquier. Pero antes de pensar que una oleada de misticismo recorre el Viejo Continente, hay que escuchar voces como la del joven astrónomo Camille Flammarion, quien insinúa que el éxito de las sesiones mediúmnicas se debe al hecho de que en muchas ocasiones, los caballeros aprovechan la obligada oscuridad para meter mano a señoras y jovencitas...

Aparte de los naturales y oscuros desahogos de la libido y del genuino interés por contactar con familiares y amigos fallecidos, el espiritismo se impone porque satisface la necesidad de conectar con un mundo mágico en una sociedad que ha cerrado las puertas a todo lo que no sea racional. Y en concordancia con ese espíritu —esta vez en

sentido figurado— hubo algunos intelectuales y científicos prestigiosos que se avinieron a analizar concienzudamente el fenómeno antes de condenarlo sin más. Entre aquellos primeros estudiosos del espiritismo destaca Hippolyte Deon Rivail, un profesor lionés de gran preparación intelectual que, bajo el seudónimo de Allan Kardec, publicó varios libros en los que recopila y sistematiza las respuestas dadas por los supuestos espíritus a través de diez médiums que se prestaron a colaborar con él.

Mientras Kardec formulaba las bases del espiritismo, la sociedad europea seguía con asombro las hazañas de un médium que parecía desafiar todas las leyes de la física. Se trata de Daniel Douglas Home, un escocés de ojos dulces y aspecto romántico que no necesita la oscuridad de los veladores para realizar sus proezas. En 1857, y con sólo veinticuatro años de edad, fue llamado a las Tullerías por Napoleón III. Apenas llegó al palacio, una mesa de madera maciza salió proyectada contra el techo. Seguidamente se materializó una mano que empezó a firmar como «Napoleón I» con la misma caligrafía que el gran emperador.

Entre 1869 y 1873, Home se prestó a ser reconocido por sir William Crookes, uno de los mejores físicos de su tiempo, quien tras someterle a diferentes pruebas con aparatos ideados para los experimentos quedó plenamente seguro de la autenticidad de los poderes del médium escocés, al que nunca nadie sorprendió en fraude a lo largo de toda su carrera.

En la década de los ochenta, científicos de la

PHILLIP, EL INVENTADO

Un curioso experimento realizado en 1972 parece afianzar la tesis del psiquismo, que intenta explicar el fenómeno espiritista atribuyendo las presuntas manifestaciones de seres del más allá a simples proyecciones del inconsciente. La idea consistía en crear un espíritu totalmente ficticio a partir de los datos proporcionados por ocho miembros de la Sociedad de Investigaciones Psíquicas de Toronto (Canadá). En unos días fueron dotándole de una completísima biografía —incluido un dibujo al carboncillo—, pero repleta de contradicciones históricas para asegurarse de que nunca hubiese existido. El personaje, a quien bautizaron Phillip, sería un aristócrata inglés de mediados del XVII, que habría acabado suicidándose presa de los remordimientos por haber dejado quemar en la hoguera a su amante gitana.

El grupo se estuvo reuniendo durante todo un año, una vez por semana, alrededor de un tablero de *ouija* para invocar a Phillip. Por fin, un día el *espíritu* empezó a responder a las preguntas de los investigadores dando golpes en la mesa. Un golpe significaba sí, dos significaban no.

Poco a poco el personaje inventado fue cobrando entidad y, aunque se atenía a la biografía inventada, a veces sostenía sus propias ideas. Los experimentadores también descubrieron que cuando todos estaban de acuerdo, Phillip respondía afirmativamente, pero cuando alguien del grupo disentía, el *espíritu* dudaba.

Con el paso del tiempo los miembros del grupo aceptaron a Phillip como a un compañero más —al que incluso gastaban bromas y regañaban cuando se presentaba tarde a las sesiones—, hasta que finalmente, después de recibir una fuerte reprimenda, no volvió a manifestarse nunca más.

talla de William Barrett, prestigioso médico, Oliver Lodge, físico de fama mundial y el premio Nóbel Charles Richet estudiaron a médiums como Leonore Piper, Eusapia Palladino o Marthe Béraud. Todos llegaron a la conclusión de que la personalidad continúa existiendo después de la muerte y que es posible comunicar con los fallecidos. Sin embargo, los resultados no convencieron a muchos otros hombres de ciencia. Hay pruebas de que Béraud era una farsante y de que médiums como Palladino hicieron trampas más de una vez.

A partir de los años sesenta, los espiritistas encuentran nuevos argumentos a su favor. En 1964, el ama de casa Rosemary Brown empieza a escribir la música que, según ella, le dictan Liszt, Chopin, Debussy, Brahms, Bach, Beethoven y otros grandes compositores. Lo más asombroso es que las obras conservan el estilo de sus supuestos autores...

Hoy parece claro que muchas de las proezas realizadas por los médiums fueron y son auténticas, pero eso no demuestra que estén causadas por los espíritus. Veamos algunas evidencias.

La mayoría de los médiums asegura contar con uno o varios espíritus-guía que les asisten durante las sesiones, les protegen de peligros y coordinan la intervención de otras entidades astrales. Sin embargo, con frecuencia, los supuestos espíritus-guía cometen graves anacronismos al referirse a su presunta vida y no están a la altura de la personalidad que dicen haber sido. El guía de Leonore Piper afirmaba ser un médico francés, pero en la práctica apenas comprendía este idioma y no sabía mucho de medicina.

Uno de los grandes *milagros* espiritistas, la materialización de objetos surgidos de la nada, parece deberse a la extraordinaria capacidad que tienen algunos médiums para desintegrar y volver a recomponer la materia que conforma los objetos ya existentes. Para ello, el médium utilizaría su propia energía física y, a veces, la de los asistentes. Esto explicaría la pérdida de peso y el descenso de la temperatura registradas en sesiones en las que se producen materializaciones, desplazamientos de objetos o levitaciones.

En definitiva, el espiritismo no consigue demostrar la inmortalidad del alma, pero juega un importante papel al impulsar el estudio sobre los poderes de la mente. La psique obra los milagros, ahora sólo hace falta saber cómo.

Muy especial, Madrid

Reencarnación: ¿Hay otras vidas después de la vida?

Por Joseph Scheppach

1 Llorando, suspirando y con voz ahogada, una mujer describe su propio nacimiento. «Más atrás», murmura el psicoterapeuta. Y realmente, Jane Evans, un ama de casa
5 del País de Gales, retrocede todavía más y llega al estado embrional. «Aún más», apremia el psiquiatra, Arnall Bloxham. Después de algunos minutos de «oscuridad y silencio» la paciente hipnotizada hace un esfuerzo y de pronto vuelve a «ver». Ahora
10 se llama Rebecca y vive en York, en el año 1189. Su marido —cuenta— es un rico prestamista judío, de nombre Joseph. Además, tiene dos hijos, un niño y una niña. La niña se llama Rachel.

Llena de odio y amargura —siempre en es-
15 tado de trance hipnótico— la mujer describe su desesperada huida de los fanáticos religiosos de aquellos tiempos. Jadeando y exhausta, con sus perseguidores pisándole los talones, llega a una iglesia «fuera de los muros de la ciudad», donde
20 ella y su familia buscan refugio. El cura intenta vedarles la entrada, pero ellos le atan las manos y logran penetrar en la iglesia, «escondiéndose en la cripta debajo del altar». Pasan las horas, y el hambre y la sed obligan a Joseph y a su hijo a salir
25 de su escondite para intentar buscar agua y comida.

Llegado ese punto de su relato, la voz de *Rebecca* se llena de pánico. Oye el ruido de unos cascos de caballo que se acercan cada vez más.
30 Ahora grita: «Ya están en la iglesia... el cura viene con ellos... ¡Oh no! No, a Rachel, no, no, a Rachel no.» La mujer se agita sobre el diván y lanza un grito estridente: «¡Noooo! ¡Dejadla en paz!» Y de repente, con voz abatida: «Se la han llevado.»
35 El psiquiatra pregunta ansioso: «¿Y usted? ¿Qué han hecho con usted?» Silencio.

Insiste el psiquiatra: «¿Se encuentra bien? ¿Qué le han hecho?»

«Oscuro... oscuro... », murmura la mujer.
40 Cuando por fin sale de la hipnosis e intenta levantarse, cae desmayada al suelo.

El «caso Rebecca» es uno de los más impresionantes de las 400 anotaciones magnetofónicas que el psiquiatra británico Arnall Bloxham ha venido
45 recopilando durante veinte años. Todas estas grabaciones se refieren a hechos que sus pacientes le contaron, en estado de *regresión hipnótica*, sobre sus supuestas vidas anteriores.

¿Cómo hay que valorar estos aparentes indicios de reencarnación? ¿Son fidedignos? Todos 50 conocemos la experiencia del *déjà-vu* (ya visto, en francés). En algún lugar desconocido o en una situación nueva nos asalta de repente la sensación: «esto ya lo conozco, esto lo he vivido antes». ¿Se trata de meras confusiones de la memoria, disrup- 55 ciones en el fluido químico-eléctrico de las neuronas? ¿O se esconde en nuestro cuerpo una persona que antes de la vida actual pasó por muchas otras vidas?

Así lo creen uno de cada tres británicos, uno de 60 cada cuatro estadounidenses y uno de cada cinco españoles. Con ello no se encuentran en mala compañía. También lo creyeron Sócrates, Platón, Victor Hugo, Balzac, Goethe... Incluso Jesucristo, según las escrituras gnósticas y algunos pasajes 65 bíblicos, parece aceptar la idea del renacimiento. Al menos, no corrige a los que pensaban que San Juan Bautista era la reencarnación del profeta Elías. En cuanto a los famosos contemporáneos, la lista se hace interminable. La actriz Shirley Mac- 70 Laine cree recordar que antes vivió siendo monje, bailarina rusa y soldado romano. John Travolta piensa que antes se llamaba Rodolfo Valentino...

A partir de ahí, la reencarnación se convierte casi en un juego de sociedad. A lo que los lamas 75 budistas, los sufíes musulmanes o los maestros chinos del tai-chi llegaron sólo tras muchos años de meditación y paciente trabajo espiritual, cuidándolo como un precioso tesoro, hoy lo pretendemos alcanzar a través de cursillos acelerados 80 de un fin de semana. Cualquiera puede apuntarse a un viaje colectivo al fondo de la mente y cada vez hay más *transpersonalistas* que se ofrecen como guía turístico para acompañar a las almas a sus vidas anteriores. 85

Muchos de estos *gurus* poseen una formación psicoanalítica, lo que no ha de extrañar a nadie, ya que la pretensión de retrotraer a una persona a su existencia anterior y esperar de este hecho un efecto curativo parece enlazar directamente con la 90 teoría de los traumas desarrollada por Sigmund Freud. Según el padre del psicoanálisis, la raíz de todos los problemas psíquicos se encuentra en los conflictos de una época anterior que han sido reprimidos y no elaborados.

Este método terapéutico de retroceder al pasado lo están llevando los psicólogos reencarnistas a sus últimos extremos. En su trabajo recurren a un procedimiento que se remonta a las enseñanzas orientales del *karma*. Con ayuda de la hipnosis trasportan al *viajero del tiempo* a sus vidas anteriores, a fin de desenredar los complicados entramados de su *karma*. «Siempre he tenido miedo al agua —relata un paciente—, pero desde que sé que este temor se debe a que en mi vida anterior morí ahogado, el miedo ha desaparecido».

Sin embargo, son las mismas razones por las que Freud abandonó finalmente la hipnosis las que dan a la terapia reencarnacionista un cierto toque sospechoso: el estado de *trance* delimita hasta tal punto el campo de la conciencia que al paciente sólo le queda un único contacto con el mundo exterior: el que conduce a través del hipnotizador.

Recientemente, el psicólogo estadounidense Robert A. Baker demostró cuánta fuerza puede tener la sugestión. Repartió a sesenta estudiantes en tres grupos, proporcionando a cada grupo una información distinta sobre el *estatus* científico de la reencarnación, y les retrocedió después en el tiempo. A los primeros les había contado que la regresión hipnótica hasta llegar a las vidas anteriores es un remedio terapéutico científicamente aceptado, por lo cual podían entregarse totalmente y sin ningún temor a las instrucciones del hipnotizador. El segundo grupo recibió una información escueta y neutral, mientras que a los chicos del tercero, Baker les dijo que la idea de la reencarnación no es más que una confusa amalgama de creencias y supersticiones absurdas.

El resultado: en estado hipnótico, casi todos los miembros del primer grupo contaron impresionantes escenas de vidas anteriores. En el segundo grupo, sólo la mitad consiguió hacer retroceder la rueda del *karma*. Y en el tercero, únicamente dos de los estudiantes consiguieron viajar al pasado. Más tarde se reveló que estos dos ya creían en la reencarnación previamente.

Baker concluyó que los viajes fantásticos de los estudiantes crédulos fueron provocados por su propia postura de expectación, así como por la sugestión que les transmitía el terapeuta, mientras que los demás no experimentaron lo mismo por faltar estos componentes. Para Baker, esto era de esperar, ya que otros experimentos anteriores le habían mostrado que la mente humana, bajo determinadas circunstancias, produce imágenes fantásticas y llenas de simbolismos que fácilmente se pueden interpretar como «conocimientos milenarios» pero que en realidad sólo reflejan deseos y anhelos del inconsciente.

Sin embargo, aún quedan muchas interrogantes abiertas. Por ejemplo, ¿cómo es posible que algunos *regresados* dominen antiguas danzas o rituales que no pueden haber aprendido en ningún lugar puesto que desaparecieron muchos siglos atrás? Algunos hablan incluso idiomas que nunca antes oyeron pronunciar.

Una explicación podría ser que todos vemos películas y leemos libros donde se cuenta cómo vivieron antes los distintos pueblos y razas. El psiquiatra finlandés Reima Kampman sostiene que de esta forma nuestro cerebro puede recibir y almacenar información que no recordamos conscientemente. Su método de investigación fue el siguiente: hipnotizaba por segunda vez a aquellas personas que en el primer *trance* le habían contado hechos de sus vidas anteriores y les preguntaba cuándo habían aparecido por primera vez en su vida actual tales escenas.

Un hombre que en estado hipnótico se expresaba perfectamente en osco, una antigua lengua que se hablaba hace 2.500 años en el oeste de Italia, *confesó* que lo había aprendido en una biblioteca: en cierta ocasión había estado sentado junto a un historiador que leía *La maldición de los Vivia*, un documento osco datado en el siglo V antes de Cristo.

Este fenómeno de recuperar recuerdos olvidados se llama *criptoamnesia*, y parece demostrar —por muy maravilloso que sea el hecho de hablar perfectamente un idioma muerto sólo por haberlo visto de reojo en un libro— que los relatos sobre vidas anteriores no son muy fiables.

Pero el caso sigue sin estar cerrado. La psicóloga Helen S. Wambach, de Chicago, atacó el problema desde el punto de vista estadístico. Desenredando los detalles de 1.088 relatos sobre vidas anteriores, obtuvo los siguientes sorprendentes resultados.

—Las condiciones de vida que describen los *regresados* se corresponden exactamente con el reparto de las distintas clases sociales en las diferentes épocas, según los datos recopilados por los historiadores.

195 —Lo lógico habría sido que los *regresados* cometieran más errores en las descripciones sobre épocas muy remotas que en otras sobre tiempos más recientes y ampliamente documentados. Pero no fue así. Independientemente de si una *vida*
200 *anterior* había transcurrido en la China del año 2500 antes de nuestra era o en el Nueva York de 1800, los detalles históricos resultaban igual de exactos en ambos casos.

Por otra parte, no sólo existen relatos realiza-
205 dos en trance hipnótico, sino también otros en que los recuerdos sobre una vida pasada se manifiestan con plena consciencia. El psiquiatra estadouni-dense Ian Stevenson recopiló e investigó 1.700 de estos casos. La mayoría de las veces se trata de
210 niños pequeños que hablan espontáneamente de sus familiares *anteriores* o de la casa en que vivieron *antes*.

¿Y cómo terminó el caso de Jane Evans, alias *Rebecca*, muerta en el año 1189 en la cripta de una iglesia en las afueras de la ciudad de York? Su 215 terapeuta pasó la grabación del relato a un histo-riador. A éste no le fue difícil encontrar la iglesia en cuestión: St. Mary, en Castlegate. Pero por mucho que buscó en viejas crónicas no halló ninguna pista de que aquella iglesia hubiera tenido 220 nunca una cripta debajo del altar. Unos años más tarde convirtieron la iglesia en museo. Durante los trabajos de restauración, los obreros en-contraron un túnel bajo el altar: la en-trada a una cripta. 225

Muy especial, Madrid

Después de leer

APLICACION

A. ¿Sabe Ud. de otros casos, o ha experimentado personalmente alguna vez un fenómeno, como los que se describieron en los artículos de la segunda parte de este capítulo? Describa las circunstancias. ¿Qué pasó? ¿Le contó a otra persona lo que le había pasado? ¿Cómo reaccionó esa persona?

B. Los fenómenos descritos en los tres artículos son tratados frecuentemente en la literatura y el cine. ¿Puede Ud. contar algunos casos recientes o muy conocidos? ¿Le gusta a Ud. este tipo de obras?

C. En los tres casos, se sugiere que estos fenómenos tienen una larga historia y que se dan en todas las culturas humanas. ¿Cómo interpreta Ud. esto? ¿Es evidencia a favor de la credibilidad de tales fenómenos o es evidencia de otra cosa? En su opinión, ¿hay alguna relación entre esto y la popularidad de estos fenómenos en la literatura y el cine? Explique.

D. ¡**Necesito compañero!** ¿Puede Ud. explicar o definir las siguientes? Con un compañero (una compañera) de clase, expliquen en qué consiste o para qué sirve cada una. ¿Cuál cree que es más fidedigna? ¡Prepárense para defender su selección!

la numerología   la astrología
la quiromancia (*palm reading*)   la tabla de ouija

E. Mucha gente rechaza o se burla de la idea de poder saber el futuro pero lee su horóscopo fielmente cada día. ¿Conoce Ud. a alguien que actúe así? ¿Cómo explica Ud. su comportamiento?

F. El autor del artículo sobre los *poltergeist* dice al final que la identificación de la fuerza que opera tras estos fenómenos y «su aplicación en nuestra vida cotidiana podría tener consecuencias revolucionarias para el futuro del hombre». ¿Qué quiere decir con esto, en su opinión? ¿Está Ud. de acuerdo con él? ¿Por qué sí o por qué no?

VOCES

José Manuel L.
Madrid, España

Xavier N.
Caracas, Venezuela

Juan C.
Lima, Perú

Daniel B.
Buenos Aires, Argentina

1. *¿Practica Ud. alguna religión? ¿En qué manera afectan su vida sus creencias religiosas?*

Daniel B.: Buenos Aires, Argentina
El tema religioso es algo difícil para mí. Practico la religión católica, pero no me he podido integrar a ninguna comunidad por no haber coincidido en maneras de pensar o actuar (tal vez lo mío sea falta de voluntad). De todas maneras creo que mi vida fue muy condicionada por la enseñanza religiosa, pero particularmente lucho contra el esquema formado que estamos en esta vida para sufrir ciertas cargas (una visión pesimista contra una optimista).

José Manuel L.: Madrid, España
No.

Xavier N.: Caracas, Venezuela
Yo practico el Budismo Zen. Desde que era un niño, valores e ideas filosóficas relacionadas con religiones orientales flotaron en mi casa. Creo que la filosofía de vida de mi padre me abrió las puertas a la meditación, a cierta cualidad contemplativa que tienen las religiones del oriente. Para mí la religión es fundamental en mi vida... Yo no veo la religión como algo que se practica en las iglesias o templos. El verdadero lugar para practicar la religión es en la vida diaria...

Juan C.: Lima, Perú
Sí, soy «católico». Pero tal vez debiera contestar con «no». Es decir, no soy un tipo que creo en dogmas estipulados por la tradición. Si digo que soy

«católico» es porque fui bautizado en esta religión, pero no estoy de acuerdo con cosas que veo dentro de esta religión.

2. *¿Cree Ud. que la religión es un factor importante en lu vidu de la mayoría de la población de su país?*

Daniel B.: Buenos Aires, Argentina

Creo que el sentido religioso en la mayoría de la población ha disminuido mucho, aunque hay sorpresas cuando se convoca a actos religiosos y ceremonias donde concurre mucha gente. Hay cada vez más vocaciones religiosas.

José Manuel L.: Madrid, España

Don Miguel de Unamuno decía que «en este país hasta los ateos somos católicos». Tal vez esa paradoja pueda expresar muy bien que la religión católica es un factor de relativa importancia en la vida de la mayoría de la población española. Desde luego, es mucho menos importante de lo que se piensa en el extranjero. De una parte, se observa que las fiestas de los pueblos se celebran en honor de santos o que casi todo el mundo bautiza a sus hijos, pero los practicantes religiosos son minoritarios.

Xavier N.: Caracas, Venezuela

En Venezuela... yo diría que más o menos un 90% de la gente es católica... Hay muchísimas iglesias católicas (casi ninguna de otra denominación) y la gente acude a ellas principalmente para las misas del domingo. Existen varias festividades de origen estrictamente religioso que todo el país sigue, por ejemplo Semana Santa, el Día de Todos los Muertos, Navidad, etcétera. Además en poblaciones pequeñas las comunidades a menudo tienen «procesiones» religiosas.

Juan C.: Lima, Perú

Indudablemente que en países latinos la religión juega un papel preponderante... Por ejemplo, ...en mi país el nuevo gobierno ha tratado de concientizar a la gente para el uso de preservativos (condones) por muchas razones lógicas—planificación familiar, riesgo de contraer todo tipo de enfermedades, embarazos no deseados, etcétera. Pero, como bien es sabido, la iglesia católica no permite el uso de ningún tipo de contraceptivos. Lógicamente entonces surge un desacuerdo entre gobierno e iglesia y debo señalar que la gran mayoría está de lado de la iglesia. Y esto es sólo un ejemplo.

¡UD. TIENE LA PALABRA!

A. A Daniel B., le fue difícil contestar la primera pregunta y es cierto que algunas personas se sienten incómodas al hablar de sus creencias religiosas. ¿Cómo caracterizaría a los distintos individuos en este respecto? ¿tranquilo? ¿incómodo? ¿inquieto? ¿no serio? ¿reservado? ¿Con quién (o quiénes) de las voces se identifica Ud. más?

B. ¿Cree Ud. que las respuestas son de alguna manera muy «hispanas» o que bien podrían ser una muestra (*sample*) de las opiniones que daría (*would give*) cualquier norteamericano? Dé ejemplos específicos de las semejanzas y las diferencias entre lo que dicen estas personas y lo que diría (*would say*) un individuo norteamericano típico.

C. ¿Le han sorprendido algunas de las respuestas? Explique.

D. ¡Necesito compañero! Utilizando la segunda pregunta de esta sección, entreviste a un compañero (una compañera) de clase. Luego, entre todos hagan un resumen de las ideas que se mencionan con más frecuencia. ¿Cómo se compara éste con las ideas que se sugerían al contestar la pregunta C de arriba?

CAPITULO NUEVE

Los Angeles, California

Los hispanos en los Estados Unidos

Méxicoamericanos, puertorriqueños y cubanoamericanos

Por sí solo... leer y comprender

Aspectos lingüísticos

Understanding Pronouns

You already know that Spanish direct and indirect object nouns, when they refer to persons, are preceded by the marker **a**. They usually follow the verb: **Necesito *a* Cecilia, Envió un paquete *a* sus parientes.**

Direct and indirect object nouns can be replaced by pronouns, which usually precede the conjugated verb: *La* **necesito;** *Les* **envió un paquete.** Remember that direct and indirect object pronouns are identical, except in the third person (direct object pronouns **lo/la/los/las** versus the indirect object pronouns **le/les**). You should look carefully at the context to determine the meaning of those object pronouns whose forms are identical.

In addition, you need to learn to distinguish all object pronouns from another group of pronouns that also precede the verb: subject pronouns. The forms of the subject pronouns are very different from those of object pronouns. Nevertheless, when you are reading rapidly, you may tend to read **me** as **yo, te** as **tú, nos** as **nosotros,** and so on. You may not realize that you have made a mistake until you find that the reading is not making any sense.

As you read, you should pay close attention to verb endings to help check your interpretation of the meaning of pronouns. Compare the meaning of the pronouns in these sentences.

> **Nosotros** mandamos flores.
> **Nos** mandó flores.

In the first sentence, the pronoun **nosotros** has to be the subject, since the **-mos** verb ending indicates that the subject is first person plural. In the second example, the pronoun **nos** must be an object, since the verb ending indicates that the subject (only implied in the sentence) is third person. However, checking the verb ending alone is not sufficient to keep you from misinterpreting structures, as the following examples show.

> Nos mandamos flores.
> Nosotros mandamos flores.

In both cases the verb indicates that the subject is *we;* understanding the difference in meaning between the two sentences depends on correctly recognizing **nos** as an object pronoun.

A. Read the following sentences quickly. Then choose the appropriate equivalent for the italicized words from the English expressions to the right.

1. ¿Por qué *te escribió* la carta?   he wrote you/you wrote

2. *Nos visitan* nuestros padres con
frecuencia.

they visit us/we visit

3. *Tú comprendes* esto mejor que
nadie.

he understands you/you
understand

4. No *me escuchan* mis hijos.

they listen to me/I listen

5. *Nosotros le contamos* nuestro
problema.

we told him/he told us

6. ¿Por qué *te dicen* estas cosas?

7. *Te ayudé yo* porque no lo podías
terminar.

they tell you/you tell

I helped you/you helped me

Determining the Meaning of Third Person Object Pronouns

If you remember that they are object pronouns, the meanings of **me, te,** and
nos are easy to determine because they have only one referent each: **nos** can
only mean *us,* **te** can only mean *you,* and **me** can only mean *me.* On the other
hand, the third person object forms can mean many different things (for example, **les** = *to them* [*m.* or *f.*], *to you* [*formal*], as can the third person object
pronoun **se**). How can you identify the referent in such cases? There is no rule
to cover every situation, but keep the following hints in mind.

■ First, check the context. Remember that nothing can be a pronoun that
was not mentioned as a noun in some previous context. Look for nouns
or subject pronouns that match the gender and number of the object
pronouns.

B. Identify the referents for each pronoun in the following sentence. Remember that the referent need not be explicitly stated in the sentence.

Sé que llegaron ayer porque le trajeron a su hermano varios regalos
de la India, pero yo no las vi.

■ Check for the object marker **a**. It will mark human direct objects. Remember too, that indirect object pronouns are also frequently accompanied by **a**
plus a referent phrase that makes their meaning clear.

C. Identify the referents for the indirect object pronouns in these sentences.

1. No les dieron la razón por su decisión a los estudiantes.
2. Anoche le escribí a una famosa poeta.
3. Pablo nos trajo varios libros de arte a Marta y a mí.

■ Remember that indirect objects almost always refer to people. When direct
and indirect objects occur together, the direct object almost always refers
to a thing, rather than to a person.
     If you see the word **se** before **lo/la/los/las,** it is probably an indirect
object, referring to a person.

D. Express the probable meaning of the italicized words in the following sentences.

1. *Se lo* explicó a ella.
2. *Se lo* vendió a Ud. ayer, ¿verdad?
3. *Se las* di el año pasado a ellos.

E. Apply the preceding hints for determining the meaning of object pronouns by expressing the following sentences in English.

1. A nadie le gusta este libro y les molesta tener que leerlo.
2. Cuando me las pidan otra vez, no se las voy a dar.
3. El presidente nos comprende bastante bien.
4. Compraron muchos regalos y se los dieron a los niños.
5. Te dijo la verdad, pero todos creen que te la ocultó (*hid*).
6. No me lo mostró porque le dije que no quería verlo.
7. Ya que el vaso estaba roto, no se lo vendimos a los turistas.
8. No le digo mis secretos a mi madre, porque se los dice a sus amigos.

Aproximaciones al texto

More About Text Structure: Developing and Organizing an Idea

Many texts are built around a main idea that is developed through examples and supporting ideas. For example, an essay on the contributions of immigrant groups to U.S. culture might include information about food, holidays, and language.

The writer may organize the supporting ideas in a number of ways, including comparison/contrast, cause/effect, and division/classification. Being able to recognize the particular structure of a text's argument helps the reader to establish expectations about the types of information in the text. It also provides a basis for evaluating the text: Did the author "follow through" appropriately? Did the author accomplish what he or she set out to do?

Comparison/contrast. An effective technique for describing an object, action, or idea is comparison/contrast—that is, pointing out the similarities and differences between this object and something else with which the reader may be familiar. An essay based on comparison and contrast of two objects (two groups of people, for example) can be developed in two ways. One way is to first present the information about group 1 with respect to particular points (food, religion, dress, and so on), followed by all the information about group 2. The second way is to compare and contrast the groups with respect to each point before continuing on to the next point. Here is a schematic representation of these two methods.

——— METHOD ONE ———		————— METHOD TWO —————		
group 1	group 2	food	religion	dress
food	food	group 1	group 1	group 1
religion	religion	group 2	group 2	group 2
dress	dress			

Many of the chapters in *Pasajes: Cultura* use the method of comparison/contrast because they describe elements of Hispanic culture with respect to related elements within the culture of the United States.

F.   Dos ejemplos del uso de comparación/contraste se encuentran en el Capítulo 3 y en el Capítulo 4.

1. Examine el Capítulo 3 y haga un breve bosquejo de sus puntos principales. ¿Cuál de los métodos de organización anteriormente presentados describe mejor la presentación de las ideas?
2. ¿Cómo se organiza la información en la sección sobre «La socialización de los hijos» en el Capítulo 4?

Cause/effect.   This method of development is particularly appropriate for exploring the reasons why something is the way it is. Why is the Spanish spoken in the New World different from that spoken in Spain? Why are intellectuals more active politically in the Hispanic world than is customary in the United States? It may examine both immediate and underlying causes of a particular situation. For example, the assassination of Archduke Ferdinand was the immediate cause of World War I, but there were also many underlying social and economic causes. Cause/effect development may also explore the direct and/or long-term consequences of an action.

G.   Hasta este punto, dos capítulos de *Pasajes: Cultura* han utilizado el método de causa/efecto para organizarse.

1. ¿Puede Ud. identificar los dos capítulos cuya idea principal ha tratado de contestar la pregunta «¿por qué?»
2. En los casos identificados, ¿se ha hablado más de causas inmediatas o de causas remotas? Dé un ejemplo de cada una.

Division/classification.   Division/classification is another method of organization. Division involves separating a concept into its component parts. Classification is the reverse process; it sorts individual items into larger categories. For example, to describe a car using the technique of division, one would examine each of its parts. On the other hand, when using the technique of classification, one might categorize them as Fords, Toyotas, and Volkswagens.

A writer may find that a combination of approaches is the most effective way to develop his or her ideas. For example, to develop the idea that "the car is becoming more and more important in this day and age," the writer may first want to identify the ways in which the car is important (division) and then explain how each of these is more important today than yesterday (comparison/contrast).

Most of the readings in *Pasajes: Cultura* are structured according to one of the three patterns mentioned, or a combination of them, but many other patterns of development are also possible.*

H. ¿Qué tipo(s) de organización sugieren los siguientes títulos?

1. ¿Qué tipo de auto debe Ud. comprar, un auto de fabricación nacional o un auto importado?
2. La crisis económica de los años treinta: ¿por qué no la predijo (*predicted*) nadie?
3. Los grupos indígenas del Amazonas
4. Los indígenas del Amazonas: ayer y hoy
5. Las consecuencias de la Guerra de los Cien Años
6. El uso del color rojo en las pinturas de Van Gogh y Gauguin
7. La peste (*bubonic plague*)
8. Las partes de la computadora

I. La lectura del Capítulo 6, «La mujer en el mundo hispano», combina dos técnicas de organización. ¿Puede Ud. identificarlas?

Note that simply using an *example* of comparison/contrast or several *instances* of cause/effect within an essay is not the same as using one of these techniques to structure the entire argument of the essay. Chapter 2 (**"El pueblo hispano"**), for example, includes some cause/effect information, but the essay itself is not structured around the question "Why?" or "What are the consequences?" Which of the patterns discussed in this chapter do you think best describes the structure of Chapter 2?

Lectura

Entradas al texto

Palabras y conceptos

acoger to receive, welcome
  acogedor(a) warm, welcoming
  la acogida reception, welcome
el adiestramiento job training
aportar to contribute
  la aportación contribution
la ciudadanía citizenship

la concientización consciousness-raising
el crisol crucible; melting pot
empeñarse (en) to be bent on
  empeño commitment, determination
el ferrocarril railroad
la formación educational preparation

---

*Other patterns include, for example, description and narration. The *Cuaderno* for *Pasajes* provides additional practice with various models of essay development.

hacer caso (de) to pay attention (to)
la identidad identity
la inmigración immigration
la oleada wave, surge

la renta income
el tamaño size
la tasa rate

A. Ponga la letra de la palabra definida con su definición.

1. _____ prestar atención
2. _____ dinero del que uno vive
3. _____ entrenamiento para un trabajo
4. _____ las dimensiones de algo
5. _____ recibir amablemente

a. el adiestramiento
b. acoger
c. hacer caso
d. el tamaño
e. la renta

B. Complete las oraciones en una forma lógica, usando la forma correcta de las palabras de la lista del vocabulario.

1. ¿Sabe Ud. cuál es _____ de inflación actual de este país?
2. La mujer se alegró mucho de ver a su vieja amiga y le dio un abrazo muy _____.
3. Estela no tiene ninguna _____ profesional; por eso no puede encontrar empleo.
4. El primer grupo grande llegó en 1900; la segunda _____ vino en 1920.
5. Cuando Raúl se fue a vivir a Colombia, renunció a su _____ estadounidense.

C. 🌅 **¡Necesito compañero!** Coloquen todas las palabras de la lista del vocabulario que puedan en una de estas categorías.

el/la inmigrante el país destinatario

Luego compartan su clasificación con los demás de la clase para llegar a un acuerdo entre todos. Si encuentran una palabra que puede clasificarse en ambas categorías, expliquen por qué.

Esquemas para comprender

A. Mire el título de la lectura. ¿Qué técnica de organización de las ideas sugiere?

B. Lea rápidamente la introducción a la lectura. ¿Sugiere la misma técnica de organización u otra? Explique.

C. ¿Qué sabe Ud. ya de los grupos hispanos en los EEUU? Tome el siguiente *test* para averiguarlo (¡Se encontrarán las respuestas correctas en la lectura!) ¿Cierto (**C**) o falso (**F**)?

1. _____ Los puertorriqueños son el grupo hispano más numeroso de los EEUU.
2. _____ La mayoría de los chicanos son trabajadores migratorios.
3. _____ La ciudad de Miami tiene más cubanos que cualquier otra ciudad del mundo después de la Habana.

4. _____ Los antepasados de muchos chicanos vivían en territorio de los EEUU antes de la fundación de Jamestown.
5. _____ Puerto Rico es una colonia de los EEUU.
6. _____ En los EEUU la mayoría de los puertorriqueños viven en centros urbanos.
7. _____ La Raza Unida es un grupo folklórico del suroeste.
8. _____ Los puertorriqueños, chicanos y cubanos son inmigrantes.
9. _____ La palabra *chicano* es sinónimo de *mexicano*.

D. Ya que casi todos los habitantes actuales de los EEUU o son inmigrantes o tienen antepasados que lo fueron, es probable que Ud. ya sepa mucho de lo que es la experiencia de ser inmigrante. ¿Qué imágenes asocia Ud. con esa experiencia? ¿Dónde suelen vivir los inmigrantes? ¿Por qué? ¿Con qué problemas—sociales, económicos, culturales—tienen que enfrentarse? ¿Qué recursos tienen para solucionar estos problemas?

E. ¿Es Ud. de familia inmigrante? ¿Cuántas generaciones hace que llegaron sus antepasados a este país? ¿Se conservan todavía en su familia algunas tradiciones de sus antepasados? ¿Por qué sí o por qué no?

Méxicoamericanos, puertorriqueños y cubanoamericanos: Parte 1

1 Es muy sabido que, con excepción de la minoría indígena, los EEUU son una nación de inmigrantes. Antes de 1860, sin embargo, los inmigrantes formaban una población bastante homogénea: de los 5 millones que llegaron entre 1820 y
5 1860, casi el 90 por ciento venía de Inglaterra, Irlanda o Alemania. Después de 1860, en cambio, llegaron en oleadas cada vez más grandes inmigrantes procedentes de culturas con tradiciones variadas. En la llamada Gran Inmigración de 1880 a 1930, desembarcaron en este país casi 30 millones de personas: italianos, polacos,
10 rusos y otros muchos procedentes de las distintas naciones del centro y del este de Europa.

Hoy en día «la nueva oleada» de inmigrantes son los hispanos: especialmente los mexicanos, los puertorriqueños y los cubanos. Como se verá, este grupo tiene características que lo distinguen de otros inmigrantes: primero porque muchos no son en realidad
15 «inmigrantes» y, segundo, porque algunos grupos hispanos han vivido en los EEUU desde hace mucho tiempo.

Los méxicoamericanos

La presencia hispana es más palpable en el suroeste de los EEUU. Allí la arquitectura recuerda los años de la colonización española, y

CONCENTRACIÓN DE LA POBLACIÓN HISPANA EN ESTADOS UNIDOS

Origen de la población hispana de E.E.U.U.

Porcentaje del total

México 62.4%

Puerto Rico 12.7%

Cuba 5.3%

Centro y Sudamérica 11.5%

Otros 8.1%

20   luego mexicana, y la comida tiene un distintivo sabor picante. Los
     carteles° en muchas tiendas anuncian que «se habla español», lo   *signs*
     cual no sorprende nada, ya que en California, Arizona, Colorado,
     Nuevo México y Texas, una de cada seis personas es hispana. Son
     los méxicoamericanos, o chicanos,* descendientes de los primeros
25   pobladores de esta región.
         Cuando los colonos ingleses fundaron Jamestown en 1607, los
     españoles y los mexicanos ya llevaban más de sesenta años en el

---

*La historia de la palabra **chicano** no es exacta pero generalmente se considera una abreviación de **mexicano**. No todos los méxicoamericanos aceptan el uso de este término. Por lo general, los jóvenes prefieren llamarse **chicanos,** los mayores, **méxicoamericanos** o **mexicanoamericanos**. En algunas regiones de Nuevo México, es frecuente el uso de los términos **hispano** y **Spanish American**.

suroeste. Todo el territorio del suroeste pertenecía a España y luego a México y cuando los primeros estadounidenses empezaron a llegar a la región (alrededor de 1800), había unos 75 mil mexicanos que ya vivían allí.

El enorme tamaño del territorio permitía que los recién llegados se establecieran y siguieran viviendo de acuerdo con sus costumbres y tradiciones, manteniéndose al margen de los mexicanos. Al principio el gobierno mexicano estaba contento de tener pobladores de cualquier tipo, pero al notar la rápida americanización de su territorio, empezó a alarmarse. En 1830 México prohibió la inmigración procedente de los EEUU, pero ya era demasiado tarde. Para muchos estadounidenses un plan divino* parecía haber dispuesto que todo el territorio entre el río Misisipí y el océano Pacífico formara parte de los EEUU. Motivado en parte por el deseo de realizar este plan y en parte por otros conflictos políticos y económicos, el territorio de Texas se rebeló en 1836 y logró independizarse de México. Pronto Texas votó por formar parte de los EEUU y, para evitar que México recuperara este territorio, tuvo lugar la guerra entre los EEUU y México en 1846. El Tratado de Guadalupe Hidalgo puso fin a la guerra en 1848, dando a los EEUU la tierra de Texas, Nuevo México, Arizona, y parte de California, Nevada y Colorado. México había perdido la mitad de su territorio total, y los EEUU habían ganado un tercio° del suyo. A los 75 mil   *un... one-third* ciudadanos mexicanos que se encontraban en lo que era ahora territorio norteamericano se les ofreció la alternativa de volver a México o de convertirse en ciudadanos norteamericanos. La gran mayoría decidió quedarse y aceptar la ciudadanía. Fueron éstos los primeros méxicoamericanos, que llegaron a serlo no por medio de una inmigración deliberada, sino por medio de la conquista. No se puede comprender la historia y la experiencia de los chicanos sin reconocer este hecho central.

El Tratado de Guadalupe les garantizaba la libertad religiosa y cultural a los méxicoamericanos y reconocía sus derechos respecto a la propiedad. Sin embargo, con la excepción de la práctica de su religión, no se ha hecho caso de estas garantías. Como muchos de los tratados y acuerdos que se hicieron con los indígenas norte-americanos, el Tratado de Guadalupe no fue respetado por los que se empeñaban en adquirir y controlar nuevos territorios. Además, los mexicanos, que poseían tierras según el tradicional sistema español de latifundios,° las iban perdiendo ante la dificultad de   *land grants* probar su posesión. La llegada del ferrocarril en la década de 1870 atrajo a más y más pobladores anglos, y hacia 1900 los méxicoame-ricanos habían sido reducidos al estatus de minoría subordinada.

---

*Este plan se conocía como el «Destino Manifiesto».

Las tradiciones hispanas forman una parte importante de la cultura del suroeste de los EEUU. Estas mujeres preparan tortillas en una fiesta en San Antonio, Texas.

LA SUBORDINACION DEL MEXICOAMERICANO

En el suroeste el clima es tan árido que sólo son provechosas la agricultura y la cría de ganado hechas en gran escala. Perdidas sus tierras y por no tener educación ni formación especializada, los méxicoamericanos se convirtieron en la mano de obra de sus
75   nuevos dueños: terratenientes° ricos, grandes corporaciones, financieros y ferroviarios.°

    Fue, además, una mano de obra muy barata: la proximidad de la frontera con México aseguraba una fuente casi sin límite de trabajadores. Todos los días llegaban nuevos inmigrantes, muchos
80   ilegales, que buscaban trabajo y estaban dispuestos a trabajar por cualquier salario. La naturaleza cíclica de la agricultura ocasionaba períodos de trabajo seguidos de otros de desempleo. El trabajo en los campos aislaba al méxicoamericano del resto de la sociedad, y el hecho de que los obreros se trasladaran? de un lugar a otro en busca
85   de cosechas hacía imposible la educación de sus hijos. Así la segunda generación, sin educación ni formación académica, sólo podía seguir a sus padres a trabajar en el campo y el ciclo se repetía una y otra vez.

los que tienen mucha tierra
los que construían el ferrocarril

90 La Segunda Guerra Mundial y la rápida mecanización de la agricultura que vino después ayudaron a romper el ciclo. Muchos méxicoamericanos volvieron de la guerra con una nueva conciencia: por primera vez empezaron a identificarse como «americanos», los que lo pueden hacer todo. Tenían, además, una nueva formación. Al
95 ver que disminuía el trabajo en los campos, muchos de ellos se fueron a las ciudades. Hoy, más del 80 por ciento de la población méxicoamericana es urbana. La mayoría se ha establecido en Los Angeles, cuya población de ascendencia mexicana es la segunda más importante del mundo, superada sólo por la capital de México. En las áreas metropolitanas la situación económica de los méxi-
100 coamericanos se estabilizó y pudieron beneficiarse de muchos bienes sociales: medicina, educación, vivienda. Con todo, aunque su nivel de vida había mejorado, pronto descubrieron que socialmente seguían subordinados e incluso despreciados.

La hostilidad hacia el méxicoamericano empezó en 1848 con la
105 firma del Tratado de Guadalupe. En el período entre 1865 y 1920, hubo más linchamientos de méxicoamericanos en el suroeste que de norteamericanos negros en el sureste.

El estereotipo de inferioridad se fue arraigando a través de la literatura. En ella el anglo siempre era fuerte, valiente y trabajador.
110 En cambio, se retrataba al mexicano como a un ser vil, sucio y perezoso. El anglo progresaba hacia el futuro al lado de la tecnología y la ciencia; el mexicano era un reaccionario que vivía rodeado de supersticiones e ignorancia.* En las escuelas se castigaba a los niños por hablar español y lo mismo les ocurría a sus
115 padres en el trabajo. Los anglos les decían que su cultura no les ayudaba, sino que les perjudicaba: la familia era culpable del fracaso o poco éxito de sus niños porque hacía hincapié° en las relaciones personales en vez de fomentar² la competencia; su religión les hacía demasiado fatalistas; en su comida faltaban proteínas. De
120 alguna manera, siempre se le recordaba al méxicoamericano que era inferior, y que siempre lo sería mientras conservara su herencia mexicana.

En un sentido muy irónico, es cierto. Lo que más ha contribuido a mantener la hispanidad de los méxicoamericanos es lo que más

hacía... daba importancia

---

*Es interesante notar que al mismo tiempo que existían tantos prejuicios sobre el mexicano, se había creado otra imagen muy positiva. Esta imagen, llamada el «mito californiano», se basaba en una distinción entre lo español y lo mexicano. El pasado glorioso de California, la bella arquitectura y unas cuantas viejas familias distinguidas, todo aquello era *español;* los inmigrantes analfabetos y los obreros miserables, éstos eran *mexicanos.* Se publicaron muchos libros al principio de este siglo romantizando la herencia española de California, con sus caballos magníficos, sus bellas señoritas de mantilla negra y sus guapos dones. Este mito permitió a los angloamericanos mantener relaciones sociales con los descendientes de unas pocas familias adineradas y al mismo tiempo mantener una política de segregación hacia la mayoría de los mexicanos.

125 ha agravado sus problemas económicos y sociales, es decir, la constante inmigración, en gran parte ilegal, de México. Los nuevos inmigrantes refuerzan los lazos lingüísticos y culturales hispanos pero al mismo tiempo son una tremenda carga sobre la comunidad méxicoamericana: mantienen bajos los sueldos, privan de° trabajo a
130 los residentes legales y perpetúan el aura de ilegalidad que todavía rodea al méxicoamericano.

Por eso la actitud de los méxicoamericanos hacia los trabajadores indocumentados es ambigua. También lo es la actitud del gobierno de los EEUU y la de los negociantes. Se puede decir que la
135 política con respecto a la inmigración de México siempre ha estado controlada por factores económicos. Cuando hay mucho trabajo, siempre se da la bienvenida a los inmigrantes de México e incluso se han contratado trabajadores por medio de varios programas federales y estatales. Pero cuando el trabajo es escaso,° el mexicano   difícil de encontrar
140 y el mexicanoamericano tienen muy poca protección.

Los indocumentados, o «mojados»,° vienen buscando lo que les   *wetbacks* (así llamados
falta en su propio país: en México gran parte de la población   porque frecuentemente
trabajadora (más de 18 millones de personas) está desempleada o   entran cruzando a
subempleada, y la tasa de crecimiento de la población es una de las   nado el Río Grande)
145 más elevadas del mundo. Algunos economistas y sociólogos defienden la presencia del indocumentado en los EEUU; dicen que ha llegado a ser indispensable para algunos sectores de la economía del suroeste, tales como la agricultura, los restaurantes y los hospitales, los cuales dependen en gran medida de su labor. Se dice que hacen
150 el trabajo que los norteamericanos no quieren hacer y que sus reducidos salarios contribuyen a mantener bajos los precios en el mercado. Se insiste, además, en que los indocumentados no representan una carga social porque aunque ellos pagan impuestos federales, no reciben muchos de los beneficios que el pago de estos
155 impuestos proporciona.*

Viéndolo desde el punto de vista del indocumentado, éste, al llegar a los EEUU, entra en un mundo clandestino, lleno de temores y sin ninguna protección legal. Vive explotado no sólo por los «coyotes», los contrabandistas de trabajadores que pasan campesi-
160 nos mexicanos a este lado de la frontera por grandes cantidades de dinero, sino también por los mismos patrones que el día de pago pueden llamar al Servicio de Inmigración y Naturalización para que lo deporte. Para hacer frente a los problemas de los cuatro millones de indocumentados en los EEUU, entre mayo de 1987 y mayo de
165 1988 se ofreció amnistía a cualquier indocumentado que pudiera

---

*Entre el 70 y el 75 por ciento de los trabajadores indocumentados paga impuestos federales aunque solamente el 1 por ciento se atreve a pedir ayuda a la asistencia pública. No hace mucho tiempo la Corte Suprema decidió que los estados del suroeste (el caso surgió en Texas) están obligados a educar a los hijos de los indocumentados.

probar su residencia continua en los EEUU desde 1982. Se calcula que casi dos millones de personas aprovecharon esta oportunidad de obtener la residencia permanente en este país.

LA RAZA Y EL CHICANISMO

170 El período entre la Segunda Guerra Mundial y los años sesenta puede llamarse «la generación del méxicoamericano». Durante este período se vio cierto progreso respecto a la educación y al nivel de vida y se esperaba lograr una mayor aceptación social y una mayor afluencia económica. Pero pronto se experimentó una profunda desilusión ante los numerosos problemas que se iban planteando
175 y, también, surgió una desconfianza casi total respecto al sistema jurídico y político.* La lucha que el movimiento negro realizaba en aquella época en favor de los derechos civiles ofrecía otra alternativa y, siguiendo su ejemplo, nació el chicanismo. En vez de esperar que el sistema se reformara, el chicano empezó a organizarse para
180 insistir en esas reformas; en vez de negar su cultura, decidió fomentar un orgullo étnico y crear una imagen positiva de sí mismo. Empezó a preferir el término *chicano* y a referirse a sí mismo como «la Raza», una gente unida por una historia común, una herencia cultural compartida, un propósito político. En los campos César
185 Chávez tuvo éxito organizando un sindicato con los trabajadores migratorios; en las universidades, especialmente en las de California, se establecieron programas de estudios chicanos; en 1970 se formó el partido de la Raza Unida que propuso (y sigue proponiendo) candidatos políticos chicanos; en los barrios de East Los
190 Angeles y de Pilsen, Chicago, se expresó el nuevo orgullo y la nueva esperanza que se sentían a través de grandes murales callejeras que presentan la cultura chicana.

Hoy, más de veinte años después de los éxitos de Chávez y del nacimiento del movimiento chicano, todavía queda mucho por
195 hacer. Se puede hablar de un progreso entre los chicanos sólo si se les compara con sus propios padres o abuelos. En comparación con otros grupos, todavía están muy por debajo en cuanto a educación, vivienda e ingresos.° Es evidente que el legado° de más de cien años *earnings* / herencia
de subordinación no puede desaparecer en dos o tres décadas; pero
200 la comunidad chicana parece reconocer y aceptar el desafío° de su *challenge*
futuro, encontrando en las últimas palabras del poema
épico «Yo soy Joaquín»† una inspiración y también una
promesa: «yo perduraré,° yo perduraré». *yo... I shall endure*

*Las relaciones entre la comunidad chicana y la policía han sido especialmente negativas; de hecho, las dos decisiones de la Corte Suprema que más efecto han tenido sobre los poderes de la policía surgieron como consecuencia de los enfrentamientos entre la policía y los chicanos (*Escobedo* versus *Illinois*, *Miranda* versus *Arizona*).

†Poema publicado en 1967 por el chicano Rodolfo «Corky» Gonzales, que describe la lucha del chicano por la dignidad personal y cultural.

Después de leer

COMPRENSION

A.   Dé la forma correcta del verbo señalado. Luego decida si la oración es cierta (**C**) o falsa (**F**) según la información presentada en la lectura y corrija las oraciones falsas.

1. _____ La región del suroeste de los EEUU (*was settled:* poblar) por los españoles antes que la región de Jamestown.
2. _____ Cuando los primeros colonos norteamericanos llegaron al suroeste, encontraron que el territorio (ser/estar) deshabitado.
3. _____ Los norteamericanos que (establecer/establecerse) en el suroeste no querían (adaptar/adaptarse) a las costumbres mexicanas.
4. _____ Un territorio equivalente al tamaño de Texas y Nuevo México (*was gained:* ganar) por los EEUU en la Guerra de 1846.
5. _____ Después de la guerra, los mexicanos que (vivían/vivieron) en la región del suroeste (*were expelled:* echar).
6. _____ Los derechos de los méxicoamericanos (*were denied:* negar) en el Tratado de Guadalupe.
7. _____ La situación económica del méxicoamericano (*has been hurt:* dañar) por la constante inmigración de México.
8. _____ (*Is found:* Encontrar) evidencia del orgullo étnico en los murales méxicoamericanos de los barrios de East Los Angeles y de Pilsen, Chicago.
9. _____ Los trabajadores migratorios (*were organized:* organizar) en un sindicato por los «coyotes».

B.   Ponga cada efecto con su causa. ¡OJO! No se usan todas las causas.

CAUSA	EFECTO
1. _____ la llegada del ferrocarril al suroeste	a. las hostilidades entre México y los EEUU sobre la posesión de Texas
2. _____ la participación de los méxicoamericanos en la Segunda Guerra Mundial	b. la reducción de los méxicoamericanos al estatus de minoría étnica
3. _____ la naturaleza cíclica del trabajo agrícola	c. un nuevo motivo de orgullo y más posibilidades de trabajo
4. _____ la constante inmigración de México	d. el chicanismo
5. _____ la necesidad de trabajadores baratos	e. la actitud acogedora del gobierno norteamericano hacia la inmigración de México
6. _____ el Destino Manifiesto	f. la posibilidad de mantener vivas la lengua y la cultura hispanas
7. _____ la lucha de los negros en favor de los derechos civiles	
8. _____ el estatus de «conquistados»	

¿Puede Ud. dar otros posibles efectos producidos por las causas que Ud. identificó? ¿Cuáles son los resultados provocados por las otras causas que Ud. no
identificó?

Lectura

Méxicoamericanos, puertorriqueños y cubanoamericanos: Parte 2

Los puertorriqueños

1 La población puertorriqueña de los EEUU es urbana y se
concentra fundamentalmente en las ciudades de Nueva
York, Boston, Filadelfia y Chicago. Gran parte de la
inmigración puertorriqueña empezó después de la Segunda Guerra
5 Mundial, durante la década de los años cincuenta. En 1940 sólo
había 70 mil puertorriqueños en todos los EEUU; en 1990, en
cambio, había más de 3,9 millones. Como los demás inmigrantes,
han venido con sus costumbres y sus tradiciones, su comida y sus
fiestas; en particular, su música y su danza han introducido nuevo
10 ritmo y colorido en el mundo norteamericano.

A diferencia de otros inmigrantes, los puertorriqueños no tienen
que pedir permiso para entrar en el país ni preocuparse por cuotas
migratorias ni por el proceso de naturalización. Es que los
puertorriqueños no son inmigrantes sino ciudadanos americanos.

15 Los puertorriqueños recibieron la ciudadanía americana en
1917 pero su asociación con los EEUU empezó varios años antes,
durante la Guerra de 1898 entre España y los EEUU. En esta guerra
España perdió las Filipinas y sus últimas colonias en el hemisferio
occidental: Cuba y Puerto Rico. Ya que los EEUU entraron en el
20 conflicto en gran parte para ayudar a los cubanos a independizarse
de España, por este hecho se concedió a Cuba su independencia al
terminar la guerra. En las islas Filipinas el proceso de independiza-
ción fue más lento, pero finalmente consiguieron su independencia
en 1946. En Puerto Rico las cosas siguieron otra ruta; la isla más o
25 menos del tamaño de Connecticut se convirtió en territorio de los
EEUU.

Durante las tres primeras décadas del siglo XX, la presencia
norteamericana en Puerto Rico trajo consigo muchos cambios
positivos. La tasa de mortalidad bajó un 50 por ciento, y se elevó la
30 tasa de crecimiento de la población. Pero económicamente los cam-

bios no eran tan favorables. Antes de la llegada de los americanos más del 90 por ciento de las fincas pertenecía a los labradores puertorriqueños. La economía agrícola de la isla se basaba en tres productos principales: el azúcar, el café y el tabaco. Después de la

35 ocupación norteamericana, varias compañías grandes se establecieron en Puerto Rico y, al cabo de diez años, habían incorporado a sus enormes plantaciones de azúcar la mayoría de las pequeñas fincas. La economía pasó abruptamente de manos jíbaras° a manos norteamericanas.

campesinos puertorriqueños

40 Tanto en los EEUU como en Puerto Rico, había una gran insatisfacción por el estatus colonial de la isla. Los norteamericanos que se oponían al estatus colonial de Puerto Rico lograron que el Congreso aprobara el *Jones Act,* por el cual los puertorriqueños recibían la ciudadanía norteamericana y se otorgaban° al goberna-

45 dor de la isla más poderes sobre los asuntos internos. A pesar de sus buenas intenciones, ese acuerdo ha sido rechazado por un gran número de puertorriqueños. En primer lugar, ellos alegan que no solicitaron la ciudadanía. (En 1914 los puertorriqueños habían mandado una resolución al Congreso en la que expresaban su opo-

50 sición a la imposición de la ciudadanía norteamericana a menos que fuera refrendada por el voto del pueblo, pero su petición fue desatendida.°) En segundo lugar, la isla seguía siendo una colonia: el Congreso de los EEUU mantenía control sobre las leyes, el sistema monetario, la inmigración, el servicio postal y sobre la

55 defensa de Puerto Rico y sus relaciones con otros países. El sistema educativo se configuró según° el sistema norteamericano y se impuso el inglés como lengua de instrucción.

daban

se... tomó como modelo

En los años siguientes la dependencia económica de Puerto Rico respecto a los EEUU aumentó considerablemente. Aunque el deseo de independencia no disminuyó, la supervivencia económica de la

60 isla pedía otra solución. Un acuerdo político realizado en 1948 convirtió a la isla en Estado Libre Asociado° (ELA). Ser Estado Libre Asociado proporcionó a los puertorriqueños más control sobre sus propios asuntos—podían elegir a su propio gobernador—

65 pero al mismo tiempo sus responsabilidades y privilegios seguían siendo diferentes de los de otros ciudadanos norteamericanos. Aunque no pagan impuestos federales, los puertorriqueños se benefician de muchos de los programas federales de educación, medicina y salud pública. Votan en las elecciones presidenciales

70 primarias, pero no pueden participar en las elecciones generales. A pesar de estar obligados a servir en el ejército, no pueden votar; mandan representantes al congreso pero éstos tampoco tienen voto.

Estado... Commonwealth

Durante los primeros veinte años después del establecimiento del ELA, se produjeron cambios notables en Puerto Rico. Bajo la

75 dirección de su primer gobernador, Luis Muñoz Marín, se instituyó un programa de mejoramiento económico llamado *Operation*

Bootstrap que estimuló el desarrollo industrial. La renta por familia aumentó un 600 por ciento, llegando a ser la más alta de toda Latinoamérica; el 85 por ciento de los jóvenes asistieron a las
80 escuelas, donde el español volvió a ser la lengua oficial; Puerto Rico se convirtió en el cuarto país del mundo en cuanto al número de jóvenes que asistían a universidades o a institutos técnicos (19 por ciento); y la tasa de mortalidad infantil fue la más baja de toda Latinoamérica.

85 En comparación con el resto del Caribe o de Latinoamérica, Puerto Rico progresaba mucho pero si se comparaba con el mínimo nivel aceptable en los EEUU, la situación no era muy alentadora.[?] El nivel de desempleo era dos veces más alto que en el resto de los estados norteamericanos mientras que la renta *per capita* llegaba
90 solamente a la mitad. Además, el desarrollo económico había traído consecuencias negativas. La isla iba perdiendo casi por completo su carácter rural y tradicional. Las gasolineras y las autopistas, los centros comerciales y los supermercados, las zonas residenciales de apartamentos han invadido la isla. La televisión, el cine, los
95 productos de consumo anuncian un nuevo estilo de vida. En consecuencia, la cultura y los valores tradicionales de Puerto Rico se ven amenazados; la unidad familiar, las relaciones personales, la dignidad individual y el respeto son reemplazados cada vez más por una exagerada competencia económica y se da cada vez más
100 importancia al dinero y a los bienes materiales.

LA MIGRACION

La migración de los puertorriqueños hacia los EEUU empezó después de la Segunda Guerra Mundial.* La mayoría llegó sin instrucción ni formación especializada, sin recursos económicos y sin un buen dominio del inglés. Se enfrentaron con muchos de los
105 problemas que habían padecido los inmigrantes anteriores: discriminación social y explotación económica. Pero en varios sentidos el puertorriqueño es diferente y estas diferencias han afectado y siguen afectando su situación en los EEUU.

Primero, a diferencia de otros inmigrantes, muchos de los puer-
110 torriqueños no piensan quedarse para siempre en los EEUU. Puerto Rico está cerca y el pasaje es barato; así que muchos de ellos son migrantes «cíclicos» que llegan para buscar trabajo cuando la economía de la isla presenta dificultades y vuelven cuando han podido ahorrar algún dinero. Su sueño es tener una vida mejor no
115 en los EEUU sino en Puerto Rico. Por esto, aunque reconocen la importancia de aprender inglés, no están dispuestos a renunciar a

---

*La Gran Crisis Económica de los años treinta, y luego la guerra misma, impidieron una migración más temprana.

su español. El mantenimiento del español, al igual que las inmigra-
ciones periódicas, dificulta enormemente la educación de sus hijos.
En los EEUU éstos no progresan debido a sus problemas con el
120   inglés, pero cuando regresan a Puerto Rico, muchos se dan cuenta
de que su español deficiente les plantea graves problemas para salir
adelante en sus estudios.

En cuanto a educación y situación económica, los puertorriqueños, en realidad, están en los escalones más bajos. Dejan las
125   escuelas más temprano y en mayor número. Por un lado esto se
debe a las dificultades lingüísticas que tienen muchos de ellos, pero
por otro, proviene de la pérdida de confianza en la educación como
medio de superar la discriminación y la pobreza. Trágicamente la
falta de educación sólo hace que su situación económica sea más
130   precaria. Ya no existe, como existía en 1880 o en 1920, ni la cantidad
ni la variedad de trabajos que sólo exigen fuerza o destreza física.
Probablemente el hecho de tener una educación no resuelve todos
los problemas económicos pero sin ella la situación es desesperan-
zadora.° Una de cada cuatro familias puertorriqueñas recibe
135   asistencia pública.°

trágica, sin esperanza

asistencia... welfare

EL CHOQUE CULTURAL

Los que siguen en la escuela también se encuentran en un dilema.
Muchos de los valores que allí se enseñan están en conflicto con
las tradiciones étnicas de los puertorriqueños, y esto crea un cho-

Para algunos, Puerto Rico nunca logrará su propia identidad a menos
que se independice de los EEUU.

140 que entre padres e hijos, debilitando muchas veces la autoridad de aquéllos.

Además, la situación económica exige con frecuencia que los dos esposos trabajen y esto parece amenazar el papel tradicional del hombre, especialmente si la mujer progresa con más rapidez que 145 él. Estos conflictos y también la forma de actuar del sistema de asistencia pública, que proporciona más ayuda a la familia si falta el padre, han puesto en grave peligro la unidad familiar. En 1960 sólo el 10 por ciento de las familias puertorriqueñas estaba encabezado por una mujer; en 1990 más del 40 por ciento de las familias no tenía padre. Aparte de las consecuencias culturales, esta situación 150 tiene un impacto económico sombrío. Las mujeres suelen ganar menos que los hombres y en una época en que casi el 60 por ciento de todas las familias norteamericanas depende de la renta de *dos* trabajadores para poder vivir, menos de un tercio de las familias puertorriqueñas cuenta con esta ventaja.

CAMBIOS Y NUEVAS POSIBILIDADES

155 Aunque la situación de los puertorriqueños es muy difícil, en algunos aspectos es mejor de lo que era hace veinte años. Lo mismo que en la comunidad chicana, el movimiento negro en favor de los derechos civiles motivó una concientización de la comunidad puertorriqueña, dándole una nueva conciencia política, un nuevo 160 orgullo cultural y una nueva determinación por mejorar su situación. Las artes, siempre importantes en la cultura puertorriqueña, son muy visibles en Chicago y en Nueva York donde varios centros culturales latinos ayudan y animan a los jóvenes poetas, artistas y músicos. A partir de 1974 se instituyó la educación bilingüe en 165 algunas escuelas de Nueva York.

Lo que todavía queda por resolver son las futuras relaciones de la isla con los EEUU. Desde el principio Puerto Rico ha mantenido dos posiciones básicas acerca de sus relaciones con los EEUU: o debe ser incorporado como un estado igual que los otros cincuenta 170 o debe recibir su independencia. Hoy, después de más de cuarenta años del compromiso del ELA, la isla todavía está profundamente dividida con respecto a lo que debe ser su estatus. En términos filosóficos y sentimentales, la independencia todavía es muy atractiva. Sin embargo, ateniéndose° a razones más pragmáticas, la 175 mayoría rechaza la idea de la independencia y las tácticas del grupo terrorista FALN.° La independencia pondría en peligro la estabilidad económica de la isla, que todavía depende casi totalmente de los EEUU; los puertorriqueños perderían el derecho a entrar libremente en el país, al igual que los otros derechos y beneficios de 180 la ciudadanía. Pero entre la postura que aboga porque° Puerto Rico se convierta en un estado, con plenos derechos, y la que prefiere que siga siendo un Estado Libre Asociado, hay muchas complicaciones.

Fuerzas Armadas de
Liberación Nacional

aboga... *lobbies so that*

185

190

Por un lado está el deseo de ser uno entre iguales, de recibir plenamente todos los derechos de la ciudadanía en vez de sólo unos cuantos; por otro, se teme perder la cultura y la tradición puertorriqueñas. Tanto en el aspecto político como en el económico, Puerto Rico depende de los EEUU, pero en el terreno afectivo y cultural siente un fuerte parentesco con las demás naciones de Latinoamérica. Cualquier decisión que se tome va a incluir penosos y delicados compromisos, pues no sólo están en juego cuestiones puramente económicas y políticas, sino la identidad cultural de todo un pueblo.

Después de leer

COMPRENSION

¡Necesito compañero!   Con dos o tres compañeros de clase, escojan una de las siguientes preguntas y preparen una breve respuesta según la información presentada en la lectura; las otras preguntas serán (*will be*) preparadas por otros grupos de estudiantes. Luego, compartan entre sí las respuestas, dando breves presentaciones orales.

1. ¿Dónde se encuentra ahora la mayoría de la población puertorriqueña dentro de los EEUU continentales? ¿Cuándo empezaron a llegar allí en grandes números? ¿Es correcto llamar a esta llegada una «inmigración»? ¿Por qué sí o por qué no?
2. ¿Cómo y cuándo Puerto Rico pasó a ser territorio de los EEUU? ¿Qué cambios experimentó la economía de la isla después de este suceso?
3. Comente la importancia o el impacto del *Jones Act* de 1917 en los puertorriqueños. ¿En qué sentido son semejantes o diferentes los derechos de ciudadanía de los puertorriqueños de los de otros ciudadanos norteamericanos?
4. ¿En qué consistió la *Operation Bootstrap*? ¿Cuándo se implementó? ¿Qué beneficios trajo a Puerto Rico? ¿Qué efectos negativos ha tenido?
5. ¿Por qué es significativo que muchos de los puertorriqueños son migrantes «cíclicos» que piensan regresar a la isla? ¿Qué problemas lingüísticos y educativos ocasiona esto a sus hijos? ¿Qué problemas familiares provoca el choque cultural entre la isla y los EEUU?
6. ¿Qué semejanza hay entre la influencia que tuvo el movimiento negro de los años sesenta en los méxicoamericanos y la influencia que tuvo en los puertorriqueños? ¿Cuál es el estatus socioeconómico actual de la comunidad puertorriqueña en los EEUU?
7. ¿Cuál es el estatus político actual de la isla de Puerto Rico con respecto a los EEUU? ¿Cuál es la actitud de la mayoría de los puertorriqueños hacia la independencia? ¿hacia la conversión en un estado con plenos derechos? Explique.

 Lectura

Méxicoamericanos, puertorriqueños y cubanoamericanos: Parte 3

Los cubanoamericanos

1   En muchos aspectos los puertorriqueños y los mexicanoamericanos son semejantes a otros grupos de inmigrantes: la mayoría son pobres, sin educación ni formación, y
tienen dificultades para comunicarse. Los inmigrantes cubanos son
5   radicalmente diferentes a los grupos anteriores, no solamente por
las características de las personas que integran el grupo sino
también por las razones que motivaron su emigración a los EEUU
y la acogida de que fueron objeto a su llegada.

LA SALIDA DE CUBA

Cuando Fidel Castro se apoderó del gobierno de Cuba en 1959 y
10   proclamó el triunfo de la revolución, contaba con el apoyo de los
obreros, los campesinos y los universitarios jóvenes e idealistas. El
nuevo régimen quiso establecer un sistema productivo más igualitario a través de profundas reformas en la educación, la agricultura
y la estructura social. Evidentemente, estos cambios no se empren-
15   dieron sin conflictos ni privaciones que a veces fueron muy duros.
La nacionalización de millones de dólares de capital americano tuvo
como consecuencia una reducción notable en la compra del azúcar
que a su vez intensificó los apuros° económicos de la isla. Poco   dificultades
después los EEUU rompieron sus relaciones diplomáticas con Cuba
20   y apoyaron un desastroso intento de invasión llevado a cabo por
exiliados cubanos en abril de 1961. Después de este fracaso en la
bahía de Cochinos, las relaciones entre ambos gobiernos empe-
oraron. La alianza entre Cuba y la Unión Soviética provocó una
gran desilusión entre muchos cubanos, quienes habían esperado el
25   establecimiento de un gobierno democrático. Muchos decidieron
salir al exilio y entre 1960 y 1980 más de 750 mil cubanos buscaron
refugio en los EEUU.

LA SITUACION DE LOS CUBANOS EN LOS ESTADOS UNIDOS

Muchos de los inmigrantes cubanos se localizaron en Nueva Jersey
y Nueva York, pero la mayoría se estableció en Miami y en otras
30   ciudades del Condado de Dade en la Florida. Aunque el gobierno de

Castro les había permitido salir, no les permitió llevarse nada, en muchos casos ni siquiera una maleta. En consecuencia, llegaron a los EEUU con mucho menos que otros inmigrantes. No obstante, tuvieron dos grandes ventajas. Primero, no entraron como inmigrantes, sino como refugiados políticos. Viendo en esto una oportunidad tanto política como humanitaria, el gobierno de los EEUU echó la casa por la ventana° para acoger a las «víctimas» del comunismo. Mientras que otros inmigrantes necesitan visas y entran según cuotas y otras restricciones, los refugiados cubanos entraron libremente. Por medio de un programa federal especial, a cada individuo se le dio $60 (y a cada familia $100) para ayudarle a establecerse y se puso a su disposición beneficiosos préstamos comerciales. Además, los cubanos contaban con otra ventaja. A diferencia de la mayoría de los inmigrantes de otros grupos, los cubanos eran en gran parte personas con educación. Entre un tercio y un cuarto de la población eran profesionales y muchos ya sabían inglés. Es verdad que una vez aquí se vieron obligados a empezar de nuevo, inclusive a reeducarse para ejercer profesiones distintas. Pero a pesar de reconocer que se necesitaron diligencia y sacrificio en tan difícil tarea, es evidente que la educación y la experiencia comercial que ya tenían les facilitaron la transición.

echó... *rolled out the red carpet*

Los cubanos han alcanzado un éxito mayor y más rápido que el de ningún otro grupo de inmigrantes en los EEUU. En treinta años han transformado la tranquila zona que era el sur de la Florida en un dinámico centro banquero y comercial. «Castro es lo mejor que le haya sucedido a Miami», declaró con entusiasmo el presidente de la Universidad de Miami. Los cubanos han levantado nuevas empresas (en 1979 había 10 mil comercios cubanos en Miami; para 1990 la mitad de todos los comercios latinos en los EEUU se encontraban en Miami); han dado origen a 100 mil empleos; financiaron un tercio de la construcción total de la ciudad; convirtieron el viejo barrio donde se establecieron en uno de los más bonitos y más seguros de toda la ciudad.

Como era de esperarse, la gran mayoría de los cubanos exiliados llegaron a los EEUU convencidos de que un día el gobierno de Castro se derrumbaría y ellos podrían volver a su patria. Por lo tanto, se empeñaron en mantener su lengua y su cultura. Los cubanos no se han asimilado a Miami tanto como Miami se ha asimilado a los cubanos. En 1963 se estableció por primera vez en una escuela pública de los EEUU un programa bilingüe. Lo que es más, este programa* tenía como meta no solamente enseñarles

---

*Este tipo de programa bilingüe se llama «mantenimiento» porque tiene la doble meta de *mantener* el español mientras enseña el inglés. Por eso, aun después de dominar el inglés, los estudiantes siguen recibiendo alguna instrucción en español. En contraste, la gran mayoría de los programas bilingües que se han establecido en otras partes de los EEUU son de tipo «transición». O sea, los estudiantes sólo reciben instrucción en español hasta que tienen cierto dominio del inglés. La idea es prepararlos a reemplazar el español por el inglés.

inglés a los niños de los refugiados, sino también la lengua y la cultura hispanas. Se esperaba que los jóvenes llegaran a poder funcionar en su propia comunidad hispanoparlante tanto como en la angloparlante. El programa tuvo (y sigue teniendo) mucho éxito. A la vez que Miami ha prosperado económicamente debido a la participación cubana, se ha convertido en una de las ciudades más bilingües de los EEUU. Además de las librerías, restaurantes, bancos y empresas, hay periódicos y revistas hispanos y varias emisoras de radio, e incluso de televisión, que transmiten programas en español. Irónicamente, en Miami el que tiene problemas en encontrar empleo no es el que no habla inglés, sino el que no es bilingüe.

Esta situación ha provocado ciertas tensiones. En el terreno religioso, los protestantes se sienten incómodos con el fuerte catolicismo de los cubanos. A los viejos residentes les molesta la omnipresencia del español. Los cubanos recién llegados compiten directamente con los negros por los trabajos, la vivienda y otros beneficios. Estas tensiones llegaron a su punto máximo en la primavera de 1980 cuando, debido a la situación económica y política del país, Cuba abrió las puertas a una nueva oleada de exiliados.

En abril de 1980 se retiró la guardia que custodiaba la Embajada del Perú en la Habana y más de 10 mil cubanos que buscaban asilo llenaron el recinto.[?] Castro les prometió la salida del país y el presidente americano, Carter, se ofreció a aceptar a 3.500 de ellos después de haberse entrevistado con el Servicio de Inmigración y Naturalización. Pero de repente Castro cambió de idea y anunció que podría salir del país cualquier cubano que tuviese parientes en los EEUU dispuestos a recogerlo. El resultado fue que a fines de mayo unos 125 mil cubanos, huyendo en barcos pesqueros de toda índole, habían inundado el sur de la Florida, buscando una mayor libertad política y una mejora en su situación económica.

CUBA BAJO CASTRO

En los treinta y tantos años de gobierno castrista, Cuba ha experimentado profundos cambios. La campaña educativa ha eliminado casi por completo el analfabetismo; el servicio médico es gratis y se ha reducido en gran medida la tasa de mortalidad. Se ha reducido el desempleo y por medio de las leyes de reforma urbana se ha posibilitado el que muchas personas sean propietarias por primera vez de sus casas o apartamentos. La corrupción gubernamental ha sido combatida y ha surgido un nuevo orgullo nacional y una nueva conciencia social. Pero en otros aspectos las condiciones de vida han mejorado poco. El aprovechamiento de la tecnología soviética fue un fracaso excepto en lo que a material militar se refiere. Ya en 1961 se había impuesto el racionamiento de muchos

120

comestibles, medicinas y otros artículos; veinte años más tarde el racionamiento seguía siendo necesario. Por eso, muchos cubanos empezaron a desilusionarse de la revolución y de las promesas de Castro. Esta desilusión se agudizó? durante 1978 a 1980, cuando se permitió que unos 100 mil cubanoamericanos visitaran a sus parientes en Cuba. Su evidente prosperidad bajo el capitalismo instó a muchos a salir del país.

LA SEGUNDA OLEADA

125

130

135

Los emigrantes de la «segunda oleada» no han gozado de° la misma acogida que los primeros. Como no se les considera «refugiados», no recibieron la ayuda económica que se les dio a los otros.* Los que llegaron en esta segunda oleada eran más jóvenes y tenían menos educación, menos adiestramiento y menos experiencia profesional y laboral que los primeros. En el nuevo grupo había un porcentaje significativo de negros que, al igual que los puertorriqueños y los mexicanos, tendrán que luchar contra el racismo. Como si estos problemas no fueran suficientes para los nuevos inmigrantes, también les ha rodeado la sospecha de criminalidad. Castro no sólo dejó salir a los que pedían salida, sino que también permitió la salida de presos comunes de las cárceles cubanas. La presencia de estos «marielitos»° ha transformado las antiguas calles tranquilas de Miami en lugares con un alto índice de crimen y violencia y también ha contribuido a hacer más difícil la aceptación de los nuevos inmigrantes. Quizás el problema más agudo sea la actual situación económica de los EEUU, bien distinta de la de los años sesenta. En una época de poco crecimiento económico, las demandas que impone la existencia de inmigrantes en una localidad sobre el sistema educativo, servicios sociales e impuestos representan una carga penosa que ha influido negativamente en la aceptación y en la completa asimilación del grupo.

140

145

150

   En la década de los noventa, quizás haya otras posibilidades. El derrumbamiento de los gobiernos comunistas por toda Europa y el rechazo del comunismo en el territorio de la antigua Unión Soviética han dañado la economía del régimen castrista y lo han aislado políticamente. Castro se empeña en declarar su lealtad a los principios de Marx y Lenin pero muchos piensan que quizás pronto sea posible cerrar la brecha en las relaciones entre Cuba y los EEUU. Y lo que esto pueda significar para el millón y medio de cubanoamericanos todavía está por verse.

no... have not enjoyed

los que salieron del puerto de Mariel, Cuba

---

*En muchos casos la comunidad cubanoamericana reemplazó las subvenciones federales con generosos donativos de dinero, comida y ropa, ayudando también al proceso de adaptación lingüística y cultural.

MIRANDO HACIA EL FUTURO

Hace unos cuarenta años se pensaba que los grupos étnicos estaban a punto de desaparecer en el Gran Crisol. Los EEUU de América, la nación de los inmigrantes, era de todos modos una sola nación. Los inmigrantes, después de un difícil período de adaptación, poco a poco se separaban de su antigua identidad, de su idioma y de sus costumbres para hacerse estadounidenses. La ruta ya era conocida porque tantas personas la habían recorrido. Cuando los puertorriqueños empezaron a llegar en la década de los cincuenta, y luego los cubanos en los años sesenta, se suponía que el patrón se repetiría.° *se... would repeat itself*

Las cifras indican que hasta cierto punto la asimilación se está produciendo: los hijos de inmigrantes mexicanos y la segunda generación de puertorriqueños viven mejor que sus padres. Aunque los cambios han sido muy lentos, los hispanos en general y los puertorriqueños en particular han mejorado educativa y económicamente. Especialmente en los últimos quince años se ha visto una notable politización en ambos grupos, dando como resultado una creciente participación política. Pero a nadie se le ocurriría° decir *would occur* que los hispanos están perdiendo su identidad cultural. ¿Por qué no? Hay tres razones principales.

En primer lugar, las circunstancias históricosociales de los méxicoamericanos y los puertorriqueños no favorecían una americanización ni rápida ni complaciente;° por su parte, los cubanos *cheerful, obliging* llegaron pensando que su vuelta a Cuba iba a ser inminente. En los tres casos había más razones a favor del mantenimiento cultural que a favor de su pérdida. En segundo lugar, el hecho de la inmigración en sí es muy diferente ahora que antes. Para los inmigrantes que llegaron antes de 1930, el viaje a América significaba un viaje largo y difícil a través del océano que podía durar incluso semanas. Este tiempo servía para separar definitivamente— por medio de la distancia tanto mental como física—la vida que habían llevado hasta entonces de la nueva que pronto iban a empezar. Hoy, para los tres grupos hispanos, venir a los EEUU es cuestión de unas cuantas horas; así el recién llegado empieza su nueva vida sin haber dejado totalmente la anterior.

Por último hay que señalar que en los tres casos los inmigrantes se mantienen en contacto con la madre patria. Por medio de una continua inmigración y de las visitas a sus países de origen, los hispanos mantienen fuertes sus vínculos lingüísticos y culturales.

Pero si en algunos aspectos la condición de inmigrante ha sido más tolerable para los hispanos, en otros ha sido mucho más difícil. Antes de la mecanización de la industria norteamericana que siguió a la Segunda Guerra Mundial, había muchos empleos para los cuales no se necesitaba ni mucha educación ni adiestramiento

Se ha fomentado la participación política de los hispanos por medio de fuertes campañas para que voten.

especial. Estos empleos permitían a los inmigrantes mantenerse mientras sus hijos se educaban. Las condiciones de trabajo eran realmente horrorosas en muchos casos, pero los inmigrantes pudieron soportarlas sabiendo que la situación de sus hijos iba a ser mucho mejor. Ahora hay máquinas para hacer el trabajo duro y peligroso que antes hacían los inmigrantes. Por consiguiente, el que llega sin educación ni adiestramiento no tiene ninguna facilidad para asegurarse un medio de vida.

Una de las mayores esperanzas que tienen los grupos hispanos es la educación bilingüe. Los que se oponen a ella la atacan por ineficaz, citando la tasa de abandono de la escuela que aún después de dos décadas sigue siendo mucho más alta entre los hispanos (35,8%) que entre los negros (14,9%) o los blancos (12,7%). Dicen que los estudiantes aprenden español a costa de no aprender inglés y que salen sin lo que más necesitan: el poder defenderse en inglés. Quieren saber por qué los hispanos merecen un trato especial si otros inmigrantes (sus propios padres o abuelos) sufrieron el sistema monolingüe sin daño aparente. En realidad, si uno examina la historia con más cuidado, se descubre que hoy en día sería totalmente inaceptable la manera en que las escuelas públicas de principios del siglo hicieron frente al enorme número de niños que

220　no sabían inglés. En 1911 en las escuelas públicas de treinta y siete grandes ciudades de los EEUU, más del 57 por ciento de los niños era de familias inmigrantes. (¡En Nueva York el porcentaje llegó al 72 por ciento!) En esas escuelas se encontró un elevado índice de «atraso mental» (que en aquel entonces se definía por la necesidad de retener a un niño en un mismo grado por más de dos años). En

225　1911 en las escuelas públicas de Nueva York, los niños de tercer grado oscilaban entre los cinco y los dieciocho años de edad y más del 35 por ciento de todos los estudiantes de las escuelas públicas fueron clasificados como atrasados mentales.* Es difícil aceptar que se salía de tal sistema «sin daño aparente». La educación bilingüe,

230　por imperfecta que sea, parece una solución mucho más humana. Es cierto que muchos de los programas son ineficaces—no hay suficientes maestros bilingües, faltan materiales y facilidades— pero en estudios que se han hecho comparando a los niños que reciben instrucción en una sola lengua con los que la reciben en

235　dos, los niños bilingües se muestran superiores. Otro modelo de educación bilingüe utilizado en Canadá ofrece otras posibilidades. Reconociendo que el monolingüismo no es problema de un solo grupo, el sistema canadiense se basa en la inmersión «*two-way*». Las escuelas canadienses requieren que todos los estudiantes aprendan

240　varias materias en dos lenguas. Este sistema ha sido empleado en varias escuelas de los EEUU, con programas en español, francés y también japonés.

　　Pero la educación bilingüe y también la mayor conciencia cultural tienen su precio, pues hasta cierto punto dependen de la

245　conciencia de *diferencia* y de alguna segregación.[†] Y esta segregación, ¿no está en contra del concepto de crisol? ¿No amenaza el sueño de unidad? Mirándolo bien, una visita a cualquier ciudad de los EEUU debe ser suficiente para desengañar a los que quieren creer que los inmigrantes de *cualquier* origen perdieron su cultura

250　para «americanizarse». En todas las ciudades de los EEUU existen barrios, restaurantes, iglesias y periódicos, fiestas y tradiciones que recuerdan y conmemoran los diversos orígenes de la población norteamericana. La unidad de los EEUU se deriva no de la conformidad de su gente a un solo patrón, sino del reconocimiento

255　y estima de la diversidad. Los hispanos, al reconocerse a sí mismos como tales, también se dan cuenta de lo que pueden aportar a la cultura nacional.

---

*El porcentaje variaba mucho según el país de origen del niño; se consideraba atrasado a un 30 por ciento de los niños irlandeses y alemanes, al 50 por ciento de los niños italianos y casi al 60 por ciento de los niños polacos.

[†]Esto se vio claramente cuando en Boston gran número de madres puertorriqueñas hicieron manifestaciones *en contra* de la integración forzada en las escuelas porque entonces no habría bastantes niños latinos en ninguna escuela para poder justificar una educación bilingüe.

Después de leer

COMPRENSION

A.   Ponga los siguientes acontecimientos en orden cronológico (1–12). Luego identifique cada uno, explicando la importancia que tiene o para la emigración de los cubanos a los EEUU o para su situación actual en este país.

_____ la salida del puerto de Mariel
_____ la bahía de Cochinos
_____ la «invasión» de la Embajada del Perú en la Habana
_____ la Guerra de 1898
_____ la concesión de estatus de «refugiado político»
_____ la revolución cubana de 1959
_____ la autorización de visitas entre Miami y Cuba
_____ el rechazo del comunismo en Europa y la antigua Unión Soviética
_____ la «primera oleada»
_____ el establecimiento del primer gobierno comunista en el hemisferio
          occidental
_____ la sospecha de criminalidad que rodea a la comunidad cubana
_____ la conversión de Miami en una ciudad bilingüe

B.   Dé un resumen de la lectura completando la siguiente tabla.

	LOS CHICANOS	LOS PUERTORRIQUEÑOS	LOS CUBANOS
1. Fecha en que llegaron a ser ciudadanos estadounidenses			
2. Circunstancias concretas de esta asociación			
3. Problemas/beneficios que resultan de estas circunstancias			
4. Dónde se han establecido preferentemente			
5. Tipo de trabajo más frecuente			
6. Problemas más graves para el futuro			

INTERPRETACION

A. ¿Por qué no se puede decir que los méxicoamericanos, los puertorriqueños y los cubanos son «inmigrantes»? Comente tres semejanzas entre la situación de los puertorriqueños y los méxicoamericanos y la de muchos otros inmigrantes en los EEUU. Mencione por lo menos dos maneras en las que su situación es totalmente diferente.

B. ¿Por qué se han resistido los puertorriqueños y los méxicoamericanos a asimilarse a la cultura norteamericana igual o más que otros grupos de inmigrantes? ¿y los cubanos?

C. ¿Por qué tiene más importancia hoy la formación del individuo para mejorar la situación socioeconómica que hace cincuenta años? ¿Por qué se desilusionan muchas minorías con la educación si es, en realidad, indispensable?

D. ¿Qué efectos positivos y negativos produce el constante contacto entre los grupos hispanos y su madre patria?

E. ¿Qué choques ha provocado el contacto entre los hispanos y la cultura norteamericana en los valores culturales tradicionales?

F. ¿Cuál parece ser la organización del ensayo?

1. comparación/contraste
2. causa/efecto
3. división/clasificación
4. combinación de... y...

G. ¿Cuál es el propósito (Cuáles son los propósitos) del autor al escribir el artículo? Busque citas de la lectura para justificar su respuesta.

1. divertir
2. informar
3. criticar
4. describir
5. alabar (*praise*)
6. convencer
7. defender
8. explicar

H. ¿Cuál es la actitud del autor hacia el tema? Busque citas en la lectura para justificar su respuesta.

1. práctico
2. crítico
3. admirador
4. condescendiente
5. indiferente
6. objetivo
7. cómico (irónico)
8. compasivo
9. subjetivo

I. ¿Hecho (**H**) u opinión (**O**)?

1. _____ Es muy sabido que América es una nación de inmigrantes.
2. _____ Hacia 1900 los méxicoamericanos habían sido reducidos al estatus de minoría subordinada.
3. _____ Los puertorriqueños recibieron la ciudadanía en 1917 pero su asociación con los EEUU empezó varios años antes.
4. _____ Los cubanos han alcanzado un éxito mayor y más rápido que el de ningún otro grupo de inmigrantes en los EEUU.
5. _____ Una de las mayores esperanzas que tienen los grupos hispanos es la educación bilingüe.

APLICACION

A. Explique brevemente las características de los siguientes métodos diseñados para los estudiantes cuya lengua materna no es la lengua mayoritaria. ¿Cuáles son las ventajas y las desventajas que presenta cada sistema?

- la educación bilingüe «mantenimiento»
- la educación bilingüe «transición»

- la inmersión
- la inmersión «*two-way*»

B. ¿Por qué creen muchos que la educación bilingüe puede resolver los problemas educativos de los hispanos? ¿Por qué creen otros que la educación bilingüe perjudica a los hispanos? ¿Qué piensa Ud.? En su opinión, ¿deben aprender español para ser tambien bilingües los niños angloparlantes?

C. En su opinión, ¿qué significa «americanizarse»? ¿Es posible ser un buen «americano» y mantener a la vez las tradiciones y los valores de otra cultura?

  V O C E S

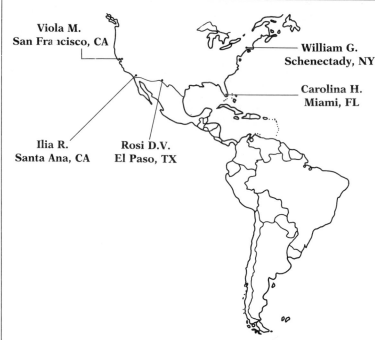

Viola M.
San Francisco, CA

William G.
Schenectady, NY

Carolina H.
Miami, FL

Ilia R.
Santa Ana, CA

Rosi D.V.
El Paso, TX

1. *¿De dónde es Ud.? ¿Y sus padres? ¿Ha tenido dificultades en ser aceptado por la cultura mayoritaria?*

William G.: Schenectady, NY
Mis padres y mis abuelos son

del norte de Puerto Rico, de la ciudad de Arecibo. Yo también nací en Arecibo, pero vine a los EEUU hace cinco años para comenzar mis estudios graduados en una universidad norteamericana.

Mi experiencia en los ha sido en general positiva. Estoy

consciente de que mi status profesional ayuda. No estoy seguro de que mi experiencia hubiera sido la misma si yo fuera, por ejemplo, un obrero...

Viola M.: San Francisco, CA
Mis padres nacieron en este país: mi padre nació en Tucum-

cari, Nuevo México; mi madre en Muleshoe, Texas. Sus padres también nacieron en la región *Southwest*. Pero mis bisabuelos son de México.

Yo aprendí mi español en la escuela secundaria. Cuando una persona americana me pregunta «¿Cómo se dice... ?», muchas veces respondo «No sé». Me preguntan «¿Cómo que no sabes? ¿No eres latina/mexicana/chicana?» Entonces tengo que explicar... No entienden por qué mis padres no nos enseñaron a hablar español.

La vida era muy difícil en Texas para mis padres y ellos decidieron empezar una «nueva vida» en San Francisco. Al mismo tiempo, decidieron que, para mejorar sus chances, sería importante que sus hijos hablaran únicamente en inglés. Poco a poco, mis dos hermanos mayores dejaron de hablar español, hasta el punto de olvidarlo completamente. Y ahora se arrepienten.

Ilia R.: Santa Ana, CA
Mis padres son de Puerto Rico. Yo nací en la ciudad de Nueva York.

Mis padres se divorciaron cuando yo tenía dos años. En ese respecto mi familia es típica de los EEUU. Pero en otros, es muy diferente... Cuando mi mamá y yo nos mudamos a California en 1978, vivimos al principio en la ciudad de Irvine en el sur del estado. Era una comunidad mayormente rica y blanca y nosotras dos éramos pobres y puertorriqueñas. Yo casi no hablaba inglés. Me sentí rechazada por los alumnos en mi escuela. A veces llegaba de la escuela llorando porque alguien me había insultado. Sin embargo cuando aprendí a hablar el inglés mejor y a vestirme como ellos, me dejaron más en paz.

2. ¿Qué diferencias culturales le fueron más difíciles de aceptar al principio?

Rosi D.V.: El Paso, TX
Mis padres nacieron en Cuba; yo nací en La Habana, Cuba.

En general no encontramos grandes dificultades culturales, aunque mis padres tuvieron dificultades para aceptar que en los EEUU las muchachas no llevan «chaperona» cuando salen con muchachos. Yo conocí a mi esposo sólo unos días después de mi llegada a El Paso y la pri-

mera vez que me invitó a cenar y a ver una obra de teatro le tuve que decir que no podía ir sola con él. El invitó a mi hermana y su novio, pero ¡le salió muy cara la noche!

Carolina H.: Miami, FL
Yo salí de Cuba a los cuatro años. Primero fui con mi familia a Puerto Rico y viví allá cinco años. A los nueve años llegué a Miami. El problema más grande para mí al principio fue el idioma. En mi escuela nadie hablaba español. Muchas mañanas yo lloraba en la clase porque ni la maestra me entendía.

Viola M.: San Francisco, CA
Aunque mis padres nacieron en este país, se consideran muy «mexicanos» por la razón de que en la región del *Southwest*, hay muchos mexicanos, méxico-americanos... Tanto que uno puede nacer en Texas, vivir toda su vida en Texas, y nunca aprender inglés. En todos los servicios: la tienda, la carnicería... se puede encontrar gente que habla español. También, como esta región fue parte de México originalmente, hay mucha gente que se considera simplemente «mexicana» aunque tiene generaciones de estar «aquí».

¡UD. TIENE LA PALABRA!

A. ¿Cuáles son los temas que estas personas mencionan al describir el encuentro entre su cultura y la cultura mayoritaria de los EEUU?

B. ¿Cree Ud. que estas seis personas se consideran «típicos» de su grupo étnico? ¿Que factores han influenciado sus experiencias en los EEUU?

C. ¿Qué emociones sintió Ud. al leer o escuchar los testimonios? ¿Le parecieron cómicos o divertidos algunos de ellos? ¿Hubo algunos que le parecieron tristes?

D. ¿Habla Ud. otra lengua en casa? ¿y su familia? ¿Le hubiera gustado (*Would you have liked to*) hablar otra lengua desde pequeño/a?

E. Alguna vez ha tenido Ud. la experiencia de ser «representante» de un grupo minoritario? ¿En qué ocasión? ¿Fue una experiencia agradable? Explique.

CAPITULO DIEZ

Madrid, España

Hábitos y dependencias

Las drogas, el alcohol y el tabaco

Por sí solo... leer y comprender

Aspectos lingüísticos

More About Pronouns and Connecting Words

In written as in spoken language, many words can be used to refer to something previously mentioned or to something that is yet to come: demonstrative pronouns (**esto, ésta, éste**), relative pronouns (**que, quien, lo que**), possessive adjectives and pronouns (**su, suyo,** and so forth), as well as direct and indirect object pronouns. These reference words help to establish the "flow" or coherence of a paragraph or text.

For example, what do the underlined words refer to in the following passage?

> When Joan's fortieth birthday came, her friends gave a surprise party; they were so secretive about their plans that she never suspected anything about it.

The following exercises will give you practice in recognizing and interpreting reference words. As with object pronouns, the context provides the clues necessary for you to identify the referents.

A. Lea el siguiente pasaje e identifique el antecedente o referente de cada palabra señalada. Siga el modelo del primer párrafo.

COGORZA° INTRAUTERINA   *binge*

No sólo con **drogas** se autodestruyen **miles y miles de jóvenes** en Europa. Además de éstas , una comisión del Parlamento Europeo ha encontrado que el alcohol también produce una enorme cantidad de catástrofes.

Para empezar, varios estudios que incluyen a España comienzan a verificar el nacimiento de bebés alcohólicos debido al elevado consumo de esa sustancia que han hecho sus padres y en especial la madre durante la gestación. El alcohol golpea, según estas investigaciones, a la niñez y duramente a los adolescentes.

Con el alcohol, cuyo uso no sólo es legal, sino que se estimula con la publicidad, los jóvenes huyen de las frustraciones, la estrechez económica, el paro° y los conflictos con   *desempleo* sus padres.

Aproximaciones al texto

Writing Summaries

The ability to write a good summary is an important study skill. The practice you have had thus far in finding the topic sentence and main ideas and in recognizing text structure and patterns of essay development will help you to construct accurate and concise summaries.

B.   Lea el siguiente artículo y los resúmenes que de él escribieron cuatro estudiantes. Luego, haga los ejercicios a continuación para decidir cuál de los resúmenes es el mejor.

Caídos del «caballo»

El día que Beatriz, diecinueve años, una rubia muchacha de un rico barrio de Madrid, consiguió fumarse un *porro* (un cigarillo de hachís o mariguana), pudo calmar su curiosidad. Entonces tenía catorce años.

«Como soy muy curiosa —dice Beatriz —seguí probando anfetaminas de todo tipo y luego pasé a la heroína. Aquello marchaba hasta que me di cuenta que se necesitaba mucho dinero y, claro, mi familia no lo tenía ni me lo iba a dar para estas cosas.»

Beatriz no quiere decir cómo pudo continuar adquiriendo la droga. Su compañera Ana, veinticinco años, es más explícita:

«Cuando necesitaba el *caballo* (heroína) cualquier medio era válido, como traficar, prostituirse o robar. Era una ruina. Me veía atrapada en una espiral que no terminaba. Un día incluso pensé en quitarme la vida.»

Las dos, Beatriz y Ana, son personas que han visto lo peor de la vida. Como todos los compañeros—treinta y uno en total—con los que conviven en Hontanillas, un pueblo abandonado de Guadalajara, donde la Asociación Madrileña para Ayuda al Toxicómano desarrolla una interesante experiencia de rehabilitación: el fortalecimiento de la propia voluntad para dejar la droga en el medio natural.

El centro de Hontanillas—una especie de granja o finca con todas las tareas laborales de la vida del campo—funciona desde hace seis meses y piensa extenderse hacia otras regiones.

El secreto de este sistema de recuperación se basa en un régimen bien simple: el distancia-miento de los peligrosos ambientes que causaron la caída.

«La vida sana, no estar en medio de la ruina que rodea a la droga y, sobre todo, pasar del asfalto de la gran ciudad es esencial para sentirse bien», dice Juanjo, treinta y nueve años, ex traficante que ha sufrido siete años de cárcel por esta causa y que ahora intenta sacudirse de la adicción.

Entre las humildes casas de Hontanillas, bajo las frondas de los viejos árboles que circundan el pueblo, el camino de la rehabilitación es una voluntaria renuncia a la droga, conducida, después, por la solidaridad de los compañeros más recuperados a la integración social con el resto.

En el tratamiento no se utiliza ningún tipo de fármaco, salvo para curar alguna enfermedad menor no asociada con la droga. Baños, masajes, tisanas, paseos por el campo, junto con la participación en programas de trabajo—ahora trabajan en la reconstrucción de gran parte del viejo pueblo—, configuran la vida que los va a salvar. Tal vez en unos meses, quizá en un año. «El peligro —dice Goyo, uno de los pioneros del centro— está fuera. Lo ideal sería asumir un nuevo concepto de la vida, con la naturaleza como centro. Dejar atrás la corrupción, la destrucción de la ciudad.»

Cada día, en asamblea, este grupo de heroinómanos va configurando el programa de su propia recuperación, planificando la vida de cada día, consolidando sus nuevos pasos. Todos comparten la misma confianza de que, algún día, sin que se den cuenta, el campo les habrá curado.

Cambio 16, Madrid

Resumen 1

Beatriz es una joven madrileña toxicómana. Empezó fumando porros y luego pasó a la heroína. Sufrió mucho y tuvo que hacer muchas cosas terribles para obtener la droga. Decidió acudir a Hontanillas, un pueblo abandonado de Guadalajara, donde hay un centro para la rehabilitación de toxicómanos. Vive allí con Ana, Goyo, Juanjo y muchos otros jóvenes. Todos son toxicómanos y han sufrido mucho a causa de la droga. Cada uno tiene una historia diferente, pero todos esperan dejar sus hábitos ahora que están lejos de las tentaciones de la ciudad. Ya que el centro está en un pueblo viejo y pequeño, el ambiente del centro es natural y tranquilo. El tratamiento no incluye medicinas ni otras drogas. Los jóvenes son grandes amigos y participan en varios proyectos que requieren trabajo físico, como, por ejemplo, la reconstrucción de la ciudad. Todos están convencidos de que van a curarse pronto.

Resumen 2

La historia de Beatriz, Ana y otros jóvenes toxicómanos que quieren rehabilitarse.

Resumen 3

El artículo describe a Beatriz, una joven madrileña, y a varios otros jóvenes, todos toxicómanos, que ahora se encuentran en un centro de rehabilitación en Guadalajara. Viven allí en un ambiente natural y tranquilo. El tratamiento, que consiste en separar al toxicómano del ambiente urbano, no incluye medicinas ni otras drogas; depende del ambiente natural, el trabajo físico y la amistad entre los compañeros del grupo.

Resumen 4

En Guadalajara, en el viejo pueblo de Hontanillas, la Asociación Madrileña para Ayuda al Toxicómano ha establecido un centro para la rehabilitación de los jóvenes enganchados a la droga. El programa del centro es simple: la vida sana y natural del campo. El centro fue establecido hace seis meses y en el futuro se piensa establecer otros en diferentes regiones del país.

En su opinión, ¿cuál es el mejor resumen? Considere los siguientes factores.

1. LA LONGITUD:

   ¿es demasiado extenso? ¿demasiado corto?

2. LAS IDEAS BASICAS:

   ¿incluye la idea central? ¿incluye ideas poco importantes? ¿incluye ideas equivocadas?

3. EL BALANCE ENTRE LA BREVEDAD Y SUFICIENTES DETALLES SOBRE LAS IDEAS MAS IMPORTANTES:

   ¿se pueden identificar rápidamente las ideas importantes? ¿se entienden las ideas sin tener delante todo el texto?

Lectura

Entradas al texto

Palabras y conceptos

la adicción addiction
aficionarse a to take a liking to
alucinógeno producing hallucinations
la borrachera drunkenness
cabe decir it suffices to say
el cacto cactus
la campaña campaign
el contrabando contraband; smuggling
dicho said, mentioned before
difundir to spread
el estupefaciente narcotic, drug
extraer to extract
hacer caso omiso de to ignore
la hoja leaf

nutrir to nourish
ocultar to hide
la peregrinación pilgrimage
el pitillo cigarette (*slang, Sp.*)
plantear to present (*a problem*)
el/la prójimo/a fellow man/woman
la propiedad characteristic; property
el sabor taste
la semilla seed
la seta mushroom
silvestre wild, uncultivated
sorber to sip; to sniff
la toxicomanía drug addiction
el/la toxicómano/a drug addict

A. ¿Qué palabra no pertenece? ¿Por qué no?

1. el prójimo, el cacto, la seta, la hoja
2. comer, plantear, masticar, sorber
3. la toxicomanía, la adicción, la borrachera, la campaña

B. ¿Qué palabra de la segunda columna asocia Ud. con una de la primera?

1. el estupefaciente
2. hacer caso omiso
3. nutrir
4. rústico
5. el pitillo

a. comer
b. el humo
c. silvestre
d. no prestar atención
e. la droga

C. ¡Necesito compañero! Hagan un mapa semántico para el concepto de «hábitos y dependencias», en el que consideren lo relacionado con los siguientes aspectos.

- productos o sustancias que se pueden consumir
- métodos para conseguirlos
- maneras de consumirlos
- consecuencias (tanto positivas como negativas) de su consumo

Traten de incluir tantas palabras de la lista del vocabulario como puedan, pero no tienen que limitarse a esta lista. Comparen sus mapas con los de sus otros compañeros de clase para recopilar un solo mapa.

D. Complete las oraciones en una forma lógica, usando la forma correcta de las palabras de la lista del vocabulario.

1. No me gusta _____ del limón. Es muy ácido.
2. Las compañías farmacéuticas _____ muchas medicinas de plantas comunes y corrientes.
3. _____ que este examen es un desastre total: todas las preguntas son ambiguas.
4. Tengo que ver el estudio sobre los sueldos. _____ estudio fue hecho por un empleado digno de confianza.
5. Hicieron _____ para buscar las plantas sagradas para su rito.
6. Al principio los padres de él se opusieron al matrimonio pero pronto _____ a su nuera (*daughter-in-law*).
7. El hierro (*iron*) tiene _____ de un metal.
8. El LSD es una droga _____ mientras que el tabaco normalmente no lo es.

Esquemas para comprender

A. ¿Qué entiende Ud. por la palabra *droga*? ¿A qué sustancias se refiere? ¿Qué son «drogas duras»? ¿y «drogas blandas»? ¿«alcohol duro»?

B. ¡Necesito compañero! Ordenen por su importancia en cuanto a la intensidad de su efecto (1 = el efecto mayor) de las drogas duras, las drogas blandas, el alcohol y el tabaco con respecto a cada uno de los temas mencionados a continuación. Prepárense para justificar sus opiniones.

1. el efecto negativo en la salud
2. la popularidad entre sus amigos
3. la popularidad entre las personas de la generación de sus padres
4. el precio
5. el carácter adictivo
6. la aceptabilidad social
7. el prestigio social
8. la gravedad que representa como problema social

C. Al hacer el ejercicio B, ¿se mencionó alguna diferencia con respecto a la preferencia por ciertas sustancias según la edad del consumidor? ¿El consumo de qué sustancia tiene la tradición más larga en este país? ¿Qué cambios ha habido en cuanto a la aceptabilidad social de las siguientes sustancias a través del tiempo?

1. el alcohol
2. el tabaco
3. la mariguana
4. la cocaína

D. Pensando en el consumo de drogas, de alcohol y de tabaco en otra cultura, ¿qué diferencias importantes espera Ud. encontrar en comparación con lo que ocurre en la cultura norteamericana? Trate de mencionar por lo menos tres ideas.

E. Al pensar en la cultura hispana, ¿cuál es la sustancia que Ud. asocia más con ella? ¿Por qué? ¿Qué sustancia cree Ud. que un hispano asocia más con los EEUU? ¿Por qué?

Las drogas, el alcohol y el tabaco: Parte 1

Desde hace miles de años, el ser humano ha empleado diversos productos que alteran su percepción normal de la realidad. El uso del alcohol es casi universal y el de ciertas drogas que se extraen de la naturaleza también tiene una gran extensión geográfica. A pesar de su universalidad, el consumo de alcohol y de drogas tiene un significado distinto en cada cultura.

El tabaco

En el mundo moderno el tabaco no está considerado como una droga. Es decir, no comparte la misma categoría que la heroína, la cocaína o la mariguana, pero sí se considera una adicción. En las culturas indígenas de las Américas, el tabaco se empleaba como una sustancia alucinógena y todavía se usa así en algunas pequeñas tribus, como los warao de Venezuela. El tabaco es originario? de las Américas y fue desconocido en Europa hasta el descubrimiento del Nuevo Mundo. Los europeos se aficionaron muy pronto al tabaco y lo importaron en grandes cantidades. Había unas cuarenta especies? de tabaco en las Américas, dos de las cuales eran las más difundidas, *Nicotiana tobacum* y *Nicotiana rustica*. Esta última es mucho más fuerte que aquélla, con una concentración de nicotina cuatro veces más elevada. Pero los europeos importaron *Nicotiana tobacum* y por lo tanto sus cigarros y cigarrillos no tenían las propiedades alucinógenas del tabaco indio. Cabe decir que el tabaco moderno se deriva de la *Nicotiana tobacum* y no es una sustancia alucinógena.

La *Nicotiana rustica* se empleaba extensamente en los ritos religiosos de los indios. No se fumaba nunca por simple gusto, sólo en un contexto ritual. Aun hoy en día los indios distinguen entre el tabaco de sus antepasados y el comercializado, y si éste se usa libremente en un contexto secular, aquél sigue siendo reservado para lo religioso.

El consumo ritual del tabaco fue practicado lo mismo en el continente norte que en el sur. Principalmente se fumaba, en pipas o en cigarros, pero también se extraía un líquido de las hojas, o se sorbía por la nariz o se lamía, y a veces se tomaba en forma de enema. En todo caso el propósito fue siempre ponerse en contacto con los dioses. Por medio del tabaco el *shaman,* o sacerdote, se libraba de la visión limitada del ser humano y se elevaba al mundo de los dioses.

Hoy en día el uso ritual del tabaco prácticamente ha desaparecido. En cambio, su uso secular ha aumentado mucho en las distintas esferas de la sociedad hispana. No hay edad mínima para

En España, es costumbre reunirse con amigos casi todos los días después del trabajo en un bar o en una terraza donde se toma vino o cerveza con tapas.

comprar cigarrillos y muchas personas, jóvenes o no, fuman y fuman mucho. Además, hay muchos fumadores ocasionales.*

La conciencia de los efectos nocivos[?] del tabaco no está tan difundida en los países hispanos como en los EEUU. El hecho de que los no fumadores reclamen su derecho a no respirar aire contaminado es todavía raro en los países hispanos. También es raro que se designen en los lugares públicos áreas especiales para los no fumadores. Con todo, puede decirse que el consumo de tabaco empieza a ser criticado cada vez más abiertamente y durante los últimos años se han impuesto restricciones en la publicidad del tabaco en varios países hispanos.[†] Además, en España en 1988, se aprobó un decreto contra el tabaco en el que se especificaba que «prevalecerá siempre el derecho a la salud de los no fumadores». Desgraciadamente, muchos hacen caso omiso de las advertencias: en ese mismo año España fue el único país europeo en el que aumentó el consumo de tabaco.

---

*A diferencia de los EEUU, en los países hispanos hay vendedores ambulantes que venden cigarrillos sueltos, es decir, uno por uno.

†En 1985, el Ministerio de Sanidad de España dictó una serie de restricciones en la publicidad relacionada con el tabaco y las bebidas alcohólicas en las competiciones deportivas. En 1986 en México se aprobó una ley prohibiendo los anuncios que promueven el consumo del tabaco por radio y televisión.

Las drogas

Al mencionar el término *droga* lo más normal es que se piense en la mariguana, la heroína o la cocaína. Aunque en los países hispanos el problema del abuso en el consumo de estupefacientes y la toxicomanía no han alcanzado las proporciones a que ha llegado en los EEUU, sí ha aumentado notablemente en los últimos años. Antes de examinar esto, es interesante notar que el consumo de varias otras drogas tiene una larga tradición en el mundo hispano.

EL PEYOTE Y LAS SETAS ALUCINOGENAS

Las drogas desempeñan en algunas tribus un papel semejante al del tabaco en la tradición indígena de Hispanoamérica. Aunque la mariguana no es originaria de las Américas, había muchas otras fuentes de elementos alucinógenos. El peyote, una especie de cacto sin espinas y de sabor amargo, se ha usado desde hace por lo menos 2 mil años y hoy día es una de las escasas[?] sustancias alucinógenas legales, aunque sólo para los indios que pertenecen a la Iglesia Indígena Americana (*Native American Church*). Otra droga empleada por los indios fue la semilla de la planta dondiego,° de un gran efecto psicodélico. Sólo en 1960 se descubrió que las semillas del dondiego son muy parecidas en estructura química al ácido lisérgico, mejor conocido como LSD.

morning glory

También se ha descubierto en los últimos años que ciertas especies de setas con propiedades alucinógenas fueron empleadas por los indios de México y que este consumo se conserva actualmente hoy en día en varias tribus. El desconocimiento de este consumo hasta fecha reciente se debe a la resistencia india a revelar su culto a forasteros.°

personas no conocidas

El uso que hacen los indios de las drogas no puede compararse con el uso de drogas alucinógenas y de otra clase en los EEUU, ya que las drogas se usaban y siguen usándose° exclusivamente dentro de una religión «shamanística». El *shaman* es al mismo tiempo vidente,° poeta, el que pronostica[?] la caza° y el clima, el que cura a los enfermos y, sobre todo, el que mantiene abierta la comunicación con los dioses. Dicha comunicación se establece en forma de visiones o de sueños y fue probablemente el deseo de aumentar la frecuencia e intensidad de las visiones lo que llevó al consumo de sustancias alucinógenas. La cosecha ritual del peyote que realiza la tribu huichol de México proporciona un buen ejemplo de la actitud de los indios hacia el cacto sagrado.

siguen... continue to be used

seer / hunt

Antiguamente se veneraba el peyote, una planta silvestre, en buena parte de Centroamérica, pero hoy en día sólo los huichol—un grupo de 10 mil indios—siguen la tradición de sus antepasados. Los huichol viven en la Sierra Madre, a unas 300 millas del desierto Chihuacha, donde crece el peyote. Para con-

100 seguir el peyote, los adultos de la tribu hacen una peregrinación anual al desierto.

Para el huichol el viaje en busca del peyote es una manera de ponerse en contacto con la tradición de sus antepasados. El primer viaje es una iniciación a la cultura y los siguientes fortalecen y hacen más profundo el conocimiento de la metafísica huichol.

105 Mientras que el hombre contemporáneo toma drogas para escapar de su cultura y de las presiones que ésta le impone, el indio consume su peyote o su tabaco o su dondiego para profundizar en los valores de su cultura y para ponerlos en práctica después de su experiencia alucinógena.

LA MARIGUANA

110 A pesar del origen español del término *mariguana,* la planta (*el cannabis*) no es indígena de los países hispanos. Se cree que fue llevada a Europa por los árabes. Desde España se trajo a las colonias americanas para producir cáñamo, material del que se componen las sogas° usadas en la navegación. La mariguana llegó a los EEUU *ropes*

115 a través de Hispanoamérica. Durante los años veinte de este siglo, el uso de la mariguana se popularizó entre los músicos y el mundillo

Desde tiempos remotos, los indígenas de los Andes han masticado la hoja de la coca. Esta mujer boliviana vende pequeñas bolsas de coca en un mercado de La Paz.

artístico norteamericanos. Después pasó a las clases media y alta. Durante los años sesenta su consumo se difundió aún más. Paradójicamente la mariguana no se empleó en las clases media y alta del mundo hispano sino hasta muy recientemente, cuando los estudiantes hispanos empezaron a imitar a los estudiantes norteamericanos.

En España durante la década de los años setenta el consumo de la mariguana se extendió, especialmente entre los estudiantes. No obstante, la droga más común en España desde hace mucho tiempo es el hachís (jachís) africano, el cual se mezcla con cannabis y otras sustancias aromáticas. Con todo, su uso no llega a ser gran problema. Aun entre los estudiantes, donde el 40 por ciento de la población se ha fumado un porro° alguna vez, realmente el consumo habitual de drogas blandas se reduce a porcentajes muy bajos. En 1983 España se convirtió en la primera nación europea que legalizó el uso de las drogas blandas (la mariguana y el hachís).*

° un cigarrillo hecho con mariguana o hachís

LA COCA

La coca es otra droga usada desde épocas antiguas (los estudios arqueológicos sugieren que, cuando menos, tres mil años antes de Cristo) en el Perú y en parte del territorio de Bolivia. Los incas la empleaban en sus ceremonias religiosas y durante cierto tiempo fue usada como dinero, tanto por los indios como por los conquistadores que así pagaban a sus trabajadores esclavizados. Se estima que actualmente más de 2 millones de individuos consumen coca, probablemente de la misma manera que la consumían sus antepasados: masticando las hojas. El efecto, débil pero todavía muy efectivo, es casi inmediato: la boca se adormece? como si un dentista hubiera aplicado una anestesia local, desaparece o se reduce la fatiga, y se pierde la sensación de hambre.

Además de este consumo tradicional, la coca es exportada legalmente a EEUU para elaborar la esencia base de la Coca-Cola, y además diversos productos médicos con efectos anestesiantes. Pero estos tres usos apenas absorben una mínima parte de la producción total de la coca de Bolivia y Perú. La mayor parte de la producción cocalera es convertida en pasta básica de cocaína (PBC) que luego se refina con destino al tráfico ilegal de cocaína. De allí resultan tres graves problemas para los países andinos: toxicomanía entre sus propias poblaciones, corrupción política, violencia criminal y debilitación económica.

---

*Por consumir la mariguana o el hachís no se arriesga la cárcel. En cambio, cultivar, transportar, vender o traficar todavía llevan graves penas.

Después de leer

COMPRENSION

A. Complete las oraciones según la lectura.

1. El tabaco _____.
2. Para los indios la *Nicotiana rustica* _____.
3. A diferencia de los EEUU, en los países hispanos de hoy _____.
4. El dondiego _____.
5. Las sustancias alucinógenas _____.
6. El huichol _____.
7. La coca _____.
8. La mariguana _____.
9. El hachís _____.

a. es muy semejante al LSD en su estructura química
b. fue llevada a Hispanoamérica por los españoles
c. es la droga más consumida en España
d. no es originario de Europa
e. no se insiste en los peligros del tabaco
f. usa el peyote para ponerse en contacto con los valores de sus antepasados
g. fue usada por los incas en sus ceremonias religiosas
h. se usa exclusivamente en ceremonias religiosas
i. se usan para comunicarse con los dioses en algunas culturas indígenas de Hispanoamérica

B. Según las asociaciones que Ud. hizo en la primera parte de la lectura, ¿qué le sugieren las siguientes palabras?

1. alucinógeno
2. ritual
3. la peregrinación
4. la hoja
5. hacer caso omiso
6. legalizar

C. Forme oraciones comparativas basándose estrictamente en la información presentada en la lectura. Use las palabras indicadas y agregue otras que necesite.

1. *Nicotiana tobacum* / *Nicotiana rustica* / fuerte
2. consumo ritual del tabaco / consumo secular del tabaco / frecuente
3. conciencia de los efectos nocivos del tabaco / en el mundo hispano / en los EEUU
4. consumo de la coca / consumo de la cocaína / tradición / larga
5. consumo de la mariguana / consumo del hachís / entre los jóvenes españoles

Lectura

Las drogas, el alcohol y el tabaco: Parte 2

Las drogas duras

1   El consumo de las drogas duras, la cocaína, la heroína y las drogas sintéticas como el *crack*, está menos difundido en las sociedades urbanas de los países hispanos que en los EEUU.

5   Aunque la coca y la cocaína proceden de la misma planta, no se pueden comparar los efectos de la coca tal y como la consumen los indígenas con los de la cocaína. Una pequeña dosis de cocaína puede producir, además de la pérdida del apetito, un estado eufórico que suele ir acompañado de una sensación de nuevas

10   energías y mayor fuerza. En el pasado, esto hacía pensar a muchos profesionales y artistas adictos que el consumo de la cocaína les aumentaba su capacidad productiva en el trabajo. Este razonamiento está totalmente invalidado, pues los efectos de la droga en el organismo no permiten desarrollar una actividad normal ni equili-

15   brada.

En los países productores de coca, el consumo de cocaína no está muy difundido entre la población. La mayor parte de la producción se destina a la exportación ilegal. En los EEUU, Hispanoamérica, España y los demás países de Europa, donde es más cara, la cocaína

20   es algo así como la droga de las clases acomodadas.° Hasta el punto   altas
de que hay gente que sólo «esnifa» cocaína en determinadas fiestas y reuniones sociales.

El problema para los países andinos no es el abuso de la cocaína sino el abuso cada vez más extenso de la PBC.* La PBC se deriva de

25   las hojas secas de coca mediante un proceso bastante primitivo (también fácil y barato) en el que se les añade queroseno y ácidos. Por lo general la PBC se fuma igual que un porro. Provoca sensaciones intensas de placer y bienestar, euforia... y la compulsión a seguir fumando PBC. El consumidor de PBC se vuelve un

30   adicto rápidamente y pierde interés en todo lo que no sea fumar la droga. Los trastornos° empiezan pronto. La PBC contiene, además   problemas
de sulfato de cocaína, los restos de todos los otros elementos que ayudaron a convertir hojas de coca: queroseno, sustancias alcalinas

---

*El consumo de la PBC puede compararse al del «*crack*» en los EEUU, especialmente en lo relativo al precio, al alto grado de adicción que produce y también al daño que causa en el organismo.

y luego ácido sulfúrico y ácido clorhídrico. A veces tres o cuatro cigarrillos son suficientes para provocar las angustias y alucinaciones persecutorias. El consumo exagerado se asocia con arritmias cardíacas, deterioro pulmonar y hasta la muerte. El precio relativamente barato de la PBC y la facilidad de su producción han hecho que esta droga, casi desconocida antes de 1974, sea muy usada en la actualidad entre los jóvenes de la región.

Las vías de producción y tráfico de la heroína no se centran tanto en la geografía hispana como ocurre con la cocaína. El consumo de la heroína, en general, tampoco está tan difundido, aunque en la década de los ochenta alcanzó un nivel elevado entre los jóvenes y grupos marginales de varios países hispanos y especialmente en España. La heroína se consume más en las zonas urbanas y sus alrededores que en las rurales, y si la cocaína era la droga de los ricos, puede decirse que la heroína es la droga de las capas[?] menos favorecidas de la sociedad. Esto hace que el consumo de heroína, tal vez más que el de ninguna otra droga, se relacione estrechamente con la prostitución y la delincuencia.*

La lucha contra la producción y el tráfico de narcóticos es sumamente difícil. La magnitud del mercado y el carácter ilegal del producto hacen que las ganancias derivadas del comercio internacional de la droga sean gigantescas. Para algunos países latinoamericanos el dinero procedente de los narcóticos ha llegado a ser su verdadero motor económico. Las débiles economías de los principales países productores, Bolivia, Perú y Colombia, hacen que cada vez más personas dependan de los ingresos generados por la droga. Así, a principios de los años noventa, el valor de la producción de coca en el Perú se acercaba al 50% del producto bruto agrícola nacional. En Bolivia, los beneficios de este comercio son superiores a los de la suma de todas sus demás exportaciones.

El tráfico y el abuso de las drogas plantean enormes problemas sociales y económicos no sólo para las regiones andinas sino también para los EEUU y otras naciones desarrolladas. Si en un tiempo los varios países productores y consumidores solían evadir su propia responsabilidad con aquello de «El problema es suyo», ahora hay más colaboración entre ellos. Hasta el momento, las medidas que se han adoptado para combatir los abusos de la droga han sido básicamente represivas, ya que consisten en su mayor parte en aumentar las fuerzas policiales y militares. Estas medidas, la persecución y la represión en primer lugar, al igual que la sustitución de productos y las campañas de información popular, no han dado hasta el momento resultados satisfactorios. En parte esto se debe a que la policía y las aduanas° suelen capturar sólo a los   *customs*

---

*Además, los heroinómanos se enfrentan con otros graves problemas como el SIDA o la hepatitis debido al contagio por medio de las jeringuillas y el contacto sexual.

pequeños «burros» o «camellos»* mientras los grandes capitanes del narcotráfico siempre escapan. Apenas logran erradicar el cultivo de la coca en una región cuando aparece en otra. Por otra parte, no es nada fácil convencer al campesino pobre de que vuelva a cultivar productos que le van a producir cinco o diez veces menos dinero.

Tal vez sólo haya dos direcciones con posibilidades de éxito para solucionar los problemas relacionados con los estupefacientes. Por un lado, tiene que lograrse una reducción drástica en el mercado mundial de drogas. Para esto habría que contar con profundas campañas de sensibilización e información, e incluso programas de desarrollo económico-social orientados particularmente a los jóvenes. Como ha señalado el director del Instituto Nacional de Toxicología de España— «una de las causas por las que los jóvenes se dedican más a la toxicomanía es la de no hacer nada°».

El otro camino podría ser la legalización de las drogas. Si se tiene presente que la mariguana y la heroína en particular pueden cultivarse en cualquier lugar, es probable que, al legalizarse, los países andinos ya no serían los únicos países productores. El acceso fácil y barato a estas drogas que esta competencia produjera podría poner fin a la violencia y corrupción asociada con su tráfico.

Estas dos posturas para combatir el tráfico de las drogas ganan cada día más seguidores en muchos países occidentales y especialmente en España. Aunque no hay total unanimidad, es posible que cualquier solución tenga que combinar aspectos de las dos.

El alcohol

El alcohol también tiene una larga historia en la cultura hispana. España ya exportaba vino durante la época romana y hoy es uno de los países productores más importantes del mundo. España trajo el vino a América y el cultivo de la vid se extendió rápidamente. La Iglesia Católica fue uno de los grandes cultivadores, ya sea porque necesitaba el vino para sus ceremonias o por los ingresos° que recibía de su venta. Hoy en día Chile y Argentina—países de producción vinícola? importante—respectivamente ocupan los lugares número 12 y 15 del mundo. Además del vino, en todo el mundo hispano se producen y se consumen cerveza y bebidas alcohólicas destiladas.

El alcohol obviamente se relaciona con el problema del alcoholismo, aunque no es tan fácil definir el alcoholismo como se podría pensar. Lo que en una cultura es señal de alcoholismo puede ser una conducta aceptable o deseable en otra cultura. En España

la... not having anything to do

renta

---

*Términos coloquiales para referirse a los que transportan las drogas. La persona que vende drogas también se llama un «camello».

normalmente se toman copas con el aperitivo antes de comer.° almorzar (en España se come entre la una y las dos de la tarde)
Luego se bebe vino a la hora de la comida y antes de la cena.
Además, se bebe vino en los bares, después del trabajo y antes de la
cena, que no se sirve hasta las diez de la noche o más tarde. En los
120 bares la gente puede sentarse en una mesa pero lo más común es
que se permanezca de pie al lado del mostrador,° donde hay una *counter*
gran variedad de tapas.° Durante algún tiempo se creyó que en las *snacks*
culturas donde se comía a la par° que se bebía, no había una alta a... al mismo tiempo
incidencia de alcoholismo. Hoy en día esta teoría ha sido desacre-
125 ditada pero en España sigue aceptándose que el consumo del
alcohol es un acto sumamente social. No es raro que un español
beba todos los días y esto no significa necesariamente que sea un
alcohólico.* Lo que sí es evidente es que casi siempre bebe
acompañado de sus parientes o amigos. El bebedor solitario es poco
130 frecuente y se condena. Además, los bares en general son lugares a venir
los que puede acudir° toda la familia, no sólo los adultos como en
los EEUU, sino los niños y jóvenes también.†

Lo mismo puede decirse de los países hispanoamericanos,
aunque la población indígena tiene ciertas costumbres algo distin-
135 tas que merecen estudiarse. Los indios ya tenían bebidas alcohólicas hechas de frutas o de maíz antes de la introducción del vino.

La campaña contra la droga y la violencia que su tráfico produce motivó esta manifestación en Bogotá, Colombia.

---

*Aunque las estadísticas no siempre concuerdan, varios estudios parecen indicar que mientras la borrachera es más frecuente y más evidente en los países germánicos o nórdicos que en los países latinos, el alcoholismo se da más a menudo en éstos que en aquéllos. El latino, que consume alcohol de manera regular, desarrolla una resistencia tal que su consumo casi nunca afecta su funcionamiento normal y muy raras veces llega a la borrachera. Desarrolla también una dependencia física que, por su mayor resistencia a la borrachera, no siempre se nota en su rutina diaria.
†En los bares españoles también se sirve una gran variedad de refrescos sin alcohol, café, dulces, golosinas e incluso helados.

Como en la sociedad española, el beber siempre ha sido un acto social en la cultura indígena. No se tolera a los que beben solos pero tampoco se tolera a los que no beben. Entre los mapuche de Chile, por ejemplo, se ofrece chicha° para demostrar amistad y confianza en el otro. El invitar a alguien a beber es una forma de establecer confianza porque el alcohol disminuye las inhibiciones y permite una aproximación mutua. Además, si alguien se niega a tomar algo, esto indica una falta de confianza en los que lo invitan, y el hecho es interpretado como un insulto.

bebida fermentada de maíz, fruta o algún cereal

En muchas tribus se bebe hasta emborracharse y para ello, se aprovechan casi todas las celebraciones nacionales, religiosas, locales o familiares. A pesar de la frecuencia de la borrachera, el índice del alcoholismo es muy bajo en las comunidades indias que se han mantenido fieles a su sistema de valores tradicionales. El beber en exceso ocasionalmente es muy distinto que el hacerlo constantemente. Y la diferencia entre las dos formas de beber es lo que separa a una comunidad coherente de una que está en proceso de desintegración. En aquellos lugares en donde otras culturas se han impuesto y los valores indígenas han sido sustituidos por otros extraños, el alcoholismo se ha convertido en un grave problema.

¿Cómo se compara, pues, el uso de las drogas, el alcohol y el tabaco en los EEUU con su uso en el mundo hispánico? La pregunta tiene que ser contestada dentro del contexto cultural de cada grupo de consumidores, porque lo que constituye un abuso en un grupo puede ser la norma en otro.

Después de leer

COMPRENSION

A.   Usando las palabras y expresiones de la lista a continuación, complete el siguiente diagrama de la información presentada en las primeras dos partes de la lectura. Es posible usar una palabra o expresión más de una vez, pero no se usan todas las expresiones.

consumo ritual	vino	PBC
consumo secular	dondiego	alcohol
peyote	mariguana	nicotiana tobacum
coca	drogas no	nicotiana rustica
hábitos y	alucinógenas	cocaína
dependencias	drogas	setas
drogas	alucinógenas	heroína
hachís	cerveza	
drogas duras	drogas blandas	

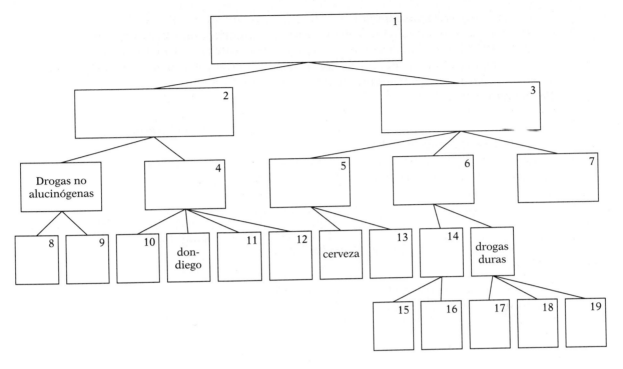

B. Según las asociaciones que Ud. hizo en la segunda parte de la lectura, ¿qué le sugieren los siguientes términos?

1. el mercado ilegal
2. la represión
3. la borrachera
4. las ganancias
5. el bar
6. los camellos

C. Forme oraciones comparativas basándose estrictamente en la información presentada en la lectura. Use las palabras indicadas y agregue otras que necesite.

1. cultivo de la coca / cultivo de otros productos / representar ganancias
2. abuso de la PBC / abuso del *crack* / grave
3. el alcoholismo / la borrachera en público / evidente
4. el bebedor solitario / el bebedor social / aceptable
5. jóvenes ilusionados / jóvenes aburridos / consumir drogas

D. Dé un breve resumen de la lectura, completando los siguientes párrafos. Busque palabras en la lista del vocabulario si es necesario.

1. El uso de _____ª es universal en todas las culturas; sin embargo, _____.ᵇ Esto se ve al examinar el consumo de _____,ᶜ _____ᵈ y _____ᵉ en las culturas indígenas y en la sociedad moderna.

   El tabaco que se usa hoy no se considera una droga fuerte igual que _____ᶠ y _____.ᵍ En cambio, entre _____ʰ de las Américas, el tabaco que se empleaba tenía _____ⁱ alucinógenas. Se usaba principalmente para fines _____.ʲ

Las drogas, especialmente ____,[k] ____,[l] ____[m] y ____[n] también desempeñan un papel ritual entre los indios americanos. Para conseguir ____,[o] los indios hacían largas ____[p] a regiones sagradas en el desierto. Es importante notar que mientras el hombre contemporáneo emplea las drogas para ____,[q] el indio ____.[r] ____,[s] una droga que se consume entre los indios de ____[t] y ____[u] desde hace miles de años, es la fuente de otras dos drogas muy comunes en el mundo de hoy: ____[v] (que se consume principalmente dentro de la región andina) y ____[w] (que se exporta a todas partes del mundo). El ____[x] internacional de drogas hoy representa un grave problema tanto para las naciones andinas como para los EEUU y los demás países de occidente.

En conclusión, ____.[y]

2. El resumen contiene varias palabras o expresiones conectivas (por ejemplo, *sin embargo*) que ayudan a establecer las relaciones entre las ideas. Examine los párrafos y señale las expresiones conectivas. ¿Cuál es la función (indicar un contraste, presentar un ejemplo, etcétera) de cada una?

3. **¡Necesito compañero!** En su opinión, ¿es éste un buen resumen? ¿Cuáles son los puntos fuertes? ¿y los puntos débiles? Con un compañero (una compañera) de clase, hagan los cambios necesarios para mejorarlo.

INTERPRETACION

A. Explique brevemente las diferencias entre el uso «ritual» y el uso «secular» de una droga, del tabaco o del alcohol. Contraste los motivos que impulsan a los consumidores a usar cada una de esas sustancias. ¿Se emplean todavía con fines rituales algunas de estas sustancias en las sociedades modernas? Dé ejemplos.

B. ¿Cuáles son los efectos del consumo de la coca y en qué se diferencian de los que produce la cocaína? Pensando en lo que Ud. ya sabe de la gente de las regiones andinas y la clase de vida que lleva, ¿cómo se puede explicar la importancia de la coca en estos pueblos? ¿Qué implicaciones puede tener esta tradición para el narcotráfico?

C. ¿Qué relación se señaló en la lectura entre el consumo de varias drogas y la clase social a que pertenece el consumidor? ¿En la sociedad norteamericana hay drogas o sustancias que se consideran propias de la «clase alta»? ¿que se consideran de la «clase baja»? Explique. ¿Qué impacto tiene esto en el consumo?

D. ¿Por qué no se considera el consumo del alcohol como un vicio en la cultura hispana? ¿Cuáles son las consecuencias de esta actitud? ¿Qué contrastes puede Ud. señalar entre el uso del alcohol en España y en los EEUU?

E. Explique la diferencia entre la borrachera y el alcoholismo. ¿Cree Ud. que uno de estos sea un problema en los EEUU? Explique.

Lectura

Las drogas, el alcohol y el tabaco: Parte 3

Cada tema tiene sus pros y sus contras. ¿Qué punto de vista representa cada uno de los artículos a continuación?

Entradas al texto

Esquemas para comprender

A. Lea los títulos de los seis artículos y clasifique cada uno según el tema (**T** = tabaco; **A** = alcohol; **D** = droga) y la perspectiva (+ = pro; − = contra).

B.  **Entre todos.** Hagan una lluvia de ideas para completar el cuadro a continuación. Apunten todas las ideas que se les ocurran. Consideren aspectos relacionados con el consumo de las sustancias, los individuos que las usan, su tráfico, etcétera.

TEMA	PRO	CONTRA
Tabaco Alcohol Droga		

La clase debe dividirse en grupos de dos o tres. El profesor (La profesora) asignará a cada grupo un par de artículos. Los grupos deben leer sus artículos y luego trabajar juntos para completar los ejercicios de **Comprensión** en la sección **Después de leer**.

Europa sin humo

1 Después de la *Primera Conferencia sobre Tabaco*, celebrada en Madrid, se habla ya de la «Europa sin humo», para lo que se aconseja consumir el tabaco sin quemarlo, vendiéndose éste dentro de una pequeña bolsita que permite depositarlo directamente en la boca, donde es disuelto lentamente por la saliva, absorbién-
5 dose la nicotina a través de la mucosa bucal.

Este método de «fumar sin humo» es sumamente peligroso, puesto que aumenta enormemente el riesgo de padecer cáncer de boca. Al menos eso es lo que afirma el

10   profesor Miguel Lucas y Tomás, catedrático de Estomatología de la Universidad Complutense de Madrid, fundamentando su aseveración en que en los Estados Unidos, donde el hábito de fumar sin humo ha aumentado un 42 por ciento en los últimos quince años, se ha registrado un incremento espectacular en la incidencia del cáncer de lengua de un 80 por ciento.

15   Como además es un hecho incontrovertible que el tabaco, como factor de riesgo del cáncer de la boca, se potencia considerablemente si se asocia al hábito de beber alcohol, el doctor Lucas manifiesta que resulta necio aguardar con esperanza el «tabaco sin humo». Lo que hay que hacer es dejar de fumar totalmente.

Cambio 16, Madrid

Alcoholismo

1   España se encuentra entre los diez países con mayor consumo de alcohol, según se publica en el último número de la revista *Tribuna Médica*. Se calcula una media de 156 litros de bebidas alcohólicas por habitante y año, lo que conduce a que exista un número de alcohólicos verdaderamente importante, que puede evaluarse

5   en unos cuatro millones de personas. Esto da lugar a la ocupación del 20 por ciento de las camas de hospitalización de larga estancia de los hospitales psiquiátricos. Estas preocupantes cifras se convierten en desolación cuando se sabe que los españoles gastamos en beber más del doble que en leer.

Cambio 16, Madrid

Un sorbito de champán no hace daño

1   Durante las Navidades es difícil no sucumbir a la tentación de tomar alguna copita, y para que nadie se amargue la vida por ello, nos hacemos eco de un dato tranquilizador: en pequeñas dosis, el alcohol es incluso beneficioso para el organismo. La mujer no debe tomar más de 14 cañas de cerveza o seis copas de vino de

5   mesa o un whisky y medio a la semana. En el caso del hombre es un poco menos del doble (21, 9 y 2½). Por supuesto quedan excluídos de estos datos las mujeres embarazadas y los niños, que no deben tomar ninguna bebida alcohólica, por muy baja que sea su graduación.

Ser padres hoy, Madrid

El tabaco es bueno para la amistad

Por Antonio Burgos

1   Tantas campañas se hacen en contra del tabaco, que algunos debemos estar públicamente a favor, al menos para contrarrestar esa presión social que convierte al fumador virtualmente en un delincuente. Cada vez que me subo a un avión pienso lo absurdo que es este mundo en que vivimos, que se mueve por modas,

5   y donde la salud tampoco escapa a las modas. Si sube usted al avión y, si es fumador, recibe todas en el mismo lado, ya he comentado en esta página que le condenan a viajar en los últimos asientos, eso si encuentra plaza libre de fumador, lo cual no siempre ocurre.

Pero en cuanto el avión ha despegado, ese mismo sistema que por los altavoces le anuncia que no puede fumar si no se encuentra entre los ciudadanos apestados del fondo, y que tampoco puede hacerlo en los pasillos, ni en los lavabos; ese mismo sistema —decía—, al instante le ofrece toda suerte de bebidas alcohólicas, que trae la azafata en el carrito.

Y mi pregunta es muy simple: ¿por qué no ponen en los aviones zonas de «no bebedores»? Si a usted, señora, le molesta tanto el olor del cigarrillo que me estoy tirando «a pecho», como decíamos de muchachos, también a mí me molesta el vaho a alcohol que echa ese lingotazo de coñac que se está usted metiendo para el chaleco. Quien haya padecido, como servidor ha sufrido, en un vuelo transatlántico desde Nueva York las incomodidades de un grupo de estudiantes americanos que descubren la libertad del alcohol para los menores de veintiún años, vomitona incluida, me dará toda la razón en pedir también las zonas de «no bebedores» en los aviones. Y se planteará, como me planteo, lo absurdo de esta lucha social contra el tabaco, fuente de inspiración, compañía de los solitarios, alivio para los nervios y excusa para trabar conversación.

ABC, Madrid

Despenalizar la droga es un disparate

Por M.ª José García Alvarez (Madrid)

Como madre de tres hijos estoy absolutamente en contra de la legalización de la droga. Sería absurdo, además, que se hiciera en España y en otros países no. Pero aunque se llegara a un acuerdo internacional, me parecería un disparate. Quienes tenemos chavales adolescentes conocemos perfectamente su curiosidad por probarlo todo, por fumar el primer cigarrillo o emborracharse por primera vez. En esas edades, en las que su carácter está definiéndose, son frecuentes las depresiones, las crisis de identidad, la necesidad de autoafirmación y los enfrentamientos con los padres. No es difícil que un joven, a la menor contrariedad, se acerque a la droga, a menos que existan fuertes barreras para ello. Si tienen droga al alcance de la mano, y a un precio asequible, no dudarán en probarla.

Ser padres hoy, Madrid

La legalización es la mejor arma

Por Carlos, Asistente Social (Madrid)

No tengo hijos, pero trabajo con jóvenes drogadictos desde hace seis años y creo firmemente que la legalización sería la única forma de solucionar, si no totalmente, sí en parte, el problema de la drogodependencia. Casi la práctica totalidad de los toxicómanos delinquen o se prostituyen para conseguir heroína; son capaces de hacer *cualquier cosa* por una papelina. Si el precio de la droga fuese asequible, o se distribuyera gratuitamente, como ha propuesto el alcalde de Hamburgo, estos chicos no harían las barbaridades que hacen y, por otra parte, se les podría controlar desde el punto de vista sanitario. Cada año mueren, sólo en Madrid, más de cien chavales por inyectarse heroína en malas condiciones o consumir droga adulterada. Creo que la gravedad del problema está forzando a buscar soluciones urgentes, y ésta no es descabellada. Hasta el SUP, el Sindicato Unificado de Policía, ha declarado que el 80% de sus funcionarios está a favor de la legalización, por considerar que la droga no es un

15 | problema policial, sino social y sanitario. La legalización, una buena campaña para mentalizar a los ciudadanos, como se está haciendo con éxito contra el tabaquismo, y centros suficientes y bien equipados de rehabilitación y ayuda al toxicómano, serían las mejores armas contra la drogodependencia y el deterioro físico y mental que sufren nuestros jóvenes.

Ser padres hoy, Madrid

Después de leer

COMPRENSION

A. ¡Necesito compañero!

1. Identifiquen la idea principal de cada uno de los dos artículos que su grupo ha leído y resúmanla en una o dos oraciones. En comparación con sus expectativas (de la actividad A de la sección **Esquemas para comprender**), ¿qué tal acertaron con respecto a las perspectivas en pro y en contra?
2. Con relación a cada idea principal, identifiquen todas las ideas específicas de que el autor se vale (¡por lo menos *una*!) para apoyar su punto de vista.
3. De los dos artículos que su grupo ha leído, ¿cuál creen Uds. que es el más convincente? ¿Por qué?

B. Entre todos.

1. Todos los grupos que leyeron los mismos artículos deben juntarse (*to get together*) para comparar sus respuestas y llegar a un acuerdo entre sí en cuanto a la información obtenida. ¡OJO! Prepárense bien porque van a explicar la información en estos artículos a los grupos de la clase que no los han leído.
2. Compartan la información que obtuvo su grupo con los demás de la clase.
3. Según la discusión, decidan cuál es el más convincente de todos los artículos.

INTERPRETACION

A. ¿Qué artículo les parece a todos que es el más controvertible? ¿Por qué?

B. ¿Hay un punto de vista que *no* se encontraría en una revista o periódico en los EEUU? ¿Cuál? ¿Por qué no?

APLICACION

A. ¿Qué sabe Ud. del movimiento en contra del consumo de alcohol en nuestro país? ¿y de la enmienda constitucional de prohibición? ¿Qué efecto tuvieron? ¿Está muerto el movimiento?

B. ¿Cree Ud. que debe haber una edad mínima para el consumo del alcohol? Explique. ¿Deberían castigarse las borracheras en público? Cree Ud. que el castigo por conducir en estado de ebriedad (borrachera) debería ser más severo o menos? ¿Por qué?

C.   En su opinión, ¿cuál es la manera más efectiva de reducir el consumo de drogas, controlar el narcotráfico o cambiar las actitudes hacia la droga? ¿Por qué? ¿Cuál de estas técnicas se usa actualmente con respecto al consumo de tabaco en este país? ¿al consumo de alcohol?

D.   ¡Debate!

1. Se deben eliminar las restricciones que limitan la edad para la compra y el consumo del alcohol.
2. Las compañías tabacaleras deben ser responsables legalmente de la muerte de cáncer de quien fuma su producto.
3. Se deben establecer secciones de «no bebedores» en los aviones.
4. Se deben legalizar la venta y el consumo de las drogas.

V O C E S

María José R.
Sevilla, España

Eduardo C.
Montevideo, Uruguay

1. ¿*Toma Ud. bebidas alcohólicas?*

Eduardo C.: Montevideo, Uruguay
Prácticamente todos los miembros de mi familia toman... La gran mayoría de los uruguayos son descendientes de españoles, italianos y portugueses y por eso generalmente toman vino con el almuerzo y la cena. También es común tomar un aperitivo antes de las comidas, especialmente en reuniones y fines de semana.

María José R.: Sevilla, España
En España se consume mucha cerveza; es prácticamente nuestro refresco nacional. Es muy normal ver a las familias sentadas en las terrazas de verano con su «caña» (vaso) de cerveza... En todas las Facultades de las Universidades españolas hay cafeterías, que desde luego venden bebidas alcohólicas durante todo su horario... Pues bien, después de haber pasado cinco años en la universidad

puedo decir que jamás vi a ningún estudiante borracho allí. Creo que la sociedad española es bastante permisiva en cuanto a este tema, y sin embargo no se tolera bien que las personas no «sepan beber». Se dice «saber beber» a saber mantenerse sin emborracharse. Esto nos diferencia claramente de otras culturas. Los borrachos no están bien vistos. Por lo general cuando se sale de juerga (para divertirse), lo lógico es estar algo entonado después de varias horas bebiendo y charlando, a veces después de toda una noche, pero nunca se sale a emborracharse.

2. ¿Fuma Ud.? ¿Ha cambiado en la última década en su país la actitud de la gente hacia el fumar?

Eduardo C.: Montevideo, Uruguay
Empecé a fumar a los 15 años y, lamentablemente, todavía fumo... Creo que sí ha cambiado un poco la actitud de los uruguayos

hacia el fumar... Hay campañas publicitarias del Ministerio de Salud Pública con información sobre los problemas de la salud causados por el tabaco, para estimular a la gente a que deje de fumar. Esta campaña ha producido resultados, ya que hoy día hay menos fumadores en el Uruguay. Pero todavía es simplemente inconcebible pedirle a alguien que fume fuera de la casa como sucede aquí en los EEUU comúnmente. Prácticamente todos mis amigos en California no dejan que nadie fume dentro de sus casas, ¡inclusive mi propia esposa!

María José R.: Sevilla, España
En la actualidad no fumo. He sido fumadora durante diez años, pero definitivamente lo he dejado... Recuerdo que mis primeros cigarrillos se los quité a mi papá cuando yo tenía 9 ó 10 años... Después empecé a fumar a los 15 ó 16 sin duda influenciada por mis amigos y algunas primas mayores por las que sentía gran admiración... En el año 1980 tuve ocasión de ir a California, y ¡menuda sorpresa

ver que el tabaco no estaba muy bien visto! ¡Incluso te preguntaban si fumabas cuando ibas a alquilar una habitación! Yo continué fumando contra viento y marea (*despite all the grief I got*). Es más, observé que cuando conocí a un fumador americano, por lo general era más fumador todavía que la media (*average*) de fumadores [españoles] que yo conocía... Cuando yo iba a la universidad (1975–1980) recuerdo que sólo uno o dos profesores nos pedían que no fumásemos en las clases. Pocos años después, mi hermana pequeña me decía que le habían pedido a un profesor que fumaba que por favor no lo hiciese durante la clase. Prácticamente hoy no se fuma en las clases, ni en muchos comercios, ni en muchos sitios relacionados con la salud, ni en los medios de transporte públicos, ni en los cines ni teatros... Puede decirse que hay mayor sensibilidad hacia los no fumadores aunque, por ejemplo, todavía es muy raro encontrarse un restaurante con divisiones para los fumadores y los no fumadores.

¡UD. TIENE LA PALABRA!

A. Mientras lee y/o escucha las voces de esta sección, apunte en una lista la información que le parece similar a lo que ocurre en los EEUU y en otra la información que le parece muy diferente a lo que ocurre en los EEUU. Luego comparta sus listas con los demás de la clase. ¿Hay mucha diferencia de opiniones?

B. ¿Se identifica Ud. con alguno de los individuos de esta sección? ¿Con quién? ¿Por qué? ¿Qué tienen Uds. en común?

C. ¡**Necesito compañero!** ¿Qué comparaciones sugieren estas personas con respecto al consumo del tabaco y el alcohol? Con un compañero (una compañera) de clase, apunten las ideas comparativas en estos comentarios. Pueden incluir comparaciones entre los EEUU y los países hispanos, entre los sexos, entre las edades, etcétera. Luego compartan su lista con las otras parejas de la clase para recopilarlas en una sola lista.

CAPITULO ONCE

Barcelona, España

La ley y la libertad individual

Crimen y violencia

Por sí solo... leer y comprender

Aspectos lingüísticos

More Practice with Connecting Words

Chapter 7 presented a number of connecting words that are important for understanding the relationship between two clauses or ideas. This chapter provides more practice with those connectors.

A.   Repase las palabras conectivas de los grupos 1–4 de la página 120. Luego, en cada una de las siguientes oraciones indique si la frase introducida por las palabras *en cursiva* se relaciona con el resto de la oración como causa (**C**), efecto (**E**), información similar (**S**) o información contrastiva (**CS**).

1. _____ Los ingleses vinieron para colonizar. *En cambio*, los españoles vinieron para conquistar.
2. _____ Los ingleses, *igual que* los españoles, querían usar las colonias para enriquecer a la madre patria.
3. _____ *A pesar de* los esfuerzos del médico, el niño murió.
4. _____ *A causa de* los esfuerzos del médico, el niño murió.
5. _____ El mundo de hoy es muy complicado; *así*, la educación universitaria resulta muy importante.

B.   Repase las palabras de los grupos 3–5 de las páginas 120–121. Luego, en cada una de las siguientes oraciones indique si la frase introducida por las palabras en cursiva puede considerarse como información adicional (**A**), una paráfrasis (**P**), información similar (**S**) o información contrastiva (**CS**) en relación con el resto de la oración.

1. _____ Su padre le grita mucho; *además*, nunca lo deja salir con sus amigos.
2. _____ Los pobres, *tanto como* los ricos, tienen necesidades no económicas.
3. _____ Tiene suficiente poder para intimidarlos; *es decir*, todos tienen miedo de las consecuencias si no se ponen de acuerdo con él.
4. _____ *A pesar de* las advertencias de su padre, el niño fue a ver al jefe.
5. _____ Los resultados del primer experimento se publicaron rápidamente; *en cambio*, los resultados del segundo todavía no han salido.

C.   Lea las siguientes oraciones rápidamente e indique (**sí** o **no**) si la información que sigue a las palabras en cursiva es lógica según el resto de la oración.

1. _____ *Debido a* sus errores, le dieron un aumento de sueldo.
2. _____ No saben el alfabeto; *en consecuencia*, no pueden leer.
3. _____ Estuvo enfermo tres días; *sin embargo*, está muy débil.
4. _____ Roosevelt, *además de* ser presidente, fue gobernador.
5. _____ *A diferencia de* los gatos, a los perros les gusta el agua.

D. Lea las oraciones a continuación y escoja la frase que mejor complete la idea. Luego, sustituya las palabras en cursiva por otras que estén de acuerdo con la frase alternativa.

1. Los indios no tenían armas de fuego; *por lo tanto,* _____.

    a. intimidaban a los españoles fácilmente
    b. fueron vencidos rápidamente

2. Las olas (*waves*) eran tremendas; *además,* _____.

    a. el viento tenía la fuerza de un huracán
    b. no pudieron salir del puerto

3. Sus padres nunca creyeron lo que dijo *aunque* _____.

    a. su hijo nunca mentía
    b. su hijo nunca dijo la verdad

4. Es una persona muy inteligente; *por otra parte,* _____.

    a. tiene una personalidad desagradable
    b. siempre saca las mejores notas

5. Los animales, *tanto como* los seres humanos, _____.

    a. tienen derechos
    b. no se comunican con una lengua escrita

Aproximaciones al texto

Understanding Text Structure

In most of the previous chapters, the structure of the main text followed a common and predictable pattern. The first paragraph introduced the main idea of the selection. Succeeding paragraphs developed this idea with specific information, sometimes using titles and subtitles to make explicit the organization of the information. It is easy to make an outline of this type of organization in order to summarize the main points of a reading and the relationships among them.

E. Por ejemplo, haga un bosquejo de la lectura del Capítulo 7 usando las frases a la derecha.

I. _____		El factor económico
II. _____		Las relaciones interamericanas: Metas y motivos
	A. _____	La Política de Buena Voluntad
	B. _____	Mirando hacia el futuro
	C. _____	La época de la intervención
III. _____		Introducción
	A. _____	La Doctrina Monroe
	B. _____	Las relaciones interamericanas: Una perspectiva histórica
IV. _____		El factor político

Un bosquejo puede ser más detallado si se quiere: sólo hay que agregar más subdivisiones en cada categoría. ¿Cómo se pueden subdividir A, B y C de la segunda sección del bosquejo que Ud. acaba de completar? Escriba por lo menos dos subdivisiones para cada sección.

Not all texts follow this type of organization, and texts organized in different ways may lend themselves to different formats for summarization. For example, tables may be more appropriate for summarizing texts that present numerous comparisons and contrasts; diagrams may be more accurate for newspaper texts or texts based on classifications. And, since newspaper articles are often structured around answering basic questions (who, what, where, when, why), one can use these questions to identify and summarize major points of information within the article.

F. Lea el texto a continuación rápidamente y luego conteste las siguientes preguntas. ¡OJO! Puede ser que en el texto no se incluya la respuesta a alguna de estas preguntas.

1. ¿Qué? 2. ¿Quién? 3. ¿Dónde? 4. ¿Por qué? 5. ¿Cuándo?

Ya no hay crimen perfecto

Los criminales lo tienen cada vez más difícil y, si quieren cometer el crimen perfecto, tendrán que actuar casi como espíritus puros. Las nue-

Las nuevas tecnologías ya se están aplicando a la ciencia forense.

vas tecnologías detectivescas podrán descubrirlo casi todo. Pongamos un ejemplo: el asesino envolvió el revólver en un periódico para no dejar las huellas en el arma; la policía en-

contró el periódico y pudo descubrir al asesino gracias al microscopio electrónico de barrido. El periódico se lavó con una suspensión de partículas de plata, y allí donde había una huella digital las partículas se separaron. Después, el papel se exploró con el haz de electrones del microscopio, y la reacción de los electrones y los átomos de plata pudo ser fotografiada. La huella quedó visible. En otro caso fue el rayo láser el que hizo posible el *milagro*. El policía apuntó en la mano un número de teléfono luego se bañó y el número desapareció, pero un rayo láser pudo fotografiarlo. La policía londinense ya usa estas tecnologías. Pero aún se apunta como más espectacular la identificación a través de los genes. Una brizna de uña, una escama de la piel, cualquier materia orgánica podrá compararse con el material genético del sospechoso. ■

Lectura

Entradas al texto

Palabras y conceptos

acatar to respect, obey (*laws*)
adinerado monied, wealthy
alentador encouraging
la aprobación approval
castigar to punish
  el castigo punishment
delictivo criminal (*adj.*)
la delincuencia criminality, delinquency
  el/la delincuente criminal, delinquent
el delito crime
desaparecer to disappear
el enfrentamiento clash, confrontation
el escuadrón squad
estallar to explode
estremecedor terrifying; shocking
el juicio trial, judgment
la matanza killing

la piratería aérea skyjacking
prevenido prepared, on one's guard
procesar to put on trial
el/la proscrito/a outlaw
raptar to kidnap
  el rapto kidnapping
recurrir to resort to, fall back on
refrenar to hold back, curb
  el freno brake; check
la represalia reprisal, retaliation
el rescate ransom, reward
sangriento bloody
secuestrar to kidnap
  el secuestro kidnapping
tender (ie) to tend to
el tiroteo shooting
violar to break the law; to rape
  la violación violation of the law; rape

A. ¡**Necesito compañero!** Para cada una de las siguientes palabras o frases, busquen otras dos de la lista del vocabulario y formen oraciones lógicas.

> MODELO: violar → (el delincuente, el enfrentamiento)
> Cuando un individuo viola la ley, entonces habrá un enfrentamiento entre ese delincuente y la policía.

1. la represalia
2. la aprobación
3. la piratería aérea
4. acatar

B. ¿Qué circunstancias asocia Ud. con los siguientes estados o acciones?

1. castigar a otro
2. recurrir a la violencia
3. estar prevenido
4. violar la ley
5. desaparecer
6. temer una represalia

C. ¡**Necesito compañero!** ¿Cuántas diferentes personas, lugares o eventos pueden Uds. asociar con las siguientes palabras? ¡Sean específicos y prepárense para dar explicaciones al resto de la clase sobre las asociaciones que hagan!

1. el secuestro
2. procesar
3. el enfrentamiento
4. el tiroteo
5. alentador
6. estremecedor

D. Defina en español.

1. el juicio	3. la delincuencia	5. adinerado
2. raptar	4. el proscrito	6. el freno

Esquemas para comprender

A. Mire con atención el título, los subtítulos y las fotos de esta lectura. ¿Qué le sugieren éstos sobre la organización y el posible contenido de la lectura? ¿Se va a presentar información similar a la que Ud. esperaba o diferente?

B. ¡**Necesito compañero!** Vuelvan a mirar la lista del vocabulario y organicen todas las palabras que puedan en las siguientes categorías.

la violencia criminal   la violencia política

Comparen sus listas con las de los otros grupos para llegar a un acuerdo.

C. En general, cuando Ud. piensa en la violencia, ¿qué asociaciones (personas, lugares, emociones, acciones, etcétera) se le ocurren? ¿Tienen que ver estas asociaciones más con la violencia criminal o con la violencia política?

D. Si Ud. fuera a escribir un libro sobre la cultura norteamericana dirigido a estudiantes hispanos, ¿incluiría en él un capítulo sobre el crimen y la violencia? ¿Por qué sí o por qué no? ¿Cómo afecta el nivel de criminalidad de una cultura la vida diaria de su gente? Dé ejemplos.

Crimen y violencia: Parte I

1   Junto con el amor y el trabajo, el humor y la creatividad, en todas las sociedades humanas se dan en mayor o menor grado la violencia y la criminalidad. Entre todas las imágenes que se asocian con la sociedad norteamericana, no hay que olvidar el proscrito de las películas del oeste, el *gangster* de 5 Chicago y Nueva York, las pandillas callejeras° y los disturbios° raciales. De modo semejante, un *collage* de lo hispano tendría que incluir a un hombre armado, apasionado e imprudente, dispuesto a defender su honor de toda mancha° imaginaria o real. La visión 10 estereotipada de los gobiernos hispanoamericanos es, para muchos, una sucesión de golpes de estado, militares, guerrilleros y revolucionarios. Si un norteamericano piensa en México, suele recordar la figura de Pancho Villa, con su traje negro, su fría mirada y su bandolera? al pecho.
15   Estos estereotipos, como todos, son exageraciones, pero sin duda el carácter de la violencia se manifiesta de distintas maneras

pandillas... street gangs / riots

stain

¿Existe una relación entre la violencia cinematográfica y la violencia real? ¿Contribuyen los medios de comunicación a crear una cultura global de violencia? ¿Qué características tiene?

según la sociedad en que se da. Puede expresarse individualmente, o sea, en la violencia criminal, o colectivamente, por medio de la violencia política. De cualquier forma, su presencia es al mismo tiempo producto de las varias circunstancias históricosociales de esa sociedad como también reacción contra ellas. No es posible entender las diferentes manifestaciones de la violencia sin primero reparar en esas circunstancias.

La violencia criminal

LAS COMPARACIONES CULTURALES

Para cualquier definición de la violencia—ya sea criminal o política—normalmente se mencionan dos factores: el uso de la fuerza y la violación de un derecho. Ya que hay muchas interpretaciones de lo que es o no es un *derecho*, el concepto de la violencia y la identificación de lo que es criminal varían de acuerdo con los valores socioculturales en determinados momentos históricos. Por ejemplo, el homicidio, que es considerado en la cultura norteamericana moderna como un delito grave, causa menos escándalo entre algunas tribus indígenas de Hispanoamérica que la violación de ciertos tabúes tradicionales. Estas tribus no castigarían el infanticidio pero sí castigarían duramente a quien faltara a su deber de

35 castidad. Hoy en día en algunos países el suicidio es un crimen mientras que en otros se ve como un acto privado al que todo ser humano tiene derecho. En muchas culturas se toleran entre familiares niveles de abuso físico que entre desconocidos serían denunciados inmediatamente.

40 Hay otras razones que hacen difícil cualquier intento de catalogar la clase y el número de delitos que se cometen en los varios países. En primer lugar, está el problema de la denuncia de los delitos que ocurren. Por ejemplo, los que tienen carácter sexual o que implican a miembros de la familia de la víctima no suelen ser declarados.

45 Tampoco lo son los delitos perpetrados por las autoridades gubernamentales por miedo a las represalias. Segundo, existen muchas variaciones en cuanto a la manera de recoger y recopilar estadísticas sobre los delitos que sí son declarados.

50 Por consiguiente, puede ser más válido comparar tendencias acerca de la incidencia de algunos actos violentos que buscar una comparación estrictamente numérica. En los EEUU, la violencia criminal se considera más problemática que la violencia política. En la mayor parte del mundo hispano, en cambio, el ciudadano medio teme la violencia política más que la criminal.

55 Se ha tratado de explicar la frecuencia de la violencia criminal en los EEUU señalando que desde un principio la violencia ha sido un ingrediente fundamental en la formación de la nación. Como ejemplos, se traen al caso la matanza sistemática de los indígenas, la colonización del oeste por medio de las armas, la brutalidad de

60 la esclavitud y los frecuentes conflictos violentos del movimiento laboral. La defensa del derecho a llevar armas ejemplifica claramente este carácter de la violencia norteamericana, como explícitamente lo proclama uno de los letreros adhesivos que puede verse en los parachoques° de los automóviles: «*God, guns, and guts. They*   bumpers

65 *made America great. Let's keep it that way.*» Algo que sorprende a casi cualquier extranjero.

Igualmente violenta fue la historia de Hispanoamérica. Por ejemplo, no se puede hablar de la colonización de Hispanoamérica sin hablar primero de su *conquista*, época que se caracterizó por

70 repetidas luchas sangrientas entre indígenas y europeos. En Argentina y Chile se emprendieron campañas bélicas dedicadas a la exterminación de la población indígena.*

Pero a pesar de estas semejanzas históricas, hasta ahora la violencia criminal no aflige a la conciencia colectiva de la sociedad

75 hispana tanto como en los EEUU. La razón de esto se basa en dos factores principales, uno cultural y el otro político.

---

*Las guerras contra los indios tuvieron lugar entre los años 1840–1900.

LOS FRENOS CULTURALES

En la cultura hispana, hay ciertos valores que hasta ahora han ayudado a refrenar la violencia criminal. Por ejemplo, en comparación con la cultura norteamericana, hay una marcada ausencia de materialismo. En general se ha dado más énfasis a los valores espirituales o intelectuales. Se suele juzgar a una persona por lo que *es* y no por lo que tiene. En los EEUU se considera al pobre como un fracasado, un sinvergüenza perezoso e inútil, mientras que en la cultura hispana es posible ser pobre sin perder la dignidad o el amor propio° (y hay que reconocer que la pobreza hispana puede llegar a dimensiones mucho más desoladoras que en los EEUU).

amor... self-esteem

El fatalismo hispano también puede tener cierta influencia en esta falta de materialismo. Por un lado el éxito económico no es muy importante, ya que no se interpreta como indicio del valor personal. Por otro, los pobres no confían en la posibilidad de cambiar su situación y se resignan sin dar lugar° a las enormes tensiones y conflictos de la sociedad norteamericana moderna. Otro freno a la violencia criminal puede ser la existencia de rígidas clases sociales. Si la clase de procedencia importa más que la riqueza o la propiedad, no habrá un gran incentivo para adquirir bienes materiales, sea legal o ilegalmente.

dar... producir

Finalmente, hay muchos que señalan la gran importancia que ha tenido la familia en la cultura española. La figura fuerte y autoritaria del padre ha servido para disponer a los jóvenes a aceptar el orden establecido. Además, los lazos y compromisos familiares ofrecen una diversidad de servicios y apoyos sin los cuales los jóvenes se verían empujados° hacia la vida criminal.

forzados, impulsados

EL DESARROLLO SOCIOECONOMICO Y LA DELINCUENCIA

La vigencia? de los valores culturales tradicionales ayuda a refrenar el uso de la violencia como respuesta a circunstancias difíciles. Desafortunadamente, la creciente urbanización de los últimos años ha puesto en grave peligro la pervivencia? de estos y otros valores. La actual sociedad industrializada y consumista—con su ideología del bienestar, la carrera adquisitiva, la crisis familiar, la soledad, el anonimato—produce condiciones aptas para la violencia.

Por varias razones, los migrantes en general son más susceptibles de desarrollar una conducta criminal. El traslado a un nuevo ambiente suele ir acompañado de inestabilidad financiera y familiar; además, las normas que rigen la conducta en el lugar de origen (sea el campo del mismo país o sea otro país) son distintos de los del nuevo lugar. Por eso, en todo el mundo el número de crímenes que se cometen en una ciudad grande es dos veces mayor que el de los cometidos en un pueblo, o en una ciudad mediana, y la incidencia de delitos violentos es cinco veces mayor. En el caso de

Hispanoamérica la urbanización se ha llevado a cabo a una
velocidad asombrosa, usualmente con el crecimiento de una sola
gran ciudad en cada país.* Los valores espirituales tradicionales se
ven reemplazados cada vez más por intereses materiales. La familia, desprovista del apoyo tradicional y afligida por los choques
generacionales, se desintegra. Crecen la desilusión, el descontento,
y por consiguiente, los delitos y la violencia. El fenómeno de los
gamines, jóvenes abandonados que dependen de la vida criminal
para sobrevivir, se puede observar ahora en casi todas las grandes
ciudades hispanas.

Por otro lado, es importante reconocer que el crimen no resulta
de la pobreza en sí, sino del contraste que se percibe entre la
pobreza y la riqueza. No hay muchos crímenes en aquellas culturas
en las que todo el pueblo tiene más o menos el mismo nivel
económico. En la sociedad urbana, los contrastes entre ricos y
pobres son cada vez más evidentes. Muchas de las grandes ciudades
de Hispanoamérica están rodeadas de tristes «villas de miseria»,
con casas de cartón,° de hojalata° o de cualquier material que   *cardboard / tin*
abrigue° un poco de la lluvia y del sol; dentro de estas casuchas   proteja
viven familias grandes, sin empleo, sin agua y sin comida. Ya hay
graves problemas en ciudades como Lima, Bogotá y México, en las
que la gente adinerada vive en casas rodeadas de murallas,° incluso   paredes altas
a veces custodiadas por guardias privados. Y los ciudadanos están
conscientes de que tienen que vivir prevenidos para evitar ser víctimas de un delito.

Con el desarrollo viene también un contacto mayor con otras
culturas y con ello° mayores posibilidades de que el país se vea   tal contacto
afectado por las actividades de organizaciones criminales internacionales. El tráfico de drogas entre los EEUU e Hispanoamérica,
tanto como el tráfico de armas entre Hispanoamérica y otros países,
están ahora en manos de individuos que viajan de un país a otro con
pasaportes falsos y amistades poderosas. Con millones de dólares en
juego, los traficantes están dispuestos a hacer todo lo que puedan
para proteger sus intereses. Los asesinatos y los ajustes de cuentas
entre la mafia y los delincuentes no respetan fronteras.

La corrupción asociada con el tráfico de drogas y su principal
consecuencia, la violencia, han sido particularmente problemáticas
en Bolivia, Colombia y el Perú.† En Bolivia y el Perú no es extraño
que periódicamente algún alto funcionario sea acusado de estar
implicado en el tráfico de cocaína. En Colombia, las elecciones
presidenciales de 1990 estuvieron fuertemente interferidas por la
violencia provocada por los narcotraficantes que incluso asesinaron

---

*Véase la lectura del Capítulo 5, «La Hispanoamérica actual».
†Véase la lectura del Capítulo 10, «El alcohol, el tabaco y las drogas».

a tres candidatos. En la ciudad de Medellín, capital de una de las más importantes bandas internacionales de «narcos», durante un tiempo los asesinatos alcanzaron los 50 muertos diarios.* También en los EEUU la droga y sus implicaciones son las causas principales de los actos delictivos y violentos.

Las organizaciones criminales internacionales, además de los negocios relacionados con la droga, participan en el tráfico de objetos de arte, joyas, pieles, automóviles, incluso de niños y muchachas hispanoamericanas. En consecuencia, no se puede hablar exclusivamente de los delitos dentro de una cultura o país; el problema supera las fronteras para convertirse en un fenómeno de alcance mundial.

LOS FRENOS POLITICOS

Después de la muerte del dictador Francisco Franco en 1975, uno de los descubrimientos más tristes de la población española ha sido el de la conexión que existe entre la libertad personal y el crimen. El nivel de violencia criminal en España, mínimo bajo el régimen represivo de Franco, subió después de establecerse en ese país la democracia. De igual modo, la larga tradición de gobiernos militares y dictaduras autoritarias en Hispanoamérica ha impedido la incidencia de violencia criminal'en aquella región. Ahora que estos regímenes autoritarios han dado paso a gobiernos más democráticos, es posible que las naciones hispanoamericanas también sufran un aumento en la violencia criminal. Sin embargo, no hay duda que el abuso de poder llevó a los antiguos gobiernos militares a cometer los peores tipos de violencia política. Este fue el caso de los últimos gobiernos militares que tuvieron Chile y la Argentina principalmente.

Después de leer

COMPRENSION

A. Explique la importancia que tienen las siguientes ideas dentro del contexto de la lectura. ¿Qué asocia Ud. con cada una?

1. la violencia criminal
2. el derecho a llevar armas
3. el cartel de Medellín
4. los frenos culturales
5. el contraste entre los ricos y los pobres

---

*Como medida para reducir la violencia, el presidente colombiano, César Gaviria Trujillo, les prometió a los narcotraficantes no conceder su extradición si se entregaban a las autoridades. De hecho, a poco tiempo de prohibirse la extradición en la nueva constitución colombiana de 1991, Pablo Escobar, jefe del cartel de Medellín, se entregó a las autoridades.

B. **¡Necesito compañero!**   Las siguientes ideas vienen de la lectura. Con un compañero (una compañera) de clase, busquen dos o tres puntos de la lectura que apoyen o que ejemplifiquen cada idea.

1. Son muy difíciles las comparaciones culturales en cuanto al número y la clase de delitos que se cometen.
2. La historia de los EEUU, al igual que la de Latinoamérica, fue violenta.
3. La urbanización es una causa directa e indirecta de gran parte de la delincuencia y de los actos violentos que ocurren en el mundo moderno.
4. La desintegración de la familia y sus valores incide en el (contribuye al) aumento global de la violencia.
5. La violencia criminal tiene actualmente implicaciones internacionales.

C. **¡Necesito compañero!**   Completen las siguientes oraciones condicionales según la información de la lectura, conjugando los verbos entre paréntesis en el tiempo apropiado. Prepárense para justificar sus respuestas.

1. Si los lazos familiares (ser) menos fuertes, (haber) (más/menos) delincuencia en la sociedad hispana.
2. Si España (volver) a tener un régimen totalitario, la violencia criminal (aumentar/disminuir/no verse afectada).
3. Si (haber) un acuerdo absoluto sobre la definición de la palabra «derecho», (ser/aún no ser) posible hacer comparaciones culturales sobre la incidencia del crimen y la delincuencia.
4. Si las diferencias entre ricos y pobres (notarse) menos, los índices de la delincuencia criminal (subir/bajar/no cambiar).

INTERPRETACION

A.   ¿Cuáles son algunos de los estereotipos sobre los hispanos respecto a la violencia y la delincuencia? ¿De dónde vienen estas imágenes? En su opinión, ¿hay algunas que sean más acertadas (*apt*) que otras? Explique.

B.   ¿Qué relación existe entre la pobreza y la delincuencia? ¿y entre ésta y la prosperidad económica? ¿Existe alguna relación entre la pobreza/la prosperidad económica y el castigo que se le aplica al delincuente? Explique.

Lectura

Entradas al texto

Esquemas para comprender

A.   ¿Cuáles de los siguientes clasificaría Ud. como ejemplos de violencia política? Trate de agregar otros a la lista.

el terrorismo	los sobornos (*bribery*)
las huelgas	la represión
el despilfarro (*fraud*)	la tortura
la brutalidad policíaca	la falta de libertad de expresión
el chantaje (*blackmail*)	la falta de libertad de prensa
el asesinato de una figura	el espionaje
pública elegida	la intervención en la política de
las manifestaciones políticas	las organizaciones criminales
los movimientos revolucionarios	

De estas actividades, ¿cuáles existen o se practican en los EEUU?

B. 🔅 **Entre todos.** ¿Qué entienden Uds. por «derechos humanos»? ¿Se diferencian de los derechos civiles? Hagan un mapa semántico para organizar las ideas que asocian al respecto.

C. Ud. ya ha aprendido algo sobre la violencia y la delincuencia en la cultura hispana. Complete el siguiente *test* para averiguar lo que sabe con respecto a la violencia política en estas regiones. (Encontrará las respuestas en la segunda parte de la lectura.)

¿Qué elemento de la segunda columna asocia Ud. con uno de la primera?

1. _____ España	a. Las Madres de Plaza de Mayo
2. _____ El Salvador	b. Augusto Pinochet
3. _____ Chile	c. ETA
4. _____ Argentina	d. los contra
5. _____ Nicaragua	e. FMLN

Crimen y violencia: Parte 2

La violencia política

1   Por todas las razones señaladas anteriormente, el índice de la violencia criminal está en aumento en el mundo hispano. Sin embargo, es la violencia política lo que ha sido y sigue siendo uno de sus más graves problemas. En algunos casos, como
5 se verá, los mismos factores que han refrenado la violencia criminal han sido la causa principal de la violencia política. Al hablar de la violencia política, se pueden identificar dos clases específicas: la violencia que caracteriza una guerra o revolución y el terrorismo.

LA ACTIVIDAD REVOLUCIONARIA

Una revolución es una lucha—casi siempre militar—que intenta
10 llevar a cabo cambios radicales y profundos en la estructura del gobierno o de la sociedad de un determinado país. La lucha revolucionaria puede ser «tradicional», o sea, con enfrentamientos a

gran escala de tropas de soldados usando armas y métodos ortodoxos y convencionales. O puede ser no regular, es decir, conducida por guerrilleros,* terroristas, escuadrones de la muerte y otros grupos que no se atan ni a gobiernos ni a otras instituciones sociales. La actividad revolucionaria, y especialmente la actividad guerrillera, es común en Hispanoamérica desde hace mucho tiempo. De todas formas, hay que tener en cuenta que las revoluciones propiamente dichas no ocurren con mucha frecuencia. Algunos de los movimientos revolucionarios más importantes de este siglo en Hispanoamérica que consiguieron triunfar, no sin evitar a veces una auténtica guerra civil, son: la revolución mexicana (1910–1920), la revolución cubana (1955–1958) y la revolución sandinista que en 1979 acabó con la dictadura de Somoza en Nicaragua.

Por lo demás, los cambios de gobierno se han efectuado por medio de elecciones generales o por medio de golpes de estado, en los que un grupo militar toma el poder con un mínimo de violencia.

La actividad guerrillera, aunque no siempre ha conducido a verdaderas revoluciones, sí es común en Hispanoamérica. Las razones son muchas y complicadas. La débil e inestable situación económica de los países hispanoamericanos† ha creado una frustración crónica y un gran descontento entre los obreros, que se desesperan por no alcanzar nunca un mejor nivel de vida. Sin embargo, este grupo obrero pocas veces ha impulsado un movimiento revolucionario.‡ La chispa? revolucionaria siempre ha salido de la clase alta, de entre los universitarios e intelectuales del llamado «proletariado académico».

No todos los estudiantes latinoamericanos son radicales, pero muchos sí son activos políticamente. Se ha dicho que para un gobierno el desempleo entre las masas urbanas y rurales causa menos preocupación que el desempleo y el descontento entre la clase educada. En Hispanoamérica, como en muchas otras partes del mundo, los promotores del cambio social y económico son miembros ellos mismos de las clases privilegiadas.

Ante el aparente fracaso del sistema capitalista para resolver los problemas económicos y sociales de sus países, y considerando el

---

*El término «guerrilla», el diminutivo de «guerra», se usó por primera vez durante las campañas del duque de Wellington (1809–1813) en España, cuando pequeños grupos de insurgentes españoles y portugueses ayudaron a expulsar a las tropas de Napoleón de la Península Ibérica. Sin embargo, las tácticas guerrilleras en realidad son mucho más antiguas. Quizás el origen de su uso en la edad moderna se encuentre en la Revolución Americana, cuando grupos de colonos formaron pequeñas bandas de rifleros (*riflemen*) cuyos métodos no ortodoxos pudieron frustrar el entrenamiento formal superior de los soldados ingleses.
†Véase la lectura del Capítulo 7, «Los Estados Unidos en Hispanoamérica».
‡Tradicionalmente, los obreros han formado una importante fuerza política sólo en la Argentina.

deterioro de las posibilidades para el futuro, muchos estudiantes
50 latinoamericanos se entusiasmaron con las ideas de Marx y Lenin
aun antes de la revolución cubana. Sin embargo, la experiencia
cubana tuvo un gran impacto: demostró que para efectuar una
revolución no era necesaria la rebelión de las masas, sino sólo la
lucha de un pequeño núcleo de guerrilleros dedicados, que después
55 de llegar al poder podría implementar la revolución social desde
arriba.

Durante la década de los sesenta, nacieron movimientos revolucionarios en el Perú, Venezuela, Colombia, Bolivia, Guatemala y
Uruguay. Miles de personas murieron en los enfrentamientos entre
60 las fuerzas revolucionarias y las fuerzas del ejército o de la policía. Fracasaron todos, en parte porque nunca lograron movilizar
lo suficiente al resto de la población y en parte debido a la masi-
va reacción represiva de los gobiernos.* Actualmente, la actividad
guerrillera izquierdista se concentra en Colombia, el Perú[†] y, como
65 se describirá más adelante, especialmente en Centroamérica.

Ni siquiera las comisarías (*police stations*) se pueden defender de los
métodos terroristas de los grandes traficantes de drogas en Colombia.
Están dispuestos a todo para proteger sus operaciones.

---

*Esta actividad revolucionaria izquierdista preocupó mucho al gobierno norteamericano, que
apoyó su represión enérgicamente. Véase la lectura del Capítulo 7, «Los Estados Unidos en
Hispanoamérica».
[†]En Colombia el gobierno actual trata de negociar con cuatro grupos guerrilleros distintos; en el
Perú el Sendero Luminoso (*Shining Path*) es el grupo guerrillero más importante.

EL TERRORISMO

El terrorismo es el uso sistemático del terror (poner bombas, asesinar, torturar, secuestrar) como manera de alcanzar cierto objetivo político. Los actos terroristas pueden ser cometidos por individuos, grupos e incluso gobiernos.*

España sufre desde hace varias décadas los ataques terroristas del grupo vasco ETA.† Esta banda armada lucha de forma violenta por la independencia política del País Vasco, lo cual ha sido un deseo histórico del pueblo vasco. Aunque su lucha por conseguir una serie de derechos por esta zona ha despertado algunas simpatías,‡ hoy, con un régimen democrático y un estatuto de autonomía votado por el pueblo vasco, sus acciones admiten cada vez menos justificación política y reciben cada vez menos aprobación popular.

En Hispanoamérica muchos grupos revolucionarios latinoamericanos han usado métodos terroristas, en especial el secuestro y las bombas, esperando demostrar a la población que el gobierno ya no podía mantener el orden establecido ni proteger a los ciudadanos. Por ejemplo, durante la década de los sesenta hubo un gran número de secuestros y casos de piratería aérea. Los tupamaros en el Uruguay raptaron a diversos representantes del mundo de los negocios y de la política y exigieron grandes rescates para financiar sus actividades revolucionarias.

LOS DERECHOS HUMANOS

Casi todos los regímenes dictatoriales que han gobernado hasta hace poco (o que aún gobiernan) en Hispanoamérica han recurrido al abuso del poder militar para eliminar toda oposición. Este tipo de gobierno valora la estabilidad y seguridad del Estado más que los derechos civiles de los ciudadanos. Hay quienes critican los gobiernos militares precisamente por esta razón; otros dirían que el orden y la paz social proporcionados por los regímenes dictatoriales

---

*El terrorismo como concepto abstracto ha sido condenado por todos los países. Más problemática ha sido la manipulación del término por motivos políticos. Ciertos gobiernos que practican actividades terroristas disfrazan sus acciones bajo otros términos: «campaña contrarrevolucionaria», «control social», «acción antisubversiva». Del mismo modo muchos gobiernos denominan a ciertos grupos de oposición como «terroristas» para desacreditarlos. Además, si un grupo tiene una causa legítima a los ojos de los demás y está combatiendo contra una fuerza poderosa, muchas personas se inclinan a perdonar acciones que en otro contexto serían llamadas terroristas.
†Siglas del lema político *Euskadi ta Azkatasuna* (País Vasco y Libertad).
‡El pueblo vasco fue víctima de un tratamiento brutal durante la Guerra Civil española, a manos de las tropas de Franco. El episodio más conocido es el bombardeo de Guernica, un pueblo vasco, indefenso. Este ataque aéreo fue obra de aviones nazis, por orden de Franco. Esto, seguido de las restricciones severas impuestas al pueblo vasco durante el régimen franquista, permitió que muchos españoles, e incluso algunos observadores internacionales, miraran con cierta simpatía la reacción violenta de la ETA.

Como las otras Madres de Plaza de Mayo, estas mujeres argentinas protestan por la desaparición de sus hijos a manos de los militares.

95 facilitan las condiciones para el progreso económico. No hay duda que durante los últimos años varios gobiernos dictatoriales de Hispanoamérica, particularmente los de Guatemala y El Salvador, como antes los de Chile y la Argentina, lejos de proteger el orden y la paz social, ni de acatar las mismas leyes que decían representar, 100 se han convertido en los peores enemigos de su propio pueblo.

En la Argentina, entre 1976 y 1982, los gobiernos militares llevaron a cabo la llamada «guerra sucia» contra los «elementos subversivos». Desaparecieron hasta 10 mil personas sin que sus parientes ni amistades se enteraran de por qué habían desapare-105 cido, ni adónde habían sido llevados. Ni siquiera sabían si seguían vivos.

Lo que más atrajo la atención mundial a la situación argentina fue la campaña de las llamadas «Madres de Plaza de Mayo», un grupo de madres que cada semana se reunía, y todavía se reúne, 110 para pasar en silencio frente a la casa de gobierno para pedir la devolución de sus hijos desaparecidos. En 1983 en la Argentina se volvió a instaurar un gobierno civil y una de las primeras promesas del nuevo presidente Raúl Alfonsín fue investigar los casos de los desaparecidos y castigar a los culpables. Nombró un tribunal a fin 115 de iniciar el proceso de las tres juntas militares que gobernaron el país entre 1976 y 1983. El tribunal procesó a nueve líderes militares, entre ellos a tres expresidentes, y escuchó en un juicio oral y público el testimonio de más de mil testigos. La sentencia, pronunciada en 1985, de cinco condenas y cuatro absoluciones, dejó insatisfechos a

120 muchos. Sin embargo, poquísimas veces en la historia ha sucedido que un gobierno civil haya responsabilizado legalmente a un gobierno militar por actos violentos, y el que este hecho haya ocurrido es enormemente esperanzador.*

En Chile, el general Augusto Pinochet llegó al poder en 1973 a
125 través de un sangriento golpe de estado. Desde ese año y hasta 1989, año en que volvieron a celebrarse elecciones libres, Pinochet se mantuvo en el poder ejerciendo una política represiva y terrorista. Se calcula que unas mil personas fueron ejecutadas por tener ideas políticas contrarias al régimen y que otros mil detenidos «desapare-
130 cieron». Se desconoce el número total de desaparecidos pero sí se ha podido demostrar el uso repetido de la tortura física y psíquica. Después de su elección en 1989, el presidente Patricio Aylwin estableció una comisión para examinar las evidencias más claras de violación de derechos humanos en el país durante la dictadura. Esta
135 comisión ya ha publicado su informe (el informe Retting), pero los más de doscientos implicados en crímenes políticos no han sido sometidos a juicio todavía.

En Centroamérica la situación es aún más trágica, ya que allí las circunstancias combinan una casi constante violencia guerrillera
140 con el terrorismo. Tanto los movimientos de la izquierda y los de la derecha, como las fuerzas del gobierno o la oposición, no dudan en recurrir a los llamados «escuadrones de la muerte» que tanta desolación y sufrimiento dejan a su paso.

En El Salvador, donde se vive en estado de guerra civil desde
145 1979, se estima que ha muerto entre el diez y el veinte por ciento de la población. El gobierno, que es de ultraderecha, se enfrenta violentamente con la oposición armada de la guerrilla del FMLN (Frente Farabundo Martí de la Liberación Nacional). En Guate- mala, un país con una población de menos de nueve millones de
150 personas, han muerto más de treinta y ocho mil en las luchas del gobierno militar contra los indígenas y otros grupos izquierdistas durante las últimas décadas. La historia reciente de Nicaragua[†] no ha sido más pacífica. Después de una sangrienta guerra civil, las fuerzas guerrilleras sandinistas acabaron con la dictadura de
155 Anastasio Somoza en 1979. Casi inmediatamente comenzó otra guerra entre el nuevo gobierno y «los contra» (miembros de la Fuerza Democrática Nicaragüense). En las elecciones de 1990, Violeta Barrios de Chamorro venció mayoritariamente al frente sandinista y también ha conseguido la desmovilización de «los
160 contra».

---

*En 1990 el presidente Carlos Menem concedió el indulto (*pardon*) a los militares que cumplían sentencia. La medida suscitó una gran controversia.
†Véase la lectura del Capítulo 7, «Los Estados Unidos en Hispanoamérica».

Lo más estremecedor es que las víctimas en todas estas confrontaciones, como en casi todas las otras de tipo guerrillero y terrorista, en su gran mayoría han sido civiles.*

Conclusión

El mundo hispano, como se acaba de ver, no es ajeno a la violencia, ni a los delitos. Además conviene recordar que la creciente presencia de actividad guerrillera y terrorista en Hispanoamérica no es sino parte de una onda mundial de violencia. La presión demográfica y las crisis económicas y sociales combinadas con la desesperación y el deterioro de viejas instituciones y estructuras, hacen que se considere legítima la violencia como manera de conseguir cualquier fin.

El ser humano es capaz de realizar acciones nobles o bajas, no importa cuál sea su nacionalidad o raza. Sin embargo, las diferencias que se han apuntado aquí y el nivel de violencia entre una sociedad y otra no pueden entenderse sin tomar en cuenta el contexto históricocultural en que esa violencia ocurre. A menos que se aprecie el contexto en que se produce la violencia como solución a ciertos problemas humanos, no será posible buscar medios que la sustituyan.

Después de leer

COMPRENSION

A.   Después de haber leído la lectura, ¿qué le sugieren las siguientes palabras o expresiones?

1. la violencia política
2. la revolución
3. la lucha guerrillera
4. el escuadrón
5. desaparecer
6. procesar

B.   Vuelva a la actividad C de la sección **Esquemas para comprender** en la página 243 e identifique cada uno de los términos de la columna de la derecha.

C.   ¡Necesito compañero!   Las siguientes ideas vienen de la lectura. Con un compañero (una compañera) de clase, busquen en la lectura dos o tres puntos que apoyen o que ejemplifiquen cada idea.

---

*Las confrontaciones de tipo «no regular» siempre afectan a los civiles mucho más que la guerra tradicional. Se estima que el 17 por ciento de las bajas (*casualties*) durante la Primera Guerra Mundial fue civil; en la Segunda Guerra Mundial, el 45 por ciento; en las Guerras de Korea y Vietnam, el 70 por ciento. Otro efecto devastador de la lucha no regular es el desplazamiento humano. En 1959 había más de 2 millones de refugiados en el mundo; treinta años más tarde el número de refugiados mundialmente había ascendido a 15 millones de personas.

1. Algunos de los factores que refrenan la violencia criminal en el mundo hispano contribuyen a la violencia política.
2. Tanto grupos como gobiernos pueden ser responsables de actos de terrorismo.
3. La actividad guerrillera ha sido común en Hispanoamérica; las revoluciones, no.
4. La revolución cubana tuvo el doble impacto de provocar la actividad revolucionaria en la América Latina y al mismo tiempo de aumentar la represión militar.
5. El juicio de los militares argentinos, aunque problemático, tiene gran importancia histórica.

D.   Complete las siguientes oraciones condicionales según la información de la lectura, conjugando los verbos entre paréntesis. Prepárese para justificar sus respuestas.

1. Según algunos expertos, si muchos graduados universitarios (*estar*) desempleados, la actividad revolucionaria (*hacerse*) (*más/menos*) común.
2. Según algunos dictadores, si su gobierno (*ser*) más abierto, (*haber*) (*más/menos*) estabilidad política y por lo tanto (*mejores/peores*) condiciones económicas.
3. Si los enfrentamientos violentos (*tener*) el carácter de guerras «regulares», el número total de bajas (*casualties*) y de refugiados (*aumentar/disminuir*).

INTERPRETACION

A.   ¿Qué relación suele existir entre la educación y la actividad revolucionaria en el mundo hispano? ¿Cree Ud. que esta relación se puede aplicar a contextos o personajes revolucionarios no hispanos? Explique.

B.   ¿Qué entiende Ud. por «terrorismo»? ¿Cuál es la diferencia entre «actividad guerrillera» y «actividad terrorista»?

C.   Comente brevemente el efecto que pueden tener los siguientes factores en el índice de la violencia en el mundo hispano. Explique si cada uno afecta principalmente la violencia criminal o la violencia política.

- el dramático aumento del consumo de drogas en los EEUU y Europa
- el crecimiento demográfico
- la urbanización
- la enorme deuda externa de los países hispanoamericanos
- la transición de gobierno militar a gobierno civil en una docena de países hispanoamericanos desde 1979

D.   Usando las preguntas F–H de la página 203 como guía, comente la estuctura y organización de esta lectura.

E.   Siguiendo los puntos presentados en las **Aproximaciones al texto** del capítulo anterior (página 209), prepare un breve resumen de esta lectura. En su resumen, trate de incluir tres o cuatro elementos de cada uno de los siguientes.

- las palabras conectivas (véanse las páginas 120–121)
- la lista del vocabulario de este capítulo
- los usos del subjuntivo ya estudiados

APLICACION

A. ¿Existen algunas imágenes o estereotipos del criminal en los EEUU? Por lo general, ¿son positivas o negativas estas imágenes? ¿Cómo influyen en nuestra cultura y en nuestro sistema de valores respecto a la violencia?

B. Identifique brevemente a los siguientes personajes del cine o de la televisión. ¿Qué revelan de la actitud norteamericana acerca de la violencia? En su opinión, ¿qué otros personajes también representan la actitud norteamericana acerca de la violencia?

- Rambo
- Freddie Kruger
- Superman
- Teenage Mutant Ninja Turtles
- Terminator
- Dirty Harry Callahan

C. En la cultura hispana tanto como en la cultura norteamericana, la violencia es mayor entre los hombres que entre las mujeres, y también mayor entre los jóvenes que entre los adultos. ¿Qué factores (sociales, biológicos, culturales, etcétera) pueden explicar este hecho?

D. Los sicólogos han observado que la agresión entre los animales aumenta notablemente cuando viven en jaulas demasiado llenas o demasiado pequeñas. ¿Qué aplicaciones pueden tener estas investigaciones en el estudio de la violencia humana? ¿Sabe Ud. de otra investigación científica sobre la agresividad? Explíquela.

E. ¿Qué tipo de delito es más frecuente donde Ud. vive? ¿Ocurren muchos delitos en el recinto (*campus*) de la universidad? Comente. Donde Ud. vive, ¿cuáles son los tipos de delitos cuya incidencia ha aumentado últimamente? ¿Cuáles han disminuido? ¿Están de acuerdo con las estadísticas nacionales estas tendencias? Explique.

F. Pensando en los varios factores contribuyentes a la violencia criminal ya señalados, ¿cuáles pueden ser las causas que expliquen la violencia contra los niños y los adolescentes? ¿Qué otros motivos se deben de tener en cuenta para entender este tipo de violencia? Explique.

G. En la lectura se indicó que el juicio civil de los líderes militares argentinos de 1983 a 1985 fue un proceso sin muchos antecedentes históricos. ¿Puede Ud. nombrar algún otro caso similar? ¿Por qué son importantes estos casos?

H. Anteriormente (véase la pregunta D de la página 236) se habló de un capítulo sobre «crimen y violencia» en la cultura norteamericana. ¿Qué información incluiría Ud. en tal capítulo? ¿Cómo la organizaría, o sea, cuáles serían las subdivisiones más importantes?

V O C E S

Rosi D.V.
El Paso, TX

José Manuel L.
Madrid, España

Carlos O.
Santa Ana,
El Salvador

Tomás M.
Buenos Aires, Argentina

1. *¿Ha sido Ud. víctima alguna vez de un acto delincuente? Describa las circunstancias y sus impresiones acerca de lo que le sucedió.*

Carlos O.: Santa Ana, El Salvador
La primera experiencia que tuve con un acto de delincuencia me ocurrió en los EEUU. Me robaron mi carro y esto fue porque yo lo dejaba parqueado en la vía pública por no tener garaje. Esto me causó una gran decepción pero, gracias a la ayuda de la policía, lo recuperé pronto.

José Manuel L.: Madrid, España
Una sola vez. Hace más de veinte años, me quitó un poco de dinero en el metro un carterista (*pickpocket*) «de los de antes».

(Utilizo esta expresión para referirme a los delincuentes anteriores a la extensión del consumo de drogas. Aquéllos eran hábiles en su oficio y no violentos). En seguida, me di cuenta de quién me había sustraído el dinero. Me dirigí a él, le cogí del brazo y en la jerga que hablaban entonces los delincuentes, le pedí que me devolviera «la pasta» y, en efecto, me devolvió el dinero.

Tomás M.: Buenos Aires, Argentina
A fines de 1975 fui amenazado de muerte por una organización conocida como la Triple A que —según se probó diez años después— era dirigida por funcionarios del gobierno argentino. Se me dieron cuarenta y ocho horas para salir del país y, como no obedecí a tiempo, mi casa y mi lugar de trabajo fueron atacados con bombas. Permanecí

más de ocho años en el exilio, hasta que las garantías constitucionales fueron restablecidas.
    Tuve suerte. Durante ese lapso, más de nueve mil personas fueron secuestradas, torturadas y asesinadas en campos de concentración controlados por la dictadura militar argentina (1976–1983).

Rosi D.V.: originariamente de La Habana, Cuba; ahora vive en El Paso, TX
El único caso, afortunadamente, resultó en el robo de dos bicicletas llevadas del patio. Supongo que el hecho de que nuestra casa [aquí en El Paso] tiene un sistema de alarma nos ha ayudado.

2. *¿Han cambiado las libertades personales y políticas en su país en la última década?*

**Carlos O.: Santa Ana,
El Salvador**

Las libertades personales y políticas en mi país... Según fuentes de información he sabido que no existe más libertad de expresión ni existe la democracia. Según mis padres que aún viven en El Salvador, nos dicen que allá nadie respeta los derechos humanos. Mi padre fue encarcelado simplemente porque un vecino lo mal informó con el gobierno. Al no habérsele comprobado nada, lo dejaron en libertad pero ya había sido torturado.

**José Manuel L.: Madrid,
España**

El respeto por las libertades personales y políticas aumentó en la última década hasta el comienzo de la guerra contra Irak. En este momento, las autoridades ejercen diversos tipos de presión contra las libertades. Un ejemplo concreto es la última circular de la Fiscalía General del Estado (*Attorney General's Office*) acerca de las posibles persecuciones no sólo de los desertores sino también de los pacifistas que se entienda que incitan a la deserción...

**Tomás M.: Buenos Aires,
Argentina**

Han cambiado por completo. Desde el 10 de diciembre de 1983, una dictadura militar fue sustituida por dos gobiernos democráticos, libremente elegidos.

**Rosi D.V.: originariamente de
La Habana, Cuba; ahora vive
en El Paso, TX**

Las libertades personales y políticas simplemente no existen [en Cuba]... Nadie se atreve a expresar una opinión en contra del sistema, nadie se atreve a quejarse de que carecen de cosas esenciales como ropa y alimentos, transporte apropiado, servicios adecuados de electricidad, agua y teléfono. La represión es tal que padres no se atreven a hablar de los problemas en presencia de los hijos.

¡UD. TIENE LA PALABRA!

A. ¿Le parece que los testimonios presentados en este capítulo confirman o contradicen la información que da el texto acerca de la violencia política y la violencia criminal? Explique con ejemplos.

B. ¿Cuál de los testimonios le afectó más fuertemente? ¿Por qué?

C. Hay mucha mención de robos. ¿Tiene Ud. alguna experiencia en común con alguno de los testimonios en este respecto?

D. ¿Qué piensa Ud. de la descripción de José Manuel L. del «carácter» de los carteristas o ladrones modernos en comparación con los de hace varios años? ¿Se puede aplicar a la situación en los EEUU también? Explique.

CAPITULO DOCE

Plaza Mayor, Madrid, España

El trabajo y el ocio
La vida profesional y el recreo

Por sí solo... leer y comprender

Aspectos lingüísticos

Reading Skills Practice

A.   Throughout this book you have practiced a number of skills designed to improve your reading comprehension. Remember to put these skills into practice as you read the following selection.

Insomnio: Causas y remedios

Por Gabriela Cañas

1   Si no consigue coger el sueño y el despertador no va a perdonar por la mañana, intente poner en práctica este remedio chino: con el dedo pulgar frótese el dedo
5   gordo de los pies, por la planta, veinte veces en cada uno. El movimiento es hacia arriba, con la uña, y hacia abajo, con la yema del dedo. Lo más probable es que se quede frito a los diez minutos.

Este sería uno de los muchos remedios caseros
10   para vencer el insomnio. Pero, cuidado. Según el radiólogo Manuel Rosado, «sólo el 5 por ciento de las personas que dicen sufrir de insomnio lo padecen de verdad. Lo que le pasa a mucha gente es que tiene falta de inducción al sueño, pero luego
15   duermen las ocho horas reglamentarias. Eso no es insomnio».

Lo realmente importante es ir siempre a la raíz del problema. Si no se trata de una enfermedad física (muchas pueden ser causantes de insomnio),
20   es que el problema viene por otro lado. «Hay un ritmo vital—, dice el doctor Rosado —y la incapacidad de inducción al sueño es producida por la ruptura de ese ritmo. Una acumulación de agresiones externas que quedan en el subconsciente es
25   lo que, por la noche, no nos permite relajarnos para coger el sueño. El único remedio realmente eficaz, pero que los occidentales no sabemos aplicar, es dejar la mente en blanco, olvidar todos los problemas.»

Para nosotros es más fácil relajar el cuerpo y, 30   de rechazo, relajar la mente. Las hierbas pueden ser muy útiles en casos así. Las más eficaces son la tila, la melisa y la valeriana. La manzanilla es muy utilizada, pero sólo resulta si la causa del insomnio es algún trastorno digestivo. 35

Otros remedios muy sencillos, indicados por el doctor Octavio Aparicio, que ha publicado varios artículos sobre el tema, son: tomar un vaso de leche con miel, huir de los alimentos fuertes, cenar temprano y poco, respirar aire fresco o mantener 40 los pies, durante cinco minutos, en agua fría.

Estos remedios hay que usarlos esporádicamente, ya que, de recurrir a ellos todos los días, terminan por no dar resultado. Demasiado hábito.

Aunque esto del hábito, la costumbre, el ritmo, 45 puede ser también utilizado. Es posible que usted se acostumbre a tomar una determinada bebida antes de acostarse y de no hacerlo, no consiga dormir. En plan sofisticado, hay algunos inventos que han aprovechado el ritmo para inducir al 50 sueño. Los rusos, por ejemplo, han fabricado una lámpara que mantiene un ritmo constante de encendido y apagado. Mirándola fijamente se duerme uno antes de quince minutos.

Algunas veces, la causa del insomnio hay que 55 buscarla en una mala digestión. En este caso el remedio es bien sencillo: tomar buena nota de la experiencia para que no suceda lo mismo la próxima vez. Una cuestión de voluntad, si puede uno evitarse las cenas tardías y pesadas. Hay quien 60 aconseja, incluso, suprimir la sal en la cena. Las digestiones difíciles pueden también originar pesadillas durante el sueño. Para librarse de estas pesadillas, los médicos de comienzos de siglo aconsejaban tomar una infusión de hojas de naranjo, poco antes de acostarse. Remedio tan antiguo como el de contar corderitos. O el imposible del dicho popular: ordeñar una abeja.

De todas formas, antes de buscar el remedio más adecuado, hay que insistir en la teoría del doctor Rosado. Si se duermen ocho horas diarias, aunque haya que recurrir a la siesta, y a pesar de la dificultad para coger el sueño por la noche, no hay que preocuparse. «Es mucho más peligroso —dice el doctor Rosado —dormir más de lo necesario. Durante el sueño, se consume menos oxígeno y los órganos vitales están relajados. Por ello, cuanto más se duerme, más sueño se tiene. Pero, además, el cuerpo produce menos defensas, con lo que se está más expuesto a cualquier enfermedad. Se ha comprobado que dos horas diarias más de sueño acorta diez años la vida.»

Es realmente alarmante para los que se permiten el lujo de dormir diez horas. Los demás, sabiendo esto, es posible que duerman ahora más tranquilos.

El País, Madrid

1. Además de hablar de las causas y los remedios para el insomnio, ¿cuál(es) de los siguientes puntos menciona el artículo?

   a. el número de personas que sufren actualmente de insomnio
   b. la historia del insomnio hasta la época actual
   c. que muchas personas que dicen sufrir de insomnio en realidad están equivocadas
   d. los nombres de personas famosas que han sufrido de insomnio
   e. que dormir demasiado es peor que no dormir lo suficiente
   f. algunas comparaciones culturales en la ocurrencia del insomnio
   g. una definición de lo que es (y lo que no es) el insomnio

2. Según la lectura, ¿tendrán problemas para dormirse las siguientes personas? Escriba **sí, no** o **ND** (el artículo no dice).

   Alguien que...

   a. _____ sufre muchas presiones en su trabajo.
   b. _____ sigue una rutina habitual sin muchos cambios.
   c. _____ hace mucho ejercicio físico.
   d. _____ consume muchas comidas saladas (con mucha sal).
   e. _____ cena temprano y no come mucho.
   f. _____ bebe mucho alcohol.

3. ¿Qué significan las siguientes palabras? Dé un sinónimo o explicación en español después de revisar el contexto en que se encuentran en el artículo.

   a. padecen
   b. eficaz
   c. trastorno
   d. inducir
   e. corderitos
   f. expuesto

4. Identifique la raíz y el prefijo o sufijo de cada palabra. Luego explique el significado de la palabra.

   a. despertador
   b. caseros
   c. incapacidad
   d. encendido
   e. apagado

Aproximaciones al texto

Taking Notes

As you have seen, various methods of reconstructing the message of a reading—the use of outlines, diagrams, tables, and summaries—can improve your understanding of the content, as well as your ability to remember it. Taking notes is another useful method.

Whether you jot down your notes on the text or use a separate sheet of paper, remember that the most effective notes (like the most effective summaries) use the most abbreviated way possible to *reconstruct* the message that is found in both its content and form. Effective notes point out the major facts of the text as well as its main idea, and also indicate its purpose (to describe? defend? attack?).

When you can write notes on the text itself, you should underline important points. You should also make marginal notes that will help you to remember the relationships among the ideas without having to reread the entire article. Keep in mind the following techniques:

- When the text anticipates information ("as we will see later") or refers to information already discussed ("as we have already seen"), note in the margin exactly where this information can be located in the text, or summarize it briefly in the margin.
- When the text suggests an enumeration ("there are two main types of x," "this has had several important consequences"), briefly list the main points in the margin or number each point in the margin as it is discussed.
- If there is no single sentence that summarizes the main idea of a paragraph or section, summarize it briefly in the margin in your own words.

B. Lea de nuevo el texto sobre la secta *Moon* en la Argentina en las páginas 148–149. Los siguientes pasajes son notas tomadas por tres estudiantes.

Estudiante 1
Artículo sobre la secta *Moon* (Asociación del Espíritu Santo para la Unificación de la Cristiandad Mundial) que describe aspectos de la vida de los *moonies* y de la controversia con respecto a la posible «corrupción de menores». Menciona su influencia negativa en la política.

Estudiante 2
Descripción de la secta *Moon* en la Argentina; parece que quiere desacreditar a la secta un poco y también convencer al lector de que la secta en realidad tiene poca importancia política. Incluye información sobre la vida de los *moonies* y sobre las acusaciones contra el grupo.

    I. La vida de los *moonies*

- el principal centro de adiestramiento para los jóvenes queda en Brandsen, donde tienen un increíble castillo. Hay lugar para cien personas pero sólo viven allí ocho; lo usan principalmente para ceremonias.

- vida simple; se prohíbe fumar y tomar alcohol
- vida sexual prohibida antes del matrimonio
- matrimonios arreglados por el reverendo Moon

II. Las acusaciones

- corrupción de menores
- influir en los políticos

El grupo sólo tiene unos 200 miembros.

Estudiante 3

4/14/81 → Dirección de Cultos No Católicos del Min. de Rel. Ext. argentino reconoció oficialmente a la secta *Moon* (Asociación del Espíritu Santo para la Unificación de la Cristiandad Mundial)

'84 → el 7° seminario de Medios de Comunicación (Japón)

2/85 → Consejo de Seguridad Internacional (reunión de militares retirados, 7 de ellos argentinos)

Brandsen → lugar de adiestramiento para los jóvenes misioneros hasta 1983

→ Yosatihiro Nakata (japonés, 40 años) → un campo (250 hectáreas, 700 mil dólares); castillo grande (14 dormitorios, 7 comedores, etcétera) y lujoso (casa de huéspedes, haras, canchas de tenis, pileta de natación, etcétera); lugar para cien personas. Sólo viven allí ocho personas → para grandes ceremonias

mucha disciplina en la secta (se prohíbe fumar y tomar bebidas alcohólicas)
abstención sexual antes del matrimonio
el reverendo Moon decide con quién van a casarse
sólo 200 miembros en la Argentina
mucho debate → corrupción de menores
posible influencia en el gobierno
pocos miembros → la secta tiene poca importancia

Si Ud. necesitara notas sobre el texto, ¿a quién se las pediría prestadas? ¿Por qué? Indique los puntos fuertes y los puntos débiles de cada pasaje.

 # Lectura

El mundo es cada vez más pequeño. El comercio internacional y el turismo, la radio, la televisión y el cine, todos acortan las distancias que separan las naciones del mundo y hacen más inevitable el contacto entre sus culturas. En el mundo hispano se nota la creciente presencia cultural de Inglaterra, de Fran-

La aceleración en la vida moderna todavía no ha logrado cambiar la típica jornada laboral de las tiendas madrileñas.

cia y de los EEUU. Son omnipresentes la Coca-Cola y los *bluejeans*. Entre las caras más reconocidas figuran artistas norteamericanos: el vídeo más alquilado en España en 1986 fue *Rambo* y artistas como Madonna y Tina Turner atraen un público tan grande en el mundo hispano como en los EEUU.

Es que las diferencias culturales dependen hasta cierto punto del aislamiento. Con la progresiva industrialización y urbanización y los muchos contactos internacionales que esto implica, y también la continua emigración entre países, todas las naciones avanzadas empiezan a parecerse más. Hace cien años era necesario hablar de una cultura francesa, una alemana y una española como entidades bastante separadas, pero hoy en día es posible hablar de una cultura «europea». Hace un papel importante en esto la prensa, que selecciona y difunde la información que llega a formar parte integral de esta cultura cada vez más colectiva. Hay que señalar que la prensa hispana suele informar sobre culturas extranjeras mucho más que la prensa norteamericana.

El resultado de este contacto se ve en el estilo de vida. Ultimamente el paso lento de la vida hispana* tradicional va cediendo el paso al ritmo más apresurado de la sociedad moderna. Por consiguiente, como se verá en los primeros artículos de este capítulo, hay una preocupación por las tensiones y el estrés asociados con el trabajo y el impersonal ambiente urbano.

También se nota evidencia del intercambio cultural en los artículos que tratan de las actividades del tiempo libre.

---

*La mayoría de los artículos de este capítulo enfocan en las experiencias y las percepciones de los españoles.

El trabajo y el ocio: Parte I
Las presiones y el estrés

Entradas al texto

Esquemas para comprender

A. ¿Qué le sugiere a Ud. el título de este capítulo («El trabajo y el ocio»)? ¿Qué tipos de actividades en el mundo hispano asocia Ud. con este tema?

B. Lea brevemente los titulares y mire los textos de esta primera parte. Indique los temas que le sugieren. ¿Qué tiene que ver cada uno con el subtítulo («Las presiones y el estrés») de esta parte?

C. 🔆 **¡Necesito compañero!** ¿Saben Uds. lo que es el estrés? Comente los siguientes temas con un compañero (una compañera).

1. ¿Cómo se define el fenómeno del estrés? (¿Es una enfermedad, un problema mental, etcétera?)
2. ¿Cuáles son algunos de los síntomas del estrés? (¿Cómo se sabe si una persona sufre del estrés?)
3. ¿Cuáles son algunas de las causas del estrés?

D. 🔆 **Entre todos.** Compartan entre sí los comentarios de la actividad C. Según la clase, ¿qué es el estrés y cuáles son sus causas? ¿Notan Uds. algunas diferencias entre las causas del estrés en las mujeres y en los hombres?

E. Lea brevemente la siguiente escala del estrés. ¿Qué tienen que ver las causas indicadas en esta escala con las identificadas por la clase?

ESCALA DEL ESTRES, MAS 300 ALERTA

Todo cambio, ya sea bueno o malo, puede desencadenar estrés. Dos psiquiatras americanos, Holmes y Rahe, han cuantificado estos cambios en una escala de valor. Según comenta el Dr. Soly Bensabat, hay que tener en cuenta una cierta mesura a la hora de la interpretación matemática; pero lo que sí es seguro es que cada vez son más importantes los cambios, el ritmo de aceleración es mayor, la exigencia de adaptación es más grande y el tributo que hay que pagar aumenta. Resultado: los grandes estrés que totalizan un índice superior a 300 presentan un riesgo importante de enfermedad grave (infartos, úlcera, depresión). Los escores de 150 a 300 son igualmente candidatos a serios problemas de sanidad. Como los cambios son imprevistos y en muchos casos inevitables, lo que hay que aprender es a digerirlos de la mejor forma.

- Muerte de un compañero 100
- Divorcio 73
- Enfermedades 53
- Matrimonio 50
- Licenciatura 47
- Reconciliación 45
- Retiro 45
- Engordar 40
- Problemas sexuales 39
- Llegada de un nuevo miembro a la familia 39
- Problemas de negocios 39
- Modificación de la situación financiera 38
- Muerte de un amigo íntimo 37
- Multiplicación de disputas conyugales 35
- Responsabilidades profesionales 29
- Partida de los hijos de la casa paterna 29
- Falta de éxitos personales 28
- Comienzo o fin de la escolaridad 26
- Cambio en las condiciones de vida 25
- Modificaciones en hábitos personales 24
- Dificultades con el patrón 23
- Cambio de condiciones de trabajo 20
- Mudanzas 20
- Cambio de aficiones 19
- Cambio de religión 19
- Cambio de actividades 18
- Cambio en los hábitos del sueño 16
- Cambio en hábitos alimentarios 15
- Vacaciones 13
- Navidades 12

Ahora lea los cuatro artículos de la primera parte de la lectura. Mientras lee, apunte en una tabla como la siguiente, la información indicada referente a cada artículo.

TITULO

Idea principal: _____

Relación con el estrés: _____

«Puntaje» en la escala del estrés: _____

¿Podría un artículo semejante aparecer en la prensa en los EEUU? _____

Semejanzas/Diferencias (uno o dos puntos específicos) entre este fenómeno en el
   mundo hispano y en los EEUU: _____

 VOCABULARIO UTIL

la grúa tow truck
impreso printed
mecanografiado typed

el parabrisas windshield
el quinto pino (way out in) the sticks

Las angustias del tráfico

 Traigo aquí hoy dos documentos reveladores de las tensiones que provoca la caótica situación del tráfico en Madrid. Me los han enviado dos lectores que me dicen, en sus respectivas cartas, que los encontraron en el parabrisas del coche que habían dejado aparcado en la calle. El primero es una tarjeta impresa por un anónimo señor, en la que se insulta al automovilista que deja el coche mal aparcado. El otro es una hojita mecanografiada que lleva el sello de la Parroquia de Nuestra Señora del Pilar y que contiene, envuelta en sacerdotal cortesía, la amenaza de avisar a la grúa si no se respeta la señal que prohíbe el aparcamiento.

Triunfo, Madrid

¡GRACIAS!

Por haber ocupado con su coche dos espacios, he tenido que ir a aparcar al quinto pino.

Su coche, además de sus caballos tiene un burro ¡¡USTED!!

Piense en los demás. Contamos contigo.

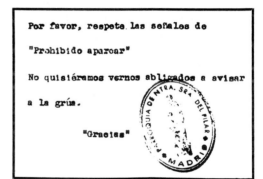

Por favor, respete las señales de "Prohibido aparcar"

No quisiéramos vernos obligados a avisar a la grúa.

"Gracias"

 VOCABULARIO UTIL

aflojar to relax
el agotamiento exhaustion
desenchufar to unplug

estival summer
la gripe cold, flu

El estrés estival

A veces, las vacaciones no sirven para descansar

Por Raúl García Luna

 Más de una vez habrá escuchado usted un comentario como el siguiente: «*Che, qué pálida lo de don López Lastra. Todo el* año frente a la empresa y ni una gripe. Y en cuanto sale de vacaciones, ¡paf!, un preinfarto». O este otro, más corriente y menos trágico: «De la oficina no quería ni acordarme. Solcito, casino, nada de estrés. Y apenas me mando una picada de cornalitos, chau: *indigestión total*». La pregunta se cae de madura: ¿por qué se producen estos *shocks* durante el descanso anual, si el ajetreo laboral ha quedado atrás? Los hipotéticos don López Lastra y el oficinista del caso podrían explicarlo así: «Mientras trabajábamos era imposible aflojar. Hay compromisos, responsabilidades, imposible enfermarse». A *grosso modo*, no se equivocan. Pero el tema es más complejo. La doctora clínica Susana Demaestri, especialista en la técnica llamada *interpretación de contenidos y evolución de las estructuras corporales de la personalidad*, da pistas amplias para entender el fenómeno.

—Antes que nada, doctora, díganos qué entiende usted por *estrés*.

—Un estado que puede ser causado por frustraciones, excesivas exigencias, contradicciones internas, falta de comunicación u otros problemas de la vida contemporánea. Pero el estrés también se origina a partir del trato que damos a nuestro cuerpo. Los cambios de hábitos generan estrés.

—¿Un período de vacaciones, por ejemplo, puede ser campo para el estrés?

—En verano y durante las vacaciones, *contrariamente a lo deseado*, se sufren toda clase de situaciones estresantes: cambios de clima, de dieta, de horarios, y exceso de alimentos, de acción física, de sol.

—¿Por qué y cómo ocurre esto? Es decir, ¿cuáles son los mecanismos?

—En vez de relajarse y eliminarse tensiones, éstas se conservan y generan, por suma, nuevas expresiones de estrés que llevan al agotamiento psicofísico. Es la típica sensación de estar *peor que antes*. El veraneante no conoce la forma de disolver tensiones, liberar energía y armonizar el descanso. Por eso puede volver a casa con contracturas corporales, bloqueos y una fea sensación de insatisfacción y hasta de frustración.

Según la doctora Demaestri, «*el estrés se expresa y se fija en el cuerpo*». Para nuestro segundo entrevistado, el psiquiatra y psicoanalista Carlos Tachouet, «*el estrés es un fenómeno netamente psíquico*». Y más: «*El estrés se manifiesta en un estado físico (hipertensión, taquicardia, trastornos neurovegetativos), pero sobre todo en un estado psíquico (presión, tensión)*».

—¿Conviene usted en que existe un estrés propio de las vacaciones?

—Sí. También para los veraneantes hay un factor de estrés. La rutina protege de los imprevistos durante el año, y al romperse ese ritmo diario con las vacaciones surge *otra* rutina que provoca un estrés inmediato.

—Pero esa *otra* rutina, ¿no se supone que es benéfica *para la salud*?

—Todo es relativo. Lo que pasa es que éste es una especie de *estrés de competencia*: cierta presión social indica cómo comportarse, dónde veranear, qué no hay que perderse. Y es el preciso momento en que se dejan a un lado las habituales preocupaciones para entrar en las *nuevas*. El consumismo y la moda *llaman* a una rutina, y ésta conduce al estrés.

Como conclusión, por simple que parezca, hay que tener muy presente que el veraneo es placer más descanso.

Somos, Buenos Aires

No poder desenchufarse y cambiar de rutina: dos causas de estrés veraniego.

VOCABULARIO UTIL

el apego fondness
autodidáctico self-taught
el caracol snail
desmedido excessive
el engranaje meshing of gears
imprescindible crucial

la licenciatura college degree
polígloto speaking more than one language
vinculado tied, linked

Se busca

Importante empresa necesita ejecutivo ideal

Formación profesional

1   El alto ejecutivo necesita en la actualidad una carrera universitaria, especialmente Económicas, Empresariales, Derecho o Ingeniería. Atrás quedaron los tiempos de los directivos autodidac-
5 tos. Pero la licenciatura debe ir complementada con algún *master* de prestigio, bien sea del Instituto de Estudios Empresariales (IES) o de alguna universidad extranjera.

Dominio del inglés

En un mundo como el actual, en el que las
10 fronteras no existen para los negocios, es imprescindible el aprendizaje de idiomas. La utilidad del inglés es algo incuestionable. Un ejecutivo no puede tener éxito si no posee unos amplios conocimientos de inglés comercial. Si además sabe
15 algún otro idioma, todavía mejor. Tener la posibilidad de hablar con los clientes en su propia lengua es una ventaja a la hora de hacer negocios. Un profesional polígloto causa siempre buena impresión.

Experiencia en multinacional

20   Las empresas valoran mucho, a la hora de contratar, la experiencia de los altos ejecutivos en empresas importantes. Aquellos que han trabajado en industrias multinacionales tienen muchas más posibilidades de obtener un trabajo bien remune-

rado. Si ha trabajado en el extranjero, su valía 25 aumenta todavía más. El conocimiento de los mercados internacionales es una garantía para las compañías que tienen intereses en diversos países.

Ciudadano del mundo

Un ejecutivo de alto *standing* debe tener siempre la maleta preparada y debe saber moverse por los 30 aeropuertos. El apego a la casa que demuestran en no pocas ocasiones los españoles no es precisamente una cualidad que tengan en cuenta las empresas. Más bien al contrario. Los altos cargos tienen la obligación de ser como los caracoles. No 35 basta sólo con coger la maleta y salir pitando. A veces, es necesario cambiar de casa.

Aspecto jovial

El nuevo ejecutivo tiene entre 30 y 40 años. No es que el ciudadano que ande por los 50 no sea válido. En ocasiones, sobre todo en la industria, el per- 40 fil está cercano a esa edad. Pero los cambios de mentalidad dan prioridad a la juventud. Los talentos están siempre vinculados a la empresa a la que sirven, pero se marcharán a otra ante una oferta mejor. Su filosofía está más cerca de la cultura 45 americana que de la japonesa, donde la empresa está considerada como una gran familia, un núcleo más de ese complicado engranaje que comienza con la idea del imperio.

Gran comunicador

50 Tener dotes de comunicador es algo importante en una sociedad tan interconectada como la actual. El ejecutivo ideal es líder de equipo, hábil negociador, simpático y debe poseer una sana ambición, que le permita servir a su empresa de forma desmedida y conseguir para ella todo lo mejor. 55

El sol, Madrid

 VOCABULARIO UTIL

el atraco attack, mugging
desprenderse de to conclude from
la encuesta survey, poll

la muestra sample
el SIDA AIDS

El pleno empleo es la mayor preocupación de los españoles

Un 60% de los ciudadanos considera esencial el respeto a la familia

1 Un 75% de los españoles considera que el pleno empleo es básico para una buena convivencia pública, según se desprende de una encuesta sobre los valores cívicos realizada 5 por el Centro de Investigaciones Sociológicas (CIS) entre el 3 y el 15 de septiembre de 1987 y que se ha conocido ahora. Tras el pleno empleo, el orden de prioridades para los españoles, según el sondeo, siguiente: «el respeto a la familia» (60%), «el orden público y la seguridad ciuda-dana» (59%) y «la paz social» (58%). 10

El País, Madrid

	CUESTIONES IMPORTANTES					
	MUY IMPORTANTE	BASTANTE IMPORTANTE	POCO IMPORTANTE	NADA IMPORTANTE	NS*	NC†
Las libertades democráticas	42	39	6	1	10	2
El respeto a la religión	33	41	14	4	6	2
El orden público y la seguridad ciudadana	59	33	2	—	5	1
El bienestar económico	57	35	2	—	4	—
La libertad personal	57	33	2	—	5	3
La paz social	58	34	1	—	5	2
Que haya trabajo para todo el mundo	75	20	—	—	4	1
El respeto por la familia	60	33	2	—	4	1
La Seguridad Social	46	41	6	1	5	1

---

*no sabe
†no contesta

PRINCIPALES PREOCUPACIONES						
	MUCHO	BASTANTE	POCO	NADA	NS	NC
Estar sin trabajo	73	15	5	5	1	1
Convertirse en un drogadicto	60	14	10	14	1	1
Un atraco criminal	66	21	7	4	1	1
Sufrir un atentado terrorista	63	21	10	5	1	—
Ir al infierno	25	18	23	28	5	3
Caer gravemente enfermo	69	24	4	1	1	1
Tener un hijo drogadicto	72	17	5	4	2	—
Una guerra civil	63	25	7	3	2	—
Arruinarse	47	27	17	7	2	—
Ser maltratado por la policía	46	27	16	8	2	1
Perder la fe	35	23	21	16	3	2
Contraer el SIDA	60	20	10	6	2	2
Una guerra atómica	65	22	6	4	2	1

Después de leer

COMPRENSION

Entre todos.   Compartan los análisis que hicieron de los diferentes artículos de la primera parte del capítulo. ¿Cuál de las situaciones estresantes recibió el puntaje más alto en «la escala de estrés» de la sección **Esquemas para comprender**? ¿Notaron algunas diferencias y semejanzas entre las situaciones estresantes en los hispanos y en los norteamericanos? ¿Sería raro encontrar alguno de estos artículos en la prensa norteamericana? Expliquen.

INTERPRETACION Y APLICACION

A.   Si lee con más atención el artículo sobre el pleno empleo, verá que el artículo presenta los resultados de un sondeo hecho hace varios años. Según la información en los otros capítulos de este texto y lo que Ud. ya sabía al respecto, ¿cree Ud. que si se hiciera el sondeo hoy algunas de las preocupaciones resultarían más o menos importantes que en 1987? Explique.

B.   En el artículo «Las angustias del tráfico», ¿cuál de los dos documentos le parece a Ud. más efectivo? ¿Por qué? En su opinión, ¿dejar en un coche una tarjeta como éstas es una manera efectiva de combatir el problema señalado? ¿Por qué sí o por qué no? ¿Qué le indica a Ud. el hecho de que ninguna de las tarjetas esté escrita a mano?

C.   Según el artículo «El estrés estival» las vacaciones pueden causar el estrés. ¿Está Ud. de acuerdo? ¿Sufren de este problema de vez en cuando los estudiantes? Explique.

D. ¿Qué opina Ud. sobre las cualidades del ejecutivo ideal que se mencionan en el artículo «Se busca»? De todas ellas, ¿cuál le parece en realidad imprescindible? Según «La escala de estrés», ¿podría causarle estrés al ejecutivo desarrollar o mantener alguna de estas cualidades? Explique.

E.  **¡Necesito compañero!** El artículo «Se busca» está escrito desde la perspectiva de una empresa o negocio que busca un ejecutivo. Trabajando con un compañero (una compañera), preparen un texto («Se ofrece») en el que describan las cualidades que Uds. podrían ofrecer a su empleador ideal.

F.  **¡Necesito compañero!** ¿Están Uds. de acuerdo con la selección de las situaciones estresantes que se incluyen en «La escala de estrés»? ¿Qué tienen que ver con la vida de un estudiante típico? Hagan otra escala a base de las experiencias más típicas de un estudiante. Comparen su escala con las de los otros grupos para recopilarlas en una sola lista. Según esta nueva escala, ¿hay algunos en la clase que serán candidatos a problemas de salud por el estrés?

Lectura

El trabajo y el ocio: Parte 2
El tiempo libre

Entradas al texto

Esquemas para comprender

Lea brevemente los titulares y mire los textos de esta segunda parte. Indique los temas que le sugieren. ¿Qué tiene que ver cada uno con «El tiempo libre», subtítulo de esta parte?

Mientras lee los artículos, apunte en una tabla como la siguiente la información indicada referente a cada artículo.

TITULO
Idea principal: _____
Relación que puede tener con lo que se ha aprendido respecto al estrés: _____
¿Podría un artículo semejante aparecer en la prensa de los EEUU? _____
Semejanzas/Diferencias (uno o dos puntos específicos) entre este fenómeno en los países hispanos y en los EEUU: _____

El fútbol es el deporte que más apasiona a los deportistas hispanos. Los niños lo practican en todas partes y los profesionales son héroes nacionales.

VOCABULARIO UTIL

el cotillón ball, formal dance
desmedido excessive
el día de asueto day off

disfrutar to enjoy
la Nochebuena Christmas Eve
la Nochevieja New Year's Eve

Nochebuena en casa, Nochevieja en la calle

Durante las Navidades los españoles comen mucho, viajan poco y apenas van a misa

Por José Manuel Huesca

 Cotillones, regalos, ocio, viajes, champán y turrón son palabras habitualmente relacionadas con la Navidad. Una época que para muchas personas es una fiesta familiar, mientras que para otras significa simplemente la oportunidad para disfrutar unas vacaciones. Esto es lo que se desprende de un estudio realizado para CAMBIO 16 por la empresa de marketing Emopública.

La primera conclusión de este estudio es que en Navidad se sale poco. Los españoles prefieren festejar estos días en su hogar con la familia que apenas ven a lo largo del año. Sólo uno de cada cuatro combina las salas de fiestas, con su casa para celebrar las fiestas navideñas.

No obstante, las personas entrevistadas sí se echan masivamente a la calle en una fecha concreta: Nochevieja. Es un acontecimiento muy especial, sobre todo, para los adolescentes: se trata de la primera noche que pasan fuera de casa divirtiéndose con los amigos y amigas, en una discoteca o en algún local que alquilan expresamente para esa ocasión.

Para muchos, las Navidades ya no son unas fechas meramente religiosas. Más de la mitad de los entrevistados no asisten a ningún oficio católico. Y casi un tercio cree que todas las fiestas tienen la misma relevancia: lo importante es que durante estas fechas no se trabaja.

Las mujeres son la excepción que confirma la regla. Un 51 por ciento declaran que en estos días van a la iglesia. Algo que sólo hacen un 33 por ciento de los hombres.

Ser *rico* tiene sus ventajas, como es sabido. Según confirma la encuesta, las personas con más dinero son las que tienen más tiempo para descansar y para viajar. Y la ciudad más privilegiada es precisamente una ciudad rica: Barcelona. Cuenta con el mayor número de ciudadanos que tienen más días de asueto durante el período navideño.

Otras personas menos adineradas también viajan en estas fechas: son los emigrantes que quieren pasar las Navidades en su ciudad natal.

Hablar de la Navidad es hablar de los regalos. A pesar de la influencia anglosajona de los últimos años, un 64 por ciento de los españoles prefieren dar los juguetes a sus hijos el día de Reyes, mientras que sólo un 10 por ciento lo hace el día de Navidad. Son los más jóvenes los que anhelan la fecha del 6 de enero para recoger los regalos que

les han dejado en los calcetines Melchor, Gaspar y Baltasar.

En estas fechas, a pesar de la crisis económica, los españoles se permiten el lujo de comer bien. Pero la encuesta confirma que el dinero es el eterno problema de los españoles. Las pesetas ahorradas durante meses se gastan en un abrir y cerrar de ojos durante las Navidades: los gastos en regalos, comidas y fiestas superan, como media, las 30.000* pesetas. Los más jóvenes a veces no superan las cinco mil pesetas.

Cambio 16, Madrid

¿EN COMPAÑIA DE QUE PERSONAS PASA LAS FIESTAS?	
	% Total
Siempre las paso en familia	84,3
Siempre las paso con mis amigos, novia/o	2,2
Las paso solo	1,0
Unos días las paso en familia y otros por mi cuenta	9,6
No siempre las paso con la misma compañía	1,2
NS/NC	1,8

¿CUAL DE ESTAS FIESTAS ES MAS IMPORTANTE?	
	% Total
Nochebuena	30,8
Navidad	19,4
Nochevieja	19,4
Año Nuevo	3,7
Reyes Magos	3,6
Todas por igual	21,2
NS/NC	2,0

¿QUE DIA SALE A FIESTAS/COTILLONES?	
	% Total
Nochebuena	25,1
Navidad	20,2
Nochevieja	83,8
Año Nuevo	32,5
Reyes Magos	28,9
NS/NC	1,8

ADORNO DEL HOGAR	
	% Total
En mi casa ponemos el portal de Belén	17,4
En mi casa ponemos el árbol de Navidad	28,6
En mi casa ponemos el portal y el árbol	20,1
En mi casa no ponemos adornos especiales	30,9
NS/NC	2,0

*Cuando se hizo esta encuesta, el cambio de dólares a pesetas estaba aproximadamente a 100 pesetas por 1 dólar.

¿QUE ES LA NAVIDAD?	
¿Cuál de estas frases se ajusta más a la forma en que usted pasa las Navidades?	
	% Total
Es una fiesta fundamentalmente religiosa	9,5
Es una fiesta esencialmente familiar	73,6
Es una fiesta para consumir y gastar dinero	7,3
Son unas vacaciones de invierno, sin ningún otro significado	3,2
Es una época triste y deprimente que preferiría que no existiera	6,1
NS/NC	0,4

¿QUE DIA HACE USTED LOS REGALOS?	
	% Total
Día de Reyes Magos	64,0
Día de Navidad	9,9
Días de Navidad y de Reyes Magos	6,8
No hay día fijo para dar regalos	9,3
No hacemos regalos	8,9
NS/NC	1,0

VOCABULARIO UTIL

agobiar to overwhelm
  el agobio nervous strain
la autonomía independence
baldío worthless, a waste of time

la exigencia requirement
la jornada laboral workday
poner de manifiesto to make clear

Trabajo y ocio: las otras vitaminas

Por Gonzalo C. Rubio

 Trabajar cansa, quién lo duda, pero ¿y no
hacer nada, si es que esto es posible? El
trabajo y el ocio pueden ser agotadores o
descansados, pero al mismo tiempo productivos o
baldíos. No importa tanto qué se haga como en
qué condiciones —físicas, psicológicas y sociales
— se realice. A los adictos al trabajo se les recomienda una terapia de ocio tanto como a los
grandes desocupados, una terapia ocupacional.

Los psicólogos ocupacionales fundamentan su
trabajo en el estudio del de los demás, y a estas
alturas nadie ignora que tanto el trabajo como el
ocio tienen ribetes beneficiosos y perjudiciales
para la salud, según sean elegidos o impuestos,
imaginativos o rutinarios, placenteros o desagra-
dables.

La mayoría de la gente se siente mejor, más
sana y saludable, cuando tiene una actividad
laboral que cuando se queda en casa. Un estudio
británico lo dice, el 69 por ciento de los hombres y
el 65 por ciento de las mujeres que tienen una
jornada laboral completa continuarían trabajando
aún cuando no necesitasen el dinero que ganan.

Y si pocos son los que renunciarían al trabajo,
aún son menos los que lo harían con sus momentos de ocio. Más bien se tiende, al menos en las
sociedades desarrolladas, a reducir la jornada
laboral y a ampliar el número de días de descanso.

¿Qué tiene el trabajo —o el ocio productivo—
para haberse convertido en un objeto de deseo?

Retribuciones aparte, el trabajo es un complejo vitamínico que contiene importantes exigencias psicológicas necesarias para la salud.

El psicólogo ocupacional británico Peter Warr ha identificado nueve *nutrientes* psicológicos que todo trabajo saludable debe proporcionar: empleo de habilidades, oportunidad de autonomía y control de las demandas, variedad, incertidumbre mínima, dinero suficiente, demandas moderadas, condiciones dignas, amistad en el trabajo y una posición valorada en la sociedad. El trabajo ideal es aquel que combina en sus justas proporciones estas nueve gratificaciones psicológicas, sin que falte cierto grado de autonomía y el mínimo posible de incertidumbre.

En el trabajo —y en el descanso— también es cierto aquello de «dime cómo te gustaría trabajar —o descansar— y te diré quién eres», ya que es sabido que la realidad en muchas ocasiones poco tiene que ver con los deseos.

¿Qué gratificación psicológica puede haber cuando el trabajo no tiene otro incentivo que el económico y se reduce a un número de horas o de piezas pagadas? La primera encuesta sobre las condiciones de trabajo en España, realizada por el Instituto Nacional de Higiene y Seguridad en el Trabajo en 1987, puso de manifiesto que para muchos españoles el trabajo está lejos de ser un medio de desarrollo integral de la persona. La monotonía y la repetitividad, la falta de interés y autonomía, el horario y las comunicaciones son algunas de las principales agresiones que sufren los trabajadores a diario.

Todavía nadie se ha propuesto realizar una encuesta similar sobre las condiciones de ocio. Pero, a buen seguro, ambas prospecciones tendrían bastantes puntos comunes. La masificación y la concentración de los días de vacaciones en los mismos días de la semana y en unas cuantas semanas de año, los agobios en los puntos de mayor interés turístico y hasta las inclemencias del tiempo pueden hacer anhelar a más de uno la vuelta al trabajo.* Con todo, la cuestión no es ni dónde ni cuándo, sino cómo: en el trabajo y en el ocio, esos dos rostros cada vez más parecidos de toda actividad, lo que importa es que realmente aporten su dosis vitamínica.

Conocer, Madrid

VOCABULARIO UTIL

contundente convincing
la estancia stay

el plazo de inscripción enrollment

El «boom» de los cursos veraniegos de inglés se dispara

Idiomas—el destino preferido es Estados Unidos, también para profesionales

Por Paloma Muñoz

 Aprender un idioma durante las vacaciones del verano se ha convertido en plato obligado para muchos españoles. El *boom* del inglés frente a otras lenguas y la demanda cada vez mayor de cursos hacen que la oferta esté al alcance de casi todos los gustos.

Según una encuesta del Instituto de la Juventud, cuatro de cada diez jóvenes, entre los 15 y los 24 años, sienten un gran interés por los idiomas. Pero los más pequeños y sus padres también tienen posibilidades.

La oferta incluye de todo: desde cursillos para niños entre 3 y 7 años en internados, sin salir de

---

*Más del 60% de los españoles que toman vacaciones anualmente, lo hace durante el mes de agosto. Gran parte de estos veraneantes se dirigen hacia las costas de España.

España, hasta cursos especializados para ejecutivos en las más prestigiosas universidades extranjeras. Las cifras cada vez son más contundentes y este año los porcentajes de crecimiento se han disparado respecto a años anteriores. En 1989 los cursos de verano en EEUU ya aumentaron en un 13,8 por 100 en relación a 1988, pero este año las matrículas sobrepasan ya esas cifras mucho antes de cerrarse el plazo de inscripción. Los cursos intensivos, por su parte, sufrieron un incremento espectacular de un 73,6 por 100.

Pero lo más notable es la demanda de cursos veraniegos de inglés en Estados Unidos. *«En los últimos años* —comenta Antonio Hernández, presidente de FSL, una de las empresas líderes del sector— *el "boom" de EEUU ha sido impresionante. Sólo el pasado año enviamos a 7.000 estudiantes a realizar cursos allí. Antes, la gente tenía la idea de que en Gran Bretaña se hablaba mejor inglés y que en EEUU el idioma dejaba mucho que desear. Afortunadamente, esa teoría ya no se sostiene y los españoles se encuentran muy a gusto mandando a sus hijos a estudiar con familias americanas.»*

En los programas, normalmente se incluye la estancia en una familia, las excursiones y visitas culturales y las actividades deportivas, tan apreciadas por los americanos.

Enseñanza americana

Uno de los padres españoles que ha visto con muy buenos ojos este sistema de aprender inglés es Iñaki Gabilondo. Sus tres hijos han estudiado en EEUU y en la actualidad piensan ya en otros idiomas. Para Urko, segundo hijo del popular periodista, *«esta experiencia ha sido muy positiva. Después de pasar dos veranos en Inglaterra, estudié en el colegio Chief Sealth, con FSL, en Seattle (Washington) y me ha venido fenomenal».* Como muchos otros, prefiere también la enseñanza americana. *«En Estados Unidos* —comenta— *haces antes amigos y el ambiente es mejor. En Inglaterra se ocupan menos de los estudiantes.»*

Utilizando un sistema similar, el ex presidente del Gobierno, Adolfo Suárez, envió a estudiar a sus hijos fuera de España. Con tan sólo 9 años Adolfo Suárez hijo se marchó a Irlanda por primera vez. *«Es algo que mis hermanos y yo debemos agradecer a mis padres. Haber estudiado idiomas es fundamental, y los veranos, aunque parezca poco tiempo, vienen bien. Tienes una primera toma de contacto y aprendes a defenderte al encontrarte solo en un país extraño.»* Para el primogénito del ex presidente, licenciado en Derecho y con un *master* en la Universidad de Harvard, *«los conocimientos de inglés me han servido después para que me llamen constantemente ofreciéndome trabajo».*

Tanto para Inglaterra como Estados Unidos, Francia o Alemania existen programas combinados muy interesantes. Así, cursos en campamentos con actividades y clases en pleno campo proliferan cada vez más. También el idioma combinado con materias como la informática o la literatura son otra alternativa. Por otro lado, el intercambio entre países es otra fórmula muy utilizada (Intercambio Cultural).

Los padres y los ejecutivos tienen también sus posibilidades para llegar a dominar el inglés u otros idiomas. Escuelas y academias ofrecen una amplia gama de cursos. En general, las personas que buscan estos cursos suelen hacerlo por cuestiones de trabajo y necesitan aprender de la manera más rápida posible.

El que fuera ministro de Justicia, Fernando Ledesma, se retiró a estudiar en una universidad de Norteamérica y Mercedes Milá escogió el Instituto Executives de Londres. Para la presentadora de *El martes que viene, «el estudio del inglés me parece hoy día hasta más importante que estudiar una carrera».*

Tiempo, Madrid

la caza hunting	**la informática** computer science
el culturismo body building	**madrileño** from Madrid
el «footing» jogging	**el patinaje** skating
la hípica horseback riding	

VOCABULARIO UTIL

Los madrileños tienen suficiente tiempo libre

Más de un 60 por 100 de los madrileños considera que dispone de mucho o suficiente tiempo libre, según se desprende de la encuesta Forma de vida *en el municipio realizada por el Departamento de Estudios y Análisis del Ayuntamiento de la capital.*

Por Alejandro Acosta

En el capítulo dedicado al uso que hacen los madrileños de su tiempo libre, la investigación distingue entre las actividades que éstos realizan en casa y las que practican fuera del hogar.

Ver la televisión o el vídeo, charlar con la familia, oír la radio, ordenar la casa, recibir visitas y leer el periódico son, por este orden, las principales ocupaciones caseras de los encuestados. Cuando salen fuera, más de la mitad de los entrevistados prefiere sobre todo pasear, ir de compras y visitar amigos.

Por el contrario, es poco frecuente entre los madrileños la asistencia a centros cívicos, clubs de ancianos, locales de asociaciones vecinales, sindicales, bingos y discotecas, si bien entre un 30 y un 40 por 100 visitan museos, acuden a bares, restaurantes, cines, teatros o salen de excursión.

La investigación afirma que *«se advierte un fuerte dominio del ocio pasivo sobre el activo y del ocio no productivo sobre el productivo»*, aunque existen diferencias, a veces notables, según el sexo, la edad, la situación laboral, el tipo de familia y el nivel económico y cultural que tienen los encuestados.

Libros y deportes

Entre los jóvenes son más frecuentes las actividades de ocio cultural y activo como leer libros, escuchar música, recibir visitas o atender el cuidado del cuerpo. Del mismo modo este tipo de prácticas recreativas son también más frecuentes entre los varones que entre las mujeres. Y lo mismo ocurre si se atiende al nivel económico y cultural.

En el área 1 —clase alta y media alta— un 72 por 100 leen libros, un 78 por 100 leen periódicos y un 20 por 100 invierten parte de su tiempo libre en estudiar. Estos porcentajes están muy por encima de los del área 3 —donde residen las familias más humildes—, que para esas mismas actividades son de 38, 47 y 8 por 100, respectivamente.

En cuanto a los deportes, el estudio señala que es poco habitual que los cabezas de familia y sus cónyuges practiquen alguno, y cuando lo hacen, se restringe prácticamente a los varones. En cualquier caso, los deportes que sobresalen son la natación, tenis, fútbol y culturismo, estos dos últimos con idéntico peso. Les siguen en importancia el ciclismo, la caza y el «footing». El golf, patinaje, o la hípica, por ejemplo, siguen siendo minoritarios, al menos por lo que a practicantes se refiere.

Academias

Aparte de los estudios oficiales, la encuesta *Formas de vida* analiza lo que denomina *«enseñanzas no regladas»*, en las que incluye aquellas que no están controladas por el Ministerio de Educación y con las que no se obtiene ningún título oficial.

Este tipo de estudios no convencionales tienen una gran aceptación entre los madrileños ya que algo más de una tercera parte los siguen, y de ellos un 69 por 100 lo hacen en exclusiva y un 31 por 100 los compatibilizan con enseñanzas oficiales.

Idiomas, mecanografía y secretariado, informática, educación física y culturismo son los cursos que más adeptos tienen. Les siguen los de plástica y artística, capacitación profesional, dirección y gestión de empresas, cualificación profesional en servicios y cualificación profesional en industrias.

Las mujeres se inclinan más por los idiomas, mecanografía y secretariado, artística y plástica, y a partir de los 30 años por los de corte y confección. Los varones prefieren informática y la cualificación profesional en el sector industrial; entre los menores de 30 años, un número importante de hombres madrileños se apuntan a los cursos de preparación física y culturismo.

Por grupos sociales, el 42,1 por 100 de los residentes en el área 1 cursan algún tipo de enseñanza no reglada, porcentaje que desciende en el área 3 hasta el 32,9 por 100.

Villa de Madrid, Madrid

Después de leer

COMPRENSION

 Entre todos.   Compartan los análisis que hicieron de los diferentes artículos de la segunda parte del capítulo. ¿Notaron algunas diferencias y semejanzas entre la forma en que pasan el tiempo libre los hispanos y los norteamericanos? Hagan un breve resumen de estas semejanzas o diferencias con respecto a:

- las actividades más frecuentes para pasar el tiempo libre y las tendencias que se pueden atribuir al sexo, a edad y la clase social
- los intereses de los hispanos con respecto al aprendizaje
- los hábitos de los hispanos en lo tocante a las grandes festividades tradicionales

INTERPRETACION Y APLICACION

A.   ¿Cuáles de las actividades de ocio descritas en esta parte cree Ud. que contribuyen al estrés? Explique. ¿Se puede decir lo mismo con respecto a estas mismas actividades (o actividades similares) en los EEUU? ¿En qué sentido?

B.   De los artículos anteriores, ¿hay alguno que sería raro encontrar en la prensa norteamericana? Explique.

C.   Según el artículo «Los madrileños tienen suficiente tiempo libre», las actividades de ocio cultural (como leer libros, escuchar música) son más frecuentes que ninguna otra. ¿Cree Ud. que el norteamericano medio (*average*) lee bastante? ¿Por qué sí o por qué no? ¿Leen más los jóvenes que los mayores? ¿Se puede evaluar el nivel cultural de un pueblo por sus hábitos relacionados con la lectura? ¿Por qué sí o por qué no? ¿Es importante tomar en cuenta el tipo de lectura que se hace? Explique. ¿Qué otros indicios pueden usarse para establecer el nivel cultural de una nación?

D.   En el artículo sobre «El "boom" de los cursos veraniegos» se indica que es muy típico que los cursos norteamericanos incluyan actividades deportivas. ¿Cree Ud. que los deportes y/o los atletas reciban demasiada atención en los EEUU? ¿Por qué sí o por qué no?

E.   Si llegara un visitante de otra cultura a los EEUU, ¿en qué actividad (no necesariamente deportiva) debe participar o qué debería presenciar (*witness*) para tener idea de lo «auténticamente norteamericano»? Explique.

F.   ¿Está Ud. de acuerdo con la idea de que «cuánto más avanzadas, más parecidas las culturas del mundo»? ¿Puede Ud. pensar en ejemplos que apoyen o que refuten esta idea?

VOCES

Viola M.
San Francisco, CA

Vikki M.
Hawthorne, CA

Francisco F.
Pontevedra, España

William G.
Schenectady, NY

Tomás D.
Madrid, España

Tomás M.
Buenos Aires, Argentina

Daniel B.
Buenos Aires, Argentina

1. ¿Cómo pasa Ud. su tiempo libre?

Tomás D.: Madrid, España
Paso mi tiempo libre leyendo y ocupado con mi familia. Soy una persona de tipo contemplativo. Me muevo lo suficiente durante toda la semana que los fines de semana lo único que deseo es paz y tranquilidad. No obstante, mi deporte es caminar.

Daniel B.: Buenos Aires, Argentina
Paso mi tiempo libre en fines de semana con mis amigos o sus hijos... Me agradan mucho los niños y ver cómo su critero y personalidad se van formando. Comprendo su necesidad de ser aceptados como personas individuales. Leo mucho y veo algo de TV. Algo que no he hecho y quisiera, es dedicar un tiempo a pintar. Hago gimnasia tres veces por semana a una cuadra de casa. Lo considero muy importante, incluso me siento incómodo no haciéndolo. Es algo como renovarse cada día. En general mis amistades no piensan igual al respecto.

William G.: puertorriqueño de Schenectady, NY
Tengo tres tipos de actividades favoritas cuando se trata de pasar mi tiempo libre: ver películas (ya sea en el cine o en casa), salir con amigos (a cenar, al teatro, al bar) y leer. A veces no tengo mucho tiempo libre a causa de mi trabajo pero intento siempre sacar tiempo libre para alguna de estas actividades... Me ejercito constantemente, entre cuatro a seis días por semana. La mayor parte de las veces salgo a correr o hago los aeróbicos en casa, pero dos días a la semana voy a levantar pesas al gimnasio. El ejercitarme me toma una hora y ya se ha hecho una parte de mi rutina...

Vikki M.: cubanoamericana de Hawthorne, CA
Yo paso mi tiempo libre viendo películas o de compras en el *mall*. Muchas veces voy al gimnasio, como tres veces a la semana. Ahí corro, monto bicicleta y levanto pesas. Ultimamente mis padres le han dado importancia al ejercicio y caminan mucho en las tardes.

2. ¿Cuáles son las profesiones de más prestigio en su país?

Daniel B.: Buenos Aires, Argentina

Las profesiones de más prestigio supuestamente son las de más años de estudio, pero eso fue más en otras épocas, pues ahora hay más profesionales que los necesarios... En general diría que suelen merecer un mayor prestigio los abogados y escribanos, luego los médicos. Considero que la arquitectura y la ingeniería deberían tener más prestigio, pues la construcción reactiva la economía general de un país.

Francisco F.: Pontevedra, España

Yo creo que la profesión más importante es la de maestro, profesor. Nada hay más noble que enseñar, pero en la actualidad ante la obsesión por el dinero el prestigio de los profesores está en franca descendencia...

Tomás D.: Madrid, España

Yo creo que las profesiones de mayor prestigio son la medicina, las ingenierías de la telecomunicación, arquitectura, agentes de Bolsa, notarios (abogados), etcétera. No necesariamente tiene que ver con la remuneración, por ejemplo, agentes de Bolsa y notarios son profesiones eminentemente prestigiosas por sus remuneraciones; en cambio las otras no...

Tomás M.: Buenos Aires, Argentina

Hasta fines de los años 60 eran las llamadas profesiones tradicionales: médicos, abogados, ingenieros. Desde comienzos de los 80, los jóvenes son estimulados a estudiar Administración de Empresas y Economía. No hay profesiones más o menos prestigiosas en estos años. Lo que hay son *profesionales* de prestigio. El mejor termómetro para reconocerlos es la frecuencia con que aparecen en la televisión. Los mejores remunerados, en cambio, son los agentes de Bolsa, los dueños de las llamadas «mesas de dinero», los operadores del mercado financiero. La industria más próspera en la Argentina contemporánea es la especulación. ¿Las profesiones que deben ser más apreciadas? Las que contribuyen al bienestar y a la felicidad del mayor número de personas; la investigación científica, la creación artística, la ecología. Quienes se dedican a esas actividades en la Argentina son ya, sin embargo, una especie en extinción.

Viola M.: méxicoamericana de San Francisco, CA

Para mí, las profesiones de más prestigio son las de las leyes, aunque mucha gente dice que los abogados son como tiburones... Me gustaría que las secretarias fueran más apreciadas y mejor remuneradas por la razón de que ellas tienen que saber todito de su compañía. Me ha pasado muchas veces que, en mis días libres, mi jefe me ha llamado por teléfono para hacerme una simple pregunta.

¡UD. TIENE LA PALABRA!

A. ¿Con quién de estas personas se identifica Ud. más? ¿Por qué?

B. ¿Qué semejanzas o diferencias nota Ud. entre la manera en que estos hispanos pasan su tiempo libre y la manera en que lo hacen los norteamericanos?

C. ¿Cómo calificaría Ud. a cada uno de los individuos que contestaron la segunda pregunta: realista, materialista o idealista? Explique.

D. ☼ **¡Necesito compañero!** Utilizando la segunda pregunta de esta sección, entreviste a un compañero (una compañera) de clase para saber lo que piensa al respecto. Luego, compartan su información con el resto de la clase. ¿Están todos de acuerdo con respecto a las profesiones de mayor prestigio en este país? ¿Cuáles son las profesiones que la mayor parte considera que deberían ser mejor apreciadas?

Epílogo

Si Ud. describiera doce aspectos de la cultura norteamericana, ¿cree Ud. que habría dado un retrato completo de la vida en los EEUU? Es probable que no. Es igualmente probable que los doce temas elegidos por Ud. no serían los mismos escogidos por un compañero de su clase o por un estudiante estadounidense de otra parte del país. Por esta misma razón, en los doce capítulos de *Pasajes: Cultura* no se pretende ofrecer un retrato completo de la cultura hispana. La civilización y cultura hispanas son ricas y variadas, y las costumbres que rigen en un país no tienen siempre la misma importancia, ni la misma forma de manifestarse, en otro.

Con todo, hay ciertas características que sí ayudan a distinguir la cultura hispana de la norteamericana y éstas son las que se han presentado aquí. Al pensar en lo que Ud. ha leído en este libro, debe tener presente que las generalizaciones son muchas veces inexactas y que la cultura hispana, como toda cultura viva, está en proceso de evolución. Tiene también sus virtudes y sus defectos que con frecuencia son imposibles de separar. Una virtud puede ser consecuencia de un defecto o vice versa. Por ejemplo, el hecho de que exista el problema del indígena en Hispanoamérica es el resultado de la política de convivencia que rigió durante la época colonial. En cambio, la ausencia relativa de este problema en la mayoría de los EEUU proviene de la casi exterminación del indígena durante y después de la época colonial.

No se puede decir que una cultura sea superior o inferior a otra. Toda cultura representa la adaptación de un pueblo a su ambiente y, por consiguiente, es válida. Sin embargo, surgen problemas cuando dos culturas con valores distintos se confrontan. En tal caso, el único modo de evitar graves conflictos es por medio de una comprensión mutua, respetuosa y libre de prejuicios. La meta de *Pasajes: Cultura* ha sido precisamente fomentar dicha comprensión.

APLICACION

A. Imagine que Ud. va a escribir un libro sobre la cultura norteamericana dirigido a estudiantes hispanos. Haga una lista de los doce rasgos que Ud. considera fundamentales o muy importantes en esta cultura. Compare su lista con las de sus compañeros de clase, discutiendo las diferencias hasta que todos se pongan de acuerdo sobre una sola lista.

B. Siguiendo la lista de temas o rasgos de la cultura norteamericana, ¿cuál debe ser la idea general del capítulo sobre cada tema tratado en su libro?

C. Haga una lista de cinco aspectos positivos de la cultura hispana y cinco aspectos de la cultura norteamericana que le parezcan igualmente positivos.

D. Dé tres facetas de la cultura hispana que podrían chocar a un norteamericano y tres de la cultura norteamericana que serían chocantes a un hispano.

 **Answer Appendix**

KEY ** more than one possible answer

CAPITULO 1

POR SI SOLO... **A.** 1. viaje = trip; dura = takes, lasts; horas = hours; supersónico = supersonic 2. respecto = respect; francesas = French women; japonesas = Japanese women; norteamericanas = North American women; afirman = affirm, claim; desdén = disdain, negative feeling; tipo = type; universal = universal 3. ordinariamente = ordinarily; platos picantes = spicy dishes, spicy foods 4. examen = examination; más a fondo = deeper; revela = reveals; realidad = reality; estereotipo = stereotype; conflicto = conflict **B.** 1. reality 2. separated 3. accustomed 4. university 5. personality 6. educated **C.** b **LECTURA Palabras y conceptos** **A.** 1. el plátano 2. el pecho 3. el cuchillo, el tenedor 4. el postre 5. las gafas 6. abrazar, amamantar, caminar, llorar, masticar, nacer, estrecharse la mano **B.** 1. el bolsillo 2. lloran 3. chicle 4. en busca de 5. amamantar 6. Todavía 7. latas **Comprensión** **A.** 1. Los norteamericanos viajan más y por eso comprenden mejor a los hispanos. Falso. Soluciones posibles: Los norteamericanos viajan más pero todavía no comprenden mejor a los hispanos. Los norteamericanos viajan más y por eso deben comprender mejor a los hispanos. A pesar de que los norteamericanos viajan más, todavía no comprenden mejor a los hispanos. 2. Para muchos turistas norteamericanos España es el país del flamenco y todas las españolas son morenas. Cierto. 3. Algunos latinoamericanos tienen una imagen de Norteamérica que es también simplista. Cierto. 4. El norteamericano típico es un materialista que vive en una casa lujosa y que usa gafas oscuras. Cierto. (¡Ud. la puede corregir si no está de acuerdo!) 5. Las personas que creen en estereotipos solamente son gente estúpida. Falso. Las personas que creen en estereotipos solamente son gente superficial (simplista, ignorante, mal informada). **C.** 1. El hispano le da la mano a cada uno de sus amigos. 2. Los norteamericanos se estrechan la mano. 3. La madre hispana le da de pecho. La madre norteamericana regresa a casa para amamantar a su hija allí. 4. Los hispanos mantienen una distancia de dieciséis pulgadas. Los norteamericanos mantienen una distancia de más o menos dos o tres pies. 5. El hispano la come con cuchillo y tenedor. 6. Las hispanas caminan cogidas de brazo.

CAPITULO 2

POR SI SOLO... **A.** 1. S = la mezcla, V = da, O = un carácter; S = la mezcla, V = plantea, O = problemas; S = problemas, V = se resisten, O = soluciones 2. S = nosotros, V = consideramos, O = una raza, el indio; S = el indio, V = tiene, O = rasgos; S = rasgos, V = tipifican, O = lo (al indio) 3. S = Lo malo, V = es, O = que los defensores... condescendiente; S = los defensores, V = miran, O = el indio 4. S = los indios, V = dicen, O = la sociedad... necesarios; S = la sociedad, V = debe proporcionar, O = los recursos 5. S = esta alternativa, V = intenta considerar, O = el bienestar; S = esta alternativa, V = quiere intensificar, O = las separaciones y divisiones; S = las separaciones y divisiones, V = existen **B.** 1. El gallego todavía se habla en Galicia. El portugués moderno se derivó del gallego. 2. En los países vascos se habla vasco. El vasco es una lengua antiquísima y misteriosa. El vasco no parece estar relacionado con ninguna otra lengua del mundo. 3. Dentro de su propia comunidad regían leyes gitanas. Esta comunidad tenía el carácter de un clan cerrado. Las leyes ponían el honor personal, la grandeza y la fidelidad a lo gitano por encima de todo. 4. En España, pronto adquirieron mala fama. 5. En el norte, los indios formaban tribus. Las tribus vivían de la pesca, la caza y de una agricultura rudimentaria. 6. Los resultados eran similares. Los procesos fueron distintos. La situación actual de los indios en Norteamérica y en Sudamérica refleja estas diferencias. **LECTURA: PARTE I** **Palabras y conceptos** **A.** 1. incorporarse a, luchar 2. despreciado 3. mejorar 4. nómada 5. incorporarse a **B.** 1. la mezcla 2. el pueblo 3. idealizar 4. luchar **C.** 1. el país donde uno nace 2. práctica de adivinar el futuro a través de las cartas 3. el lugar donde se encuentran dos caminos 4. una persona que no sabe leer ni escribir 5. alguien que está fuera de la sociedad, los demás lo consideran como inferior **Comprensión** **B.** 1. La presencia de tantas culturas en España a lo largo de su historia, se debe en parte a la situación geográfica de España, de estar en un lugar (el cruce) donde se juntan dos continentes. 2. La combinación o mezcla de los varios grupos étnicos le da a España un carácter único. 3. Es una manera por la cual las distintas culturas mantienen su identidad. En España las distintas regiones mantienen distintas lenguas.   4. Término que describe a las comunidades autónomas de España porque cada comunidad parece una patria chica: mantiene sus tradiciones y costumbres dentro de la patria nacional.   5. Es el estilo de vida de los gitanos.   6. Es una característica que se atribuye a los gitanos por su práctica de cartomancia y su habilidad en los espectáculos de circo. La otra gente no gitana es muy sospechosa del estilo de vida gitano.   7. El gobierno intentó separar a los gitanos de la población del resto del país.   8. Es la música tradicional andaluza que tiene su origen en la cultura gitana como también en la cultura árabe.   9. Los gitanos sufren discriminación y viven marginados de la sociedad: la mayoría son analfabetos y viven en chabolas sin servicios mínimos. **C.** 1. ...se conservan muchas tradiciones y costumbres. Cierto.   2. ...se habla una lengua diferente. Cierto. 3. Se pensaba que los gitanos venían de la India. Falso. Se pensaba que venían de Egipto.   4. Se atribuían características muy negativas a los gitanos, porque se creía que era gente mala. Cierto.   5. ...se trabajaba en los circos, se practicaba la artesanía y se tocaba música flamenca. Cierto.   6. ...se escribieron poemas románticos sobre los gitanos. Cierto.   7. Ya no se ve mucha discriminación contra los gitanos en España. Falso. Todavía se ve mucha discriminación contra los gitanos en España.   **LECTURA: PARTE 2   Palabras y conceptos   A.** 1. tipificar   2. un ser   3. tratar de   4. actual   **B.** 1. esclavizar   2. quitar   3. perder 4. el desarrollo   **C.** 1. indígena: el único término que no se puede aplicar a los blancos   2. el recurso: no tiene que ver con el poder de un grupo sobre otro 3. orgulloso: no es una palabra con connotación negativa   ****D.** 1. una mezcla de indio y europeo   2. la primera generación de españoles nacida en América 3. un líquido rojo que circula por las venas y arterias 4. un estadounidense o un extranjero   **Comprensión   A.** 1. K   2. G   3. H   4. J   5. N   6. M 7. E   **C.** 1. No, en Latinoamérica, no lo consideran como una raza.   2. La rechazan.   3. No, no los ve como seres superiores.   4. No, no la incluían.   5. No, no la querían robar.   ****D.** Grupo colonizador: los ingleses; los españoles. Motivos: colonizar; conquistar. Tratamiento de los indios: quitarles su tierra y desplazarlos al oeste a «Territorios Reservados»; quitarles su tierra y esclavizarlos. Resultado: los indios perdieron su tierra y su modo de vida (igual para los dos continentes).   Actitud de los indios hoy: Son suspicaces. Creen que los no indios quieren seguir quitándoles sus posesiones e imponiéndoles las normas de la cultura dominante (igual para los dos continentes).

CAPITULO 3

POR SI SOLO...   A. 1. little friend or "friend" with an affectionate tone   2. (big) joker   3. dedicated 4. seriousness, gravity   5. solemnity   6. little angel

7. extremely sad   8. short course   9. loved one, beloved, dear   10. lost   11. resigned   12. big, ugly tree 13. small and cute   14. comfortableness   15. extremely positive   ****B** 1. a, b, h   2. c, d, e, f   3. a, f, g, h   4. a, b, c, d   **C.** 1. d   2. a   3. b, d   **LECTURA   Palabras y conceptos   A.** 1. la liberación: no tiene que ver con los funerales   2. la vela: no expresa un sentimiento negativo   **B.** 1. la gravedad 2. permanecer   3. En cambio   4. recuerdo   5. mal gusto   6. conviva   7. tratar   8. superar   **Comprensión   C.** 1. hizo, reveló. Falso. El estudio que se hizo en Los Angeles reveló que hay diferencias entre los grupos étnicos con respecto a las actitudes hacia la muerte.   2. iban, comían, charlaban. Cierto.   3. solían. Cierto.   4. moría, decían, estaba, dormía, vivía. Cierto.   5. representaba. Falso. Según la tradición indígena de la América del Sur, la muerte representaba el cambio a otra fase de la existencia.

CAPITULO 4

POR SI SOLO...   A. 1. c   2. Isabel = b, Jorge = d, Ximena = c   3. d   4. a   **B.** 1. b   2. a   3. d **C.** «Tribulaciones de los escolares»   1. Los niños escolares pueden enfermar de la columna vertebral, la escoliosis.   2. Dos de cada diez.   3. Un aparato que estimula el costado y fortalece la columna.   4. 70.000 pesetas ($700) «Las viudas no son alegres»   1. La Federación Nacional de Viudas Españolas   2. 279.000 miembros   3. La señora viuda de Carré   4. dos millones   **LECTURA: PARTE I   Palabras y conceptos   A.** 1. a, b   2. a, f   3. h   4. c   5. d   6. g 7. i   8. e   **Comprensión   A.** 1. d   2. a   3. b 4. c   5. d   ****B.** 1. El tamaño de la familia depende del lugar donde vive; las familias rurales tienden a ser extendidas mientras las urbanas tienden a ser nucleares.   2. Las características de la familia hispana rural (autónoma, numerosa, extendida, unida, protectora y estable) son características de la familia rural en muchas partes de mundo.   3. Los hijos comparten el trabajo con el resto de la familia.   4. Si se considera a la familia hispana rural y a la familia norteamericana rural, se parecen bastante. Igual se puede decir de la familia urbana de las dos culturas.   ****C.** 1. La familia satisface sus necesidades dentro de la estructura de la familia.   2. Los hijos pasan más tiempo en la escuela y por lo tanto se convierten en una carga económica para los padres por no entrar al mundo laboral hasta más tarde. El efecto a largo plazo es que los padres tienden a tener menos hijos.   3. Los hijos se adaptan al nuevo ambiente más rápidamente que los padres y eso puede causar problemas entre ellos.   **LECTURA: PARTE 2   Palabras y conceptos **B.** 1. a. Educar es una de las responsabilidades que tienen los padres cuando crían a sus hijos.   b. El castigo es un método que utilizan muchos padres para educar a sus hijos. Los padres piensan que si les casti-

gan a sus hijos por hacer algo malo, éstos no lo volverán a hacer. c. La manera en que los padres educan a sus hijos puede ayudarles a independizarse más fácilmente. 2. a. El matrimonio es la cohabitación legal. b. En algunos países, el sistema jurídico reconoce la relación entre un hombre y una mujer que han vivido en unión consensual por varios años como un matrimonio legal. c. El matrimonio establece el contrato legal o religioso entre la pareja y el divorcio lo rompe. d. El dar a luz es una obligación del matrimonio católico. En muchas culturas, dar a luz sólo es aceptable dentro del matrimonio. **Comprensión**
A. 1. Cierto. 2. Falso. Los padres norteamericanos utilizan el castigo psicológico con los niños más que los padres hispanos. Los padres norteamericanos utilizan el castigo físico con los niños menos que los padres hispanos. 3. Falso. Los jóvenes hispanos se independizan de sus padres cuando empiezan a trabajar y a ganarse la vida, igual que los jóvenes norteamericanos. 4. Falso. El divorcio todavía no es legal en algunos países hispanos. 5. Falso. Después de legalizarse el divorcio en España, muchos menos matrimonios de lo que se pensaba se disolvieron. 6. Cierto. 7. Falso. La situación de los abuelos es menos precario hoy que antes. 8. Falso. Ahora que muchos hombres viven con mujeres que trabajan como asalariadas, hay un reparto más o menos equitativo de las tareas domésticas entre los esposos. 9. Cierto. ****B.** 1. La definición de «independizarse» es distinta en las dos culturas. En la cultura hispana se define por una independencia económica mientras en la cultura norteamericana el hijo es independiente cuando se va de casa. 2. Muchas de las parejas no se divorcian por las mismas razones religiosas y en algunos países todavía es ilegal el divorcio. Sin embargo, el divorcio siempre es una opción para la gente adinerada. 3. Los abuelos de hoy son mucho más independientes, más «jóvenes» y se aprovechan de la libertad de la jubilación. 4. Los hombres que viven con mujeres que trabajan fuera de la casa tienden a tener una actitud menos tradicional en cuanto a las labores de la casa y la crianza de los niños.
**C. 1. No tienen que depender tanto de los hijos y son más independientes. En la sociedad urbana, la familia que predomina es la nuclear y no la extendida. 2. En algunos casos el papel del marido y del padre empieza a cambiar a un papel más cooperativo en cuanto a las tareas domésticas y la educación de los niños. 3. Puede crear la sensación de inestabilidad entre la pareja o la familia. La falta de una responsabilidad legal para los niños concebidos en la relación hace más fácil el abandono de la familia.

CAPITULO 5
POR SI SOLO...   **A.** 1. prepositional phrase = en comparación, con las montañas Rocosas y la Sierra Nevada, de los Estados Unidos; S = los Andes; V =

forman; O = una barrera   2. subordinate clause = Cuando se habla de Hispanoamérica; prepositional phrase = de la zona, de buena parte, de la población; S = (one); V = suelen señalar; O = dos aspectos contradictorios   3. prepositional phrase = Para entender la coexistencia, de estas dos realidades paradójicas, en el desarrollo, de los países hispanoamericanos; subordinate clause = que influyen en el desarrollo de los países hispanoamericanos; S = (one); V = hay que considerar, O = los factores geográficos y demográficos   **B.** 1. prepositional phrase = de norte a sur, en el centro; verbal phrase = creando una meseta; S = dos cordilleras; V = atraviesan; O = el país   2. prepositional phrase = por su falta, de previsión, en un gran montón; verbal phrase = ansioso de terminar, enojado por su falta de previsión; subordinate clause = que le quedaba; S = unidentified third person singular; V = tomó, arrojó; O = toda la materia   3. prepositional phrase = por fuerza, en los Andes; verbal phrase = limitados a un área relativamente pequeña; S = algunos hispanoamericanos; V = tienen que vivir
C. 1. H; geographic information is usually factual. 2. H; geographic information.   3. O; beauty (hermosa) is subjective.   4. O; hostility is an emotion and thus subjective.   5. H; demographic index statistics are usually associated with fact.   6. O; a suggestion on how to solve a problem is a subjective opinion.   7. O; what is good (beneficioso) is a relative concept.   8. H; demographic population statistics are factual information.
LECTURA: PARTE 1   **Palabras y conceptos**
A. 1. despoblado 2. subir 3. dificultar 4. la periferia 5. disminuir 6. crear, cultivar 7. la pobreza 8. lleno 9. a pesar de 10. el regionalismo 11. fértil 12. la escasez   **Comprensión**   ****A.** 1. La diversidad geográfica de Hispanoamérica es su mejor recurso y a la vez su mayor problema porque a pesar de su inmensa riqueza natural, una buena parte de la población vive en la pobreza. 2. Geográficamente, Hispanoamérica es una zona muy variada y por lo tanto los productos que rinde cada zona, forman parte de la diversidad de recursos naturales. 3. Los Andes forman una barrera geográfica difícil de atravesar. Esta barrera ha impedido el desarrollo de comercio y comunicación, y ha contribuido a crear un fuerte regionalismo en algunas zonas. 4. En las comunidades que quedan aislados hay un elevado índice de analfabetismo, de mortalidad infantil y de los problemas que resultan de una falta de servicios públicos. 5. Resultado de barreras a la comunicación, el regionalismo puede tener graves consecuencias económicas y políticas para un país cuya población se identifica más con su propia región y no con una identidad nacional. 6. El control de la natalidad no se practica entre las clases bajas por razones de educación y de religión entre otras. El alto índice de natalidad combinado con un bajo índice de mortalidad hace que Hispanoamérica

tenga un crecimiento demográfico segundo sólo a el de Africa. Tal crecimiento puede tener consecuencias graves cuando se concentra en las ciudades ya sobrepobladas, pues resulta en un aumento de ciudadanos sin un aumento paralelo de oportunidades para sostenerlos. **B.** 1. Creo (Es cierto) que hay mucha diversidad geográfica en Hispanoamérica. 2. Creo (Es cierto) que la cordillera de los Andes se extiende desde el país más norteño hasta el punto más al sur de Hispanoamérica. 3. Dudo (No creo, No es cierto) que el transporte de mercancías se haga rápida y fácilmente dentro de los países hispanoamericanos. 4. Creo (Es cierto) que el índice de mortalidad es más bajo hoy que hace diez años. 5. Dudo (No creo, No es cierto) que muchas rutas comerciales atraviesen los Andes. 6. Dudo (No creo, No es cierto) que la mayoría de la población viva en los pequeños pueblos de las zonas rurales. 7. Creo (Es cierto) que el crecimiento demográfico en Latinoamérica representa uno de los más altos del mundo. 8. Dudo (No creo, No es cierto) que el clima en toda Hispanoamérica sea bastante uniforme. 9. Creo (Es cierto) que la mayoría de la población en Hispanoamérica es muy joven. 10. Dudo (No creo, No es cierto) que los escasos recursos naturales de Hispanoamérica causen la gran pobreza de mucha gente. ****E.** 1. Causa: las barreras geográficas, como los Andes. Efecto: Algunas zonas quedan alejadas de la vida, la cultura y la economía de su país. 2. Causa: las diferencias propias a las dos zonas y la falta de comunicación entre ellas. Efecto: Se crea un cierto regionalismo en el cual la gente se identifica más con su propia zona que con su país. 3. Causas: falta de la educación necesaria para emplear los métodos anticonceptivos efectivamente, razones religiosas, sospecha de todo lo que viene de los Estados Unidos. Efecto: El índice de natalidad aumenta. 4. Causa: La situación geográfica dificulta la comunicación entre el interior y el exterior del continente. Las líneas de comunicación tienden a establecerse entre las ciudades de la periferia. Efecto: problemas relacionados con la falta de servicios públicos como pedagógicos y médicos. **LECTURA: PARTE 2 Comprensión B.** 1. Es bueno que los campesinos talen... Falso. 2. No hay ningún producto de la selva que tenga... Falso. 3. Hay mucha gente que utiliza... Cierto. 4. Algunos quieren que los bosques se conviertan... Cierto. 5. La desforestación es un problema que existe... Falso. 6. El autor del texto cree que los nuevos usos para el suelo de la selva son... Cierto.

CAPITULO 6

POR SI SOLO... A. 1. to cut off the head, decapitate 2. to pluck the feathers 3. not content, not happy 4. unfaithful 5. indistinctly, indifferently 6. impure 7. to put into a box 8. to put into a bottle

9. to redo 10. to reunite; to meet **B.** 1. imprudent: raíz = prudente (prudent), prefijo = im- (not) 2. pastry shop: raíz = pastel (pastry); sufijo = -ería (place where sold) 3. extremely rapid: raíz = rápido (rapid); sufijo = -ísimo (extremely) 4. baby-sitter: raíz = niño (baby); sufijo = -era (agent) 5. to put something into a container: raíz = vaso (glass); prefijo = en- (into); sufijo = -ar (forms a verb, making it an action) 6. cigarette: raíz = cigarro (cigar); sufijo = -illo (small, diminutive) 7. talkative: raíz = habla (to talk); sufijo = -dora (agent, one who . . .) 8. change purse: raíz = moneda (coin); sufijo = -ero (place where stored) 9. unnecessary: raíz = necesario (necessary); prefijo = in- (not) 10. inequality: raíz = igual (equal); prefijo = des- (not); sufijo = -dad (forms an abstract noun, -ty) 11. reread: raíz = leer (to read); prefijo = re- (to do again) 12. unemployed: raíz = emplea (to employ); prefijo = des- (not); sufijo = -ado (forms adjective, -ed) **C.** pajarina, nidillo, arbolacho, pajaritos, flacucho, feote, cabecita, gatazo, viejecita, momentito, piquito, vocezota, gatote, hijitos Los sufijos aumentativos: -acho/a, -azo/a, -ote/a, -ucho/a; los sufijos despectivos: -acho/a, -azo/a, -ote/a, -illo/a, -ucho/a; los sufijos diminutivos: -ico/a, -illo/a, -ino/a, -ito/a; pajarina = little bird; nidillo = little nest; arbolacho = big, ugly tree; pajaritos = baby birds; flacucho = skinny; feote = very ugly; cabecita = little head; alica = little wing; gatazo = large cat; viejecita = little old lady; momentito = brief moment; piquito = little beak; vocezota = loud voice; gatote = big cat; hijitos = little children, dear children ****D. II. A.** 1. los grandes cambios de clima 2. hay una los grandes cambios de altitud **B.** 1. hacen mucho más largo cualquier viaje en tren 2. falta de servicios pedagógicos y médicos adecuados 3. impiden la comunicación y el comercio entre la periferia y el interior **C.** 1. se hablan muchas lenguas diferentes 2. contribuyen a una distribución desigual de la población **III. A.** 1. a. la facilitación del comercio b. la disminución del analfabetismo 2. a. la disminución de la mortalidad infantil b. un enorme crecimiento demográfico **B.** 1. a. la prohibición religiosa b. el valor cultural y económico de una familia grande 2. a. una población cada vez más joven y dependiente b. la sobrepoblación en las ciudades **LECTURA: PARTE 1 Palabras y conceptos A.** 1. el mito: no pertenece al tema de dar a luz 2. la abnegación: no tiene que ver con el trabajo 3. agresivo: no es una actitud pasiva, sino activa **C.** 1. f 2. e 3. b 4. a 5. d **Comprensión A.** 1. b. la mujer sea pasiva y abnegada; c. la mujer se quede en casa y cuide a los hijos 2. d. la mujer de la clase alta tenga más oportunidades profesionales 3. f. sus hijas se eduquen 4. e. las mujeres trabajen fuera de casa 5. b. la mujer sea pasiva y abnegada; c. la mujer se quede en casa y cuide

a los hijos   **B.** a. prohíben que las compañías despidan...   b. permiten que las mujeres amamanten a sus hijos...   c. permiten que las mujeres tengan derecho a un descanso pagado...   d. prohíben que las compañías paguen más a los hombres que a las mujeres por el mismo trabajo   **C.** 1. La sociedad hispana es mayormente una sociedad machista en la cual los hombres dominan a las mujeres.   2. Es un concepto de conducta femenina; que la mujer debe ser como la Virgen María: pasiva, pura, virginal, sumisa y abnegada.   3. Tradicionalmente los padres no daban tanta importancia a la educación de sus hijas y por lo tanto había un alto índice de analfabetismo entre las mujeres.   4. Para las mujeres de la clase baja ser una empleada doméstica es una manera de trabajar y ganarse un sueldo, pero es un trabajo de «servicio», tradicionalmente reservado para mujeres. Para las mujeres de la clase alta, tener una criada les libera de los quehaceres domésticos y en ciertos casos de la crianza de los niños. Con su tiempo libre pueden dedicarse a varias actividades y así incorporarse a la vida social, económica y política.   ****D.** 1. Causa: Emplean a asistentas o criadas que les hacen las tareas domésticas. Efecto: Las mujeres de la clase alta tienen más tiempo libre para dedicarse a lo que quieran.   2. Causa: Hay leyes que obligan pagar a la mujer un descanso de maternidad y después, darle un permiso pagado cada día para amamantar al niño. Tienen que pagar a la mujer aunque no está trabajando, y encima pagar a otra persona para reemplazarla. Efecto: Muchas compañías prefieren no emplear a mujeres.   3. Causa: Es difícil encontrar un trabajo que les pague un sueldo adecuado. Efecto: En las ciudades, muchas están desorientadas y vulnerables a la explotación.   4. Causa: La mujer modelo es el ama de casa y la madre de varios hijos. Efecto: Pensando en la mujer modelo, muchos maridos se oponen a que trabajen sus mujeres. Causa: Muchas empresas prefieren no emplear a mujeres porque les cuesta más dinero. Efecto: Hay desigualdad en las prácticas de empleo.   **LECTURA: PARTE 2   Comprensión A.** 1. Ciertas: 1-f, 2-e (es verdad si se considera la subida de mujeres a los puestos políticos más altos y las protecciones con respecto al embarazo y la maternidad), 3-b, 5-d   **B.** 1. a. permiten que una pareja se divorcie...   b. permiten que la mujer asista...   c. permiten que la mujer sea...   2. a. se espera que el hombre tenga...   b. la gente se opone a que la mujer tenga...   c. se cree que la mujer «buena» es... ****C. I. A.** Aunque la situación de la mujer hispana está cambiando hacia mayor igualdad entre los sexos, mucho depende de factores histórico-culturales y socioeconómicos.   **B.** valores tradicionalmente «femeninos»: ser pasiva, pura, virginal, sumisa, abnegada **C.** valores tradicionalmente «masculinos»: ser fuerte, independiente, dominante   **II. A.** El índice de analfa-

betismo era más alto entre las mujeres.   **B.** 1. Hay pocas chicas que estudian ciencias en las escuelas secundarias.   2. Las mujeres universitarias siguen estudiando carreras tradicionales.   **C.** 1. La mayoría de las mujeres activas en el mundo laboral hispano ocupan puestos que se consideran tradicionalmente femeninos. 2. El número de mujeres que tienen un trabajo equiparable a su nivel de educación es muy reducido. **III. A.** 1. La mujer modelo es ama de casa y madre. 2. Muchos maridos se oponen a que su mujer trabaje fuera de casa.   **B.** Las leyes que protegen a las «nuevas» madres son costosas para las compañías que las obedecen y a consecuencia, las compañías prefieren no emplear a mujeres.   **IV. A.** 1. Las hijas menores de 25 años no podían establecer un hogar propio sin el permiso del padre (con la excepción de casarse o entrar en un convento).   2. La mujer no podía viajar al extranjero sin el permiso del marido.   3. La mujer no podía abrir una cuenta bancaria sin el permiso del marido. **B.** 1. Muchas mujeres son sexualmente activas fuera del matrimonio.   2. La unión libre es común en muchos países.   **V.** A pesar de las barreras, la mujer hispana es frecuentemente tan liberada como la mujer norteamericana. Las barreras más difíciles de superar ya no parecen ser las legales ni las económicas sino las actitudinales, tanto las actitudes de los hombres como las de las mujeres mismas.

CAPITULO 7
POR SI SOLO...   A. 1. E   2. S   3. CS   4. C 5. CS   **B.** 1. CS   2. A   3. S   4. RS   5. CS **C.** 1. no   2. no   3. sí   4. no   5. sí   **D.** 1. a   2. a 3. a   4. b   5. a   ****E.** 1. autor: compañía o empresa; propósito: convencer, informar, alabar; público: público general, edad particular, consumidores, sexo particular   2. autor: experto o especialista; propósito: criticar, informar, evaluar; público: público general, especialistas   3. autor: experto o especialista, periodista; propósito: convencer, criticar, informar, evaluar, alabar, quejarse; público: público general, edad particular, consumidores, sexo particular   4. autor: Aunque el escritor más común sería una persona común, cualquier persona puede escribir una carta al director. Entonces se puede incluir a los siguientes: experto o especialista, periodista, compañía o empresa; propósito: criticar, informar, evaluar, alabar, quejarse; público: público general   5. autor: experto o especialista, periodista; propósito: informar, evaluar; público: público general, edad particular; los adultos   6. autor: experto o especialista, persona común; propósito: informar, entretener; público: público general, especialistas, edad particular (adolescentes y adultos), sexo particular (suelen ser más populares entre el sexo masculino) 7. autor: experto o especialista propósito: criticar, informar, evaluar; público: especialistas   8. autor: perio-

dista, persona común; propósito: alabar; público: público general **F.** 1. c. maniobras egoístas 2. a. ha influido (d. profundamente) 3. d. simbolizó, nuevo comienzo, nueva era 4. c. deslumbrados, retórica, ni siquiera, lo vacío 5. c. Es difícil imaginar, «Dagos» 6. c or a. fracaso total (may depend on the tone of voice of the reader) 7. e. grandes y generosas metas

LECTURA: PARTE 1 Palabras y conceptos

A. 1. los bienes, la deuda externa, la exportación, fortalecer, la fuente, invertir, la inversión, la libre empresa, las materias primas, la política exterior, el préstamo, el presupuesto, proporcionar, proteger, respaldar, la subvención 2. al alcance, el aliado, culpar, el derrumbamiento, el dictador, fortalecer, la fuente, intervenir, la inversión, izquierdista, el lema, la medida, la meta, odiar, la política exterior, proporcionar, proteger, respaldar. Ambas actividades: fortalecer, la fuente, intervenir, la inversión, la política exterior, proporcionar, proteger, respaldar. Algunas actividades políticas y militares de un país resultan de circunstancias económicas. ****D. 1. c. El derrumbamiento es el efecto de destruir, etcétera. 2. h. Son ejemplos de dictadores. 3. f. Son empresas que hacen inversiones. 4. g. Son sinónimos. (b. Los aliados apoyan, etcétera.) 5. j. Cuando uno está agradecido, está contento, atento, y da las gracias. 6. i. El préstamo, etcétera, son ejemplos de subvenciones. 7. b. Son sinónimos. 8. e. Son ejemplos de materias primas. 9. a. La libre empresa causa competencia, etcétera. 10. d. Los diplomáticos ejercen la política exterior y los tratados son un producto de ella. **Comprensión** **A.** 1. interviniera. Cierto. 2. siguieron. Falso. Antes de 1930 los EEUU siguieron una verdadera política de intervención en los países centroamericanos. 3. hizo; se limitara. Falso. Theodore Roosevelt hizo mucho para que se aumentara la expansión de los EEUU en la América Latina. 4. defendió. Falso. El «Corolario Roosevelt» a la Doctrina Monroe no hizo caso de la integridad territorial de los países centroamericanos. 5. hubiera. Cierto. **LECTURA: PARTE 3** Comprensión ****A.** 1. La balanza de pagos tiene que ver con hacer entrar en el país tanto dinero como sale de ello, para tener una economía estable. Existe ahora por toda Latinoamérica un serio desequilibrio en la balanza de pagos ya que la deuda externa crece cada vez más. 2. La Operación «Causa Justa» es el nombre que dio Bush a la acción de invadir a Panamá al final de 1989. 3. El Plan Arias, negociado en 1987 por cinco líderes centroamericanos, disolvió los contra y permitió la celebración de elecciones democráticas. 4. El asunto Iran-Contra consistió en un plan secreto para continuar ilegalmente el respaldo militar a los contra por la venta de armas a los iraníes y la repartición consiguiente de una parte de las ganancias a ellos. 5. Los realistas creen que los EEUU deben hacer lo necesario—incluso

apoyar a gobiernos autoritarios—para defender sus propios intereses y la seguridad nacional. 6. Los reformistas creen que los EEUU, por ser un país democrático, no debe aliarse con ningún gobierno autoritario. 7. Los EEUU apoyaron a las fuerzas militares en la República Dominicana en los años sesenta para prevenir el establecimiento de otro gobierno comunista, además de Cuba. **B.** 1. resultaron. Cierto. 2. estimulara. Falso. Kennedy creía que el desarrollo económico estimularía la reforma social. 3. fue. Falso. Durante las décadas de los cincuenta y los sesenta, la intervención norteamericana fue más directa que hoy en día. 4. respaldó, fueran. Cierto. 5. se dieran cuenta. Cierto. ****D.** 1. c. La Doctrina Monroe prohibió la intervención en los asuntos americanos por parte de los países europeos. 2. i. El Palo Grande es un símbolo de la fuerza y la intimidación que utilizó Theodore Roosevelt en su política exterior. 3. c., h. La Política no intervencionista de la Buena Voluntad fue un intento por parte de Franklin Roosevelt para mejorar las relaciones entre los dos continentes. 4. a. Somoza fue el dictador de Nicaragua desde 1935 hasta 1979. 5. d. Juan Bosch fue presidente de la República Dominicana durante nueve meses en 1961. 6. b. La Diplomacia del Dólar fue el nombre dado a la política de Taft que fomentó la intervención económica. 7. f. Por un lado representa todos los bienes y los lujos de América; por otro lado hace resaltar los contrastes de riqueza y poder que separan el norte del sur. 8. e. El General Noriega gobernó a Panamá. ****E.** 1. ...resultara en proyectos para la reforma social y el progreso económico. 2. ...la ayuda sea motivada por sus propios intereses. 3. ...interviniera en sus asuntos; ...repudiara la intervención. 4. ...ofrezca ayuda económica a países con gobiernos no democráticos; ...no se la ofrezca si hay algún beneficio político. 5. ...los EEUU invadieran para capturar a Noriega; ...no respetaran la integridad territorial panameña.

CAPITULO 8

POR SI SOLO... **A.** 1. c 2. a. No b. Sí c. No d. No e. No sé f. Sí g. No sé h. No sé i. Sí j. Sí 3. a. officially, formally: raíz = oficial (official), sufijo = -mente (forms adverb, -ly); b. constructed, built: raíz = construir (to construct); sufijo = -ido (forms adjective, -ed) c. luxurious: raíz = lujo (luxury); sufijo = -oso (forms adjective, -ous) d. detained, stopped: raíz = detener; sufijo = -ido (forms adjective, -ed) e. facility, ease: raíz = fácil (easy); sufijo = -dad (forms abstract noun, -ty) 4. a. entrenamiento, educación, formación, preparación; se daban, se enseñaban b. piden; a cambio de dar (in exchange for giving) **B.** 1. informar 2. informar 3. informar 4. entretener 5. informar 6. informar 7. convencer 8. informar 9. entretener **«MI-**

LLARES DE JUDIOS... » **Comprensión**
A. 1. c 2. f 3. g 4. a 5. d 6. b 7. e **B.** 1. El
matrimonio de los Reyes Católicos fue arreglado por
tres judíos, la antigua Escuela de Traductores de
Toledo 2. la lengua judeo-español 3. Israel
«PAPA, QUIERO HACER... » **Comprensión**
1. ...es mejor que los niños decidan... Cierto.
2. ...antes de que puedan hacer la primera comunión.
Falso. Hoy en día un número significativo de niños españoles tienen que bautizarse antes de que puedan
hacer la primera comunión. 3. ...les gusta mucho que
sus hijos deseen bautizarse. Falso. A algunos padres les
preocupa... 4. ...creen que sus hijos eligen la religión... Cierto. 5. ...para que éstos tengan la experiencia de ser protagonistas... Cierto. 6. ...a menos que
uno sea de la clase alta. Falso. En España, las tradiciones asociadas con la primera comunión suelen ser
comerciales en toda clase social. Se celebra con vestidos especiales, regalos, fiestas, banquetes y mucho
boato. **«LA AMERICA LATINA... »**
Comprensión **A.** (A.) El artículo trata de que
cada vez más católicos latinoamericanos se están convirtiendo al protestantismo. ****B.** 1. Los periodistas
no investigan lo esencial de América Latina, que es el
catolicismo. 2. El papel simbólico de la Iglesia Católica tiene un carácter femenino: ser madre (a los fieles)
y esposa (de Cristo). Los católicos necesitan la intercesión de la Virgen María y dependen de la Iglesia para
dirección y consuelo. El protestantismo evangélico,
por otro lado, parece tener cualidades masculinas
como el poder del autocambio y la agresividad. 3. El
protestantismo evangélico es atractivo para los jóvenes
porque evoca imágenes de un cambio rápido y exitoso.
4. Una tradición católica que ha durado siglos, ha sido
transformada en una sola generación. **LECTURA:**
PARTE 2 **Palabras y conceptos** ****A.** los
poltergeist: descargar, desahogo, encantar, el farsante,
fidedigno, grabar, materializarse, la pauta de comportamiento, perseguir, postular, repentino, trastornar; la
comunicación con los muertos: anterior, desahogo, el
farsante, la percepción extrasensorial, perseguir, retroceder, someter, ultratumba; la reencarnación: anterior,
dotado, perecedero, ultratumba ****B.** 1. lo que pasa
después de la muerte 2. un personaje mitológico que
aparece en los cuentos y frecuentemente toma forma
de un hombrecillo viejo y feo 3. creíble, algo que se
puede creer 4. la habilidad de un «sexto» sentido
(además de los cinco generales: oír, ver, escuchar, tocar, saber) en la cual se emplean poderes especiales de
la mente 5. que muere, que se estropea 6. un lugar
donde esconderse o estar solo

CAPITULO 9
POR SI SOLO... **A.** 1. he wrote you 2. they
visit us 3. you understand 4. they listen to me

5. we told him 6. they tell you 7. I helped you
B. le = a tu hermano; las = a ellas (the subject of llegaron and trajeron) **C.** 1. les = a los estudiantes
2. le = a un poeta 3. nos = a Marta y a mí
D. 1. Some third person singular explained it to her.
2. Some third person singular sold it to you. 3. I gave
them to them. **E.** 1. This book is pleasing to no one
and it bothers them to have to read it. 2. When they
ask me for them again, I am not going to give them to
them. 3. The president understands us quite well.
4. They bought many gifts and gave them to the children. 5. He/She told you the truth, but they all think
that he/she hid it from you. 6. He/She/You (formal)
did not show it to me because I told him/her/you (formal) that I did not want to see it. 7. Since the glass
was broken, we didn't sell it to the tourists. 8. I do
not tell my secrets to my mother because she tells them
to her friends. **F.** Capítulo 3: el segundo método. Capítulo 4: el primer método **G.** Los Capítulos 5 y 6: En
el Capítulo 5 se habla más de las causas inmediatas de
la pobreza y falta de desarrollo económico en la América Latina. Sin embargo, en el Capítulo 6, parte de la
causa es histórica, y por lo tanto, remota. Otras causas
son inmediatas como lo son la educación de la mujer y
su entrada al mundo laboral. **H.** 1. comparison/
contrast 2. cause/effect 3. division/classification
4. comparison/contrast 5. cause/effect 6. compari-
son/contrast 7. cause/effect 8. division/classification
I. La lectura sobre los hombres y las mujeres se organiza primariamente por el método causa/efecto, de-
sarrollando tres factores que deciden el papel de la mujer (la educación, el mundo laboral, la ley y el sexo) y
las consecuencias actuales dentro de estos tres temas.
Como el título lo sugiere, el tema de la lectura es el
hombre y la mujer y por lo tanto, dentro de cada tema
se emplea la técnica de comparación y contraste. El
Capítulo 2: «El pueblo hispano» se organiza según la
técnica de división/clasificación. **LECTURA:**
PARTE I **Palabras y conceptos** **A.** 1. c
2. e 3. a 4. d 5. b **B.** 1. la tasa 2. acogedor
3. formación 4. oleada 5. ciudadanía **Comprensión** **A.** 1. fue poblada. Cierto. 2. estaba.
Falso. Cuando los primeros colonos norteamericanos
llegaron al suroeste, encontraron que el territorio estaba habitado. 3. se establecieron, adaptarse. Cierto.
4. fue ganado. Falso. Un territorio equivalente al
tamaño de Texas, Nuevo México, Arizona y parte de
California, Nevada y Colorado fue ganado por los
EEUU en la Guerra de 1846. 5. vivían, fueron echa-
dos. Falso. Después de la guerra, los mexicanos que
vivían en la región del suroeste tuvieron la opción de
volver a México o quedarse y convertirse en ciudadanos norteamericanos. 6. fueron negados (se nega-
ron). Falso. Los derechos de los méxicoamericanos
fueron garantizados en el Tratado de Guadalupe pero

negados en la práctica. 7. ha sido dañada. Cierto.
8. Se encuentra. Cierto. 9. fueron organizados. Falso.
Los trabajadores migratorios fueron organizados en un
sindicato por César Chávez. **B.** 1. ninguno 2. c
3. ninguno 4. f 5. e 6. a 7. d 8. b **LEC-
TURA: PARTE 3 Comprensión A.** 10, 4,
9, 1, 5, 2, 8, 12, 6, 3, 11, 7 ****B.** 1. los chicanos =
1848; los puertorriqueños = 1917; los cubanos = No
hubo una fecha en la cual los cubanos se hicieron ciudadanos. Cada uno decide por sí mismo si quiere ser
ciudadano o no. 2. los chicanos = El Tratado de
Guadalupe Hidalgo puso fin a la guerra en 1848 y los
EEUU obtuvieron mucha tierra en el suroeste. A los
mexicanos que vivían en dicha tierra, se les ofreció la
alternativa de volver a tierra mexicana o convertirse en
ciudadanos de los EEUU; los puertorriqueños = Al perder la Guerra de 1898, España perdió Puerto Rico
como una de sus colonias. Después, Puerto Rico se
convierte en territorio de los EEUU y se les otorga a
los isleños la ciudadanía por El Jones Act (a pesar de
una resolución por los puertorriqueños que oponía la
imposición de la ciudadanía). El hecho de ser ciudadanos significa que pueden ir y venir libremente; los
cubanos: A los cubanos se les otorgó el estatus de
refugiado político que no requiere la ciudadanía.
Además muchos cubanos salieron con la esperanza de
volver a Cuba. 3. los chicanos = Un problema fue que
no se respetó la mayoría de las garantías de derechos y
libertad expresadas en el Tratado de Hidalgo y la comunidad mexicana pronto se convirtió en una minoría
subordinada; los puertorriqueños = Unos beneficios se
vieron en las áreas de servicios públicos de educación y
medicina. Los problemas fueron económicos y políticos. Las grandes compañías norteamericanas se apode-
raron de los pequeños negociantes y la economía de la
isla dependía de ellas. Lo mismo ocurrió en la política:
El Congreso decidió la identidad de sus líderes; los cubanos = El estatus de refugiado político tuvo beneficios
con respecto a la recepción de la primera oleada de inmigrantes. Se les trató como víctimas y se les ofreció
ayuda federal para establecerse en este país. 4. los
chicanos = En las zonas urbanas del suroeste; los puertorriqueños = Los que han venido de la isla viven en
las grandes ciudades de Nueva York, Boston, Filadelfia
y Chicago; los cubanos = en Miami y Florida principalmente pero también en Nueva York y Nueva Jersey.
5. los chicanos = trabajos agrícolas y también de servicio en los hospitales y restaurantes; los puertorriqueños
= tradicionalmente trabajos que sólo exigían la fuerza
o destreza física; los cubanos = banqueros, comerciantes, profesionales. 6. los chicanos = la educación, la
vivienda, las ingresos, la discriminación; los puertorriqueños = las relaciones con los EEUU, la discriminación; los cubanos = tensiones sociales en Miami, la

descriminación, la situación política de Cuba y de
Castro

CAPITULO 10

POR SI SOLO... A. que = estudios; esa = el alcohol; sus = los bebés alcohólicos; estas = los estudios;
cuyo = el alcohol; sus = los jóvenes **LECTURA:
PARTE I Palabras y conceptos A.** 1. el
prójimo 2. plantear 3. la campaña **B.** 1. e 2. d
3. a 4. c 5. b **D.** 1. el sabor 2. extraen 3. Cabe
decir 4. Dicho 5. la peregrinación 6. se aficionaron 7. propiedades 8. alucinógeno, estupefaciente
Comprensión A. 1. d 2. g 3. e 4. a 5. i
6. f 7. d, g 8. b 9. c, d ****B.** 1. el peyote, el
dondiego, uso religioso, cultura indígena, ponerse en
contacto con sus tradiciones 2. la *Nicotiana rustica*,
el peyote 3. los huichol, el peyote 4. la coca, el
tabaco, la mariguana, 5. las leyes contra el fumar en
lugares públicos; las advertencias médicas contra el
fumar 6. la mariguana, el tabaco, la cocaína
C. 1. La *Nicotiana tobacum* es menos fuerte que la
Nicotiana rústica. 2. Actualmente, el consumo ritual
de tabaco es mucho menos frecuente que el consumo
secular del tabaco. 3. La conciencia de los efectos nocivos del tabaco es menos difundida en el mundo hispano que en los EEUU. 4. El consumo de la coca en
los países hispanos es una tradición más larga que el
consumo de la mariguana. 5. El consumo de la mariguana es menos frecuente que el consumo del hachís
entre los jóvenes españoles. **LECTURA: PARTE
2 Comprensión A.** 1. hábitos y dependencias 2. ritual 3. secular 4. drogas alucinógenas
5. alcohol 6. drogas 7. tabaco 8. alcohol 9. coca
10. peyote 11. setas 12. *nicotiana rustica* 13. vino
14. blandas 15. hachís 16. mariguana 17. cocaína
18. PBC 19. heroína ****B.** 1. la cocaína, la heroína
2. una manera de tratar el problema de drogas
3. diferencias culturales entre los Estados Unidos y los
países hispanos; diferencias culturales entre la tradición indígena y la vida contemporánea 4. la cocaína
5. el alcohol, la cultura española 6. la cocaína
C. 1. Para los países productores de la coca, el cultivo
de la coca representa más ganancias que el cultivo de
otros productos. 2. El abuso de la PBC es tan grave
en los países andinos como el abuso del *crack* en los
EEUU. 3. El alcoholismo es menos evidente que la
borrachera en público. 4. El bebedor solitario es
menos aceptable que el bebedor social. 5. Los jóvenes
ilusionados consumen menos drogas que los jóvenes
desilusionados. **D.** 1. a. las drogas y el alcohol
b. este uso tiene un significado distinto en cada cultura
c. el alcohol d. el tabaco e. las drogas f. la heroína g. la cocaína h. los indígenas i. propiedades
j. religiosos (rituales) k. la coca l. el peyote m. el

dondiego   n. las setas   o. el peyote   p. peregrinaciones   q. escaparse de los problemas de la vida   r. las emplea para ponerse en contacto con las tradiciones de su cultura   s. La coca   t. Bolivia   u. el Perú   v. la PBC   w. la cocaína   x. tráfico   **y. hay que estudiar el tema de las drogas con mucho cuidado porque lo que se considera un abuso en una sociedad puede ser la norma en otra.   2. sin embargo: indicar un contraste; igual que: indicar una comparación; en cambio: indicar un contraste; especialmente: presentar ejemplos; también: dar más información semejante; mientras: indicar un contraste; otras dos: empezar una enumeración; tanto... como: indicar una comparación; en conclusión: empezar la conclusión.

CAPITULO 11

POR SI SOLO...   A. 1. C   2. S   3. CS   4. C
5. E   B. 1. A   2. S   3. S   4. CS   5. CS   C. 1. no
2. sí   3. no   4. sí   5. sí   D. 1. b   2. a   3. a   4. a
5. b   **E. I. Introducción   II. Las relaciones interamericanas: Una perspectiva histórica   A. La Doctrina Monroe   1. aplicación a los países europeos
2. aplicación a los EEUU   B. La época de la intervención   1. Roosevelt   2. Taft   C. La Política de Buena Voluntad   1. Repudió la intervención directa.   2. Logró disminuir la sospecha y desconfianza.   III. Las relaciones interamericanas: Metas y motivos   A. El factor económico   1. razones para la inversión
2. resultados de la inversión   B. El factor político
1. la República Dominicana   2. Nicaragua   IV. Mirando hacia el futuro   F. ¿Qué?: la tecnología detectivesca, el crimen; ¿Quién?: la policía, los criminales ¿Dónde?: Londres (aunque es un detalle de poca importancia); ¿Por qué?: para descubrir al criminal; ¿Cuándo?: actualmente, hoy en día (aunque no es información importante para entender el artículo)

LECTURA: PARTE 1   Palabras y conceptos
**B. 1. Los padres castigan a sus hijos porque hacen algo malo. El sistema jurídico castiga a las personas que han cometido un delito.   2. A veces la gente llega a un estado de frustración y desesperación y por eso recurre a la violencia para solucionar un problema.
3. Si uno vive en una zona de mucho crimen debe estar siempre prevenido: no debe salir solo por las noches, debe cerrar las puertas y ventanas con cerrojo, debe saber a quien llamar para pedir ayuda.   4. robos, violaciones, asesinatos, conducir por encima del límite, defenderse   5. Algunos sospechosos desaparecen para evitar un juicio o un castigo. Un suicidio, un secuestro.
6. Si uno informa a la policía acerca de las actividades de los narcotraficantes, teme una represalia por parte de los traficantes.   **D. 1. proceso ante un juez o un tribunal de una acusación de alguien por cometer un delito; un proceso para resolver una disputa entre dos

partes   2. secuestrar; llevar y esconder a una persona para obtener un rescate   3. un modo de vida de cometer delitos; la cantidad o estadística de delitos en un país o una época   4. Antiguamente, se refería a una persona declarada como criminal. Cualquier persona podía entregar al proscrito, muerto o vivo, a las autoridades y recibir una recompensa.   5. con mucho dinero   6. algo que para o detiene un movimiento o una tendencia   Comprensión   **A. 1. La violencia individual es difícil de comparar entre culturas porque cada cultura tiene sus propias normas de comportamiento, su propio sistema de valores. Existe una relación entre el desarrollo socioeconómico de las zonas urbanas industrializadas y el aumento de actividad criminal. Es una violencia más temida por los norteamericanos que por los hispanos.   2. un derecho asociado con (y muy defendido por) algunos norteamericanos que a veces sorprende a los extranjeros
3. Una de las bandas de narcotraficantes más importantes. Responsable por mucha corrupción, violencia y crimen para proteger sus intereses.   4. Hay varios elementos de la cultura tradicional hispana que parecen haber frenado la incidencia de la violencia criminal, por ejemplo, la ausencia del materialismo, la existencia de rígidas clases sociales y la importancia de la familia.
5. La pobreza en sí no causa la violencia sino el contraste entre los ricos y los pobres.   LECTURA:
PARTE 2   Comprensión   **A. 1. una violencia colectiva, tradicionalmente más temida que la violencia criminal en Hispanoamérica   2. una lucha para cambiar la estructura del gobierno o de la sociedad; hay revoluciones tradicionales conducidas por militares y otras conducidas por guerrilleros o terroristas; común en Hispanoamérica, tres ejemplos de revoluciones importantes son la mexicana, la cubana y la sandinista (Nicaragua).   3. gente común y corriente que se arma y utiliza métodos no ortodoxos para efectuar un cambio social o político   4. grupo de asesinos; los escadrones de la muerte en Centroamérica son responsables de cientos de asesinatos   5. táctica de los gobiernos militares de la Argentina y Chile de causar «la desaparición» de los que criticaron al gobierno.   6. El presidente argentino Alfonsín nombró un tribunal para investigar y procesar los líderes militares responsables para las desapariciones.   B. 1. ETA = un grupo terrorista que lucha por la independencia del País Vasco.   2. FMLN = grupo de guerrilleros salvadoreños   3. Augusto Pinochet = general chileno que llegó al poder a través de un golpe de estado en 1973. Llevó a cabo una política represiva que hizo desaparecer a los que se oponían a ella.   4. las Madres de Plaza de Mayo = las madres de los desaparecidos argentinos que manifestaron y siguen manifestando para conseguir la devolución de sus hijos y justicia contra los

responsables   5. los contra = un grupo guerrillero antisandinista, respaldado por algunos en los EEUU
D. 1. están, se hace más común: En Hispanoamérica los universitarios han sido los que encienden el fuego de la revolución. El sentimiento de malestar entre este grupo en particular, podría provocar una rebelión.
2. fuera, habría menos estabilidad, peores   3. tuvieran, disminuiría: El número de bajas y de refugiados entre los civiles disminuiría. Las estadísticas muestran que el 17% de las bajas durante la Primera Guerra Mundial fue civil, en comparación con el 70% en la Guerra de Vietnam. Había más de 2 millones de refugiados después de las guerras «tradicionales» y ahora, a causa de las muchas guerras «no regulares» el número ha ascendido a 30 millones.

CAPITULO 12
POR SI SOLO...   **A.** 1. a, c, e, g   2. a. sí   b. no   c. ND   d. sí   e. no   f. ND   ****3.** a. sufren   b. eficiente, que funciona   c. problema   d. causar, provocar   e. unos animales pequeños que dan lana   f. sus-

ceptible, tiene más posibilidades de enfermarse
4. a. alarm clock; something that wakes a person up: raíz = despertar (to wake); sufijo = -dor (agent, one who)   b. of the home: raíz = casa (home); sufijo = -ero (related to)   c. incapability: raíz = capaz (able); prefijo = in- (not); sufijo = -dad (forms abstract noun, -ty)   d. lit, on fire: raíz = encender (to light); sufijo = -ido (forms adjective, -ed, -en)   e. extinguished: raíz = apagar (to extinguish); sufijo = -ado (forms adjective, -ed, -en)   **B.** Los apuntes del estudiante 2 son los mejores. Explicación: El estudiante 1: punto fuerte = su resumen es breve y preciso (*accurate*); punto débil = no apuntó ejemplos ni detalles. El estudiante 2: punto fuerte = el tema en una sola frase; un bosquejo con mucha información, está bien organizado con las ideas principales y los detalles más importantes; pudo descubrir el tono y los motivos del autor. El estudiante 3: punto fuerte = apuntó mucha información incluso fechas y lugares importantes; punto débil = no hay buena organización y no distingue entre los detalles importantes y los triviales.

Spanish—English Vocabulary

This vocabulary does not include exact or reasonably close cognates of English; also omitted are certain common words well within the mastery of second-year students, such as cardinal numbers, articles, pronouns, possessive adjectives, and so on. Adverbs ending in **-mente** and regular past participles are not included if the root word is found in the vocabulary or is a cognate.

The gender of nouns is given except for masculine nouns ending in **-l, -o, -n, -e, -r,** or **-s,** and feminine nouns ending in **-a, -d, -ión,** or **-z.** Nouns with masculine and feminine variants are listed when the English correspondents are different words (*grandmother, grandfather*); in most cases (**trabajador, piloto**), however, only the masculine form is given. Adjectives are given only in the masculine singular form. Verbs that are irregular or that have a spelling change will be followed by an asterisk. In addition, both stem changes will be given for stem-changing verbs.

The following abbreviations are used in this vocabulary.

adj.	adjective	*m.*	masculine
adv.	adverb	*n.*	noun
f.	feminine	*pl.*	plural
fam.	familiar	*p. p.*	past participle
interj.	interjection	*prep.*	preposition
inv.	invariable	*sing.*	singular

A

abajo: hacia abajo downwards
abandono abandonment
abarcar* to include
abastecedora supplier
abatido dejected
abeja bee
abierto open
abnegación self-denial, self-sacrifice
abnegado self-denying, self-sacrificing
abogado lawyer
abogar* to advocate
abolir* to abolish
abonado improved; fertilized
aborto abortion
abrazar* to hug, embrace
abrazo hug
abrigar* to protect, shelter
abrir* to open
abuela grandmother
abuelo grandfather; *pl.* grandparents

aburrido boring; bored
acabar to end; **acabar con** to put an end to; **acabar de +** *inf.* to have just (*done something*); **acabar por +** *inf.* to end up (*doing something*)
acalorado heated (*discussion, argument*)
acatar to respect, obey (*laws*)
acceder a to have access to
acelerado accelerated
acentuarse* to stand out
aceptación acceptance
acera sidewalk
acerca de about, regarding
acercarse* a to approach; **acercarse cada vez más** to get closer and closer
acertar (ie) to be correct, right
acervo *sing.* cultural values
ácido lisérgico lysergic acid (LSD)
acogedor warm, welcoming
acoger* to receive, welcome
acogida reception, welcome

acólito follower, disciple
acomodado well-to-do
acomodar to accommodate
aconsejar to advise
acontecer* to happen
acontecimiento event
acordarse (ue) (de) to remember
acortar to cut off
acostarse (ue) to go to bed
acostumbrar a + *inf.* to be in the habit of (*doing something*); **acostumbrarse (a)** to become accustomed (to)
actitud attitude
actividad activity
actual current, present
actualidad: en la actualidad at the present time
actuar* to act, work
acudir a to go to; to present oneself; to attend; to resort to
acuerdo agreement; **de acuerdo con** in agreement with, according to; **estar de acuer-**

do to agree; **ponerse de acuerdo (sobre)** to agree (on)

acusado marked, pronounced, striking

acústica *sing.* acoustics

adecuado adequate

adelante ahead

además besides, moreover; **además de** in addition to

adentro: de puertas adentro private, in-house

adherente follower

adiestramiento job training

adinerado monied, wealthy

adivinar to guess

adivinatorio prophetic

adivino prophet; fortuneteller

adjunto attached

admirador admiring

adormecerse (ue)* to become numb

adorno decoration

adquirir (ie) to acquire

adquisitivo acquisitive; buying

aduana *sing.* customs

adulterio adultery

adúltero adulterous

advertencia warning

advertir (ie, i) to warn

aéreo *adj.* air; **piratería aérea** skyjacking

afectivo affective, emotional

afianzar* to support

afición liking, taste

aficionarse a to take a liking to

afiliado member of a group or organization

afligir* to afflict, distress

aflojar to relax

afortunadamente fortunately

afrontar to face

afueras outskirts

agarrar to seize, grasp

agitado agitated

agitarse to shake

agobiar to overwhelm

agobio nervous strain

agotado exhausted

agotador exhausting

agotamiento exhaustion

agradar to please

agradecer* to be grateful for

agradecido grateful

agrado pleasure

agravar to aggravate

agregar* to add

agresividad aggressiveness

agrícola *adj. m./f.* agricultural

agricultor farmer

agrupación grouping

agrupar to group

agua *f. (but* **el agua***)* water; **agua potable** drinking water

aguardar to wait for

agudeza sharpness, keenness

agudizarse* to get worse

agudo acute

aguja needle

agujero hole

ahí there; **a partir de ahí** from then on

ahijada goddaughter

ahijado godson; *pl.* godchildren

ahinco zeal

ahogado muffled; drowned; **morir ahogado** to drown

ahondarse to worsen

ahora now; **ahora bien** now then; nevertheless

ahorrar to save (*money*)

ahorro saving, economy

aislamiento isolation

aislar to isolate

ajedrez *m.* chess

ajeno detached; **ajeno a** alien to

ajetreo bustling about

ajustarse to conform, fit

ajuste settlement

ala *f. (but* **el ala***)* wing

alabar to praise

alarmante alarming

alborotador trouble-making

alcalde mayor

alcance range; reach; pursuit; **al alcance** within reach

alcantarillado sewage system

alcanzar* to reach, attain

alegar* to allege

alegrarse de to be glad

alegre happy, glad

alegría happiness

alejado distant; alienated

alejarse to withdraw

alemán *n. and adj.* German

Alemania Germany

alentador encouraging

alerta *m.* alert, alarm

alfabetismo literacy

alfabetización teaching people to read and write

algo something

alguien someone

algún, alguno some; **alguna vez** sometime, ever

aliado *n.* ally; *p. p.* allied

alianza alliance

aliento encouragement

alimentar to feed

alimentario *adj.* nourishing

alivio relief

alma *f. (but* **el alma***)* soul

almacén grocery store

almacenar to store

almuerzo lunch

alojamiento lodging

alquilar to rent

alrededor de *prep.* around

alrededores *n.* outskirts

altavoz *m.* loudspeaker

alterar to change

altibajos highs and lows; ebb and flow

altiplano high plateau

alto high; upper; **altos cargos** upper management; **clase alta** *f.* upper class

altura height; **a estas alturas** at this stage, point

alucinógeno *adj.* producing hallucinations

aludir a to refer to

aluminio aluminum

alumno student

allá there; **el más allá** life after death, the hereafter; **más allá de** beyond

allí there

ama *f. (but* **el ama***):* **ama de casa** homemaker

amable kind

amado *n.* lover

amalgama amalgamation

amamantar to nurse (*an infant*)

amante *m./f.* lover

amar to love

amargar* to make bitter

amargo bitter

amargura bitterness

ambiente atmosphere; environment; **medio ambiente** environment

ambiguo ambiguous

ámbito boundary, perimeter

ambos both

ambulante: vendedor ambulante peddler

amenaza menace, threat

amenazar* to threaten

amigable friendly

amigo friend

amistad friendship

amontonarse to crowd together

amor love; **amor propio** self-esteem

amortizar* to pay off

ampliar* to extend, enlarge

amplio full; wide, broad

amplitud range, extent

anacronismo anachronism (*representation of something as existing or occurring at other than its proper time*)

analfabetismo illiteracy

analfabeto *n.* illiterate person; *adj.* illiterate

anciano elderly person; **asilo de ancianos** retirement home

Andalucía Andalusia (*region of Spain*)
andaluz *n.* and *adj.* Andalusian
andar* to walk
andino Andean
anestesiante *adj.* anesthetic
angloparlante *n. m./f.* English speaker; *adj.* English-speaking
anglosajón *n.* and *adj.* Anglo-Saxon
angustia anxiety, distress
angustioso anguishing
anhelar to yearn, long for
anhelo yearning
ánima *f.* (*but* **el ánima**) soul, spirit
animar to animate
anoche last night
anonimato anonymity
anónimo anonymous
anotar to note, jot down
ansioso anxious
antaño long ago, of yore
ante before, in the presence of; **ante todo** above all
antepasado ancestor
anteponer* to give preference to
anterior previous; earlier
antes (de) before; **antes que nada** first of all
anticonceptivo contraceptive
antigüedad *sing.* ancient times
antiguo former; ancient
antipático unpleasant
antisemita anti-Semitic
antropólogo anthropologist
anuario yearbook
anulación annulment
anunciar to announce
anuncio announcement; advertisement
añadir to add
año year
apagar* to turn off (*lights*)
Apalaches Appalachian Mountains
aparato device, appliance
aparcamiento parking
aparcar* to park
aparecer* to appear
apariencia appearance
aparte aside; **aparte de** besides
apasionado passionate
apego fondness
apenas hardly, barely
aperitivo aperitif
apestado annoyed, irritated
aplicar* to apply
apoderarse de to seize, take possession of
aportación contribution
aportar to contribute

apoyar to support
apoyo support
apreciar to appreciate
apremiar to urge
aprender to learn
aprendizaje *n.* learning
apresurado hurried
aprobación approval
aprobar (ue) to approve
apropiado appropriate
apropiar to appropriate
aprovechamiento exploitation, use
aprovechar to take advantage
apuntar to point out; to note, note down
apuro difficulty
aquel: en aquel entonces at that time; back then
árbol tree
arbolacho large tree
argelino *n.* and *adj.* Algerian
arma *f.* (*but* **el arma**) weapon; **arma de fuego** firearm
armarse to break out (*a quarrel*)
arraigar* to establish firmly; to root
arrebatado seized
arreglar to arrange
arrendado leased
arrepentirse (ie, i) to regret
arriba above; **hacia arriba** upwards
arriesgarse* to risk
arrojar to fling, hurl
artesanía *sing.* handicrafts
artesano craftsperson
artilugio gadget
asalariado *n.* salaried worker; *adj.* salaried
ascendencia ancestry
ascender (ie) a to add up to
asco disgust, revulsion; **dar asco** to disgust
asegurar to insure, guarantee; to assure
asentarse (ie) to settle down, settle oneself
aseo cleanliness, neatness
asequible reasonable (*price*)
asesinar to murder
asesinato murder
asesino murderer
asesor counselor
aseveración affirmation
así thus, in this way; **así pues** so, then; **así que** so, then; **aun así** even so
asiento seat
asignar to assign
asilo asylum; **asilo de ancianos** retirement home
asimismo likewise, also

asistencia assistance; attendance; **asistencia pública** welfare
asistir to attend
asociarse a to join
asombrado surprised
asombro amazement
asombroso astonishing
asqueroso loathsome, disgusting
asueto: día (*m.*) **de asueto** day off
asunto topic; matter, affair
atar to tie
atención: con atención carefully; **prestar atención** to pay attention
atender (ie) to attend to; **atenderse a** to look after, attend to
atenerse (ie)* **a** to rely on
atentado criminal assault or attack; aggression against the government or a person representing authority
atento attentive; polite
ateo atheist
aterrador terrifying
atónito amazed, thunderstruck
atraco attack, mugging
atraer* to attract
atrapado trapped
atrás back; behind
atrasado *adj.* backward; **atrasado mental** *n.* mentally retarded person
atraso backwardness; **atraso mental** mental retardation
atravesar (ie) to cross
atreverse a + *inf.* to dare (*to do something*)
aula *f.* (*but* **el aula**) classroom
aumentar to increase
aumento increase; raise
aun even; **aun así** even so
aún still
aunque even though
autoalabar to praise oneself
autodestruir* to self-destruct
autodeterminación self-determination
autodidáctico self-taught
automovilista *m./f.* motorist
autonomía independence
autónomo independent
autopista highway
autovía automobile highway
ave *f.* (*but* **el ave**) bird
avenirse (ie, i)* **a** + *inf.* to agree to (*do something*)
avería damage; breakdown
averiguar* to verify
avión *m.* airplane
avisar to notify

aviso notice; warning
ayer yesterday
ayuda help
ayudar to help
ayuntamiento city council
azafata stewardess
azar chance, hazard
azúcar sugar
azucarera sugar bowl
azul blue

B

bachiller baccalaureate
bachillerato bachelor's degree
bahía bay
bailador dancer
bailar to dance
bailarín professional dancer
baile dance
baja *n.* drop, fall
bajar to go down; to lower
bajo *adj.* low; base, despicable; *adv.* under; **clase** (*f.*) **baja** lower class; **por muy baja que sea...** no matter how low . . . may be
balance vacillation, wavering
balanza de pagos balance of payments
baldío worthless, a waste of time
banca banking
bancario *adj.* bank
banco bank; bench
bandera flag
bandolera bandoleer (*for carrying gun and bullets across the chest*)
bañarse to bathe
bañera bathtub
baño bathroom; bath
barato cheap
barbaridad enormous amount; *pl.* nonsense
barco boat
barrera barrier
barriada district, neighborhood
barrio neighborhood
base: a base de based on
bastante *adj.* enough; *adv.* enough, sufficiently
bastar to be enough
batalla battle
bautismo baptism; **pila del bautismo** baptismal font
bautizar* to baptize; **bautizarse** to get baptized
bebedor drinker
beber to drink

bebida drink
Bélgica Belgium
bélico warlike
belleza beauty
bello beautiful
bendición blessing
beneficiar to benefit
beneficio benefit
beneficioso beneficial
benéfico beneficial
besar to kiss
beso kiss
besucón overly demonstrative in showing affection
biblioteca library
bicicleta bicycle; **montar (en) bicicleta** to ride a bicycle
bien *adv.* well; **ahora bien** now then; nevertheless
bienes *n.* (material) goods
bienestar well-being
bienvenida: dar la bienvenida to welcome
billete ticket
bisabuela great-grandmother
bisabuelo great-grandfather; *pl.* great-grandparents
blanco white
blando soft; weak
bloqueo blockade
boato pomp and circumstance
boca mouth
bocadillo snack
boda wedding
bofetón slap
bolsa bag; stock exchange
bolsillo pocket
bombardeo bombing
bonito pretty
borrachera drunkenness
borracho *n.* drunkard; *adj.* drunk
bosque wood, forest
bosquejo outline
brazo arm
brecha breach
breve brief
brindar to offer
broma joke; **gastar bromas** to play jokes
bromear to joke
bronce bronze
brote outbreak
bruscamente suddenly
bruto gross, total; rough, uncut
bucal *adj.* pertaining to the mouth
buen, bueno good
burla joke
burlón mocking, ridiculing
busca: en busca de in search of
buscar* to look for

C

cabalgar* to ride (*a horse*)
caballería knights, knightly order
caballero knight; gentleman
caballo horse
cabe decir it suffices to say
cabeza head
cableado cabling
cabo: al cabo de at the end of; **llevar a cabo** to complete; to carry out, perform
cacto cactus
cada *inv.* each; **cada vez más** more and more; **cada vez menos** fewer and fewer
caer* to fall; **caer desmayado** to faint; **la pregunta se cae de madura** it's an age-old question
café coffee; café
caída fall
calavera skull
calcetín sock
calcular to calculate
cálculo calculation
calidad quality
calificación grading, evaluation
caligrafía penmanship
calor heat
caluroso warm
calzado footwear
calle *f.* street
callejero *adj.* pertaining to the street
cama bed
cambiar (de) to change; **cambiar de idea** to change one's mind
cambio change; **a cambio de** in exchange for; **en cambio** on the other hand
camello camel; drug seller (*slang*)
caminar to walk
camino road
camisa shirt
campamento encampment; camping
campaña campaign
campeonato championship
campesino *n.* peasant, country dweller; *adj.* country; rural
campo field; countryside
canción song
cancha court (*sports*)
candado padlock
cansar to tire
cantábrico Cantabrian (*pertaining to the coast and regions of northern Spain*)
cantante *m./f.* singer

cantar to sing
cante flamenco Flamenco
  singing
cantidad amount
caña wineglass
cáñamo hempfiber
cañería pipe line
capa layer
capacidad ability
capacitación training
capaz capable
capilla chapel
capítulo chapter
captar to capture, to grasp,
  understand
capuchino Capuchin monk
cara face
caracol snail
carboncillo charcoal
cárcel *f.* jail; prison
carecer* de to lack
carencia lack
carente de lacking
carga burden
cargado burdened; loaded
cargo post, position; duty;
  altos cargos upper
  management
Caribe *n.* and *adj.* Caribbean
caribeño *adj.* Caribbean
caridad charity
cariño affection
cariñoso affectionate
carne *f.* meat
carnicería butcher's shop
caro expensive
carpeta file
carrera career
carretera highway
carrito cart
carta letter
cartel poster, placard; cartel
cartomancia fortune-telling
  with cards
cartón cardboard
casa house; **ama** *f.* (*but* **el
  ama**) **de casa** homemaker
casamiento marriage
casarse (con) to get married
  (to)
casero *n.* caretaker; *adj.*
  household
casi almost
caso: hacer caso (de) to pay
  attention (to); **hacer caso
  omiso de** to ignore
castellano *n.* and *adj.* Castil-
  lian; Spanish
castidad chastity; celibacy
castigante punishing
castigar* to punish
castigo punishment
castillo castle

casual accidental
casucha hut
catalán *n.* and *adj.* Catalonian;
  Catalonian language
catecismo catechism classes
catedrático professor
catequesis *f.* catechism classes
causa: a causa de because of
causante *m./f.* one who causes;
  originator
caza hunting
cazador hunter
cazar* to hunt
ceder to yield; **ceder el paso**
  to give way
célibe *n.* and *adj.* celibate
cementerio cemetery
cena dinner
censo census
centenario centennial
centro center; downtown; **centro comercial** shopping
  center
cepillado groomed
cerca *adv.* nearby; **cerca de**
  prep. close to
cercano *adj.* close
cerebro brain
cerezo cherry tree
cerrar (ie) to close; **cerrar con
  llave** to lock
cerro hill
cerveza beer
cielo sky; heaven
científico scientist
ciento: por ciento percent
cierto certain; true
cifra figure, number
cigarrillo cigarette
cigüeña stork
cine movie theater
circo circus
circundante surrounding
circundar to encompass
citar to quote
ciudad city; **ciudad natal**
  home town
ciudadanía citizenship
ciudadano citizen
claro clear; of course
clase (*f.*) **baja** lower class;
  clase alta upper class; **clase
  media** middle class
clasificar* to classify
clave *n.* and *adj.* key
clima *m.* climate
clorhídrico hydrochloric
cobarde *n. m./f.* coward; *adj.*
  cowardly
cobrar to acquire; to charge
cobre copper
cocina kitchen; cooking
cocinar to cook

coche car
cochino pig
código code
coger* to catch; to grab; to
  take (*by the arm*)
cogorza binge, drinking bout
coincidir to agree
coito coitus
colaborar to collaborate
colectivo communal, common
colegio primary or secondary
  school
colmo end, limit
colocar* to place
Colón: Cristóbal Colón Christopher Columbus
colono colonist
colorido colorful
comadre *f.* godmother of one's
  child
comandante commanding
  officer
combatir to fight against
combustible fuel
comedor dining room
comentario comment
comenzar (ie)* to begin
comer to eat
comerciante *m./f.*
  businessperson
comercio business; trade
comestible food
cometer to commit
comida food; meal; dinner
comienzo *n.* beginning
como like, as; **tal como** such
  as; **tanto... como...** . . . as
  well as . . . ; **tanto como** as
  much as, as often as
compadrazgo godparent status, relationship
compadre godfather of one's
  child; *pl.* godparents of one's
  child
compañero companion
compartir to share
compasivo compassionate
compatibilizar* to make compatible
compatriota *m./f.* fellow coun-
  tryman, fellow country-
  woman
compensar to compensate
competencia competition
competir (i, i) to compete
complaciente accommodating
complejo complex
completo: por completo
  completely
complot *m.* plot
componer* to compose
comportamiento behavior
comportar to behave

compositor composer
compra purchase
comprador buyer
comprar to buy
compraventa buying and selling
comprender to understand; to include
comprensión comprehension, understanding
comprensivo comprehensive
comprobar (ue) to prove
compromiso commitment; appointment; predicament
compuesto composed
comulgante *m./f.* communicant
comulgar* to take communion
común y corriente common, ordinary, everyday
comunicar* to communicate
comunidad community
con tal (de) que provided that
concientización consciousness-raising
concientizar* to raise the consciousness
concienzudamente conscientiously
concluir* to conclude
concordancia agreement
concordar (ue) to agree
concordia agreement; settlement
condado county
condena sentence (*law*)
condenar to condemn
conducir* to drive; to lead
confección: corte y confección dressmaking
confianza confidence
configurar to form, shape
confín boundary
confinar to confine
conformidad conformity
confortabilidad comfort
confuso confused
conjugar* to conjugate
conmemorar to commemorate
conocer* to know, be acquainted with; to meet
conocimiento knowledge; consciousness
conquista conquest
conquistador conqueror
consanguíneo *adj.* blood, kin
consciente conscious, aware
consecuencia: en consecuencia accordingly, therefore
conseguir (i, i)* to get, obtain; **conseguir + *inf.*** to manage to (*do something*)
consejo advice
consensual: unión consensual common-law marriage

conservador conservative
conservar to keep
consiguiente: por consiguiente consequently
consolador consoling
constar de to be composed of
constituir* to constitute
construir* to construct
consumidor consumer
consumir to use, take (*drugs*); to consume
consumo consumption
contacto: ponerse en contacto con to contact
contador counter, meter
contagio spreading (*of a disease*)
contaminación pollution
contar (ue) to tell, relate; **contar con** to count on, depend on
contemporáneo contemporary
contener (ie)* to contain; to check
contenido content
contentarse to be content
contento happy
contestar to answer
contienda fight, battle
continuación: a continuación following
contra against; **contra viento y marea** come what may, regardless of the cost or grief
contrabandista *m.* smuggler
contrabando contraband; smuggling
contractura shortening or shrinkage of a muscle, tendon, etc.
contradecir (i, i)* to contradict
contraer* to get, acquire
contrariedad obstacle
contrario contrary; unfavorable; **al/por el contrario** on the contrary
contrarrestar to counteract
contrastivo contrasting
contratación contracting; hiring
contratar to hire
contribuir* to contribute
control de (la) natalidad birth control
controvertible controversial
contundente convincing
convencer* to convince
conveniente advisable
convenir (ie, i)* to be advisable; to suit
converso convert
convertir (ie, i) to convert, change; **convertirse en** to become

convincente convincing
convivencia living together, cohabitation
convivir (con) to live together (with)
conyugal conjugal
cónyuges *pl.* married couple
coñac *m.* cognac
cooperar to cooperate
coordinar to coordinate
copa wineglass
copiar to copy
corazón heart
corbata tie
corderito sheep
cordillera mountain range
corona crown
coronel: teniente coronel lieutenant colonel
corporal *adj.* body
corregir (i, i)* to correct
correr to run
corriente *n. f.* current; *adj.* running; current; **común y corriente** common, ordinary
corsario privateer
cortar to cut
corte *f.* court (*of law*)
corte (*m.*) **y confección** dressmaking
cortesía courtesy
corto short
cosa thing
cosecha harvest
costa coast; cost; **a costa de** at the cost of
costado side
costar (ue) to cost; to be difficult
costo cost
costumbre *f.* custom, habit
costurera seamstress
cotidiano daily
cotillón ball, formal dance
crear to create
crecer* to grow, become larger
creciente growing
crecimiento growth
crédulo gullible
creencia belief
creer* to think; to believe
creyente believer
cría raising
criada maid
crianza raising, bringing up
criar* to raise, bring up
crimen crime
criminalidad crime; criminality
criollo creole; born in South America of European parents
crisol crucible, melting pot
cristiandad Christendom
cristianismo Christianity

Cristo Christ
Cristóbal Colón Christopher
  Columbus
criterio judgment
criticar* to criticize
cruce crossroads
crudo crude, raw
cruzar* to cross
cuadra (city) block
cuadrado *adj.* square
cuadro table
cual: tal o cual such-and-such
cualidad quality; trait
cualquier any; **cualquier...
  que sea** whatever . . . may
  be
cuando: de vez en cuando
  from time to time
cuantificado quantified
cuanto: cuanto más... más the
  more . . . the more . . . ; **en
  cuanto** as soon as; **en cuanto
  a** in regard to; **unos cuantos**
  a few
cuartel general headquarters
cuarto *n.* room; fourth; *adj.*
  fourth
cubierto covered
cuchillo knife
cuenta account; calculation;
  darse cuenta (de) to realize;
  por su cuenta in one's opinion; on one's own; **tener en
  cuenta** to keep in mind;
  tomar en cuenta to take into
  account
cuentista *m./f.* short-story
  writer
cuento short story
cuerpo body; **Cuerpo de Paz**
  Peace Corps
cuestión matter, issue
cuestionario questionnaire
cuidado careful; care; **tener
  cuidado** to be careful
cuidar to take care of
culminar to culminate
culpa blame, guilt; **echarle la
  culpa** to blame someone/
  something
culpable guilty
culpar to blame
cultivable arable
cultivar to grow, cultivate
cultivo cultivation
culto *n.* religion; worship; *adj.*
  educated; cultured
culturismo body building
cumplir to carry out; to fulfill;
  to be (*so many years old*)
cura *m.* priest; *f.* cure
curar to cure
cursar to study, follow a course
  of studies

cursilería cheapness,
  tawdriness
cursiva italic
curso course (*of study*)
custodiar to guard
cuyo whose

CH

chabola hut
chaleco vest
champán champagne
chantaje blackmail
charlar to chat
chatarra scrap iron; junk
chaval youngster; kid
che *interj.* hey
chica girl
chicle chewing gum
chico boy
chicha chicha (*beverage made
  by fermenting corn, fruit, or
  grain*)
chispa spark
chiste joke
chocante shocking
chocar* to shock
cholo mestizo
choque shock; clash
chupar to suck

D

dañar to damage
dañino harmful
daño harm; injury; **hacer daño**
  to damage
dar* to give; **dar a luz** to give
  birth; **dar asco** to disgust;
  dar de pecho to breastfeed;
  dar golpes to strike, hit; **dar
  la bienvenida** to welcome;
  dar la mano a to shake
  hands with; **dar las gracias**
  to thank; **dar lugar a** to
  cause; **dar por sentado** to
  take for granted; **dar un paso**
  to take a step; **darse cuenta
  (de)** to realize
dato datum, piece of
  information
debajo de underneath; **por debajo** under
deber should, must, ought; to
  owe; **deber(se) (a)** to be due
  (*to*)
débil weak
debilitar to weaken
decaer* to decline

decir (i, i)* to say; to tell; **cabe
  decir** it suffices to say; **es
  decir** that is to say; **ni que
  decir tiene** needless to say
decisión: tomar una decisión
  to make a decision
declaración statement
declarar to state
decreto decree
dedo finger; toe; **dedo gordo
  de los pies** big toe; **dedo
  pulgar** thumb; **yema del
  dedo** fingertip
defensor defender
definitiva: en definitiva so,
  finally
definitivamente definitely; for
  good
dejar to leave; to let, allow; **dejar de** + *inf.* to stop (*doing
  something*); **dejar de lado** to
  leave to one side; **dejar en
  paz** to leave alone
delante de in front of
delgado thin
delictivo *adj.* criminal
delimitar to fix limits of
delincuente *m./f.* criminal;
  delinquent
delito crime
demás: los demás the rest, the
  others
demasiado *adj.* too much, too
  many; *adv.* too
demostrar (ue) to demonstrate
denominación denomination;
  designation
denominar to name, indicate
dentro de within
denunciado reported (*to the
  police*)
depender de to depend on
dependiente *n.* clerk; *adj.*
  dependent
deporte sport
deportivo *adj.* sport, sporting
deprimente depressing
derecha right hand, right side
derechismo rightism
derecho right (*law*)
derivado derivative
derogación repeal
derogar* to repeal
derrocar* to overthrow
derrotero means, way
derrumbamiento toppling,
  tearing down
derrumbar to knock down,
  topple
desacuerdo disagreement
desafiar* to defy
desafío challenge
desafortunadamente
  unfortunately

desagradable disagreeable
desagradar to displease
desagradecido ungrateful
desahogo emotional release
desaparecer* to disappear
desapercibido unnoticed
desaprobar (ue) to disapprove of, condemn
desarme disarmament
desarrollar to develop
desarrollo development; **en (vías de) desarrollo** adj. developing
desatendido ignored; neglected
desbordado overflowing; overwhelmed
descabellado rash; absurd
descabezar* to behead
descansado restful
descansar to rest
descanso period of rest
descargar* to discharge
descenso fall, descent
desconfianza mistrust
desconocer* to not know, be ignorant of
desconocimiento ignorance
descontar (ue) to discount; to take away
descreído unbeliever
descrito described
descubierto discovered
descubrimiento discovery
descubrir* to discover
desde prep. from; since; **desde entonces** from that time on; **desde hace... años** for . . . years; **desde luego** of course; **desde que** conj. since; **desde un principio** from the beginning
desdén disdain
desdicha misfortune
deseable desirable
desear to desire, want
desempeñar to fulfill (a function); to play (a role)
desempleado unemployed
desempleo unemployment
desencadenar to unleash
desenchufar to unplug
desenfrenado uncontrolled
desengañar to disillusion, disabuse
desenredar to untangle
deseo desire
desequilibrio imbalance
desesperación desperation
desesperado desperate
desesperanzador hopeless
desesperarse to become exasperated, desperate
desestabilización destabilization

desfile parade
desgraciadamente unfortunately
deshabitado uninhabited
designar to designate
desigual unequal
desigualdad inequality
desintegrar(se) to disintegrate
deslumbrado overwhelmed
desmayado: caer desmayado to faint
desmedido excessive
desmontar to clear of trees or shrubs
desmovilización demobilization
desnutrición malnutrition
desobedecer* to disobey
desocupado unemployed
despacho office
despectivo derogatory
despedir (i, i) to fire (an employee); **despedirse de** to say good-bye to
despegar* to take off (an airplane)
despenalizar* to decriminalize
despertador alarm clock
despertar (ie) to awaken; **despertarse** to wake up
despilfarro wastefulness
desplazamiento displacement; shifting, moving
desplazar* to move (from one place to another)
desplumar to pluck (feathers)
despoblación depopulation
despoblado uninhabited
despreciado scorned
desprecio scorn
desprenderse de to conclude from
desprovisto de devoid of
después adv. afterward; **después de** prep. after
destacado outstanding
destacar* to stand out
destinatario adj. of destination
destreza skill
destruir* to destroy
desventaja disadvantage
detallado detailed
detalle detail
detener (ie)* to arrest, detain
detenido n. person under arrest; adj. thorough; timid; sparing
deterioro deterioration; damage
determinado specific
detrás behind
deuda externa foreign debt
devastador devastating
devolución return

devolver (ue)* to return
día m. day; **día de asueto** day off; **hoy (en) día** nowadays
diabólico adj. diabolical
diario n. newspaper; adj. daily; **a diario** adv. daily
dibujo drawing
dictador dictator
dictadura dictatorship
dictar to dictate
dicho n. saying, proverb; p. p. said; mentioned before
diente tooth
diferencia: a diferencia unlike
diferenciador distinguishing
diferenciar to differentiate
difícil difficult
dificultad difficulty
dificultar to make difficult
difundir to spread
difunto n. deceased person; adj. deceased
digerir (ie, i) to bear, suffer
digno deserving, worthy
dinero money
Dios God
diputado deputy
dirección management
dirigente leader
dirigir* to direct
discriminado: ser discriminado to be discriminated against
discurso speech
discutible debatable; moot
discutir to discuss; to argue
disentir (ie, i) to disagree
diseñar to design
disfrazar* to disguise
disfrutar to enjoy
disminución decline, diminution
disminuir* to decrease, diminish
disolución disintegration
dispararse to take off, increase dramatically
disparate foolishness
disponer* to dispose; **disponerse de** to have at one's disposal
disponibilidad availability
dispuesto willing
distanciamiento distancing
distribuir* to distribute
disuelto dissolved
diván couch
diversificar* to diversify
divertido funny
divertir (ie, i) to entertain; **divertirse** to have a good time
divorciarse to get divorced
doblar to double
docena dozen

doler (ue) to ache
dolor grief, pain
dominar to dominate
dominio dominion; control
don courtesy title used before Christian name; gentleman
donar to donate
donativo donation
dondiego morning glory (*plant used as a drug by Indians*)
doquier: por doquier on every side, everywhere
dormir (ue, u) to sleep; **dormir la siesta** to take a nap; **dormirse** to fall asleep
dormitorio bedroom
dotar to endow; to furnish
dote *f.* gift, talent
dramatismo dramatic character
dramaturgo playwright
duda doubt; **sin duda** without a doubt
dudar to doubt
dudoso doubtful
duende elf, goblin
dueño owner
dulce *n.* piece of candy; *adj.* sweet
dulzura sweetness; gentleness
duplicar* to double
durante during
durar to last
duro hard; harsh

E

e and (*used instead of* **y** *before words beginning with* **i** *or* **hi**)
ebriedad sobriety
ecuatoriano *n. and adj.* Ecuadoran
echar to throw, throw out; to expel, overthrow; to give off (*odor*); **echarle la culpa** to blame someone/something
edad age
edificio building
educación training, upbringing
educar* to teach (*rules of good behavior*)
EEUU abbreviation for **Estados Unidos**
efecto: en efecto as a matter of fact
efectuar* to carry out, perform
eficaz efficient
efigie *f.* effigy
egoísmo selfishness
ejecutado executed

ejecutivo *n. and adj.* executive
ejemplar copy, reproduction
ejemplificar* to exemplify
ejemplo: por ejemplo for example
ejercer* to exercise; to practice (*a profession*)
ejercicio exercise; **hacer ejercicio** to exercise
ejército army
elaborar to manufacture; to make
elección choice
elegir (i, i)* to elect; to choose
elevado high
elevar to elevate
eludir to avoid
embajada embassy
embarazada pregnant
embarazo pregnancy
embargo: sin embargo nevertheless, however
emborracharse to get drunk
embotellar to bottle
embrional embryonic
embrollo difficult situation
emigrar to emigrate
emisión broadcast
emisora broadcasting station
emotivamente emotionally
emparentado paired; related by marriage
empate tie (*sports*)
empeñarse en to be bent on
empeño commitment; determination
empeorar to become worse
emperador emperor
empezar (ie)* to begin
empleado employee
emplear to employ, use
empleo employment
emprender to undertake
empresa business, company; **libre empresa** free enterprise
empresarial *adj.* business
empujar to push
encabezado headed
encajonar to box, crate
encantado enchanting, charming; very happy, pleased
encantamiento enchantment
encantar to bewitch, cast a spell
encarcelado jailed
encargarse* de to take charge of
encauzar* to channel, direct
encender (ie) to turn on (*lights*)
encendido lit
encerrar (ie) to enclose, shut in

encima (de) on top (of); **por encima de** above; **por encima de todo** above all else
encontrar (ue) to meet; to find
encuentro meeting
encuesta survey, poll
encuestado person participating in a survey
enérgico energetic
enfermarse to fall ill
enfermedad illness
enfermero nurse
enfermo *n.* sick person; *adj.* sick
enfocar* to focus on
enfoque focus
enfrentamiento clash, confrontation
enfrentar to face; **enfrentarse con** to come face to face with
engañar to deceive
engaño deceit
engendrar to produce, generate
engordar to put on weight
engranaje set of gears
engreído conceited, stuck-up
enlazar* to link
enmienda amendment
enojado upset, angry
enojar to anger; **enojarse (de)** to become angry
enorme enormous
enriquecer* to enrich
ensayo essay
enseñanza teaching
enseñar to teach; to show
entender (ie) to understand
entero entire
enterarse de to find out about
enterrar (ie) to bury
entidad entity
entierro burial
entonado arrogant, haughty
entonces then; **desde entonces** from that time on; **en aquel entonces** at that time
entrada entrance
entramado framework
entre between, among
entregarse* to turn oneself in, surrender; **entregarse a** to devote oneself wholly to
entrenamiento training
entrenar to train
entretener (ie)* to entertain
entrevista interview
entrevistar to interview
entrometerse to meddle, intrude
entusiasmarse to become enthusiastic
envasar to bottle
envejecimiento aging

envenenado poisoned
enviado envoy
enviar* to send
envuelto wrapped
época era; time
equilibrar to balance
equiparable comparable
equiparado matched, made equal
equipo team; equipment
equitativo equitable
equivaler* to equal
equivocarse* to be wrong, mistaken
erradicar* to eradicate
erróneo erroneous
escala scale
escalera staircase
escalón step (*of a staircase*)
escándalo scandal
escandaloso scandalous
escaso scarce
escasez scarcity
escenario setting
escéptico skeptical
esclavitud slavery
esclavizar* to enslave
esclavo slave
escocés *n.* Scot; *adj.* Scottish
escoger* to choose
escolar *adj.* pertaining to a school; school-age
escolaridad schooling
esconderse to hide
escondite hiding place
escribir* to write
escrito written
escritor writer
Escrituras Scriptures, Bible
escuadrón squad
escuchar to listen (*to*)
escuela school
escueto simple, direct
esfera sphere
esfuerzo strength
eso: por eso that's why
espacio space
español *n.* Spaniard; Spanish language; *adj.* Spanish
especie *f. sing.* species; type, kind
especificar* to specify
espectáculo spectacle
espectral spooky
espera *n.* waiting
esperanza hope; **esperanza de vida** life expectancy
esperanzador hopeful
esperar to wait (for); to hope; to expect
espina thorn
espionaje spying
espíritu *m.* spirit
espontáneo spontaneous

esposa wife
esposo husband
esqueleto skeleton
esquema *m.* outline, sketch; scheme
estabilidad stability
establecer* to establish
establecimiento establishment
estación season
estacionado parked
estadísticas statistics
estadístico statistical
estado state; **golpe de estado** coup d'état
estadounidense *n. m./f.* U.S. citizen; *adj.* United States
estallar to explode; to break out
estancia stay
estandarte standard, banner
estaño tin
estar* to be; **estar de acuerdo** to agree; **estar de moda** to be in style
estatal *adj.* pertaining to the state
estéril sterile, barren
esterilidad sterility
estimable worthy of respect
estimar to estimate
estimulador stimulator
estimular to stimulate
estímulo stimulus
estival *adj.* pertaining to summer
estomatología stomatology (*branch of medicine dealing with the mouth and its diseases*)
estorbar to hinder
estorbo obstacle
estrecho *n.* strait; *adj.* close; **Estrecho de Magallanes** Straits of Magellan
estremecedor terrifying; shocking
estresante stressful
estridente shrill
estudiante *m./f.* student
estudiar to study
estudio study
estupefaciente narcotic, drug
etnia ethnic group
éuscaro *m.* Basque language
Euskadi *m.* Basque homeland
evaluar* to evaluate
evasión avoidance
evidente obvious
evitar to avoid
exagerar to exaggerate
examen examination; test
excluir* to exclude
exhausto exhausted
exigencia requirement

exigir* to demand
exiliado exile
exilio exile
éxito success; **tener éxito** to be successful
exitoso successful
éxodo exodus
experimentar to experience
explicación explanation
explicar* to explain
explotación exploitation
explotar to exploit
exponer* to expose
exportación export(s)
exportador exporting
expuesto exposed
expulsar to expel
extenso extensive
exterior: política exterior foreign policy
externo: deuda externa foreign debt
extradoméstico *adj.* outside the home
extraer* to extract
extranjero *n.* foreigner; *adj.* foreign; **al/en el extranjero** abroad
extrañar to surprise
extrañeza strangeness
extraño strange
extrasensorial: percepción extrasensorial extrasensory perception

F

fábrica factory
faceta aspect
fácil easy
facilidad ease; **con facilidad** easily
facilitar to facilitate
factura invoice, bill
facultad faculty; school (*of a university*)
faenas chores
falta lack
faltar to be lacking
fallecer* to die
familiar *adj.* of or pertaining to the family
fanatismo fanaticism
fantasma *m.* ghost
farmacéutico *n.* pharmacist; *adj.* pharmaceutical
fármaco medication
farsante *m./f.* faker
favor: a/en favor de in favor of; **por favor** please
favorecer* to favor
fe *f.* faith

fecundo fertile; fruitful
fecha date
felicidad happiness
feliz happy
feminidad femininity
fenómeno phenomenon
feo ugly
feria *n.* fair
feroz ferocious
férreo: vía férrea railroad track
ferretería hardware store
ferrocarril railroad
ferroviario *adj.* railway
festejar to celebrate
fiable reliable
ficticio fictitious
ficha index card
fidedigno credible
fiel faithful
fiesta: pasar una fiesta to have a party
figurado figurative
figurar to be, appear
fijarse to become fixed, fastened
fijo fixed, specific
fila row
filantropía philanthropy
fin end; purpose; **a fin de** in order to; **a fines de** at the end of; **en fin** finally; in short; **fin de semana** weekend; **poner fin a** to end; **por fin** finally
final: al final de at the end of
financiero financial
finca farm
finlandés *n.* Finn; *adj.* Finnish
firma signing
firmar to sign
fiscalía office of district attorney
físico *n.* physicist; *adj.* physical
flacucho very skinny
flor *f.* flower
florecer* to flourish
flotar to float around
fluctuar* to fluctuate
foco focus
fomentar to encourage, promote
fondo bottom; **a fondo** thorough; **en el fondo** basically
footing *m.* jogging
forastero stranger, foreigner
formación educational preparation, background
formular to formulate
fortalecer* to strengthen
fortaleza fortitude; strength
fracasado failure
fracasar to fail
fracaso failure

francés *n.* Frenchman, Frenchwoman; French language; *adj.* French
franquista of (Francisco) Franco
frecuencia: con frecuencia frequently
frenar to curb, check
freno brake; check
frente front; **frente a** facing; **hacer frente a** to face
fresco fresh
frío cold
frito fried
frontera border
frotarse to rub
frustrar to frustrate
fuego fire; **arma de fuego** firearm, gun
fuente *f.* source
fuera (de) outside (of)
fuerte strong
fuerza force; **por fuerza** of necessity
fulano de tal so-and-so
fumador smoker
fumar to smoke
funcionamiento functioning
fundación founding
fundar to found, establish
fundidor founder
funeraria funeral parlor
furor: hacer furor to be the rage
fútbol soccer; football

G

gabinete (political) cabinet
gafas (eye)glasses; **gafas oscuras** sunglasses
gallego *n.* and *adj.* from Galicia; *n.* Galician language
gama range, gamut
gamín street urchin
ganadería livestock; cattle breeding
ganado livestock
ganancias earnings
ganar to win; to earn
garantizar* to guarantee
gasa gauze; crepe
gasolinera gasoline station
gastar to spend; **gastar bromas** to play jokes
gasto expense
gato cat
general: en general in general; **por lo general** in general
generar to generate
género gender; kind, type
genio character
gente *f. sing.* people

gestión management
gesto gesture
gigante giant
gigantesco gigantic
gimnasia *sing.* gymnastics
gimnasio gymnasium
girar to revolve
gitano *n.* and *adj.* gypsy
gobernador governor
gobernar (ie) to govern, rule
gobierno government
godo Goth
golosina delicacy
golpe knock; coup; **dar golpes** to strike, hit; **golpe de estado** coup d'état
golpear to strike
goma tire
gordo: dedo gordo de los pies big toe
gozar* de to enjoy
grabación recording
grabar to record
gracia grace; *pl.* thanks; thank you; **dar las gracias** to thank
gracioso funny
grado degree, measure; grade
graduación alcoholic strength
graduado *n.* and *adj.* graduate
gran, grande big, large; great
granja farm
gratis *inv.* free
gratuitamente freely
grave grave, serious
gravedad seriousness
griego *n.* and *adj.* Greek
grifo faucet
gringo foreigner (*especially negative term for an American*)
gripe *f.* cold, flu
gritar to shout
grito shout
guapo handsome
guardar to keep
guardería infantil day-care center
guardia guard; guardian
guau, guau bowwow
gubernamental governmental
guerra war
guerrillero *n.* and *adj.* guerrilla
guía guide, guidance
guiar* to guide
gustar to please, be pleasing
gusto taste; **a gusto** comfortable; **ser de buen/mal gusto** to be in good/bad taste

H

Habana Havana
haber* to have (*auxiliary*); **haber de** + *inf.* to have to

(*do something*); **haber que** +
inf. must (*do something*); **hay**
there is, there are
hábil skillful
habilidad ability, skill
habitación room
habitante *m./f.* inhabitant
habitar to inhabit
hablador talkative
hablante *m./f.* speaker
hablar to talk; to speak
hacer* to do; to make; **hace...**
años . . . years ago; **hace sol**
to be sunny; **hacer caso (de)**
to pay attention (to); **hacer**
caso omiso to ignore; **hacer**
daño to damage; **hacer ejer-**
cicio to exercise; **hacer**
frente a to face; **hacer furor**
to be the rage; **hacer hin-**
capié en to emphasize;
hacer manifestaciones
to demonstrate; **hacer pre-**
guntas to ask questions;
hacer trampas to cheat;
hacer un paso to take a step;
hacerle ilusión to excite; to
build up (false) hopes; **ha-**
cerse to become
hacia towards; **hacia abajo**
downwards; **hacia arriba**
upwards
hallar to find
hambre *f.* (*but* **el hambre**)
hunger
haras *sing.* stud farm
harto (de) fed up (*with*)
hasta until; **hasta pronto** see
you soon
hazaña deed
hebreo *n. and adj.* Hebrew
hectárea hectare (*unit of land*
equivalent to 2.471 acres)
hecho *n.* fact; *p. p.* done;
made; **de hecho** in fact
helado *n.* ice cream; *adj.*
frozen
hembra female
heredero heir
hereje heretical
herencia heritage; inheritance
hermana sister
hermano brother; *pl.* siblings
hermoso beautiful
heroinómano drug addict
hierba herb
hierro iron
hígado liver
higiénico: papel higiénico
toilet paper
hija daughter
hijo son; *pl.* children
hincapié: hacer hincapié en
to emphasize

hípica horseback riding
hiriente wounding; offensive
hispanidad Spanish cultural
world
hispano *n. and adj.* Hispanic
Hispanoamérica Spanish
America
hispanohablante *n. m./f.* Span-
ish-speaker; *adj.* Spanish-
speaking
hispanoparlante *n. m./f.* Span-
ish-speaker; *adj.* Spanish-
speaking
historia history; story
historiador historian
hogar home
hogareño household
hoguera bonfire
hoja leaf; sheet (*of paper*)
hombre man; **hombre de ne-**
gocios businessman
homogéneo homogenous
honrado honest, upright
hora hour; time
horario schedule
horrorizarse* to be horrified
horroroso horrible
hospicio orphanage
hoy today; **hoy (en) día**
nowadays
hoya dale, glen
huelga (labor) strike
huérfano orphan
huésped *m./f.* guest
huida flight, escape
huir* to flee
humilde humble; lowly
humillado humbled
humillante humiliating
humo smoke

I

ibérico *adj.* Iberian
íbero *n.* Iberian
ida trip
ideado thought up; invented
identificar* to identify
idioma *m.* language
ídolo idol
iglesia church
ignorar not to know, be un-
aware of
igual equal; same; **al igual que**
just as, like; **igual que** the
same as; **por igual** equally
igualdad equality
igualitario egalitarian
iluminado lit up
ilusión: hacerle ilusión to excite; to build up (false) hopes
ilusionado fascinated

imagen *f.* image
imitar to imitate
imperar to be in effect
imperio empire
implicar* to imply
imponer* to impose
importar to matter, be
important
imposibilitar to make
impossible
imprescindible crucial
impresionante impressive
impreso printed
imprevisto unforeseen
impuesto *n. pl.* taxes; *p. p.*
imposed
impulsar to impel, drive
inagotable inexhaustible
inaugurar to inaugurate
incapaz incapable
incendio (brush) fire
incertidumbre *f.* uncertainty
incidir en to influence
inclinarse por to lean towards
incluir* to include
incluso even
incomodidad inconvenience
incómodo uncomfortable
incomprensible
incomprehensible
inconcebible inconceivable
inconsciente unconscious
incontrovertible indisputable
incorporarse to become part
of
incrédulo unbeliever
increíble unbelievable
incrementar to increase
incremento increase
indefenso defenseless
independizarse* to become
independent
indicar* to indicate
índice rate; **índice de morta-**
lidad death rate; **índice de**
natalidad birthrate
indicio indication, sign; *pl.*
evidence
indígena *adj.* indigenous;
n. Indian
indiscutible indisputable
indistintamente indistinctly;
indiscriminately
indocumentado *n.* illegal
alien
índole *f.* kind, type
indudable doubtless
indulto pardon
ineficaz inefficient
inequívoco unmistakable
inesperado unexpected
inestabilidad instability
inexplicable unexplainable
infante: de infante as a child

infantil *adj.* child; **guardería infantil** day-care center
infarto (**cardíaco**) heart attack
infiel unfaithful
infierno hell
influir* en to influence
informática computer science
informe report
infranqueable impassable
ingeniería engineering
ingeniero engineer
ingerir (**ie, i**) to ingest
Inglaterra England
inglés *n.* Englishman, English-woman; English language; *adj.* English
ingresar a to become a member of
ingresos *pl.* income
inhabitable uninhabitable
iniciado *n.* initiate
iniciar to initiate
inmaduro immature
inmediatez suddenness
innegable undeniable
inoculado inoculated
inolvidable unforgettable
inquieto restless, anxious
inquilino tenant
insatisfecho dissatisfied
inscripción: plazo de inscripción enrollment
inscrito enrolled
inseguro unsure
insinuar* to insinuate
instalarse to establish oneself
instante: al instante immediately
instar to press, urge
insuperable insurmountable
integral *adj.* whole
integrante *m./f.* constituent
intensificar* to intensify
intentar to try
intento attempt
intercambiar to exchange
intercambio exchange
intercostal *adj.* between the ribs
interferido obstructed
internado boarding school
interno internal
interrogante uncertainty
interrumpido interrupted
íntimo close
intoxicación poisoning, asphyxiation
inundación flood
inundar to flood
inusitado uncommon
inútil useless
inversión investment
inversionista *m./f.* investor
invertir (**ie, i**) to invest

invierno winter
invivible unlivable
ir* to go; **ir** + *gerund* to be beginning to (*do something*); **vamos a ver** let's see
irlandés *n.* Irishman, Irish-woman; *adj.* Irish
isla island
izquierda left
izquierdista *m./f.* leftist

J

jachís hashish
jadear to pant
jamás never
jardín garden
jaula cage
jefe boss
jerárquico hierarchical
jerga slang
jornada day; **jornada laboral** workday
joven *n. m./f.* young person; *adj.* young
joyas jewelry
jubilación retirement
jubilado retired person
judío *n.* Jew; *adj.* Jewish
juego game; **en juego** at stake
jugar (**ue**)* to play
juguete toy
juguetear to romp, frolic
juguetón playful
juicio trial, judgment; **someter a juicio** to bring to justice
jungla jungle
junto together
jurídico judicial
justificar* to justify
justo fair
juventud youth
juzgar* to judge

L

laboral *adj.* pertaining to labor; **jornada laboral** workday
labrador farm laborer
lado side; **al lado de** next to; **dejar de lado** to leave to one side; **por otro lado** on the other hand; **por un lado** on one hand
ladrar to bark
ladrón thief
lago lake
lama *m.* Tibetan monk
lamento moan, wail
lamer to lick
lanzar* to let loose (*a cry*)
lapicero pencil holder

lápiz *m.* pencil
largo long; **a lo largo de** along, throughout; **a largo plazo** in the long run; **de recorrido largo** for the long haul
larvado masked
lata can (*food container*)
latifundio large landed estate
lavabo sink
lavar to wash
lazo tie, link
lealtad loyalty
lección lesson
lector reader
lectura reading
leche *f.* milk
leer* to read
legado legacy
legislar to legislate
lejano *adj.* faraway; **Oriente Lejano** Far East
lejos *adv.* far away; **lejos de** far from
lema *m.* slogan
lengua language
lenguaje language
lento slow
letra letter (*of the alphabet*)
letrero sign
levantador lifter
levantar pesas to lift weights; **levantarse** to get up
ley *f.* law
leyenda legend
liberar to liberate
librarse de to avoid, get rid of
libre free; **libre empresa** free enterprise; **unión libre** common-law marriage
librería bookstore
librero bookshelf
libro book
licenciado holder of a master's degree
licenciatura college degree
líder leader
ligado linked
límite: sin límite limitless
limpieza cleanliness
linchamiento lynching
lindo pretty
lingotazo shot (*of alcohol*)
liquidación extermination
Lisboa Lisbon
lisérgico: ácido lisérgico lysergic acid (LSD)
litro liter
lobo wolf
locutor speaker
lograr to achieve, attain; **lograr** + *inf.* to manage to (*do something*); to succeed in (*doing something*)

logro success; achievement
Londres London
longitud length
lucha fight
luchador fighter
luchar to fight; to struggle
luego then, next; **desde luego** of course; **luego de** after
lugar place; room; **dar lugar a** to cause; **en lugar de** instead of; **tener lugar** to take place
lujo luxury
lujoso luxurious
luz light; **dar a luz** to give birth

LL

llamada telephone call
llamado so-called
llamarse to be named, called
llano n. plain, prairie; adj. flat
llave: cerrar con llave to lock
llegar* to arrive; to reach; **llegar a** + inf. to manage to (do something); **llegar a ser** to become
llenar to fill
lleno full
llevar to bring; to carry; to wear; to take (someone someplace); **llevar a cabo** to carry out, perform; to complete; **llevarse** to carry away
llorar to cry
lluvia rain
lluvioso rainy

M

macizo solid
machismo male chauvinism
machista adj. m./f. chauvinist
macho male
madera wood
madre f. mother
madrileño n. and adj. from Madrid
madrina one's godmother
madura: la pregunta se cae de madura it's an age-old question
maestro teacher
Magallanes: Estrecho de Magallanes Straits of Magellan
magia magic
magnetofónico (cassette) taped
magnífico magnificent
Magos: los tres Reyes Magos the Three Wise Men
maíz m. corn

mal n. evil; **mal, malo** adj. bad
maldición curse
maléfico adj. evil
maleta suitcase
maltratado mistreated
mandar to send
manera: de todas maneras whatever happens; by all means
manifestación (political) demonstration; **hacer manifestaciones** to demonstrate
manifestar (ie) to show, demonstrate
manifiesto: poner de manifiesto to make clear
maniobra maneuver
mano f. hand; **dar la mano a** to shake hands with; **mano de obra** work force; **meter mano a** to steal
mantener (ie)* to maintain; to support
mantenimiento maintenance
mantilla lace veil for the head
manzana apple
manzanilla camomile tea
mañana n. morning; adv. tomorrow; **por la mañana** in the morning
maquiladora subcontracting
maquillado made up, with cosmetics applied
máquina machine
mar n. m./f. sea
maravilla wonder, marvel
maravillado astonished
maravilloso marvelous
marcial military
marcha: poner en marcha to put into operation
marchar(se) to go away, leave; to proceed, come along
marea: contra viento y marea come what may, regardless of the cost or grief
margen: al margen de to the side of
marginado shut out, pushed aside; marginalized
marianismo worship of the Virgin Mary
marianista adj. m./f. of or pertaining to the Virgin Mary
marido husband
mariguana, marihuana marijuana
marino adj. marine, of the sea
mariscal marshal (military)
marroquí n. and adj. m./f. Moroccan
martillero auctioneer
más: cada vez más more and more

masificación concentration of a large number of people
masticar* to chew
matanza killing
materializarse* to appear (out of nowhere)
materias primas raw materials
matiz shade, nuance
matrícula registration fee
matricularse to enroll
máximo chief, top; maximum
mayor n. older person; adj. greater; older; higher; greatest; **en su mayor parte** for the most part; **la mayor parte** the majority
mayoría majority
mayoritario adj. of or pertaining to the majority
mecanografía typing
mecanografiado typed
mediados: a mediados de in the middle of
mediano average
medianoche f. midnight
mediante by means of
médico doctor
medida measure, means; **tomar medidas** to take steps (to solve a problem)
medio n. environment; method, way; adj. average; middle; half; **clase media** f. middle class; **medio ambiente** environment; **Oriente Medio** Middle East; **por medio de** by means of
medir (i, i) to measure
mejor better; best
mejora improvement
mejoramiento improvement
mejorar to improve
melisa lemon balm (tea), sweet balm (tea)
membresía membership
mendicidad begging
mendigo beggar
menor n. minor, young person; adj. less; lesser; least; fewer; fewest; younger; youngest; **cada vez menor** lesser and lesser
menos adj. less; fewer; prep. except; **a menos que** unless; **al menos** at least; **cada vez menos** fewer and fewer; **por lo menos** at least
mensaje message
mental: atrasado mental n. mentally retarded person; **astraso mental** mental retardation
mentalizar* to put an idea into someone's head

mente *f.* mind
mentir (ie, i) to lie, not tell the truth
mentiroso liar
menudo frequent; **a menudo** frequently
mercado market
mercancía merchandise
merecer* to deserve; to be worth; **merecer la pena** to be worthwhile
mero mere
mes month
mesa table
meseta plateau
mestizo offspring of Spanish or Portuguese and Latin American Indian
mesura seriousness
meta goal
meter to put, place; **meter mano a** to steal
método method
metro subway; meter
metrópoli *f.* metropolis
mezcla mixture
miedo fear; **tener miedo** to be afraid
miel *f.* honey
miembro member
mientras (que) while
mil thousand
milagro miracle
milenario millenarian
milenio millenium
militar *v.* to fight, struggle; *n.* soldier; *adj.* military
milla mile
millares thousands
millonario *n.* and *adj.* millionaire
mimar to spoil
mimo pampering, indulging
minería mining
minoritario *adj.* minority
mirada look, gaze
mirar to look at
misa mass (*religious service*)
miserable wretched
miseria poverty
mismo same; **lo mismo** the same thing; **sí mismo** one's self, itself
mitad half
mito myth
mixto mixed
moda fashion, style; **estar de moda** to be in style
moderado moderate
modificar* to modify
modo manner, way; **a modo de** like; **de todos modos** by all means; anyway
mojado *n.* wetback

molestar to bother, annoy; **molestarse** to take the trouble (*to do something*)
molestia trouble; discomfort
monedero small purse for carrying coins
monje monk
montaje montage
montaña mountain
montañoso mountainous
montar (en) bicicleta to ride a bicycle
monte mountain
montón pile
morboso morbid
moreno dark-haired; dark-complected
morir (ue, u)* to die; **morir ahogado** to drown
mortalidad: índice de mortalidad death rate
mostrar (ue) to show; **mostrarse** to show oneself to be
movilizar* to mobilize
movimiento movement
mucosa mucous membrane
muchacha girl
muchacho boy; *pl.* young people
mucho a lot of, much; many
mudanza moving (*change of domicile*)
mudarse to move (*from one location to another*)
muebles furniture
muerte *f.* death
muerto *n.* dead person; *adj.* dead; *p. p.* died; killed
muestra sample
mujer *f.* woman; wife; **mujer de negocios** businesswoman
mulero muleteer
multiplicar* to multiply
mundial *adj.* pertaining to the world
municipio municipality; town hall
muralla wall
muro wall
músculo muscle
museo museum
musulmán *n.* and *adj.* Moslem
mutuo mutual

N

nacer* to be born
nacido: recién nacido newborn
nacimiento birth
nada nothing; **antes que nada** first of all
nadie no one

nado: a nado swimming
naranja orange (*fruit*)
naranjo orange tree
narcotraficante *m./f.* drug trafficker
nariz nose
natación swimming; **pileta de natación** swimming pool
natal: ciudad natal home town
natalidad: control de (la) natalidad birth control; **índice/tasa de mortalidad** mortality rate; **índice/tasa de natalidad** birthrate
naturaleza nature
Navidad Christmas
navideño pertaining to Christmas
necesitar to need
necio foolish, stupid
negar (ie)* to deny
negociador negotiator, businessman
negociante *m./f.* trader, merchant
negociar to negotiate
negocio business; **hombre/mujer** (*f.*) **de negocios** businessman, businesswoman
negro black
nene very young child
netamente clearly
ni nor; **ni... ni...** neither . . . nor . . .
nido nest
nieta granddaughter
nieto grandson; *pl.* grandchildren
ningún, ninguno none, not any
niña girl; child
niñera baby sitter
niñez childhood
niño boy; child; *pl.* children
nivel level
nocivo noxious, harmful
noche *f.* night; **buenas noches** good night; **de/por la noche** in the evening
Nochebuena Christmas Eve
Nochevieja New Year's Eve
nómada *n. m./f.* nomad; *adj.* nomadic
nombrar to name
nombre name
norma norm, rule, standard
noroeste *n.* northwest
norteño northern
nota note; footnote; grade (*academic*)
notario notary public
noticia piece of news
novia girlfriend; fiancée; bride
noviazgo engagement, courtship

novio boyfriend; fiancé; groom
nube *f.* cloud
nublado cloudy
núcleo nucleus
nuera daughter-in-law
nuero son-in-law
nuevo new; **de nuevo** again
nunca never
nutrir to nourish

O

obedecer* to obey
obispo bishop
obra work; **mano** (*f.*) **de obra** work force
obrero worker
obstante: no obstante notwithstanding, nevertheless
obtener (ie)* to obtain
obvio obvious
occidental western
occidente *n.* west
ocio leisure
ocultar to hide
ocupar to occupy
odiar to hate
odio hatred
oeste *n.* west
oferta offer
oficina office
oficio occupation; craft, trade
ofrecer* to offer
oír* to hear
ojo eye; *interj.* careful
ola wave
oleada wave, surge
olor smell
olvidar to forget
omiso: hacer caso omiso de to ignore
onda wave
operante operative, working
operar to operate
opinar to think, have an opinion about
oponerse* **a** to oppose
opuesto opposite
oración sentence; prayer
orden *m.* order (*chronological*); *f.* order, command
ordenar to order, command; to arrange
organismo body
orgullo pride
orgulloso proud
oriental eastern
oriente east; **Oriente Lejano** Far East; **Oriente Medio** Middle East
originar to originate
oro gold
oscilar to fluctuate

oscuro dark; **gafas oscuras** sunglasses
otomano Turkish
otorgar* to grant, give
otro *n.* and *adj.* other, another; **otra vez** again

P

pacífico peaceful
padecer* to suffer
padre father
padrino one's godfather; *pl.* godparents
pagar* to pay (for)
página page
pago payment; **balanza de pagos** balance of payments
país country
paisaje countryside
pájaro bird
palabra word
pálido pale
palo stick
palpable clear, obvious
pampa plain
pan bread
panadería bakery
pandilla gang
panegírico eulogy
papel paper; role; **papel higiénico** toilet paper; **papeleo(s)** paperwork
papelina *small paper envelope in which small quantities of heroin are sold in Spain* (*slang*)
paquete package
par pair; **a la par** at the same time
para for; in order to; intended for; **para que** so that
parabrisas *inv.* windshield
parachoques *inv.* bumper
paradoja paradox
paráfrasis *f.* paraphrase
paraíso paradise
parecer* to seem, appear; **parecerse a** to resemble
parecido similar
pared *f.* wall
pareja pair, couple
parémico in the form of a proverb
parentesco relationship
pariente *m./f.* relative
paro unemployment
parqueo parking lot
párrafo paragraph
parroquia parish
parte: en su mayor parte for the most part; **la mayor parte** the majority; **por otra**

parte on the other hand; **por parte de** on the part of; **por una parte** on one hand
participar to participate
partida departure
partidario supporter, follower
partido (*political*) party
partir de to depart from; **a partir de** as of, from; **a partir de ahí** from then on
parto childbirth
pasado past
pasaje passage
pasar to spend (*time*); to happen; to pass, transfer; **pasar una fiesta** to have a party
pasatiempo pastime
paseo trip, excursion
pasillo hallway
paso step; pace; passage; **ceder el paso** to give way; **dar un paso** to take a step; **hacer un paso** to take a step
pastar to graze (*cattle*)
pastel pastry; pie, cake
pastelería pastry shop
pasto pasture
patinaje skating
patio de recreo playground
patria homeland
patrón boss; pattern
paulatinamente little by little
pauta pattern; model
payo *name used by gypsies to refer to non-gypsies*
paz peace; **Cuerpo de Paz** Peace Corps; **dejar en paz** to leave alone
pecador sinner
pecho breast; **dar de pecho** to breastfeed
pedazo piece
pedir (i, i) to ask for, request; **pedir prestado** to borrow
película movie
peligro danger
peligroso dangerous
peluquero hairdresser
pena penalty; **merecer la pena** to be worthwhile
péndulo pendulum
penetrante penetrating; acute
penetrar en to go into
penoso painful
pensamiento thought
pensar (ie) to think; **pensar +** *inf.* to plan to (*do something*)
penúltimo next to the last
peor worse; worst
peque *m./f.* small child
pequeño small; **cada vez más pequeño** smaller and smaller
percepción extrasensorial extrasensory perception

percibir to perceive; to receive (*a pension*)
perder (**ie**) to lose
pérdida loss
perdonar to forgive
perdurar to last
perecedero perishable
peregrinación pilgrimage
perezoso lazy
perfil profile; cross section
periferia periphery
periódico newspaper
periodista *m./f.* journalist
perjudicar* to damage, harm
perjudicial harmful
permanecer* to remain
permiso permission
permitir to permit, allow
perpetuar* to perpetuate
perpetuo perpetual; year-round
perplejo perplexed
perro dog
perseguidor pursuer
perseguir (**i, i**)* to pursue
personaje character
pertenecer* to belong
perteneciente belonging
peruano *n.* and *adj.* Peruvian
pervivencia continuance
pesadilla nightmare
pesado heavy
pesar: a pesar de in spite of, notwithstanding
pesas: levantar pesas to lift weights
pesca fishing
pescador fisherman
pese a in spite of
peso weight
pesquero *adj.* fishing
peste *f.* plague
picada bite; peck; sting
picante spicy
pie foot; **de pie** standing; **seguir en pie** to keep on existing
piedra rock
piel *f.* skin; fur; peel
pieza piece
pila battery; **a pilas** battery operated; **pila del bautismo** baptismal font
pileta de natación swimming pool
pino: quinto pino (way out in) the sticks
pintar to paint
pintura painting
piratería aérea skyjacking
Pirineos Pyrenees
pisar to step on
piso flat, apartment
pista track, scent
pitar to whistle

pitillo cigarette
pizarra chalkboard
placentero pleasant
planificación planning
planificar* to plan
plano: de plano clearly; **segundo plano** middle distance (*in painting*)
planteamiento statement; proposal
plantear to present (*a problem*)
plata silver
plátano banana
plato plate, dish
Platón Plato
playa beach
plazo: a largo plazo in the long run; **plazo de inscripción** enrollment
pleno full, complete
población population
poblador settler
poblar to populate, settle
pobre *n. m./f.* poor person; *adj.* poor
pobreza poverty
poco *n.* little bit; *adj.* little; **a poco tiempo de** shortly after; **poco a poco** little by little
poder (**ue**)* *v.* to be able to, can; *n.* power
poderoso powerful
polémica controversy
policíaco *adj.* pertaining to police
policial *adj.* pertaining to police
polígloto *adj.* speaking more than one language
política *sing.* politics; policy; **política exterior** foreign policy
político *n.* politician; *adj.* political
pollo chicken
polluelo chick
poner* to put, place; **poner de manifiesto** to make clear; **poner en marcha** to put into operation; **poner en práctica** to put into practice; **poner fin a** to end; **ponerse de acuerdo** (**sobre**) to agree (on); **ponerse en contacto con** to contact
por by; for; through; toward; per; for being; still to be; due to; **acabar por** + *inf.* to end up (*doing something*); **por... que sea** no matter how . . . it may be; **por ciento** percent; **por completo** completely; **por consiguiente**

consequently; **por debajo** under; **por doquier** on every side, everywhere; **por ejemplo** for example; **por el contrario** on the contrary; **por encima de** above; **por encima de todo** above all else; **por eso** that's why; **por favor** please; **por fin** finally; **por igual** equally; **por la mañana/noche** in the morning/evening; **por lo general** in general; **por lo menos** at least; **por lo tanto** therefore; **por medio de** by means of; **por otra parte** on the other hand; **por otro lado** on the other hand; **por parte de** on the part of; **¿por qué?** why?; **por... que sea** no matter how . . . it may be; **por sí solo** on its/one's own; **por su cuenta** on one's own; in one's opinion; **por suma** in addition; **por supuesto** of course; **por último** lastly; **por un lado** on one hand; **por una parte** on one hand; **quedar por hacer** to have left to do
porcentaje percentage
porro marijuana or hashish cigarette
portarse to behave
porvenir future
poseer* to possess
posguerra *n.* postwar period
posponer* to postpone
postergado postponed
posteriormente afterwards
postre dessert
postular to hypothesize; to suggest
potable: agua potable drinking water
potenciarse to be strengthened
práctica practice; **poner en práctica** to put into practice
practicante *n.* follower; *adj.* practicing
practicar* to practice
precario precarious
precio price
preciso: es preciso it is necessary
predecir (**i, i**)* to predict
predicador preacher
predicar* to preach
pregunta question; **hacer preguntas** to ask questions; **la pregunta se cae de madura** it's an age-old question
preguntar to ask

preinfarto pre-infarct (*see* **infarto**)
prejuicio prejudice
premio prize
prensa press (*media*)
preocupante worrisome
preocupar to worry
preponderante preponderant
preso *n.* prisoner; *adj.* imprisoned
prescrito prescribed
presión pressure
prestado: pedir prestado to borrow
prestamista moneylender
préstamo loan
prestar atención to pay attention; **prestarse a** + *inf.* to offer to (*do something*)
presumible presumptuous
presunto supposed
presupuesto budget
pretérito preterite (*past tense*)
prevalecer* to prevail
prevenido prepared
previo previous
primavera spring
primer, primero first
primo *n.* cousin; **materias primas** raw materials
primogénito first-born
príncipe de Asturias crown prince of Spain
principio: a principios de at the beginning of; **al principio** at the beginning; **desde un principio** from the beginning
privacidad privacy
privación lack, want
privado private
probar (ue) to try; to prove
procedencia source
procedente proceeding
procedimiento process
procesar to put on trial
proceso process; trial
proclamar to proclaim
productor producing
proeza feat
profundizar* en to delve deeply into
progre progressive (*slang*)
prohibir to prohibit
prójimo neighbor; fellow man/woman
proletariado proletariat
proliferar to proliferate
prometer to promise
promover (ue) to promote
pronombre pronoun
pronosticar* to forecast
pronóstico forecaster
pronto soon; **hasta pronto** see you soon
propiamente fittingly

propiedad characteristic; property
propietario owner
propio own; **amor propio** self-esteem
proponer* to propose
proporcionar to yield, give
propósito aim, purpose
propuesto proposed
proscrito outlaw
prospección survey
proteger* to protect
provechoso advantageous
provenir (ie, i)* to come, arise
provocar* to provoke
próximo next
prueba proof
psicocinético psychokinetic
psicólogo psychologist
psique psyche
psiquiatra *m./f.* psychiatrist
publicar* to publish
publicitario advertising
público: asistencia pública welfare
pueblo town; people
puerta door; **de puertas adentro** private, in-house
puerto port
puesto *n.* job, post; *p. p.* placed, put; **puesto que** because, since
pulgada inch
pulgar: dedo pulgar thumb
pulpo octopus
puntaje point total
punto point; **a punto de** on the point of; **punto de vista** point of view

Q

quedar to remain; **quedar por hacer** to have left to do
quehacer chore
quejarse to complain
quemar to burn
querer (ie)* to want; to love
querido dear, beloved
químico chemical
quinto pino (way out in) the sticks
quiromancia palm reading
quitar to take away
quizá(s) perhaps

R

rabino rabbi
racionamiento rationing
radiólogo radiologist
raíz root
rama branch
rapidez rapidity

raptar to kidnap
rapto kidnapping
rara vez rarely
rascacielos *inv.* skyscraper
rasgo feature
raspar to scrape (by)
rayo lightning
razón reason; **tener razón** to be right
razonamiento reasoning
reaccionar to react
realizar* to carry out; to fulfill
rebaño herd
recaer* sobre to fall on
recelo fear; mistrust, suspicion
receta recipe
recibir to receive
recién newly, recently; **recién nacido** newborn
recinto area
reclamar to demand
recobrar to recover
recoger* to collect; to pick up; to take in
reconocer* to recognize
reconocimiento recognition
reconquistar to reconquer
recopilar to compile
recordar (ue) to remember
recorrido: de recorrido largo for the long haul
recreo recreation; **patio de recreo** playground
recuerdo memory; remembrance
recuperar to recover, retrieve
recurrir to resort to, fall back on
recurso resource
rechazar* to reject
rechazo rejection
red network
redentor redeemer
reducir* to reduce; to lessen
reemplazar* to replace
reencuentro collision, clash
reflejar to reflect
reflejo reflection
reforzar (ue)* to reinforce
refrenar to hold back, curb
refresco cold drink
refugiado refugee
refundación refounding
regalo gift
regañar to scold
régimen (*pl.* **regímenes**) regime
regir (i, i)* to govern, rule
regla rule
regresar to return
regular regular; average
rehacer* to do again; to make again
rehén *m./f.* hostage
reinstalar to reinstate

relacionar to relate
relajar to relax
relato story, narrative
releer* to reread
reliquia relic
remedio remedy; solution; **no hay otro remedio** there's no other way, it can't be helped
remontar a to go back to (*in time*)
remordimiento remorse
remunerado paid
renacer* to be born again
renacimiento rebirth
rendimiento yield, output; exhaustion
rendir (i, i) to yield
renombre renown
renta income
reojo: ver de reojo to see out of the corner of one's eye
repartir to distribute; to share, divide up
reparto distribution
repasar to review
repente: de repente suddenly
repentino sudden
represalia reprisal, retaliation
representante *m./f.* representative
reprimir to repress
repudiar to repudiate
requerir (ie, i) to require
requisito requirement
resaltar to stand out
rescate ransom
resentimiento resentment
reseña outline, sketch
resolver (ue)* to solve
respaldar to back, support
respaldo backing
respecto: al respecto about the matter; **respecto a** with respect to
respetar to respect
respeto respect
respetuoso respectful
respirar to breathe
respuesta answer
restablecido reestablished
restablecimiento reestablishment
restos *pl.* remains
restringir* to restrict
resuelto solved
resultado result
resultar to result; to prove to be
resumen summary
resumir to summarize
resurgir *n.* resurgence
retener (ie)* to retain
retirarse to withdraw
retiro withdrawal; retirement
retorno return

retratar to depict
retrato portrait
retroceder to go back
retrógrado reactionary
retrotraer* to date back
reunión *n.* meeting, get-together
reunirse* to meet
revelador *adj.* revealing
revelar to reveal
revista magazine
rey *m.* king; **los tres Reyes Magos** the Three Wise Men
rezar* to read (*law*)
ribetes touches, trimmings
rico rich
riesgo risk
riflero rifleman
rincón corner
riña quarrel, fight
río river
riqueza riches
risueño cheerful
ritmo rhythm
rito rite, practice
robo robbery
rocoso rocky
rodear to surround
rodeo roundabout way
rojo red
romancero collection of ballads
romper* to break
ropa clothing
rostro face
roto broken
rubio blond-haired
rueda wheel
ruido noise
ruptura break
ruso *n.* and *adj.* Russian
rústico rustic, country
rutinario *adj.* routine

S

saber* to know; **saber** + *inf.* to know how to (*do something*)
sabio wise person, sage
sabor taste
sacar* to get (*grades*); to take out, remove
sacerdotal *adj.* of or pertaining to priests
sacerdote priest
saciedad satiation
sacudirse de to shake off
sagrado sacred, holy
sal *f.* salt
salida exit, exodus; departure
salir* to go out
salud health

saludable healthy
salvador savior
salvaje wild
salvar to save
sangre *f.* blood
sangriento bloody
sanidad health
sanitario *adj.* health
sano healthy
santo *n.* saint; *adj.* holy
satisfacer* to satisfy
sea: cualquier... que sea whatever . . . may be; **o sea** that is; **por... que sea** no matter how . . . it may be; **sea como fuere** be that as it may; **ya sea...** whether it be . . .
seco dry; cold
secretariado secretaryship
secuestrar to kidnap
secuestro kidnapping
sed thirst
seductor seductive
sefárdico Sephardic
seguidor follower
seguir (i, i)* to follow; to continue; **seguir** + *gerund* to keep on (*doing something*); **seguir en pie** to keep on existing
según according to
seguridad safety
seguro *n.* insurance; *adj.* sure; safe; **a buen seguro** undoubtedly
seleccionar to select
selva woods; jungle; forest
semana week; **fin de semana** weekend
semanario weekly
semejante similar
semejanza similarity
semilla seed
seminario seminar
sencillo simple
sensibilidad sensitivity
sensibilización sensitization
sensible sensitive
sentado seated; **dar por sentado** to take for granted
sentarse (ie) to sit down
sentido sense; meaning
sentir(se) (ie, i) to feel
señal *f.* sign
señalar to point out
señor man; Mr.
señora woman; Mrs.
señorita young lady; Miss
sequía drought
ser* *v.* to be; *n.* being, creature
serie *f.* series
serpiente *f.* snake
servidor servant; worker
servir (i, i) to serve; to be good for

seta mushroom
sicólogo psychologist
SIDA *m.* AIDS
siervo slave, serf
siesta nap; **dormir la siesta** to take a nap
sigla acronym, abbreviation by initials
siglo century
significado meaning
significar* to mean, signify
significativo significant
signo sign, symbol
siguiente following
silvestre wild, uncultivated
silla chair
sillón armchair
similitud similarity
simultáneamente simultaneously
sin without; **sin embargo** however; nevertheless; **sin límite** limitless
sino, sino que but (rather)
síntoma *m.* symptom
sinvergüenza scoundrel, rogue
siquiera: ni siquiera not even
sitio place
soborno bribe
sobre about; on
sobrenatural supernatural
sobrepasar to surpass
sobrepoblación overpopulation
sobrepoblado overpopulated
sobrevivir to survive
socavar to undermine
socio member; partner
soga rope, cord
sol sun; **hace sol** it's sunny
soldado soldier
soledad solitude
soler (ue) + *inf.* to be accustomed to (*doing something*)
solo single; alone; **por sí solo** on its/one's own
sólo only
soltero single, not married
solucionar to solve
sombrero hat
sombrío somber
someter to subject; **someter a juicio** to bring justice
sondeo opinion poll
sonido sound
soportar to stand, put up with
sorber to sip; to sniff
sorbito small sip
sorprender to surprise
sorpresa surprise
sospecha suspicion
sospechar to suspect
sostener (ie)* to sustain; to support
suavizar* to soften

subdesarrollado underdeveloped
subdesarrollo underdevelopment
subemplearse to be underemployed
subempleo underemployment
subir to go up, climb; to get on
subrayar to underline
subvención grant (*of money*)
suceder to happen
suceso event, happening
sucio dirty
Suecia Sweden
sueldo salary
suelo ground
suelto loose
sueño sleep; dream
suerte *f.* luck; **tener suerte** to be lucky
sufrimiento suffering
sugerencia suggestion
sugerir (ie, i) to suggest
suma sum, amount; **por suma** in addition
sumado added
sumamente extremely
sumiso submissive
sumo *adj.* great, extreme
superar to surpass; to overcome
superficie *f.* surface
supermercado supermarket
superpoblado overpopulated
superpotencia superpower
supervivencia survival
suponer* to suppose
supuestamente supposedly
supuesto supposed; **por supuesto** of course
sur *n.* south
sureste *n.* southeast
surgir* to come forth
suroeste *n.* southwest
suscitar to cause, provoke
suspicaz suspicious
suspirar to sigh
sustituir* to substitute

T

tabacalero *adj.* pertaining to tobacco
tabaquismo nicotinism
tabla table
tablero board (*of wood*)
tal such (a); **con tal (de) que** provided that; **fulano de tal** so-and-so; **qué tal** + *v.* how well (+ *action*); **tal como** such as; **tal o cual** such-and-such; **tal vez** perhaps
talar to clear, cut down trees and brush

talón heel
tamaño size
tampoco neither, not either
tan so
tanto such; so much; so; *pl.* so many; **por lo tanto** therefore; **tanto... como...** . . . as well as . . . ; **tanto como** as much as, as often as
tapa lid
taquicardia tachycardia (abnormally fast heartbeat)
tardar... en + *inf.* to be, take (*so much time*) to (*do something*)
tarde *n. f.* afternoon; *adv.* late; **de la tarde** in the afternoon
tardío *adj.* late; slow
tarea task; homework
tarjeta card
tasa rate; **tasa de mortalidad** mortality rate; **tasa de natalidad** birthrate
tatuaje tatoo
teatral theatrical
tebeo story book; comic book (*Spain*)
techo roof
televisor television set
tema *m.* theme
temblar (ie) to tremble
temer to fear
temible fearful
temor fear
templado temperate
temporada season
temporal temporary
temprano early
tender (ie) to tend to
tenedor fork
tener (ie)* to have; **tener cuidado** to be careful; **tener en cuenta** to keep in mind; **tener éxito** to be successful; **tener lugar** to take place; **tener miedo** to be afraid; **tener que** + *inf.* to have to (*do something*); **tener que ver con** to have to do with; **tener razón** to be right; **tener suerte** to be lucky; **tener vergüenza** to be ashamed
teniente coronel lieutenant colonel
teología theology
teoría theory
terapeuta *m./f.* therapist
terapia therapy
terminar to finish
término term
terrateniente *m./f.* landowner
terraza terrace, veranda; open-air café
terreno land, terrain; area (*figurative*)

terrorífico terrifying

tesoro treasure

testigo *m./f.* witness

tía aunt

tiburón shark

tiempo time; **a poco tiempo de** shortly after; **a tiempo** on time

tienda store

tierra land, ground; earth

tila linden flower or blossom (tea)

tío uncle

tipificar* to characterize

tirada printing

tirar to throw; to pull

tiroteo shooting

tisana infusion, tea

titulado entitled

titular title

título title, degree (*academic*)

tocante a concerning

tocar* to touch; to come in contact with; to play (*a musical instrument*)

todavía still, yet

todo all, every; **ante todo** above all; **con todo** nevertheless; **de todas maneras** whatever happens

tolerar to tolerate

tomar to take; to drink; **tomar en cuenta** to take into account; **tomar medidas** to take steps (*to solve a problem*); **tomar una decisión** to make a decision

tontería foolishness

tonto foolish

topar con to run into

toque touch; essence

torno: en torno a/de about, regarding

toro bull

torre *f.* tower

totalizar* to add up to

toxicomanía drug addiction

toxicómano drug addict

traba impediment; obstacle

trabajador hard-working

trabajar to work

trabajo work; job

trabar to strike up (*a conversation*)

traducir* to translate

traductor translator

traer* to bring

traficante (*m./f.*) **de drogas** drug trafficker

traficar* (**drogas**) to sell (drugs)

tráfico (**de drogas**) (drug) trafficking

traicionar to betray

traje suit

trampas: hacer trampas to cheat

transcurrido passed, gone by

transmitir to broadcast

tranvía *m.* trolley car

tras after; behind

trasladarse to move

traslado move

trasmitir to transmit

trastornar to upset

trastorno upset; disorder

tratado treaty

tratamiento treatment

tratar to treat, deal with; **tratar de** + *inf.* to try to (*do something*); **tratarse de** to be a question of, be about

trato treatment

través: a través de across, throughout

tribunal court

trigos wheat fields

triste sad

tristeza sadness

tromba mass

tropa troop

tule tule, bulrush

Tullerías: Las Tullerías The Tuileries (*former royal palace in Paris*)

tumba tomb; **ultratumba** beyond the grave

turco Turkish

turnar to take turns

Turquía Turkey

ubicado located

últimamente lately

último last, final; **por último** lastly

ultraderecha ultraconservative

ultratumba beyond the grave

único only; unique

unidad unity; unit

unión consensual common-law marriage; **unión libre** common-law marriage

unir to unite

urbanización urbanization, move toward the cities

útil useful

utilidad usefulness

utilizar* to use, utilize

vaca cow

vacilar to hesitate

vacío emptiness

vacunar to vaccinate

vago vague

vaho fume

vajillas dishes, pots and pans

valer* to be worth; **más vale** it is better; **valerse de** to make use of

valeriana valerian (*plant*)

valía value, worth

validez validity

valiente brave

valor worth

valoración appraisal

valorar to value

vanagloriarse to boast; to pride oneself

vano vain

vapor steam

variar* to vary

varios various, several

varón *n.* male; man; *adj.* male

vasco *n.* and *adj.* Basque

vaso glass

vecinal pertaining to a community; local

vecindario neighborhood

vecino *n.* neighbor; *adj.* neighboring

vedar to prohibit

vejez old age

vela candle

velador candlestick

velocidad speed

velorio wake, vigil

vencer* to conquer

vendedor ambulante peddler

vender to sell

venerar to worship

venir (**ie, i**)* to come

venta sale

ventaja advantage

ventana window

ver* to see; **tener que ver con** to have to do with; **vamos a ver** let's see; **ver de reojo** to see out of the corner of one's eye

veraneante summer vacationer

veranear to spend the summer

veraneo vacation

veraniego *adj.* summery

verano summer

verdad truth; **¿verdad?** right?

verdadero true

verde green

vergonzoso shameful, disgraceful

vergüenza shame; **tener vergüenza** to be ashamed

verificar* to verify; to check

vertiginoso rapid, sudden

vestido dress; costume

vez time; **a la vez** at the same time; **a su vez** in turn; **a veces** sometimes; **alguna vez** sometime, ever; **cada vez más** more and more; **cada**

vez menos fewer and fewer, less and less; **de vez en cuando** from time to time; **en vez de** instead of; **otra vez** again; **rara vez** rarely; **tal vez** perhaps; **una vez** once
vía road, route; method; **vía férrea** railroad track; **vía pública** public thoroughfare
viajar to travel
viaje trip
viajero traveler
vicio vice
vid grapevine
vida life; **esperanza de vida** life expectancy
vidente seer, prophet
viejo *n.* old person; *adj.* old
viento wind; **contra viento y marea** come what may, regardless of the cost or grief
vigencia effect, use
vigilar to keep an eye on
vil despicable
vileza infamy, baseness
villa town
vinculado tied, related
vínculo bond, tie

vinícola pertaining to wine
vino wine
violación violation of the law; rape
violar to break the law; to rape
Virgen María Virgin Mary
virtud virtue
viruela smallpox
visitante *m./f.* visitor
vista: punto de vista point of view
visto seen
viuda widow
viudedad widowhood
viudo widower
vivienda dwelling, housing
vivir to live
vivo alive
vol. (*abbr. for* **volcán**) volcano
volcarse* en to throw oneself into (*a project*)
voluntad will; desire; **Política de Buena Voluntad** Good Neighbor Policy
voluntario *n.* volunteer; *adj.* voluntary
volver (**ue**)* to return; **volver a** + *inf.* to (*do something*)

again; **volverse** to become
vomitona violent vomiting
votante *m./f.* voter
voz voice; term
vuelo flight
vuelta *n.* return; *p. p.* returned; become

X

xenofobia xenophobia (*hatred of foreigners or strangers*)

Y

ya already; now; **ya no** no longer; **ya que** since; **ya sea...** whether it be . . .
yacimiento bed; deposit
yema del dedo fingertip
yerba grass

Z

zapato shoe

About the Authors

Mary Lee Bretz is Professor of Spanish at Rutgers University, where she teaches undergraduate and graduate courses in Spanish language and literature. Professor Bretz received her Ph.D. in Spanish from the University of Maryland. She has published several books and numerous articles on Spanish literature, and the application of contemporary literary theory to the study and teaching of Hispanic literature.

Trisha Dvorak is Director of the Language Resource Center and Special Assistant to the Dean regarding Instructional Technology at the University of Michigan. She has coordinated elementary language programs in Spanish and taught courses in Spanish language and foreign language methodology. She is a certified Oral Proficiency Trainer in Spanish. Professor Dvorak received her Ph.D. in Applied Linguistics from the University of Texas at Austin. She has published articles on aspects of foreign language learning and teaching, and is co-author of *Composición: Proceso y síntesis,* a writing text for third-year college students.

Carl Kirschner is Associate Professor and the chair of the Department of Spanish and Portuguese at Rutgers University, where he teaches courses in linguistics, applied Spanish linguistics, and second language acquisition. Professor Kirschner received his Ph.D. in Spanish Linguistics from the University of Massachusetts. He has published a book on Spanish semantics and articles on Spanish linguistics, and edited a volume on Romance linguistics.